O CONTRATO COM PESSOA A DECLARAR, NO BRASIL, É UM PACTO

Transversalidade entre Direito Privado e Direito Tributário

CIP-BRASIL. CATALOGAÇÃO NA PUBLICAÇÃO
SINDICATO NACIONAL DOS EDITORES DE LIVROS, RJ

B875c

Brito, Edvaldo
O contrato com pessoa a declarar, no Brasil, é um pacto : transversalidade entre direito privado e direito tributário / Edvaldo Brito. - 1. ed. - São Paulo : Noeses, 2023.

496 p. ; 23 cm.
Inclui bibliografia
ISBN 978-65-89888-98-7

1. Código civil - Brasil. 2. Direito tributário - Brasil. 3. Contratos - Brasil. I. Título.

23-84147 CDU: 347.44(81)

Meri Gleice Rodrigues de Souza - Bibliotecária - CRB-7/6439

EDVALDO BRITO

Professor, advogado tributarista, jurista e político brasileiro. É Doutor e livre-docente em Direito pela Universidade de São Paulo e Professor emérito da Universidade Federal da Bahia e da Universidade Presbiteriana Mackenzie. É imortal da Academia de Letras da Bahia, ocupando a cadeira de número 3 e de várias Academias de Letras Jurídicas. Foi Prefeito de Salvador entre 1978 e 1979 e Vice-Prefeito entre 2009 e 2012. Também já ocupou as funções de Secretário de Estado de Justiça, de Educação, de Saúde e de Assuntos Estratégicos no Estado da Bahia, além de secretário de Negócios Jurídicos do Município de São Paulo. Atualmente, é professor dos cursos de Mestrado e Doutorado em Direito da UFBA e exerce o seu terceiro mandato como Vereador de Salvador.

O CONTRATO COM PESSOA A DECLARAR, NO BRASIL, É UM PACTO

Transversalidade entre Direito Privado e Direito Tributário

2023

editora e livraria
NOESES

Copyright © Editora Noeses 2023
Fundador e Editor-chefe: Paulo de Barros Carvalho
Gerente de Produção Editorial: Rosangela Santos
Arte e Diagramação: Renato Castro
Revisão: Georgia Evelyn Franco
Designer de Capa: Aliá3 - Marcos Duarte

2023

editora e livraria
NOESES

Editora Noeses Ltda.
Tel/fax: 55 11 3666 6055
www.editoranoeses.com.br

Homenagens

A Orlando Gomes, sempre.

A José Carlos Moreira Alves, agradecimentos.

A Reginalda Paranhos de Brito, esposa, professora de Direito Civil e interlocutora.

A Antonio Ali Brito, colaborador na tradução dos textos estrangeiros, agradecimentos.

NOTA DO AUTOR

Este livro é a tese, aqui, revista, atualizada e ampliada, que foi defendida pelo autor quando se submeteu – e foi aprovado – na Faculdade de Direito da Universidade de São Paulo – USP (ANEXO II), ao concurso para Professor Titular, junto ao Departamento de Direito Civil, por isso, os seus termos guardam o estilo de textos acadêmicos.

A razão desse *ato* do autor é um ofício da *Representação Discente* da referida Faculdade, (ANEXO III) convidando-o a inscrever-se no concurso, o que muito o sensibilizou, considerando o inusitado do convite, justificado, pessoalmente, pelo subscritor do ofício, como sendo em razão do conhecimento que teriam, então, os alunos da tradicional Casa do Largo de São Francisco, quanto à metodologia que o autor utilizava como Professor de Direito Civil, àquela data já perfazendo 10 (dez) anos, na Faculdade de Direito da Universidade Presbiteriana Mackenzie, onde lecionou a disciplina de 1992 a 2009, quando se licenciou para exercer o mandato de Vice-Prefeito da Cidade do Salvador, Capital do Estado da Bahia.

A execução desse *ato* deve-se ao estímulo do insuperável civilista, JOSÉ CARLOS MOREIRA ALVES, que, buscado o seu conselho, ele recebeu o autor no seu gabinete de Ministro do Supremo Tribunal Federal, sugeriu o tema e a bibliografia, a partir do livro do conceituado ENRICO ENRIETTI e, por vários sábados, em sua residência em Brasília, orientou o autor, preparando-o para o concurso.

Àquele tempo, editou-se uma Lei Complementar, a de nº 104, de 10 de janeiro de 2001, aditando um parágrafo ao art. 116 do Código Tributário Nacional do qual resultou uma *antinomia aparente*, com as disposições dos arts. 467 e segs do texto de 2002 do Código Civil, por isso que este livro elucida-a; sendo, assim, um dos seus propósitos é analisar a *transversalidade de saberes* – Direito Privado e Direito Tributário – considerando que o autor é professor desse último campo do conhecimento jurídico, também, por concurso público de provas e de títulos, na Universidade Federal da Bahia – UFBA, desde 1975, onde permanece lecionando, tendo sido aprovado, outrossim, como Professor Titular de Legislação Tributária em concurso a que se submeteu na Faculdade de Direito da USP, para o Departamento de Direito Econômico e Financeiro (ANEXO IV).

Quando o concurso de Direito Civil realizou-se, o autor já havia completado 70 anos de idade, pelo que, o *ato*, representou-lhe, apenas, um exercício acadêmico e apesar de ter sido o 2º colocado, também, o 1º não foi o indicado à nomeação, que recaiu no 4º, por aplicação do disposto no § 2º do art. 161 do Regimento Geral da USP.

A Banca Examinadora, à qual o autor agradece as observações que enriqueceram o trabalho, foi formada pelos Professores: RUI GERALDO CAMARGO VIANA (Presidente) e ÁLVARO VILLAÇA AZEVEDO, ambos da Universidade de São Paulo; GUSTAVO JOSÉ MENDES TEPEDINO e RICARDO-CESAR PEREIRA LIRA, os dois da Universidade do Estado do Rio de Janeiro; JOÃO BAPTISTA VILLELA, da Universidade Federal de Minas Gerais.

Agora, o julgamento será do leitor a quem o autor submete este texto.

Salvador, abril de 2023.

Edvaldo Brito

SUMÁRIO

CAPÍTULO III

CAPÍTULO IV

CAPÍTULO I

1. CONSIDERAÇÕES PRELIMINARES

O contrato, ao lado da lei, tem sido a grande fonte de criação de normas jurídicas na "*vida de relação*".

Difere do direito romano, no qual, o contrato era, somente, fonte de obrigações; já no direito contemporâneo, enquanto não se confronte com a lei, cria, *praeter legem*, normas jurídicas, tal como ocorre nos acordos coletivos de trabalho.

Inicialmente, destinado a reger fatos tipificados pela lei, foi adquirindo um desenvolvimento que ultrapassou as fronteiras do direito privado e atingiu as culminâncias de regulamento de episódios ocorridos em qualquer área do Direito e, mesmo no direito privado, saiu das amarras da *facti species* legal para instrumentar elaborações formuladas pela *atuação da vontade*.

E mais: a área do Direito Contratual em qualquer espaço do mundo é o único campo jurídico que se interpenetrou, com facilidade, na fase da chamada *globalização*.

As *obrigações contratuais* têm penetração em qualquer relação jurídica de objeto *patrimonial*, não importa em que *lugar* tenha ocorrido o *vínculo*.

A interação de normas do *direito contratual* leva a que se busque identificar esse *lugar* para saber qual a lei que lhe serve de *fonte imediata* e tem prestígio, no caso, a *vontade* do particular, uma vez que de onde surgir a *proposta* aí reside a norma de Direito a aplicar[1].

Tal é a força do *direito contratual* que a tradição do *sistema jurídico do casuísmo fundamental* (*sistema do common law*), pela Nação do mundo mais poderosa, economicamente, abriu-se para as *instituições* típicas de outros *sistemas*, a exemplo do *continental europeu* (*sistema do civil law*) e, por isso, já se pode encontrar, dentro daquele, um documento normativo norte-americano típico desse último *sistema*, o *Uniform Commercial Code*.

Contratos de um *sistema* estão sendo praticados em outros. Já vicejam, no Brasil, os "*leasing*", "*know-how*", "*franchising*", "*factoring*", "*engineering*", para citar alguns corpos, anteriormente estranhos no espaço brasileiro e hoje tidos como as novas figuras contratuais íntimas, regulando os novos quadros da economia.

É nesse ambiente que surgem, também, *categorias* de outros *sistemas de direito positivo* que atuam como *sub-sistemas do sistema continental europeu*, as quais estão seguindo o mesmo caminho da integração.

É assim, que o Código Civil brasileiro, na redação de 2002, revela a proposição consistente nos arts. 467 a 471, com a qual introduziu, no direito positivo brasileiro, um *pacto* que, na Itália, tem o nome de *contrato per persona da nominare* (arts. 1.401 a 1.405 do Código Civil italiano), traduzido,

---

1. cf. Decreto-lei nº 4.657, de 4 de setembro de 1942: Art. 9º Para qualificar e reger as obrigações, aplicar-se-á a lei do país em que se constituírem. § 1º Destinando-se a obrigação a ser executada no Brasil e dependendo de forma essencial, será esta observada, admitidas as peculiaridades da lei estrangeira quanto aos requisitos extrínsecos do ato. § 2º A obrigação resultante do contrato reputa-se constituída no lugar em que residir o proponente. Código Civil: Art. 435. Reputar-se-á celebrado o contrato no lugar em que foi proposto.

aqui, com ambiguidade terminológica, como *contrato com pessoa a declarar*.

A partir da análise da teoria do contrato e, dentro dela, da teoria *geral* do contrato, esta obra, que é expressa nestas considerações jurídicas das páginas que se seguem, identifica cada qual dos elementos constitutivos do *contrato*, examina-o como uma *instituição*, um *instituto*, um *conceito* e uma *categoria* jurídicos, capazes de comprovar que o *contrato*, nesta linha de apreciação, não se confunde com um *pacto* e, por isso, caracterizado este, conclui-se que a figura importada do direito italiano, no contexto em que se encontra no Código Civil brasileiro — uma *Seção* do *Capítulo* I das *Disposições Gerais* — é, efetivamente, um *pacto*, porque pode ser introduzido como *cláusula* ou pode ser adotado como *pacto adjecto*, em separado, naqueles *contratos* que o permitirem, pois aqueles que servem de fonte mediata para as *obrigações contratuais* de fazer pessoal por natureza, "*intuitu personae*", não o aceitam.

É certo que o *contrato* tem sofrido adaptações, mas, não desfigurações. Essas adaptações decorrem das balizas que a "*vida de relação*" vai oferecendo à medida que o tempo passa.

Assim, adotam-se *princípios* e *limites* para disciplinarem o *contrato*, mas, ele não perde a *categorização* que o identifica no mundo jurídico.

Princípios e *limites* que, às vezes, na dinâmica da vida, que foge do controle dos Códigos, sobretudo quando estes não têm a perenidade daqueles que foram elaborados com a sabedoria das normas que não se prendem a fatos de ocasião, são encontrados fora do Direito Civil.

O exemplo mais destacado é o do *limite* decorrente do *valor* que é a *dignidade da pessoa humana*, hoje reconhecido nos países onde há a preeminência do direito.

Não se excluem outros tantos — *princípios* e *limites* — como os do *equilíbrio contratual*, da *boa-fé* e da *função social*, mesmo que não haja unanimidade quanto à forma de integrá-los nos *sistemas jurídicos*.

O *contrato* é um instrumento tão importante da "*vida de relação*", cuja causa é *patrimonial*, que já permeia o chamado campo do Direito Público e já é objeto de normas até no Direito Tributário.

Este estudo aborda uma questão jurídica, de forma mais ou menos original, sobre a natureza, no direito brasileiro, dessa *categoria* — a do documento *contrato com pessoa a declarar* — a partir da forma como a admitiu o direito positivo, qual seja a de um *pacto*, ainda que batizada de *contrato*, na cópia que fez do direito italiano.

A *categoria*, enfim, cresce da importância neste momento em que se instituiu a lei de *Declaração de Direito de Liberdade Econômica*[2], estabelecendo garantias de livre mercado, protegendo a livre-iniciativa e o livre exercício de atividade econômica inclusive, disciplinando, nessa linha, a atuação do Estado como agente normativo e regulador, interpretando-se, sempre, em favor da liberdade econômica, da boa-fé e do respeito aos contratos, aos investimentos e à propriedade, todas as normas de ordenação pública sobre atividades econômicas privadas.

A ressalva da aplicação ao Direito Tributário e ao Direito Financeiro, dessa lei de *Declaração de Direitos de Liberdade Econômica*, não resulta em regimes jurídicos estanques porque há vasos comunicantes entre os dois ramos jurídicos disciplinados pela norma de *interpretação integrativa*, objeto de estudo neste livro.

---

2. Cf. Lei n° 13.874, de 20 de setembro de 2019.

CAPÍTULO II

2. TEORIA DO CONTRATO

É possível falar-se de uma *teoria do contrato*[3], na medida em que se pode estudar, de modo específico, um dos mais destacados instrumentos elaborados pelo Direito para ser esgrimido pelo homem nas suas relações intersubjetivas, que se caracteriza como um acordo de vontades.

Assim, o fato de *teorizar-se* o contrato — estudar sua origem, evolução, características: *instituição, instituto, conceito, categoria* — não se confunde com a sua *teoria geral.*

Esta é uma das partes componentes da simples *teorização* do contrato, porque consiste no conjunto de *elementos constitutivos* de todo e qualquer *contrato* — entendido como um acordo de vontades *declaradas* com o propósito de fazerem surgir relações jurídicas de natureza *patrimonial.*

Neste sentido, tais *elementos* são: as partes, a forma, o conteúdo e, nas respectivas peculiaridades, até as chamadas *condições gerais.*

---

3. cf. Beviláqua, Clóvis. *Direito das obrigações*. Bahia: José Luiz da Fonseca Magalhães. 1896, p.165 e segs. Bessone, Darcy. *Do contrato – teoria geral*. Rio de Janeiro: Forense, 1987.

Teorizar simplesmente o *contrato*, para além desses *elementos constitutivos*, inclui, pois, o estudo de sua origem, de sua evolução e das suas características atuais; estas últimas envolvem a sua natureza de veículo de *declaração de vontade* como fonte de norma disciplinadora de um *interesse mútuo*, assemelhando-se, sob este aspecto, com a generalizante definição romana de ULPIANO[4], bem assim, disciplinadora de *interesses coletivos*.

É por isso que a linha de *evolução* do direito do *contrato* tem uma trajetória que parte da autonomia privada para a intervenção do legislador[5], donde se pode cogitar de *contratos* individuais e *contratos* submetidos às *condições gerais*, circunstância que, no princípio do século passado, levou SALEILLES[6] a escrever que, indubitavelmente, haveria *contratos* e contratos, desde que entendeu que uns, apenas, teriam essa aspiração porque, então, não possuiriam, em relação ao *contrato*, mais do que o nome e cuja construção jurídica ainda estaria por fazer e, então, ele os denomina de

---

4. "contractus est pactio duorum pluriumve in idem placitum consensus" -

5. cf. Roppo, Enzo. *I "nuovi contratti" fra autonomia privata e interventi del legislatore. Note minime.* In. Lezione di diritto civile. Napoli: Edizioni Scientifiche Italiane, 1993 p. 225-272

6. cf. Saleilles, Raymond. *De la déclaration de volonté – contribution a l'étude de l'acte juridique dans le code civil allemand.* Paris: Librairie Cotillon, F. Pichon, Successeur, Éditeur, 1901, ps. 229-230: "89. *Sans doute, il y a contrats et contrats; et nous sommes loin dans la réalité de cette unité de type contractuel que suppose le droit. Il faudra bien, tôt ou tard, que le droit s'incline devent les nuances et les divergences que les rapports sociaux on fait nom, et dont la construction juridique reste à faire; pour lesquels, en tous cas, les règles d'interprétation individuelle Qui viennent d'être décrites devraient subir, sans doute, d'importantes modifications; ne sereit-ce que pour ce que l'on pourrait appeler, faute de mieux, les contrats d'adhésion, dans lesquels il y a la prédominance exclusive d'une seule volonté, agissant comme volonté unilatérale, Qui dicte as loi, non plus à un individu, mais à une collectivité indéterminée, et Qui s'engage déjà para avance, unilatéralement, sauf adhésino de ceux Qui voudront accepter la loi du contrat, et s'emparer de cet engagement déjà créé sur soi-même. C'est le cas de tous les contrats de travail dans la grande industrie, des contrats de transport avec les grandes compagnies de chemins de fer, et de tous ces contrats Qui revêtent comme un caractère de loi collective et qui, les Romains le disaient déjà, se rapprocheraient beaucoup plus de la Lex que de l'accord des volontés.*"

contratos de adesão, por haver o predomínio exclusivo da vontade de uma das partes contratantes ditando sua *lei* não somente a um indivíduo, mas sim a uma coletividade indeterminada e que se vincula por antecipação. Essa prática foi registrada, pela primeira vez, por esse autor, no texto transcrito e como constata ORLANDO GOMES[7].

Hoje, diante da *evolução* a que, aqui, está-se fazendo referência, a opinião não seria esta, considerando-se que esses *contratos*, tomadas as próprias palavras do renomado civilista francês, resultam da manifestação das relações intersubjetivas típicas disciplinadas pelo Direito da economia moderna. É esta a razão pela qual o fenômeno por ele identificado é expresso, atualmente, pela denominação de *condições gerais do contrato*[8], sem o espanto de que "há contratos e contratos" — "*sans doute, il y a contrats et contrats...*"

2.1 Noção de contrato

A noção que se pode expor, hoje, de um *contrato*, superado este espanto de SALEILLES, é a de um acordo de vontades *declaradas* com o objetivo de fazerem nascer um *vínculo* caracterizador de uma relação jurídica obrigacional cuja *prestação* tem objeto aferível no plano econômico — daí a sua natureza *patrimonial* — tendo como efeito a criação, a

7. cf. Gomes, Orlando. *Contrato de adesão* (condições gerais dos contratos). São Paulo: Ed. Revista dos Tribunais, 1972, p. 6.

8. cf. Gomes, Orlando, *ob. cit.* p.6. Garcia-Amigo, M. *Condiciones generales de los contratos* (civiles y mercantiles). Madrid: Editorial Revista de Derecho Privado. 1969. De Castro y Bravo, Federico. *Las condiciones generales de los contratos y la eficacia de las Leyes*. Madrid: Editorial Civitas, S.A. 1987. Rizzo, Vito. *Condizioni generali del contratto e predisposizione normativa*. Pubblicazioni della Scuola di perfezionamento in diritto civile dell'Università di Camerino. 1ª ristampa 1994. Costa, Mário Júlio de Almeida e Cordeiro, António Menezes. *Cláusulas cotratuais gerais*. Coimbra: Livraria Almedina, 1995. Marini, Annibale [et all.] *Trasparenza e legittimità delle condizioni generali di contratto*. Napoli: Edizioni Scientifiche Italiane. 1992.

modificação, a extinção ou a transferência de direitos pessoais ou reais.

Essa noção fez com que fosse cunhada a classificação do *contrato* nas *categorias* de *obrigacionais* e *reais*, a qual se torna desnecessária quando se observa ser ela fruto da confusão entre o *contrato* e o objeto da *prestação* que ele faz nascer ao surgir o *vínculo*.

Neste ponto, há ensejo para, apreciando a conexão entre o *contrato* e a *obrigação*, antecipar a demonstração infra de que os dois são *conceitos* diferentes: o *contrato* é uma das *fontes mediatas* da *obrigação*, a chamada *obrigação contratual*, que é, obviamente, a *categoria* dele resultante.

A *declaração da vontade* não tem forma solene. Basta que o seu emissor *atue* de tal maneira que exprima ao receptor o seu *propósito notificatório* necessário para distingui-la da mera *manifestação da vontade*[9].

LARENZ[10] cuida desse aspecto quando se refere às *obrigações contratuais* nascidas da oferta pública de fato e da aceitação do fato da *prestação*, em que consiste a *conduta social típica* que tem os mesmos efeitos do nascimento do contrato que resulta de outras *formas* de *declaração*. Tal é, por exemplo, o caso da utilização de uma balsa ou de um veículo análogo de transporte público.

2.1.1 Evolução

O *contrato* é coevo da fase da vida humana, a do *contato cultural*, que se sucedeu à do *etnocentrismo*. Desde que o homem passou ao "*contato cultural*", a sua forma econômica de agir intersubjetivamente tem a natureza de

---

9. cf. Brito, Edvaldo. *Direito civil*. In. Manual de iniciação ao direito / Ives Gandra Martins e Fernando Passos (coordenadores). São Paulo: Pioneira, 1999, p.180.

10. cf. Larenz, Karl. *Derecho de obligaciones*, tomo I, versión española y notas de Jaime Santos Briz. Madrid: Editorial Revista de Derecho Privado. 1958, p. 58.

declaração de vontade[11] geradora de *vínculo*, assim entendida, essa *declaração*, como sendo uma ação com efeito *notificatório* porque a *atuação da vontade* tem uma qualidade e uma extensão de publicidade necessária à atividade volitiva formadora de espécie do gênero negócio jurídico.

A *declaração* é a comunicação da vontade ao mundo exterior, vale dizer: dirigida a outrem com o propósito de gerar efeitos.

Distingue-se da *manifestação* porque esta implica uma atividade volitiva não dirigida a ninguém especificamente. Exemplos a ocupação de "*res nullius*" (*declaração*) e a derrelição de uma coisa, a "*res derelicta*" (*manifestação*). [12]

Claro que, ao utilizar-se dessa classificação, há de estar-se advertido para a forma como OERTMANN condena a equiparação da *declaração da vontade* ao negócio jurídico, fazendo-o mediante três argumentos:

a) nem toda *declaração de vontade* é já um negócio jurídico;

b) o negócio jurídico unilateral nem sempre se perfecciona com uma *declaração de vontade*;

c) nem todo negócio jurídico exige uma *declaração* de vontade.

Contudo, o que se está a gizar, aqui, é a circunstância de o agir intersubjetivo do homem, ao tomar a natureza econômica, refletir *declaração de vontade* geradora de *vínculo*, ou seja: faz surgir *contrato*, na sua acepção mais

---

11. Aqui, a expressão *declaração de vontade* não se confunde com a outra forma de emissão de vontade, a *manifestação de vontade*. Segue-se, nesse passo, a classificação de Oertmann, Paul. Cf. *Introducción al derecho civil*, trad. Sancho Seral, Luis. da 3ª ed. alemã. Barcelona-Buenos Aires: Editorial Labor S.A., 1933. Cf., também, Brito, Edvaldo. *Direito civil*. In. Manual de Iniciação ao Direito / Ives Gandra Martins e Fernando Passos (coordenadores), São Paulo: Pioneira, 1999, p.180.

12. *Res nullius* = coisa de ninguém. *Res derelicta* = coisa abandonada.

ampla, "dos negócios jurídicos, de uma conduta social típica; de fatos legalmente regulamentados e, finalmente, por exceção, de um ato de soberania estatal com efeitos constitutivos em matéria de Direito Privado"[13].

A advertência impõe-se, ainda, quando se verifica que o Código Civil brasileiro, no texto de 1916, despreza essa linguagem técnica, quando dispunha, no seu art.1.079, que a *manifestação da vontade*, nos contratos, poderia ser tácita quando a lei não exigisse que fosse expressa...

Não há, tecnicamente, *manifestação*, em contrato por natureza, e sim *declaração*.

Verifica-se que a atecnia manteve-se, quando o Código Civil, no texto de 2002, veicula o art. 110 com o seguinte teor: "a *manifestação de vontade* subsiste ainda que o seu autor haja feito a reserva mental de não querer o que manifestou, salvo se dela o destinatário tinha conhecimento".

Ora, se o destinatário *"tinha conhecimento"*, então, de *manifestação* não se trata...

Impõe-se, outrossim, ainda quando se verifica que juristas da responsabilidade de CLÓVIS BEVILÁQUA[14] ou de SAN TIAGO DANTAS[15] não se preocuparam com essa

---

13. cf. Larenz, Karl. Derecho de obligaciones. Tomo 1, versión española y notas de Jaime Santos Briz. Madrid: ed. Revista de Derecho Privado, 1958. p. 55.

14. cf. *Código civil dos Estados Unidos do Brasil comentado por Clóvis Beviláqua – edição histórica*. Rio de Janeiro: Editora Rio – Sociedade Cultural Ltda. 1975, p.194: [...] "A manifestação de vontade pode ser tácita, quando a lei não exige que seja expressa [...] Qualquer porém, que seja o modo de manifestar a vontade, nos contratos, deve ser inequívoco

15. cf. *Programa de direito civil II – aulas proferidas na Faculdade Nacional de Direito – fim de 1943 – 1945 – os contratos*. Revisão de textos e anotações de José Gomes de Bezerra Câmara. Rio de Janeiro. Editora Rio – Sociedade Cultural Ltda. 1978, p.210: "[...] São terceiros todos aqueles que não manifestaram sua vontade [...]". *Programa de direito civil – aulas proferidas na Faculdade Nacional de Direito (1942 -1945) 4ª tiragem Parte Geral*. Rio de Janeiro. Editora Rio – Sociedade Cultural Ltda. 1979, p.259: "[...} A manifestação de vontade por palavras é a usual; é a que constitui a grande maioria dos casos, ou pela palavra falada, ou pela palavra escrita é que o homem faz

distinção de OERTMANN[16] que o autor deste trabalho, sempre a acolheu e já registrou no seu "Direito Civil" inserido no "Manual de Iniciação ao Direito", já mencionado[17], porque a entende importante para a discriminação dos *fatos jurídicos*, extremando aqueles adotados como *fontes mediatas da obrigação*[18].

Dir-se-á que a crítica ao legislador dilui-se porque ele não é cientista do Direito. Contudo, não é tanto assim, porque ele elabora a *linguagem-objeto* e esta deve guardar coerência com a *função semiótica pragmática*[19] tão bem cuidada

---

chegar ao conhecimento dos demais a sua declaração de vontade".

16. cf. Oertmann, Paul. Cf. *Introducción al derecho civil*, trad. Sancho Seral, Luis. Da 3ª ed. alemã. Barcelona-Buenos Aires: Editorial Labor S.A., 1933.

17. cf. ob. cit. nota de rodapé 10, supra. – Cf., também, Azevedo, Antonio Junqueira de. *Negócio jurídico – existência, validade e eficácia*. São Paulo: Saraiva, 1974, p.140

18. Orlando Gomes giza, nessa linha de pensamento, a importância da distinção: "*No terreno jurídico, a atividade volitiva do indivíduo manifesta-se sob a forma de comportamento dirigido à realização da vontade. Esse comportamento pode ser puro e simples, isto é, sem o propósito de dar a conhecer a outros a intenção de produzir determinados efeitos jurídicos, como pode ser destinado a comunicar a vontade, consistindo em atos que se dirigem a outros. Só nesta segunda hipótese há* declaração de vontade.
A distinção foi feita, pela primeira vez, por MANIGK, *em 1907, e, daí por diante, vem sendo acolhida como dado necessário à conceituação do* negócio jurídico.
No comportamento puro, *que outros preferem chamar* manifestação *ou* realização da vontade, *o agente provoca o efeito jurídico, obtendo sua produção, sem que, para esse fim, seja necessário o conhecimento por parte de outra pessoa. Daí se dizer que o resultado pode ser alcançado secretamente. Falta, como esclarece* OERTMANN, *tanto o fator material dirigido a 'declarar, a dar a conhecer uma determinada vontade, como a vontade de fazer essa declaração'. Casos típicos de* comportamento puro são, *como* exemplificam invariavelmente os autores, a ocupação *e a* derelição. *Aquele que se apropria de cousa sem dono comporta-se de modo que, sem precisar dar conhecimento a quem quer que seja, suscita o efeito jurídico desejado, que é a aquisição da propriedade do bem 'nullius'. Do mesmo modo, quem abandona uma cousa perde a sua propriedade voluntariamente, sem que, para isso, tenha necessidade de comunicar a sua intenção a quem quer que seja.*
Nos atos jurídicos, distinguem-se, por conseguinte, os que se perfazem com a simples exteriorização da vontade sem destinatário daqueles que exigem uma declaração destinada a outra pessoa." - cf. *Direito privado (novos aspectos)*. Rio de Janeiro/São Paulo: Livraria Freitas Bastos S/A, 1961, p143/144.

19. cf. Kalinowski, Georges. *Introducción a la lógica jurídica* (Elementos de semiótica jurídica, lógica de las normas y lógica jurídica). Buenos Aires: EUDEBA – Editorial Universitaria de Buenos Aires, 1973, p.46-65. Reale, Miguel. *O direito como*

pela *metalinguagem* de que se incumbem a Doutrina e a Jurisprudência na sua missão educativa do legislador.

A própria *nomogênese* jurídica[20], embora justifique o desleixo da produção normativa legal sem conteúdo semântico técnico, comporta órgãos expertos que têm comportamento similar ao do *legislador racional* (o doutrinador e o juiz), cujas propriedades de excelência assemelham-nos aos deuses teológicos, na lição de SANTIAGO NINO[21].

Esses órgãos expertos são as Comissões temáticas permanentes integrantes do *processo legislativo* que devem curar mais de praticar *linguagem-objeto* o mais próximo da *metalinguagem* doutrinária e jurisprudencial, porque, afinal, das *normas jurídicas* surgem *definições jurídicas* das quais transparece o caráter imperativo, como ensina GIORGIO DEL VECCHIO[22].

---

experiência (Introdução à epistemologia jurídica), 2ª ed. fac-similar, como nota introdutória do autor. São Paulo: Editora Saraiva. 1992 p.173-174. Brito, Edvaldo. *Limites da revisão constitucional*. Porto Alegre: Sergio Antonio Fabris Editor. 1993, p. 11-24.

20. cf. Reale, Miguel. *Pluralismo e liberdade*. São Paulo: Edição Saraiva, 1963, p. 211-214.

21. cf. Santiago Nino, Carlos. *Consideraciones sobre la dogmática jurídica* (con referencia particular a la dogmática penal). México: UNAM – Instituto de Investigaciones Jurídicas. 1974 p. 85-101

22. cf. *Lições de filosofia do direito*. 5ª ed. Trad. António José Brandão. Rev. e prefaciada por L. Cabral de Moncada e atualizada por Anselmo de Castro. Coimbra: Arménio Amado - Editor, Sucessor. 1979, p. 385: "*Idêntico raciocínio pode fazer-se para outra classe de normas, as* explicativas *ou* declarativas, *as quais contêm definições de vocábulos e de conceitos. Quando o Código civil italiano declara, por exemplo: são bens imóveis, o solo, as fontes, os cursos de água, as árvores, os edifícios, etc. (artigo 812.º, cfr. Art.408.º e Seg. do de 1865); quando o código penal declara que se entendem por <<parentes próximos, os ascendentes, os descendentes. Os cônjuges, os irmãos, as irmãs, etc. ...>> (art. 307.º) — dir-se-ia que mais parece serem dicionários de explicações filológicas do que códigos. Mas as aparentes dilucidações referem-se na realidade, a outras normas; e, uma vez referidas a estas, logo adquirem um significado de comando, o qual em si é o próprio objeto: o de que certa palavra ou expressão* deva ser *tomada em sentido determinado, e não em outro. As normas explicativas constrangem, na essência, os que aplicam as leis, a atribuir certo significado a certas palavras, embora este possa ser diverso do comum significado filológico*".

Então, porque foi dito supra que o *contrato* é contemporâneo da própria existência do homem, pode afirmar-se, com VILLAÇA AZEVEDO, que os homens, desde os primórdios da civilização, mantêm relações jurídicas as mais variadas, através das convenções, por isso, infere-se que os primeiros *contratos* foram verbais e se regularam pelos usos e costumes do lugar onde nasceram, os quais foram sedimentando certas formas contratuais, ao passar do tempo[23].

Etimologicamente, *contrato* vem do latim *contractus –us* com o significado de acordo[24]. A maioria esmagadora da doutrina e todos os dicionários consultados oferecem essa origem para a palavra, mas, o professor venezuelano MILIANI BALZA discorda, ao afirmar que "a etimologia da palavra *contrato* vem do latim *Cuntraho*, que significa ligar-se"[25].

Melhor é seguir a maioria porque ela está conforme os estudos de etimologia, dado que a palavra, por origem, significa acordo, embora, por extensão seja tomada na acepção de documento resultante desse acordo e é o particípio de *contrahere*[26].

BETTI[27], aliás, chama a atenção para a heterogeneidade de significados do vocábulo *contractus*, mas, toma-o,

---

23. cf. Azevedo, Alvaro Villaça. *Contratos inominados ou atípicos*. São Paulo: Bushatsky, 1975 p.3-5.

24. cf. Cunha, Antônio Geraldo da. *Dicionário etimológico Nova Fronteira da língua portuguesa* / Antônio Geraldo da Cunha; assistentes: Cláudio Mello Sobrinho... [et. al.]. - Rio de Janeiro: Nova Fronteira, 1982, p. 212.

25. cf. Miliani Balza, Alberto. *Obligaciones civiles*. Caracas: Italgráfica, S.R.L., 1988, p. 36.

26. cf., por todos, Cunha, Antônio Geraldo da. *Dicionário etimológico* ... cit. nota rodapé 18, p. 212.

27. cf. Betti, Emilio. *Teoria general de las obligaciones*, tomo II, trad. e notas de direito espanhol por José Luis de los Mozos. Madrid: Editorial Revista de Derecho Privado, 1970. p. 61.

em resumo, diante do que diz ser a sua evolução secular de conceitos, como o negócio jurídico constitutivo de obrigações — no qual se compreendem também atos unilaterais, por exemplo, a gestão de negócios alheios e o pagamento do indébito — que, no direito moderno vem a assumir o significado de acordo idôneo — pela sua causa — para criar, modificar ou extinguir uma relação jurídico-patrimonial.

Juridicamente — sobretudo diante dessa afirmação — o *signo contractus* tem conteúdo semântico diverso comparados o direito moderno e o direito romano, tomado este último sistema jurídico como ponto de partida para a análise da formação da noção de *contrato*.

É diverso, esse conteúdo, porque os romanos atribuíam o termo a certos acordos de vontade que faziam nascer obrigações, porque havia aqueles acordos que não tinham essa função.

Assim, o *pactum* era um acordo dessa natureza, mas, não produzia obrigações e, então, nessa fase, era inconfundível com o *contractus*, tal como ocorre hoje quando se pode afirmar que o *contrato* não se confunde com o *pacto*.

Tudo isto provoca a necessidade de identificar o *contrato* e o *pacto*, nas suas respectivas caracterizações, dado que, em seguida, faz-se o estudo individualizado do *contrato* como uma *instituição*, um *instituto*, um *conceito* e uma *categoria jurídicos*, levando à verificação de que essas duas entidades — *contrato* e *pacto* — são típicas, por isso, inconfundíveis.

2.1.1.1 Contrato como instituição jurídica

Sustenta-se, aqui, a opinião de que a *instituição jurídica* é um *signo* inconfundível na Ciência do Direito.

O único problema que se enfrenta é o de sua relação com a *norma jurídica*, quando se procura saber quem é criadora ou quem é criatura[28].

A solução, porém, depende da concepção adotada: o *egologismo existencial* de CARLOS COSSIO, ao defender a noção do Direito como sendo a conduta humana na sua interferência intersubjetiva, afirma que a *norma jurídica* é o pensamento dessa conduta em liberdade, porque "a norma simplesmente diz que dado o fato de matar *deve ser* o fato de sua prisão".

O objeto, assim representado, é a conduta humana.

A norma, enquanto objeto, é um *conceito*, quer dizer, um objeto lógico e não um objeto real; o objeto real, representado, intelectualmente, por esse conceito, é certa conduta humana"[29].

Então, para essa escola, a *instituição*, tomada no sentido de organismo representativo de estratificações sociais[30], é *criador*.

A norma, nesses termos, além de ser o pensamento de uma conduta em liberdade, também é a estrutura lógica da experiência jurídica; a classe típica de *conceitos* de que se utiliza o jurista para mencionar a realidade jurídica no conhecimento científico ou, o que é o mesmo, é o modo de juízo com que opera seu intelecto ao formar aqueles *conceitos*.

HERNÁNDEZ GIL pode afirmar, nessa mesma linha, que as *instituições* oferecem sempre certa base objetiva, autônoma, não dependente por inteiro da ordenação legal nem dúctil às criações subjetivas do intérprete.

---

28. Hauriou, Maurice. *La teroria de la institución y de la fundacion*. Trad. Por Arturo Enrique Sampay. Buenos Aires: Abeledo-Perrot, 1968, p.36

29. cf. Cossio, Carlos. *La teoría egológica del derecho y el concepto juridico de libertad*, 2ª ed., Buenos Aires: Abeledo Perrot, 1964, p.531; *La valoración jurídica y la ciencia del derecho*, Buenos Aires: Ediciones Arayu, 1954, p.61.

30. cf. Hernández Gil, Antonio. *Estruturalismo y derecho*. Madrid: Alianza Editorial S.A. p. 36

Nelas, ou através delas, afloram setores da realidade social que pressupõem uma conformação jurídica a que elas mesmas dotam de sentido.

Reafirme-se, então: as *instituições jurídicas* são organismos representativos de estratificações sociais aos quais a ordem jurídica apreende e lhe outorga certos efeitos deônticos.

O *parentesco*, o *matrimônio* e a *filiação* são três exemplos de *instituição* apontados por esse autor para concluir que esses organismos podem funcionar como coordenadas *institucionais* separáveis e agrupáveis. Esses três podem ser reabsorvidos na *macroinstituição família*.

A *instituição jurídica*, por conseguinte, nada tem de abstrato. Forja-se, no campo da experiência jurídica, e trabalha elementos constitutivos do *instituto*, do *conceito* e da *categoria jurídicos*.

Não poderia ser outra a conclusão porque os juristas têm aceitado as afirmações: "*ex facto oritur jus*" ou "*da mihi factum, dabo tibi jus*" ou "*narra mihi factum, narro tibi jus*" ou "*ubi societas ibi jus*", porque todos sabem que "as regulamentações legais dos institutos jurídicos surgem depois de seu aparecimento, reafirmando-os às vistas da sociedade, que os criou através dos usos e costumes. Daí o fato de ser o Direito a própria vida humana em verdadeira ebulição. A atuação dos homens cria, modifica e extingue os fenômenos jurídicos"[31].

---

31. cf. Villaça Azevedo, Alvaro. *Contratos inominados ou atípicos*. São Paulo: Bushatsky, 1975 p. 3-4. No mesmo sentido, lê-se, em Santi Romano: "Si de vida y de evolución se quiere hablar, incluso en cuanto a aquellos de sus elementos que son las normas jurídicas, no hay que olvidar que se trata de una vida y una evolución que las afectan, las tocan y las animan a condición y en la medida en que en ellas se manifiestan la vida y la evolución de la institución: solo ésta, en su conjunto, y no escindida en sus partes esenciales, tiene una vitalidad y una idoneidad para evolucionar" – cf. *Fragmentos de un diccionario jurídico*. Trad. de Santiago Sentís Melendo y Marino Ayerra Redín. Buenos Aires: Ediciones Jurídicas Europa-América. 1964, p.210-211.

Essa ebulição, naturalmente, é responsável por uma evolução causadora de alterações na vida. É a adaptação sofrida pelas *instituições* que, no plano jurídico, deve operar para evitar o atraso do Direito em relação a outros fenômenos sociais, inibindo "*a revolta dos fatos contra os Códigos*", porque os desajustamentos da ordem jurídica, no terreno das relações privadas que os homens travam a cada instante de sua vida, podem acentuar-se, embora não se deva "*tomar toda novidade por um progresso*", mas não se deve descurar de que é significativo o ocorrido com o *contrato* porque nada mais possui daquela *stipulatio* romana, "não obstante, ainda o consideramos como se assim fora, englobando nesse vocábulo elástico vários atos jurídicos que ao *contrato* se assemelham tão só porque igualmente exigem o inicial concurso de vontades"[32].

Essa adaptação das *instituições*, como obra dos juristas, ocorre pelo método da galvanização de instituições obsoletas mediante recursos técnicos, conservando a vida de organismos decrépitos, reanimando-os com o emprego de "*conceitos amortecedores*"[33], tais como o princípio da "*culpa in contrahendo*", gerado por IHERING a partir de suas dúvidas sobre a responsabilidade de quem erra perante a outra *parte*. Intuiu, assim, a partir de estratificações sociais, a existência de uma lacuna no direito positivo e a sua análise da *realidade* conduziu ao entendimento jurídico de que uma *culpa* na *conclusão do contrato* deveria conduzir a uma responsabilidade análoga à *culpa contratual*, sem que o causador do dano pudesse alegar a sua liberação pelo fato de que o contrato não se teria formado.

---

32. cf. essas ideias em Gomes, Orlando. *A crise do direito*. São Paulo: Max Limonad, 1955, p. 14-24.

33. expressão cunhada por Gomes, Orlando para designar "aquelas noções que adaptam a lei ao fato toda vez que se chocam. Tais são: a) o abuso de direito; b) o abuso de poder econômico; c) a lesão e d) a imprevisão". Cf. *A crise do direito*, cit., p. 128.

O seu entendimento de que o direito é um organismo vivente que nasce e cresce segundo uma própria historicidade, não reconduzindo, imediatamente, à vontade humana, mostra o novo horizonte aberto da escola histórica, segundo a qual o direito aparece como uma realidade que o homem cria, embora não possa modificar arbitrariamente[34].

Consequentemente, as suas reflexões, de que resultaram a formulação do princípio da "*culpa in contrahendo*", exposta ao mundo jurídico em 1861, pode ser resumida, assim: quem contrata passa de um estado puramente negativo de deveres do negócio extracontratual, ao estágio positivo da esfera contratual; desde o território da mera "*culpa in faciendo*", ao da "*culpa in non faciendo*" e ao da "*diligentia*" positiva, sendo a primeira obrigação geral que assume com ela a de empregar na mesma contratação a diligência necessária.

Por isso, as regras sobre a culpa não devem proteger simplesmente as relações contratais existentes, senão, também, as nascentes.

Se o negócio contratual não deseja mostrar uma especial sensibilidade para uma das partes, então, em todo contrato deve valorar-se, ao menos, o perigo de converter-se em vítima da negligência alheia. Logo, os deveres contratuais equiparam-se, por esse entendimento, aos deveres extra e pré-contratuais.

O *contrato*, portanto, — considerado o direito romano, tomado este sistema jurídico como ponto de partida para a análise da formação de sua noção e consideradas essas construções doutrinárias — é uma *instituição* porque veio formando-se dentro de uma realidade complexa, desde a sua

34. cf. *Il momento della colpa nel diritto privato romano*. Trad. dal tedesco e nota di lettuta di Fusillo, Francesco. Napoli: Jovene Editore, 1990, p.xiv. Cf., também, Larenz, Karl. *Metodologia da ciência do direito*, 8ª ed. Trad. José Lamego, revisão Ana de Freitas. Lisboa: Fundação Calouste Gulbenkian, p. 599-606.

categorização na "*stipulatio*" do direito romano, até agora, quando se resume nessa realidade complexa, não linear, de progressiva captura das operações econômicas por parte do direito moderno[35].

Vale lembrar SANTI ROMANO[36]: somente a *instituição*, no seu conjunto, e não cindida em suas partes essenciais, tem uma vitalidade e uma idoneidade para evoluir.

BRODERICK[37], examinando a noção de *instituição* de MAURICE HAURIOU, nas suas relações com o *contrato* no direito positivo francês, assevera que essa noção pode ser comparada ao *contrato*, porque as energias liberais do *contrato* têm sido, largamente, utilizadas pelas sociedades avançadas.

Esse pensamento é aceitável considerando que confirma o fato de, antes da sistematização de quaisquer regras jurídicas, a garantia primitiva dos contratos foi coletiva e prestada pela família, ou pelo burgo, pela cidade ou pelo Estado, visto que desde a mais alta antiguidade o respeito às convenções era um preceito de religião[38].

2.1.1.2 Contrato como instituto jurídico

O *contrato* é, outrossim, um *instituto jurídico*, enquanto conjunto de normas que se aplica às relações jurídicas cujo fato propulsor seja um concurso de vontades.

35. cf. Roppo, Enzo. *O contrato*. Trad. Ana Coimbra e M. Januário C. Gomes. Coimbra: Livraria Almedina, 1988. P.15

36. cf. *Fragmentos de un diccionario juridico*. Trad. de Santiago Sentís Melendo e Marino Ayerra Redín. Buenos Aires: Ediciones Jurídicas Europa-América., 1964, p.210-211.

37. cf. Broderick, J. A. *La notion d'institution de Maurice Hauriou dans ses rapports avec le contrat en droit positif français*. In. Archives de philosophie du droit, nº13 – sur les notions du contrat. Paris: Sirey, 1968. p.143-160.

38. cf. Carvalho de Mendonça, Manoel Ignacio. Doutrina e pratica das obrigações ou Tratado geral dos direitos de credito, 3ª ed. – aumentada e atualizada pelo advogado J.M. Carvalho Santos, tomo II, Rio de Janeiro: Livraria Editora Freitas Bastos, 1938. p.138-143.

Assim, ele é um complexo de normas que se pode encontrar em qualquer área do Direito — fala-se, até, de *contrato administrativo* — mas, é no denominado "*Direito Privado*" em que ele guarda as suas peculiaridades de negócio jurídico bilateral, ou plurilateral, no qual, desde o equilíbrio entre as partes, até o regime jurídico infenso às chamadas "*regras exorbitantes*", encontra-se em todos os seus campos, especialmente, no Direito Civil cujo conteúdo é-lhe receptivo: o Direito das Obrigações, o Direito das Coisas, o Direito de Família, o Direito das Sucessões.

Instituto jurídico é um conjunto de *signos* peculiar da Ciência do Direito.

Consiste no *regime jurídico* de uma determinada *situação,* caracterizando-a em um sistema jurídico positivo através de regras que a disciplinam.

Essa *situação* é, sempre, resultado das estratificações sociais, por isso, pode dizer-se que o *instituto jurídico* consiste no regime jurídico próprio de uma determinada *instituição social* que, assim, passa a ser *instituição jurídica*.

LARENZ, arrimando-se em SAVIGNY, busca, neste, a ideia de que a fonte originária do Direito é a convicção jurídica do povo, o "espírito do povo", o *volksgeist*, e afirma que essa convicção traduzida nas *relações da vida* (o matrimônio, a *patria potestas*, a propriedade imobiliária e a compra e venda), reconhecidas como típicas do ponto de vista do Direito, na medida em que se pensam e organizam como uma ordem juridicamente vinculante, constituem os *institutos jurídicos*.

A expressão "*relações da vida*" traduz bem a noção de *instituição* e o discurso referente ao pensamento e a organização delas como uma ordem juridicamente vinculante, para caracterizar o *instituto*, vem a propósito do que, aqui, definiu-se como tal.

O *instituto jurídico contrato* é o regime jurídico de uma prática social — a do acordo de vontades — que, pela sua peculiaridade, não se aplica a outras modalidades de concurso de vontades que não revele todos os elementos que são próprios do contrato e que são constitutivos de sua categoria.

A Doutrina já toma esse regime jurídico como uma *pragmática* da comunicação jurídica já que se refere a ele, sempre, falando em *instituto*[39], por isso, trata-o, corriqueiramente, como a um *signo* familiar dessa comunicação.

Buscam-se — cada vez que ele é aplicado na linguagem jurídica — as normas que dispõem sobre a aproximação de duas pessoas livres, predispostas a compor interesses divergentes ou contrapostos, mediante acordo de vontades, por via do qual se predetermina, após negociações preliminares, o conteúdo da relação jurídica que cria direitos subjetivos e deveres, autolimitando, cada qual, sua liberdade[40].

MESSINEO[41] examina o tema do *contrato*, como *instituição* e como *instituto*. Não distingue *instituto* e *instituição* entre si, porque dá os dois termos como alternativa um do outro e toma posição contrária ao pensamento de que exista qualquer nexo entre esses termos, *contrato* e *instituição*, porque, em verdade, diz ele, o *contrato* dá lugar a uma

39. cf. Gomes, Orlando. *Elegia do código de Napoleão*. Bahia: Tipografia Naval, 1940, p.4. Idem. *O direito privado nos países socialistas – III o contrato*. In. A crise do direito. São Paulo: Max Limonad, 1955, p.267. Dantas, San Tiago. *Programa de direito civil II – aulas proferidas na Faculdade Nacional de Direito – fim de 1943 – 1945 – os contratos*. Revisão de textos e anotações de José Gomes de Bezerra Câmara. Rio de Janeiro. Editora Rio – Sociedade Cultural Ltda. 1978, p.210., p.149. Santos Briz, J. *Derecho económico y derecho civil*. Prólogo del Prof. José Beltrán de Hereda. Madrid: Ediorial Revista de Derecho Privado, 1963, p.97. Costa, Mário Júlio de Almeida. *Direito das obrigações*. 7° ed. Coimbra: Livraria Almedina, 1998. Alterini, Atilio Aníbal; Ameal, Oscar José; Cabana, Roberto M. López. *Derecho de obligaciones – civiles y comerciales* – reimpresión. Buenos Aires: Abeledo-Perrot. 1995, p.653. Larenz, Karl. *Metodologia da ciência do direito*, 8ª ed. Tradução de José Lamengo. Lisboa: Fundação Calouste Gulbenkian, 2019. p. 13-19.

40. cf. Gomes, Orlando. *A função renovadora do direito*. In. Revista da Faculdade de Direito da Universidade Federal do Paraná, n°12, vol.12 – 1969. P.39-47.

41. cf. Messineo, Francesco. *Il contrato in genere*, tomo primo. Ristampa emendata. Milano: Dott. A. Giuffrè Editore. 1973, p.84-5.

instituição; ou seja, a um ordenamento jurídico; esse nexo revela-se, também, à luz do simples bom senso, como um excesso evidente, pois, do ponto de vista do autor, a locução *instituto* não pretende reconhecer uma efetiva unidade social, mas, sim, uma relação ou norma singular em vista da figura comum e de caráter típico do *contrato*.

Ora, por tudo que se disse, neste trabalho, linhas supra, há divergência entre o pensamento, aqui, exposto e esse do renomado civilista italiano e isto, pelos próprios fundamentos do arrazoado acima.

2.1.1.3 Contrato como conceito jurídico

Este trabalho não se propõe a estudar o *conceito*, como um *signo*, mas, sim o "*conceito contrato*", ou seja, o conjunto dos elementos formadores da *ideia contrato*.

Se esse fosse o propósito, ter-se-ia de evidenciar a sua *essência*, o que resultaria em distingui-lo da própria *ideia*, no ponto em que passam a ser *essências* distintas

Distinguir, porém, entre *conceito* e *definição*, aqui, passa a ser necessário porque se pretende demonstrar que as normas de direito positivo que veiculam a figura do tipo *contrato* (definições jurídico-positivas), isto é, a "*facti species*", às vezes, não é fiel ao "*conceito contrato*" e, assim, ou é instrumento de uma *categorização* alheia; ou é mera *definição* de um objeto especificamente considerado em condições de tempo e de lugar, porém, também, alheios.

É o propósito quanto aos conceitos *contrato* e *pacto*.

Inicia-se, pois, a análise do *signo conceito*, com o objetivo de fixar em que significação ele é tomado para o efeito de designar, em *relação sintática* com o *signo contrato*, a denotação perseguida.

A noção elementar de *conceito* é a de que essa palavra é sinônimo de *ideia*. Contudo, esta formulação, em vez de simplificar, resultaria em tornar a situação complexa, seja porque o conteúdo semântico de *ideia* não é unívoco, seja porque, também, não o é o de *conceito*.

HEGEL identifica o sistema da *Lógica Subjetiva* com a Doutrina do *Conceito*, considerando-a vinculada aos temas da *Lógica Objetiva*, a qual ele dedicou ao estudo do *ser* e da *essência*.

O *conceito*, nestes termos, é a unidade do *ser* e da *essência* e, sob esse ângulo objetivo, a conclusão hegeliana é a de que se trata da forma de liberdade, pela qual o *conceito* é a *ideia*: "a *razão*, que é a esfera da *ideia*, é a verdade revelada a si mesma, onde o *conceito* tem a realização pura e simplesmente conforme a si e onde é livre na medida em que conhece o seu mundo objetivo na sua subjetividade, e esta naquele"[42].

Portanto, afirmar que *conceito* é a *ideia* não deixa de ser uma verdade, mas, não simplifica.

Retome-se o dito supra de que o conteúdo semântico de *ideia* não é unívoco.

Efetivamente, trata-se de palavra que, em campo filosófico, tem a acepção de uma "representação exemplar de uma coisa" e, assim, tem o sentido de algo que precede ao ser da coisa e "refere-se a ela à maneira de modelo ou arquétipo exemplar segundo o qual a coisa se produz na realidade. Assim, por exemplo, a concepção de uma coisa bela que o artista propõe-se realizar em sua obra, convém mais à denominação de *ideia*, porque é anterior à dita obra, ao modo de protótipo ideal da mesma. Esta maneira

42. cf. Hegel, G. W. F. *Science de la logique, deuxième tome, La logique subjective ou doctrine du concept, traduction, présentation et notes par Pierre-Jean Labarrière et Gwendoline Jarczyk*, ps.63/64.

de entender a *ideia*, folga recordá-lo, culmina no idealismo transcendente de PLATÃO[43].

E ainda, em linguagem vulgar, a palavra *ideia* toma-se como algo que precede e supera a realidade, que se considera como o ideal chegado a menos. Em troca, a concepção abstrata que se forma da essência de uma coisa já existente na realidade, não há de denominar-se *ideia*, senão *conceito* da dita coisa[44].

Se se entrar em KANT, então, será mais evidente a demonstração de que se deve evitar a simplificação a que se reportam as linhas anteriores. Em termos kantianos, os *conceitos* têm abrangência cognoscitiva, enquanto que a *ideia* não o tem, porque está para além de toda a experiência possível, dada a sua função reguladora, algo de que nos devemos aproximar cada vez mais, sem nunca a atingirmos em definitivo[45]. Por isso, os neo-kantianos, filósofos do Direito, fazem uma distinção entre *conceito* de Direito e *ideia* do Direito.

Face a todo o exposto, melhor será buscar a formação do *conceito* em suas vinculações com o *signo*, pois esta é a finalidade da premissa na qual se baseia a tese, aqui, em demonstração.

O *signo* linguístico é a associação de um significante (palavra, imagem, som) e de um significado (*ideia, conceito*) e deve haver concordância entre estes dois elementos[46],

43. Para uma notícia resumida das relações entre *conceito* e *idéia*, na Antiguidade, na Idade Média e modernamente, cf. Brito, António José de, *Introdução à filosofia do direito*, Porto: Res Editora Ltda. p.272/273.

44. cf. Puigarnau, Jaime M. Mans. *Lógica para juristas*, Barcelona: Bosch Casa Editorial S.A. 1978. p. 39.

45. Kant, Immanuel. *Crítica da razão pura*, trad. de Manuela Pinto dos Santos e Alexandre Fradique Morujão, 2ª ed., Lisboa: Fundação Calouste Gulbenkian. 1989. ps. 521/562. Nºs. A 625-640; B669-690-718.

46. cf. Claret, Jacques. *L'idée et la forme*, Paris: Press Universitaire de France. 1979, p. 24.

porque na determinação do *conceito* há aspectos comportamentais (*pragmáticos*) de toda uma dada população e há aspectos de forma de expressá-lo com exclusividade em mensagem escrita, verbal, gestual, sonora, visual (*linguagem*).

Essa busca conduz a premissas da formação do *conceito*, dentre as quais avultam:

a) ser ele uma das formas elementares do pensamento;

b) ter ele funções no pensamento.

O *conceito* é uma das três formas elementares do *pensamento*, ao lado do *juízo* e do *raciocínio*.

Daí já se ter dito que o *conceito* é a representação mental de um objeto e elemento fundamental do *juízo*[47]; ou, então, que o *conceito* é a soma de uma larga série de *juízos*[48].

Mas, seja algo diverso, ou seja, elemento do *juízo*, importa que não somente por esse caminho ele se liga ao *pensamento*.

Um outro é o das funções que lhe cumprem no *pensamento*: *uma* delas é a de que o *conceito* é a condição necessária para a compreensão dos *juízos*; *uma outra* é a de que consiste na sua capacidade de transparecer na *ideia*, um resultado mais ou menos completo, uma soma de conhecimentos.

Por esses caminhos chega-se, na busca, a encontrar uma definição de *conceito* que atende aos objetivos, aqui, procurados: O *conceito* é o *pensamento* que se forma sobre um objeto, consistindo em uma representação mental desse objeto extraída da experiência, através da abstração.

---

47. cf. Peñuela, Armando Martínez. *Curso general de logica juridica*, Caracas: Editorial Buchibacoa, 1980. p. 43

48. cf. Gorski, Asmus, Tavants, Stempkóvskaia e Glagóliev. *Logica*, traducción directa del ruso por Augusto Vidal Roget. Mexico: Editorial Grigalaba S/A, 1959. p. 40.

Essa representação opera-se mediante a associação de propriedades (significado) de um objeto a palavras (significantes), do que resulta o *signo*.

Essa atividade do espírito em que ele atinge ou apreende uma coisa[49], mostra o processo integrativo da *linguagem* com a presença de um dos seus mais destacados *símbolos*, a língua ou idioma, que, considerada como um sistema, por SAUSSURE[50], faz realçar "a importância das relações que ocorrem entre grupos associativos no interior da própria língua".

Tais relações apresentam-se em dois níveis: em primeiro lugar, existem os grupos associativos *in absentia*, isto é, as classes de unidades disponíveis na memória. Nesse sentido, cada elemento linguístico provoca imagens de outros elementos, tanto na pessoa que fala, quanto na que ouve. A palavra "*ensino*", por exemplo, desperta associações como "*ensinar*", "*educação*", "*aprendizagem*", etc. Essas associações são assim chamadas de relações *in absentia*, porque vêm à tona na ausência desses outros *signos* e cada classe de unidades formadoras das relações desse tipo, o autor chama de *eixo paradigmático*.

A outra relação é *sintática*. Constitui o que ele chama *eixo sintagmático*. Consiste esse segundo nível de relações no "fato de que todo elemento da língua está em relação com outros, formando cadeias de enunciados, falados ou escritos.

Tais relações em cadeia formam-se *in praesentia*, constituindo os *sintagmas*, ou seja, unidades maiores que agrupam outras menores".

---

49. cf. Maritain, Jacques. *Elementos de filosofia II: a ordem dos conceitos: lógica menor (lógica formal)*. Trad. De Ilza das Neves, 12ª ed. Rio de Janeiro: Agir. 1989. p. 41.

50. cf. *Os pensadores - capítulo 73 - Saussure, Jakobson, Hjelmslev, Chomsky*, ps. 968/969.

Essas características classificatórias e sistemáticas são típicas do *pensamento* jurídico e da *interdisciplinaridade* que o infesta, modernamente.

CANARIS[51], no livro que resultou da conferência proferida em 20.07.1967, no âmbito do seu processo de habilitação perante a Faculdade de Direito da Universidade de Munique, lembra que a questão do significado da *ideia* sistema para a Ciência do Direito é dos temas mais discutidos da metodologia jurídica.

Refere-se a VIEHWEG, para quem o Direito só na aparência comportaria uma estrutura sistemática, porque a Ciência do Direito deveria ser entendida como um processo especial de problema, mas, repita-se: refere-se a VIEHWEG para esclarecer que, mesmo ele, teve esses argumentos, mas, atingiram tão somente um certo tipo de sistema: o axiomático-dedutivo; afinal, sistemas concebidos como fechados em si mesmos são impróprios, porque, na pretensão de pureza, não traduzem a unidade interior e a adequação de uma ordem jurídica exemplificando com STAMMLER, KELSEN e NAWIASKY que os desenvolveram.

Importante no seu pensamento, é que a ideia de sistema é a base de qualquer discurso científico com Direito, porque propicia um mínimo de racionalidade dogmática; permite a identificação das *instituições* com sistemas de ações e de interações e a do Direito como um sistema de comunicações; demonstra a necessidade do apoio sociológico da estruturação jurídica.

Exaltadas, assim, as excelências da *ideia* sistema no Direito, CANARIS, toma a definição clássica de KANT: *sistema* é um conjunto de conhecimentos ordenado segundo *princípios* e, comparando-a com outras que arrola, aponta

51. cf. Canaris, Claus Wilhelm. *Pensamento sistemático e conceito de sistema na ciência do direito*. Trad. Antonio Menezes Cordeiro. Lisboa: Fundação Calouste Gulbenkian. 1989. ps. 5 e segs.

nelas duas características de que lhes emergiram: a da *ordenação* e a da *unidade*, para, em seguida, examinar até que ponto o Direito os possui, concluindo por afirmar que o *ordenamento*, de acordo com a sua derivação a partir da regra de justiça, tem natureza valorativa, assim, também, o sistema a ele correspondente só pode ser uma *ordenação axiológica* buscando, neste sentido, realizar escopos e valores, representando a tentativa de captar e traduzir a unidade e a *ordenação* de um determinado âmbito material com *meios racionais*.

O *sistema*, nestes termos, possui *elementos constitutivos* nos quais se tornam perceptíveis a unidade interna e a adequação da ordem jurídica são, enfim, os *valores* já referidos que tornam claras as conexões interiores, as quais não podem ser idênticas à pura soma deles; são valores *fundamentais* mais profundos, ou sejam *princípios gerais* duma ordem jurídica, através dos quais apura-se, por detrás da lei e da *ratio legis, a ratio iuris* determinante.

"O *sistema* deixa-se, assim, definir como uma *ordem axiológica* ou teleológica de *princípios gerais* de Direito". Esse aspecto *axiológico* deixa claro que a conexão não é somente dos *princípios*, entre si, mas, sim, em parte, também, as conexões da vida, dos valores, dos *institutos*, etc.

A *interdisciplinaridade*, por sua vez, é uma exigência desta época tecnológica que coloca à prova a autossuficiência dos saberes jurídicos[52].

Esta a razão de algumas Constituições, desta fase do *direito constitucional*, o *da cidadania*, terem incluído, entre os *princípios* veiculadores de *direitos fundamentais*, o da *dignidade da pessoa humana*. Ele é um dos *princípios* constitutivos da *teoria geral do contrato*.

52. cf. Souto, Cláudio. *Ciência e ética no direito - uma alternativa de modernidade.* Porto Alegre: Sergio Antonio Fabris Editor, 1992 ps. 7/18.

Pois bem: desde 1905, DEL VECCHIO[53] festeja as noções integradas de *conceito* e de *sistema*: "reunir a multiplicidade dos fenômenos segundo vínculos conceituais, constitui o *ser* da ciência. O saber científico é por sua natureza sistemático; e um *sistema* somente é possível mediante *conceitos*".

Os *conceitos* jurídicos são, consequentemente, a forma com que os juristas manejam o conjunto de preceitos sobre uma situação.

Esse manejo implica *interdisciplinaridade*, porque a lógica dos conceitos jurídicos corresponde à lógica das relações sociais[54], advertidos, porém, de que essa verdade não se reduz a um tratamento de lógica de classes elaborada ou proposta por lógicos ou matemáticos que resulte no já condenado *logicismo*[55].

Basta ao jurista, para pôr ordem no seu *pensamento* (lógica dos conceitos jurídicos), socorrer-se dos princípios da *Lógica* (leis do *pensamento* correto[56]), bem assim, socorrer-se da teoria dos *signos* que é o objeto da *Semiótica*. Lógicos-matemáticos jamais poderão oferecer, pelos seus cálculos de predicados e por outras técnicas típicas do seu mister, o entendimento de como operam, *realmente*, os juristas e de como os homens de uma certa família cultural vêm administrando, entre si, justiça[57].

---

53. cf. Del Vecchio, Giorgio. *Supuestos, concepto y principio del derecho – trilogia.* Barcelona: Bosch Casa Editorial Urgel, 1992. p. 74.

54. cf. Pachukanis, Evgeny Bronislavovich. *Teoria geral do direito e marxismo.* Trad. Silvio Donizete Chagas. São Paulo: Editora Acadêmica, 1988. p. 56

55. *Direção filosófica, assim definida por* Carnap, *que acentua, exageradamente, o aspecto lógico.* Cf. Klug, Ulrich. *Lógica jurídica.* Trad. J. C. Gardella. Bogotá: Editorial Temis, 1990. ps. 247 e segs.

56. cf. Coelho, Luís Fernando. *Lógica jurídica e interpretação das leis.* Rio de Janeiro: Forense, 1979. ps.76 e segs.

57. cf. Le Pera, Sergio. *La naturaleza jurídica.* Buenos Aires: Ediciones Pannedille. 1971. p. 23.

A *Lógica* e a *Semiótica* são ancilares da Ciência "*stricto sensu*" do Direito:

A *Semiótica* esclarece que toda afirmação do homem, ao emitir seu *pensamento*, é um *signo* ou é um *conjunto de signos.*

Esses *signos* propiciam três relações: a *semântica,* a *sintática* e a *pragmática.*

A relação *semântica* denota que o *signo* revela o conteúdo de um objeto, fornecendo-lhe o *significado* e demonstrando que um *signo* pode veicular *significados* de mais de um objeto, sendo, por isso, necessário examinar a relação, entre si, que os *signos* mantêm (relação *sintática*), a ponto de diminuir as ambiguidades que, disso, possam resultar.

Contudo, ainda, é possível resultar mais de um sentido, mesmo com a *sintaxe.*

Então, busca-se, na relação entre o *signo* e o sujeito que o utiliza, a dissipação dos equívocos.

Essa última relação é a que se denomina de *pragmática* ou comportamental, ou seja, através dessa relação é possível identificar o conteúdo *semântico* de um *signo*, pois a habitualidade de sua utilização, em um mesmo sentido, no contexto de uma *linguagem*, credencia o *receptor* da mensagem a decodificá-la com proximidade da precisão[58].

Mas, a *linguagem*, para aproximar-se, o mais que possível, dessa precisão, pressupõe a disciplina do *pensamento* que o *emissor* da mensagem deseja transmitir ao *receptor* e é nesse ponto que entra a *Lógica*.

---

58. Efetivamente, hoje, pode-se contar mais de uma dezena de obras, no mundo todo, nessa linha, a exemplo daquelas que foram escritas por Jean-Louis Sourioux, Pierre Lerat, Wright, Carlos S. Nino, Genaro R. Carrió, Luis Alberto Warat, Jesus Prieto de Pedro, Victoria Iturralde Sesma, Vernengo, Farrell, Guibourg, Soler, Klug, Bobbio, Paul Amselek, Angiola Filipponio, Riccardo Guastini, Amedeo Conte, Tecla Mazzarese, Uberto Scarpelli, Tarello, Wroblewski, Alf Ross, dentre outros.

Dir-se-á que a vida não é lógica, bem assim, que a interpretação jurídica é, sempre, de natureza *axiológica*, por força da "valoração objetivada nas proposições normativas".

Ora, exatamente, por isso, é que se torna necessária a disciplina do *pensamento* na *interpretação* das normas jurídicas, mediante a aplicação dos *princípios* da *Lógica* que são quatro: o de *identidade*, o de *contradição*, o do *terceiro excluído*, o da *razão suficiente*.

Dir-se-á, outrossim, que essas *leis do pensamento correto* implicam a *interpretação jurídica* pelo ângulo lógico-formal, o que redundaria em uma contradição para quem festeja — como aqui se faz — o Direito como *objeto cultural*, ao falar-se de *ordenação axiológica* e, portanto, apropriado a um tratamento de *lógica transcendental*.

Esse dito, porém, perde o cabimento, na medida em que é verdadeiro reiterar: qualquer afirmação do homem é um *signo* e, diversidade de seu conteúdo *semântico*, é preciso escoimá-lo dos equívocos.

Então, mesmo em sede de *lógica transcendental* não se prescinde dessas *leis do pensamento correto* e *mesmo* em sede de *interpretação jurídica* ou, *sobretudo*, em sede de *interpretação jurídica* que se presta, e muito, à *teoria do acho*[59], pela qual essa *interpretação* fica à mercê de uma relação comportamental (*pragmática*) que se desprestigia à luz de um tratamento científico do estudo do *objeto cultural*, o Direito, à medida em que os juízos, na *teoria do acho*, ficam subordinados às preferências por conclusões favoráveis a certos segmentos da vida social, uma vez que, cada intérprete, *acha*, na norma jurídica, o que convém ao respectivo segmento.

---

59. cf. Brito, Edvaldo. Limites da revisão constitucional. Porto Alegre: Sergio Antonio Fabris Editor, 1993, p. 12.

Assim, lembre-se:

> o princípio da *identidade* afirma que um *ser* é sempre idêntico a si mesmo e não ao seu contrário: "*o que é, é, o que não é, não é*"; para encontrar essa *identidade* investigam-se os elementos componentes de cada *ser*;
>
> o da *contradição* afirma que "*o contrário do que é verdadeiro é falso*" porque o mesmo *ser* não pode, ao mesmo tempo, *ser* e *não-ser*;
>
> o de *terceiro excluído* consiste em que, entre duas proposições contraditórias, não há outra opção entre a verdadeira e a falsa;
>
> o da *razão suficiente* "afirma que nada ocorre sem que haja uma causa ou razão determinante, isto é, que tudo o que é tem sua razão de *ser*, todo o real é racional"[60].

Por todo o exposto, conclui-se que a distinção que adiante se fará, entre o *contrato* e outras *categorias* — o *pacto*, por exemplo — somente, é possível de alcançar, através da relação *pragmática* existente na comunicação do *pensamento civilista*, nele incluído o normativo, respeitados, sempre, os princípios da Lógica quando se fizer a análise da relação semiótica.

Definido, como o foi, o *conceito*, tornou-se, assim, necessário, para escoimá-lo de noções correlatas; tais são a *categoria*, o *instituto*, a *instituição* e o *sistema* jurídicos.

Acrescente-se que a sua posição, no contexto desses *signos* — se estabelecidos planos do menor para o maior — é a do plano mais elevado.

Resta examinar, quanto ao *conceito*, então, a posição que lhe foi dada, ao rés do início da gradação. Mas, esse nível em que o coloca HERNÁNDEZ GIL[61] é contestado, por esse mesmo autor, em argumentação dialética, que ele desenvolve, quando lembra que, do *conceito*, faz-se uso a

---

60. Cf. Coelho, Luís Fernando. *Ibid.* ps.76 e segs.

61. *Ibid.*, p.36

diferentes escalas, porque o *conceito* é susceptível de representar unidades de significação inferiores às *instituições*, mas, nem sempre ele é unidade mínima. Tudo há de depender do conteúdo que se lhe assinale.

Efetivamente, na sua definição, o *conceito* inclui a circunstância de ser ele susceptível de decomposição em elementos que, por vezes, são, propriamente, outros *conceitos*, tal como se demonstrará, infra.

O propósito anunciado supra é o de livrar o *signo conceito* da coima de entidade imprecisa a ponto de ter sido confundido com as noções similares ou com as correlatas (*ideia*, *sistema*, *categoria*, *instituto*, *instituição*).

Cite-se, aqui, por todos, EROS GRAU[62] no seu entendimento de que "o conceito é produto da reflexão, expressando uma *suma de ideias*"[63].

É bom lembrar, aqui, o que os juristas chamam "*os conceitos jurídicos indeterminados*".

ENGISCH[64] arrola o tema sob a denominação de o Direito dos Juristas, entendendo-o, como tal, "um conceito cujo conteúdo e extensão são em larga medida incertos", afirmando que "os conceitos absolutamente determinados são muito raros no Direito", porque os conceitos jurídicos são predominantemente indeterminados pelo menos em parte.

62. cf. *Direito, conceitos e normas jurídicas*. São Paulo: Editora Revista dos Tribunais, 1988. 55-114; *Elementos de direito econômico*. São Paulo: Ed. Revista dos Tribunais, 1981, p.96. *O direito posto e o direito pressuposto*. São Paulo: Malheiros Editores. 1996. p. 143-150.

63. cf. Grau, Eros Roberto. *O direito posto e o direito pressuposto* p. 144 e 146.

64. cf. Engisch, Karl. *Introdução ao pensamento jurídico*. 6ª ed. Tradução de J. Baptista Machado. Lisboa: Fundação Calouste Gulbenkian. 1983, p. 205.

Contudo, apoiado em PHILIPP HECK, lembra que é possível distinguir nos *conceitos jurídicos indeterminados* um *núcleo* conceitual e um *halo* conceitual.

O *núcleo* é a noção clara do conteúdo e da extensão do conceito, mas, quando as dúvidas começam, então, inicia-se o *halo* do conceito, a exemplo de saber-se em que devem consistir "*as medidas apropriadas*" a serem tomadas pelo juiz, relativamente ao acusado, para evitar que ele se afaste para longe (§231 do Cod. Proc. Penal alemão), por isso que, muitos dos conceitos *indeterminados*, são *conceitos normativos*.

É nessa toada que LARENZ[65] afirma ser necessária uma regulação identificável, quando se tratar de conceito em cujo conteúdo a relação de sentido subjacente, a essa regulação, é expressa e necessariamente abreviada.

Esclarece GARCÍA DE ENTERRÍA[66] que esses "conceitos" são consubstanciais a toda a técnica jurídica e se contêm no que, também, chamam-se *normas flexíveis*. "São conceitos jurídicos indeterminados, no sentido de que a medida concreta para a aplicação dos mesmos em um caso particular, não os resolve ou determina com exatidão a própria lei que os tenha criado e de cuja aplicação trata". É o exemplo da *boa-fé*.

Conclua-se que o *contrato* é um *conceito* determinado, porque exprime a *ideia* de um acordo de vontades *declaradas* ou expressas mediante *conduta social típica*, com o objetivo de fazer nascer um *vínculo* entre duas partes, uma com a prerrogativa de exigir de outra uma *prestação*, cujo objeto é aferível no plano econômico e essa outra parte com o dever satisfazê-la.

---

65. cf. Larenz, Karl. Metodologia da ciência do direito 8ª ed. Tradução de José Lamego. Lisboa: Fundação Calouste Gulbenkian. 2019, p.686.

66. cf. García de Enterría, Eduardo. *La lucha contra las inmunidades del poder*, 3ª ed. Madrid: Editorial Civitas S.A. p.32-42.

2.1.1.4. Contrato como categoria jurídica

Categoria é um *signo* que, também, não tem conteúdo *semântico* unívoco.

A noção remonta a ARISTÓTELES que a identifica como *predicado* da proposição, tendo ele elaborado uma lista de categorias, ou seja uma lista de *predicados* que se podem afirmar de um gênero proposto[67].

KANT[68] apresenta as *categorias* como *conceitos* que, em cada experiência, contêm a priori o *pensamento* puro.

Essas duas respeitáveis matrizes do *pensamento* filosófico fornecem matéria prima para a formação da noção de *categoria*, tanto que RADBRUCH atribui à "teoria geral do direito" a qualidade de disciplina puramente *categorial*, o que dá à ciência jurídica um caráter *finalista* em contraposição à sua posição, em certas épocas, como ciência *formalista*.

---

67. "*Examine-se também se existe algum outro gênero da espécie dada que nem abarque o gênero apresentado, nem, tampouco, se inclua nele. Suponha-se, por exemplo, que alguém afirmasse que 'conhecimento' é o gênero de justiça. Porquanto a virtude é também o gênero desta, e nenhum destes gêneros abarca o outro, de forma que o conhecimento não pode ser gênero da justiça, pois se admite geralmente que, sempre que uma espécie se inclui em dois gêneros, um destes é abrangido pelo outro. Entretanto, um princípio desta classe dá margem a que se suscite em certos casos uma dificuldade. Há, por exemplo, quem afirme que a justiça tanto é uma virtude como um conhecimento e que nenhum destes gêneros é abarcado pelo outro - embora, por certo, nem todos admitam que a prudência seja conhecimento. Se, todavia, alguém admitisse a verdade dessa asserção, haveria, por outro lado, o consenso geral de que os gêneros do mesmo objeto devem necessariamente ser subordinados um ao outro ou ambos a um terceiro, como em verdade sucede com a virtude e o conhecimento. Com efeito, ambos se incluem no mesmo gênero, sendo como é cada um deles um estado e uma disposição. Deve-se verificar, portanto, se nenhuma dessas coisas é verdadeira do gênero apresentado; porque se nem os gêneros são subordinados um ao outro, nem ambos a um mesmo gênero, o que foi* proposto não pode ser o gênero verdadeiro. *Examine-se, também, o gênero do gênero* proposto, *passando depois ao gênero próximo mais alto, para ver se todos se* predicam *da espécie, e se* predicam *na* categoria de *essência: pois todos os gêneros mais altos devem* predicar-se *das espécies nessa* categoria [...], cf. *Tópicos; Dos argumentos sofísticos;* seleção de textos de Pessanha, José Américo Motta; tradução de Vallandro Leonel e Gerd Bornheim, da versão inglesa de Pickard. W. A. - 4ª ed. ps.57 e segs.

68. *Ibid.*, p.132 (A 97).

O trabalho jurídico, nesses termos, não será de *averiguação do sentido das normas*, mas, sim, de *elaboração categorial* ou *teleológica desse sentido.*

E, aqui, também, reduz a noção à de *conceito*[69]. Contudo, essa redução não chega a tirar, desse autor, a percepção de que há um entrelaçamento das duas noções, na medida em que, aceitando que as *categorias* sejam predicados que se afirmem de referência a um gênero, os seus elementos são *conceitos*, isto é, *pensamentos* formulados, abstratamente, sobre esse gênero, ainda que ele os chame de *pré-jurídicos*[70].

As doutrinas das *categorias* não se pacificaram, ainda, sobretudo porque o vocabulário entre os filósofos é diferente, como bem observa RYLE[71], por isso, sempre comprometem noções afins[72].

---

69. "*aos dois tempos de todo o trabalho jurídico:* averiguação do sentido das normas *e, em segundo lugar,* elaboração categorial ou teleológica desse sentido - *interpretação, por um lado, construção e sistemática, pelo outro - correspondem agora duas espécies distintas de conceitos jurídicos. Dum lado, vêm a ficar os conceitos de que se compõem os preceitos jurídicos, especialmente os conceitos que correspondem a* situações de fato *tidas em consideração pela lei e que é missão da interpretação esclarecer - os chamados conceitos* 'juridicamente relevantes'. *Do outro lado, vêm a ficar os conceitos* construtivos e sistemáticos, *com os quais nos apoderamos do conteúdo normativo dos preceitos jurídicos, ou seja, os autênticos e genuínos* 'conceitos jurídicos'. *Os primeiros são predominantemente conceitos de fatos e seres, como, por exemplo,os de 'coisa', 'furto', 'intenção', etc.; os segundos são conceitos de direitos, de relações jurídicas e institutos jurídicos, como, por ex., os dos direitos e obrigações do comprador, ou o do instituto jurídico da compra e venda*", - Radbruch, Gustav. *Filosofia do direito*, tradução e prefácios do Prof. L. Cabral de Moncada, 6ª ed., ps.241/242.

70. "*Com relação aos conceitos* juridicamente relevantes, *a ciência jurídica não faz mais que apoiar-se, para os obter, em certos outros conceitos científicos anteriores, que são conceitos* pré-jurídicos. *Na verdade, a matéria da ciência jurídica não é de modo algum constituída por um conjunto de dados amorfos ou sem 'forma', mas por uma realidade já previamente moldada dentro duma 'forma' que lhe é dada por certos outros conceitos próprios de outras ciências, embora estranhos à do direito* (ausserrechtswissenschaftlich), *Id. Ibid.*, p. 242.

71. cf. Ryle, Gilbert et alli., *Categorias*. In. Ensaios; seleção de Oswaldo Porchat de Assis Pereira da Silva; traduções de Balthazar Barbosa Filho ... [et al.]. - 2ª ed. ps.23/35

72. cf. Teran, Manuel J. *Filosofía del derecho.* 3ª ed., Mexico: Editorial Porrua S.A. 1967. ps. 86/87.

Deve-se, contudo, reunir os elementos fornecidos por essas doutrinas e tentar uma *definição* de *categoria*, qual seja, a de um *conceito* cristalizado pela experiência, formado por predicados costumeiramente identificados em um determinado gênero, podendo servir, por isso, de elemento para compor outros *conceitos*.

Neste sentido, aceite-se o entendimento de de que a Ciência do Direito na dupla elaboração, que lhe incumbe, do seu objeto, cumpre uma delas, a *categorial*, quando opera com o objetivo de apresentar o Direito justamente como uma realização do *conceito Direito* e das *categorias* jurídicas nele contidas.

Conclua-se, então:

> o *contrato* é um *conceito*, enquanto se torna objeto de um *complexo de juízos*. Mas, é, por exemplo, uma *instituição*, enquanto apreciável como uma estratificação social; é um *instituto* quando se verifica a organização das "*relações de vida*" como uma ordem juridicamente disciplinada por um *feixe de normas jurídicas* típicas, as quais lhe identificam quando se busca efetivar o *conceito contrato* (complexo de juízos) como uma categoria por serem os elementos dessa tipicidade os seus *predicados*. O *contrato* sempre foi presente como prática social.

2.1.2 O conceito contrato. A distinção entre definição e conceito

Definição e *conceito são signos* de conteúdo *semântico* distintos.

Esta distinção é necessária porque se pretende demonstrar que as normas de direito positivo que se arriscaram a veicularem a figura do tipo *contrato* em *definições* jurídico-positivas não são fiéis ao "*conceito contrato*"[73],

73. cf. *Definições*: no *Código Civil francês* – "art.1101 Le contrat est une convention par laquelle une ou plusieurs personnes s'obligent, envers une ou plusieurs autres, à donner, á faire ou à ne pas faire quelque chose". No *Código Civil italiano* – "art.

porque sempre deixam de fora algum predicado que a *evolução* da noção de *contrato* absorve.

Já os Códigos Civis alemão (§305), brasileiro de 1916 (art.1.079), português de 1966 (art..405), paraguaio (art. 669), cubano de 1993 (art. 309), bem assim, o projeto de Código das Obrigações elaborado por CAIO MARIO DA SILVA PEREIRA (art. 288) e o texto de 2002 do Código Civil brasileiro, (arts. 421 e segs.) não fazem *definições* de contrato.

Essas *definições* são, muitas vezes, instrumentos de uma *categorização* alheia ao *conceito*, aqui, estudado; ou são, no mínimo, meras *definições* de um objeto, especificamente considerado em condições que se prestam, apenas, para um determinado tempo e lugar, por isso, também, alheias.

A *Lógica* ensina que há uma vinculação entre a *categorização* e o *conceito*. Tal ocorre quando se operam *definições* que *generalizam o conceito* a tão máxima extensão que se eliminam dele os caracteres que o identificam somente a um tipo específico e o assemelham, equivocadamente, a outras entidades jurídicas.

O *contrato* — já foi dito — é, pois, um *conceito* enquanto se torna objeto de um complexo de juízos; é uma *instituição*, enquanto apreciável como uma estratificação social.

1321- Il contratto è l'accordo di due o più parti [1420] per costituire, regolare o estinguire tra loro un rapporto giuridico patrimoniale [1174]. No *Código Civil português* de 1867: "contracto é o acordo, porque duas ou mais pessoas transferem entre si algum direito, ou se sujeitam a alguma obrigação".. No *Código Civil espanhol* – "art.1.254 – El contrato existe desde que una o varias personas consienten en obligar-se, respecto de otra u otras, a dar alguna cosa o prestar algún servicio". No *Código Civil argentino* – "art.1137. Hay contrato cuando varias personas se ponen de acuerdo sobre una declaración de voluntad común, destinada a reglar sus derechos". No *Código Civil uruguaio* - "art.1247. Contrato es una convención por la cual una parte se obliga para côn la otra, o ambas partes se obligan recíprocamente a una prestación cualquiera, esto es, a dar, hacer o no hacer alguna cosa. Cada parte puede ser una o muchas personas". No *Código Civil venezuelano* – "art.1133. El contrato es una convención entre dos o más personas para constituir, reglar, transmitir, modificar o extinguir entre ellas un vínculo jurídico".

Diga-se, agora, é uma *categoria*, enquanto apreciável como um *conceito* cristalizado pela experiência, formado por predicados costumeiramente identificados em um determinado gênero da *pragmática da comunicação normativa*; é um instituto por ser uma estratificação social disciplinada por um *feixe de normas jurídicas* típicas.

Por conseguinte, esse tipo de operação lógica de que se socorre, também, o legislador e, no seu caso, de modo temerário, tem a finalidade de indicar a *essência* dos objetos, mas, é passível de erros que, se não evitados, causarão ambiguidades, por vezes, insanáveis.

Superar essas ambiguidades é operação própria do cientista do Direito: o *legislador racional*, já referido supra.

O cientista tem de formular as *definições* e dele se exige que ponha de manifesto, em grau máximo, o conteúdo do *conceito* correspondente ao objeto definido. Mas, tal resultado somente se consegue quando a *definição* abrange os caracteres que são expoentes de sua *essência*. Daí o perigo da imprecisão, somente, evitada se observados os requisitos a que há de atender toda a *definição*. É a lição que se colhe em GORSKI[74], que lista esses requisitos:

a) a definição tem de ser proporcional, isto é, a noção que se quer dá ao objeto definido tem de ser igual à noção do objeto que serve para pôr de manifesto o conteúdo do objeto definido;

b) a definição não comporta círculo vicioso;

c) a definição tem de ser precisa, clara; há de estar isenta de ambigüidades. Não comporta metáforas, nem comparações, senão elementos rigorosamente delimitados por uma ou outra ciência;

74. cf. GORSKI, Asmus Tavants; Stempkóvskia; Glagóliev. *Lógica*. Trad. directa del ruso por Augusto Vidal Roget. México: ed. Editorial Grigalaba S/A, 1959. ps. 67/76.

d) a definição não pode ser negativa, salvo exceções em casos determinados.

São tais os requisitos porque a *definição* resolve problemas de cognição, na medida em que fixa os traços essenciais do objeto definido; na medida em que, também, diferencia o objeto definido dos objetos semelhantes.

A *definição*, enfim, participa do *conceito* porque ela o resume.

O *conceito* é o continente; a definição é parte do seu conteúdo e representa um processo relacionado com a operação denominada *limitação do conceito*, "graças à qual se restringe a extensão daquele, dando aos seus caracteres um novo caráter que se refere somente a uma parte dos objetos que abrange a extensão do dito conceito inicial".

Esta operação é o inverso daquela que antes se mencionou como sendo a *generalização do conceito* e na qual não se evitam ambiguidades, exatamente, porque nela se eliminam caracteres que pertencem somente a objetos que entrariam na extensão de um determinado *conceito* examinado.

Certo é que — repita-se, por necessário — a *generalização dos conceitos* conduz aos de máxima extensão que a *Lógica* denomina *categoria*.

Mas, em tais circunstâncias, trabalha-se com os limites da cristalização do *conceito* pela experiência.

É um *conceito* engessado em certo tempo e lugar: o *contrato*, o *tributo*, a *propriedade*, etc., são *categorias*, na medida em que são *conceitos* concretizados em determinada *pragmática*.

Uma teoria da *definição* implica superar dificuldades a que se referem OGDEN & RICHARDS[75], quais sejam:

a) definem-se objetos ou palavras?

b) toda definição, embora substitua símbolos, tem de ser enunciada numa forma que a faça parecer dizer respeito a objetos;

c) as definições são, essencialmente, *ad hoc*, porque são pertinentes a algum propósito ou situação e, por conseguinte, somente são aplicáveis a um campo ou universo de discurso restrito. Por isso, sempre que um termo é tomado fora do universo, converte-se numa metáfora e pode estar precisando de uma nova definição[76];

d) a definição constitui problema, cada vez que se contrasta a "intensiva" com a "extensiva", o qual se torna crítico com o uso dos termos "denotar" e "conotar".

A busca dessa superação, que consiste na capacidade de elaborar *definições*, somente chega às pessoas — tal como afirmam os autores ora citados — com a prática, como a cirurgia, o diagnóstico ou a culinária.

Nisso reside, precipuamente, a distinção entre *definição* e *conceito*, ainda que se relacionem, entre si: este é um complexo de juízos sobre um objeto, formado através da abstração, como uma representação mental extraída da experiência. Aquela é o resumo desse, elaborado para caracterizar, concretamente, traços essenciais do objeto

75. cf. Ogden, C.K. & Richards, I. A. *O significado de significado. Um estudo da influência da linguagem sobre o pensamento e sobre a ciência do simbolismo.* Rio de Janeiro: Zahar Editores, 1972. ps.124 e segs.

76. *Razão porque: é temerário o legislador veicular definições nas normas que expede, as quais têm de ser genéricas, abstratas, compulsórias, persistentes e, quanto à elaboração, plurais.*

definido e, ao mesmo tempo, diferençá-lo de todos os objetos semelhantes.

KLUG[77] lembra que, na *Lógica clássica*, emprega-se a expressão *definição* para indicar, também, a formação sintética de novos *conceitos* a partir de outros *conceitos* conhecidos; lembra, outrossim, que, na *Lógica Jurídica*, sua importância é decisiva quando se trata de fixar, com exatidão, o material inicial: somente a *definição* precisa dos *conceitos*, que aparecem nas premissas, permite praticar inferências controláveis.

Essa distinção, relativamente a um determinado objeto, impõe-se, porque formular-lhe um *conceito* e ou uma *definição*, com precisão, é tarefa científica e "os resultados das ciências somente são verdadeiros quando obedientes às normas lógicas do nosso pensamento"[78].

Há de perguntar-se, a esta altura, que espécie de *conceito é o contrato*?

Obviamente, a pergunta impõe a lembrança de que se falar sobre espécies de qualquer objeto é classificá-lo e esse processo consiste na distribuição dos objetos em classes de acordo com a semelhança que exista entre eles.

"A distribuição realiza-se de tal maneira que cada classe ocupa um lugar fixo e exatamente determinado em relação com as demais classes"[79].

Há uma alentada classificação dos *conceitos*[80] referenciada, por exemplo, quanto à *extensão* (universais e singulares); quanto ao *grau de abstração* (concretos e abstratos);

77. *Ibid.*, p. 117.

78. cf. Souza, Luiz Sérgio Fernandes de. *O papel da ideologia no preenchimento das lacunas no direito. São Paulo: Revista dos Tribunais, 1993*, p. 27.

79. cf. Gorski [et al.], *Ibid.*, p. 81.

80. cf., por todos, Gorski [et al.], *Ibid.*, ps.56/66 e Maritain, Jacques. *Ibid.*, ps. 55/68.

quanto ao *conteúdo e extensão* (comparáveis entre si: compatíveis e incompatíveis; incomparáveis. Todos esses admitindo sub-espécies).

Os limites desta exposição requerem a simplificação desse processo, aqui, feita na linha do pensamento de KANT quando ele distingue o conhecimento *puro* e o *empírico*[81].

---

81. Dê-se a palavra ao próprio Kant:
"DA DIFERENÇA ENTRE CONHECIMENTO PURO E CONHECIMENTO EMPÍRICO
Não resta dúvida de que todo o nosso conhecimento começa pela experiência; efetivamente, que outra coisa poderia despertar e pôr em ação a nossa capacidade de conhecer senão os objetos que afetam os sentidos e que, por um lado, originam por si mesmos as representações e, por outro lado, põem em movimento a nossa faculdade intelectual e levam-na a compará-las, ligá-las ou separá-las, transformando assim a matéria bruta das impressões sensíveis num conhecimento que se denomina experiência? Assim, *na ordem do tempo*, nenhum conhecimento precede em nós a experiência e é com esta que todo o conhecimento tem o seu início.
Se, porém, todo o conhecimento se inicia *com* a experiência, isso não prova que todo ele derive *da* experiência. Pois bem poderia o nosso próprio conhecimento por experiência ser um composto do que recebemos através das impressões sensíveis e daquilo que a nossa própria capacidade de conhecer (apenas posta em ação por impressões sensíveis) produz por si mesma, acréscimo esse que não distinguimos dessa matéria prima, enquanto a nossa atenção não despertar por um longo exercício que nos torne aptos a separá-los.
Há, pois, pelo menos, uma questão que carece de um estudo mais atento e que não se resolve à primeira vista; vem a ser esta: se haverá um conhecimento assim, independente da experiência e de todas as impressões dos sentidos. Denomina-se *a priori* esse conhecimento e distingue-se do *empírico*, cuja origem é *a posteriori*, ou seja, na experiência.
Esta expressão não é, contudo, ainda suficientemente definida para designar de um modo conveniente todo o sentido da questão apresentada. Na verdade, costuma dizer-se de alguns conhecimentos provenientes de fontes da experiência, que deles somos capazes ou os possuímos *a priori*, porque os não derivamos imediatamente da experiência, mas de uma regra geral, que todavia fomos buscar à experiência. Assim, diz-se de alguém, que minou os alicerces da sua casa, que podia saber *a priori* que ela havia de ruir, isto é, que não deveria esperar, para saber pela experiência, o real desmoronamento. Contudo, não poderia sabê-lo totalmente *a priori*, pois era necessário ter-lhe sido revelado anteriormente, pela experiência, que os corpos são pesados e caem quando lhes é retirado o sustentáculo.
Por esta razão designaremos, doravante, por juízos *a priori*, não aqueles que não dependem desta ou daquela experiência, mas aqueles em que se verifica absoluta independência de toda e qualquer experiência. Dos conhecimentos *a priori*, são puros aqueles em que nada de empírico se mistura. Assim, por exemplo, a proposição, segundo a qual toda a mudança tem uma causa, é uma proposição *a priori*, mas não é *pura*, porque a mudança é um conceito que só pode extrair-se da experiência."

Aquele não se retira da experiência, é "*a priori*"; este representa noções gerais que definem as classes de objetos dadas ou construídas[82].

O pensamento de KANT demonstra a importância da *pragmática* na construção dos *conceitos*, se todos começam pela experiência e se nenhum conhecimento precede em nós a experiência, ainda que os possamos ter *a priori*.

Afirme-se, então, que o "*conceito contrato*" é uma espécie do *conhecimento*, preponderantemente, *empírico*, dado que se formou, *na ordem do tempo*, pela *experiência* e por todas as impressões dos sentidos, mas, não é, meramente, *empírico a posteriori*, uma vez que já o possuímos *a priori* por derivar-se de uma regra geral, ainda que encontrada na *experiência*.

Prova-o a sua possibilidade de apreciação como *instituição*, como se expôs supra.

Identificar o "*conceito contrato*" como uma dessas espécies kantianas do *conhecimento* é fundamental para compor os seus *elementos constitutivos*.

2.1.2.1 Elementos constitutivos do "conceito contrato"

Os elementos de um *conceito* são as partes que o constituem.

São tanto as suas propriedades essenciais como as acidentais, todas elas consistem em um conjunto de caracteres, "cada um dos quais, tomado de per si, é *necessário* para distinguir o objeto dado, dos demais, de tal modo que todos juntos são *suficientes* para dita distinção".

82. cf. Lalande, André. *Vocabulário - técnico e crítico - da filosofia, I vol.*, trad. de Fátima Sá Correia, Maria Emilia V. de Aguiar, José Eduardo dos S. Torres e Maria Gorete de Sousa; coordenação de António Manuel Magalhães. Porto: RES-Editora Ltda., p. 212.

A principal propriedade de um *conceito* é a sua *objetividade*, porque o *conceito* deve existir, independentemente do pensamento subjetivo.

O *conceito* pressupõe um *sistema de axiomas*. Estes *axiomas* terão de ser *não contraditórios*, *completos* e *independentes*.

Dizer-se que o *conceito* é *objetivo* e que pressupõe um *sistema* de *axiomas*, não significa dizer que se propõe um alheamento da vida e um caráter abstrato de um sistema jurídico tratado à moda dos cálculos de que se incumbe a *Lógica*.

Falar assim é afirmar que, ainda quando a vida não seja lógica, os respectivos acontecimentos, por isso mesmo, devem ser interpretados com o apoio nas leis da *Lógica*, leis do pensamento correto, porque, desta forma mais haverá aproximação com a vida, considerando ser a fixação de *axiomas* o que dá maior clareza sobre os supostos jurídicos.

O oposto do *método axiomático* é o *método* da "*teoria do acho*", a que já se reportou linhas atrás.

É certo que existem autores como ENGISCH, ESSER e FIEDLER[83] que duvidam da possibilidade de aplicação do *método axiomático*, mas, repita-se, este *método* leva, pela sua precisão, o *conceito* a aproximar-se da vida, porque as "fundamentações que são inatacáveis, do ponto de vista lógico, tem de ser *axiomáticas*"[84].

KLUG, apoiado em TAMMELO, chama a atenção, com toda a razão, para este aspecto, aduzindo que as *constantes lógicas*, tais como a *implicação*, a *conjunção*, a *disjunção*, a *alternativa*, a *negação* e, assim, sucessivamente, nada têm de quantitativo, seu caráter é qualitativo[85].

---

83. Todos citados por Klug, *Ibid.*, p. 251.

84. Id. *Ibid.*, p. 251.

85. Id. *Ibid.*, p. 250.

Já ficou acentuado, linhas atrás, que os lógico-matemáticos jamais poderão oferecer, pelos seus *cálculos de predicados*, o entendimento de como operam os juristas, na *realidade*.

Não há como compatibilizar-lhe — a ela *realidade*, por exemplo, a do operar de um magistrado — com as técnicas típicas do mister desses lógico-matemáticos, porque há um alheamento entre o dia a dia da vida humana e o caráter abstrato de um sistema jurídico forjado no *cálculo*.

A *formalização*, através da qual se entra no universo das *formas lógicas*, não serve para que o jurista opere a *linguagem* do Direito, enquanto *conduta humana* na sua interferência intersubjetiva.

Ao revés, a *formalização* serve, apenas, para *axiomatizar*, de modo a buscar a interpretação lógica que fundamente o *sentido* de certos *substratos* sociais; ou seja, não é possível explicar a *conduta humana*, ela mesma, com conceitos quantitativos ou matemáticos; é possível, sim, utilizá-los para enquadrar certas *realidades* que traduzam ambiguidades.

É essa a lição que se colhe do magistério de LOURIVAL VILANOVA[86] e que fortalece o argumento, aqui desenvolvido: "sem *formalização* não entro no universo das formas lógicas. E *formalizo* se em lugar de uma palavra de uma língua natural, com referência a uma situação objetiva concreta do mundo, ponho um símbolo apto para recolher qualquer coisa ou situação objetiva de qualquer universo. O necessário é que o símbolo seja substituído por adequados *tipos sintáticos* (categorias sintáticas): de sujeito, de predicado, de proposição. A forma é um esquema, uma estrutura em que certas

86. *Lógica*, ps. 39/40 e *Debate sobre a teoria egológica como teoria geral do direito* p.10: arguição da tese "*Fundamentação egológica da teoria geral do direito*", apresentada pelo Prof. Antonio Luiz Machado Neto para concurso de professor titular, Salvador: UFBA. 1974

partes são abertas ao preenchimento da matéria que se nos dá na experiência".

Além de *objetivo*, o *conceito* há de pressupor um *sistema de axiomas* que lhe dê as propriedades de uma *construção mental não contraditória, completa* e *independente*.

Antes, está dito, neste estudo, que o *pensamento* disciplinado não se coaduna com a *contradição* porque essa tira a validade daquele: "*o contrário do que é verdadeiro é falso*", porque o mesmo *ser* não pode, ao mesmo tempo, *ser* e *não-ser*.

A *construção* há de ser *completa*, porque todos os elementos com os quais se identifica um pensamento devem estar presentes. Se faltar uma *premissa*, rompe-se com a exigência da *totalidade*, que é essencial para uma *construção conceitual*.

Os supostos dados não podem resultar insuficientes para deduzir a afirmação que se deseja demonstrar: não se pode confundir *contrato*, por exemplo, com o *pacto* que nele se insere, quando se estuda o *sistema* do *direito civil* positivo brasileiro, porque os supostos dados pelo legislador são diferentes para cada qual dos dois *conceitos*.

A *construção* tem de ser *independente*. "A *independência* exige-se, unicamente, em razão de economia de pensamento. Com ela se estabelece que nenhum axioma pode ser dedutível a partir de outro axioma já utilizado. Desde logo, uma demonstração feita com ajuda de um axioma dependente não é falsa. Porém, o axioma em questão pode, como tal, ser suprimido. O emprego de um axioma supérfluo somente é um problema da práxis do pensamento e não da sintáxis lógica. A violação da exigência de independência conta, por isso, entre os erros de argumentação *pragmáticos*. Das três exigências mencionadas, somente se consideram como erros *sintáticos* a violação da não contradição e a da completitude. Daqui para frente, de acordo com o uso linguístico das disciplinas não matematizadas, a primeira infração às regras sintáticas fundamentais do método axiomático se há de chamar *contradição de premissas* e a segunda receberá o nome de *falta de premissas*. (.....) O paralogismo denominado *falta de premissas* aparece quando na eleição dos axiomas não se respeita a exigência da totalidade. Isto é o que sucede quando os supostos dados resultam insuficientes para deduzir a afirmação que se deseja demonstrar ou sua oposta."[87]

Enfim, conclui-se, lembrando que o *método axiomático* é próprio das ciências exatas (objetivas). Nelas se sai do *axioma* para os *teoremas*. Mas, acrescente-se que há *axiomas* de que se servem todas as ciências. Por isso, todo *sistema científico* tem de ter um *axioma*.

Vem, a propósito da utilização desse *método*, a afirmação de que, hoje, não há diferença entre *axioma* e *postulado*, porque, antes, falava-se de *axioma* como o evidente e *postulado* era o que se pedia; mas, agora, ambos são idênticos. Ora, ao buscar-se um *método axiomático* não se está afirmando que o Direito é um sistema lógico; afirme-se, em reiteração, que ele é um *objeto cultural* e é exatamente por isso que deve ser *axiomatizado*. Afinal, não se está construindo *axiomas* para construir a Ciência "*stricto sensu*" do Direito, porque mesmo na *linguagem* vulgar há *axiomas*. Ex.: "*era uma vez*"...

Torna-se evidente, a esta altura da exposição, a importância da *linguagem*, por todos os seus *símbolos* e *signos*, especialmente os verbalizados, para a construção e a expressão *conceituais*.

É o *signo*, sobretudo, a forma de expressão de um *conceito*.

---

87. Klug, *Ibid.*, ps. 207/209.

Atribui-se a MILL[88] a afirmativa de que a *linguagem* é feita pelos "vulgares". É que, antes de as pessoas terem aprendido a *linguagem* verbalizada grafada por alfabetos, aprenderam a pensar e a transmitir, oralmente, ou mediante *sinais* gestuais, o que pensam.

O *signo contrato* tem, assim, um conteúdo semântico inconfundível, pelo qual se transmite o que se pensa expressando uma ideia forjada na experiência.

Invocando-se ÁLVARO VILLAÇA AZEVEDO, foi dito antes que "os primeiros contratos foram verbais e se regularam pelos usos e costumes do lugar onde nasceram. Com o florescer da Civilização, deu-se um crescente aumento das formas de contratar, com o aparecimento da técnica, das invenções, do progresso, enfim"[89].

WITTGENSTEIN comprova-o na sua proposição 5.6 do "*Tractatus*":

> 5.6. Os *limites da minha linguagem significam* os limites do meu mundo.
>
> 5.61 A Lógica enche o mundo; os limites do mundo são também os seus limites.
>
> Assim não se pode dizer em lógica: 'no mundo há isto e isto, mas não aquilo'.
>
> Aparentemente isso pressuporia a exclusão de certas possibilidades, o que não pode ser o caso, uma vez que a Lógica iria para lá dos limites do mundo, como se também deste lado lhe fosse possível considerar aqueles limites.
>
> Aquilo que não podemos pensar, não podemos pensar; também não podemos *dizer* aquilo que não podemos pensar.
>
> 5.62
>
> (...)

---

88. citado por Ogden &Richards. *Ibid.*, p. 147.

89. cf. ob. cit., *Contratos inominados ou atípicos*, p. 4.

> Que o mundo é o *meu* mundo revela-se no fato de os limites da linguagem (da linguagem que apenas eu compreendo) significarem os limites do *meu* mundo.[90]

E continua; já, agora, nas "*Investigações Filosóficas*", com a seguinte elucidativa citação das "*Confessiones*" que é uma das duas obras mais conhecidas de SANTO AGOSTINHO (a outra é "*De civitate Dei*"):

> Quando eles (os meus pais) diziam o nome de um objeto e, em seguida, se moviam na sua direção, eu os observava e compreendia que o objeto era designado pelo som que eles faziam, quando o queriam mostrar ostensivamente. A sua intenção era revelada pelos movimentos do corpo, como se estes fossem a linguagem natural de todos os povos: a expressão facial, o olhar, os movimentos das outras partes do corpo e o tom de voz, que exprime o estado de espírito ao desejar, ter, rejeitar ou evitar uma coisa qualquer. Assim, ao ouvir palavras repetidamente empregues nos seus devidos lugares em diversas frases, acabei por compreender que objetos é que estas palavras designavam. E depois de ter habituado a minha boca a articular estes sons, usava-os para exprimir os meus próprios desejos.[91]

Há, assim, toda uma carga da *pragmática da comunicação humana* na *construção* e na expressão *conceituais*, aqui se encontra toda a essência da *linguagem* humana que se compõe de elementos para além daqueles que se expressam verbalizados.

O pensamento verbalizado é a *língua* ou *idioma*, que é um dos elementos da *linguagem*; nela, as palavras designam objetos, "as frases são concatenações de tais designações".

---

90. Wittgenstein, Ludwig. *Tratado lógico-filosófico*, in. Tratado lógico-filosófico * *Investigações filosóficas*, trad. e prefácio de M. S. Lourenço. Lisboa: Calouste Gulbenkian, 1987, ps. 114/115.

91. Id., *Investigações filosóficas*, in. Tratado lógico-filosófico * Investigações filosóficas, ps. 171/172.

Aqui está o embrião das noções de *semântica*, *sintaxe* e *pragmática*, lógicas desenvolvidas na moderna *teoria do método*, adotadas por CARNAP para o estudo da *teoria geral dos sinais e linguagens* aplicadas à estrutura da comunicação humana.

Estas noções, já examinadas supra, conduzem a que toda *afirmação* a demonstrar, em qualquer área do *conhecimento*, é um simples *signo*, ou um *complexo de signos*, escritos ou falados.

É comum o entendimento de que não somos livres quando nos comunicamos, porque se desejamos ser entendidos teremos de utilizar os *signos* cujos conteúdos semânticos resultam de uma convenção. A faculdade de exprimir pensamento verbalizado ou de esboçar expressões materializadas, até com o corpo, é exercida com a ajuda do instrumento criado pela coletividade na espontaneidade[92] da dinâmica do seu dia a dia.

Esses aspectos constituem a *pragmática da comunicação humana*, "uma área que, até agora, recebeu, notoriamente, reduzida atenção"[93], à exceção de TERCIO SAMPAIO FERRAZ JUNIOR[94]

A relevância, que eles têm, decorre da circunstância de os *signos* terem significados, exatamente, porque o *emissor* e o *receptor*, no processo de comunicação, antecipadamente, concordam sobre a sua significação, em consequência de uma convenção *semântica* que pressupõe toda informação compartilhada.

---

92. cf. Guibourg, Ricardo. [et al.], *Introducción al conocimiento científico*. Buenos Aires: EUDEBA, 1985. p. 18.

93. cf. Watzlawick, Paul. [et al.], *Pragmática da comunicação humana*. São Paulo: Cultrix, 1967, p. 16.

94. cf. *Teoria da norma jurídica: ensaio de pragmática da comunicação normativa*. Rio de Janeiro: Forense, 1986 e *Introdução ao estudo do direito*. São Paulo: Atlas, 1989.

Por óbvio, esse processo implica afirmar-se que a comunicação afeta o comportamento e é, por isso, que se fala em *pragmática*.

As três relações dos *signos* já citadas (*semântica*, *sintaxe* e *pragmática*) são passíveis de análise separada, para efeitos didáticos, mas, são interdependentes, por isso, é bom colocar em destaque que "os dados da pragmática são, não só as palavras, suas configurações e significados, que constituem os dados da *sintaxe* e da *semântica*, mas, também, os seus concomitantes não verbais e a linguagem do corpo". Acrescentem-se: "as ações comportamentais pessoais as pistas de comunicação inerentes ao contexto em que ela ocorre".

Tudo isto recomenda que não se deve cuidar somente do efeito de um item da comunicação sobre o *receptor*, mas, também, do efeito da *reação* do *receptor* sobre o *emissor* da mensagem[95].

Destacam-se, por isso, as *funções semióticas pragmáticas*, no campo jurídico, objeto de apreciação por KALINOWSKI[96]: "As funções pragmáticas mais importantes são a *função de comunicação* e a de *expressão*. Efetivamente, as expressões permitem aos homens comunicar conteúdos cognoscitivos e expressar estados emocionais. É evidente que a linguagem do *direito* não está destinada a cumprir a função de expressão, senão a de comunicação. Não se poderia dizer o mesmo da linguagem dos *juristas*.

WATZLAWICK[97], nesta linha de pensamento, desenvolveu os seus estudos focalizando menos as relações

---

95. cf. Watzlawick [et al.], *Ibid.*, ps.14, 18 e 19 e Ferraz Jr, Tercio Sampaio. *Teoria de norma jurídica:* ensaio de pragmática da comunicação normativa. Rio de Janeiro: ed. Forense, 1986. p.10.

96. *Ibid.*, ps. 46/65.

97. cf. Paul Watzlawick, Janet Helmick Beavin, Don D. Jackson *Pragmática da comunicação humana*. Trad. Álvaro Cabral. São Paulo. Editora Cutrix, p. 14, 18 e 19.

emissor-sinal ou receptor-sinal e mais a *relação emissor-receptor-emissor, tal como é mediada pela comunicação.*

Esta relação emissor-receptor deve ser, portanto, a menos ambígua possível, sobretudo se a *metalinguagem* fala de um *objeto* sob um ângulo científico, porque o enunciado, neste tipo de fala, não admite mais de uma interpretação dos seus *signos*, especialmente, por causa do retorno *receptor-emissor,* quando o repertório é *jurídico*.

Tome-se o exemplo dado por WESLEY SALMON[98] no enunciado "*o banco quebrou*" que pode significar que um assento se partiu ou que uma instituição financeira abriu falência.

O *comportamental* poderá ser, neste exemplo, o deslinde da ambiguidade, se o sujeito que emitiu a mensagem for alguém inserido no *contexto* das instituições econômico-financeiras.

SALMON adverte que a multiplicidade de significados leva a dificuldades lógicas quando a mesma palavra é empregada em diferentes sentidos, num argumento cuja validade depende do significado daquela palavra permanecer o mesmo ao longo de toda a discussão.

É o caso do *signo contrato* que, nas *definições* de direito positivo, antes arroladas, sem precisão científica, ora é assemelhado a *convenção* e ora, a *pacto*.

É assim, sobretudo, a partir da inspiração da *definição* encontrada no Código Civil francês, buscada em POTHIER que diz ser o *contrato* uma espécie de *convenção*.

E continua: "para saber pois, o que é um *contrato*, é antes necessário saber o que é uma *convenção*. Uma *convenção* ou um *pacto* (posto que ditos termos são sinônimos) é o

---

98. cf. *Lógica*. 6ª ed. trad. de Leonidas Hegenberg e Octanny Silveira da Mota. Rio de Janeiro: ed. Guanabara/Koogan, 1987, p. 137.

consentimento de duas ou mais pessoas, para formar entre elas algum compromisso, ou para resolver um existente, ou para modificá-lo: *Duorum vel plurium un idem placitum consensus* (L. I, § I D, *de Pact*. Domat, pág. 1, lib. 1, tít.1).

A espécie de *convenção* que tem por objeto formar algum compromisso é o que se chama *contrato*"[99].

O prestígio de POTHIER que, na informação abalizada de BEVILÁQUA[100], consolidou, em seu livro sobre *Obrigações*, a tradição romana, conduziu as *definições* jurídico-positivas já referidas e fez com que, o próprio POTHIER viesse a assinalar a circunstância de, no direito francês, não se fazer a distinção entre os *signos convenção*, *pacto* e *contrato*.

A teoria do *signo*, assim exposta, permite reiterar-se a sua importância, neste ponto, com o propósito de expor aspectos de sua construção: a *linguagem*, especialmente a *linguagem jurídica técnico-científica*.

Todo o exposto vem a pêlo quando se estudam *situações jurídicas* que não se bastam no "modelo de regras" do positivismo jurídico.

Nestes casos, somente a teoria geral de sinais e linguagens salva os argumentos de incorrerem na *falácia do equívoco*, seja do tipo *paralogismo* (falácia involuntária), seja do tipo *sofisma* (falácia voluntária) ambas conduzindo o jurista ao descrédito do seu saber e ofendendo não só o princípio da *certeza do direito*, mas, também, o da *segurança jurídica*.

O jurista nunca pode trabalhar sem os parâmetros da *linguagem artificial*, que se entende como a chamada *linguagem natural* a cujos signos atribuem-se significados restritos a definições precisas.

---

99. cf. Pothier, Robert Joseph. *Tratado de las obligaciones*. Buenos Aires: Editorial Atalaya, 1947, p.12.

100. cf. *Direito das obrigações*, ob. cit. p. 228.

A *linguagem natural* é a utilizada pelo homem na sua comunicação ordinária e a *artificial* distingue-se em duas: a *técnica* (significados restritos - linguagem de construção e de expressão *conceituais*) e a denominada *linguagem formal* através da qual se entra no universo das formas lógicas.[101]

O jurista não necessita, propriamente, desta última, a *formalização*, para o trato científico do seu objeto de estudo: o Direito.

Basta ser rigoroso, utilizando a *linguagem artificial*, na sua especificação *técnica*, na qual o conteúdo *semântico* dos *signos* é preciso, porque construído em convenção *institucional*, decorrente do seu *contexto* que inclui toda a apreciação da *pragmática jurídica* que abrange não apenas o sistema de normas e suas fontes, mas, também e sobretudo, o comportamento do destinatário.

Afirme-se, então, que a *linguagem jurídica* apropria-se, não somente da *norma como proposição prescritiva* enunciada por qualquer de suas fontes (legislativa, administrativa ou jurisdicional), a qual se constitui em *linguagem objeto*, mas também, de toda uma *metalinguagem* com a qual se fala a *linguagem objeto* mediante, não só a verbalização, mas, também, toda a figuração com que se expressa o *aspecto-cometimento*.

É este que dá ao *aspecto-relato* a nota de comando, pela qual, de antemão, o emissor consegue ver a sua mensagem confirmada, dado que este, sendo *autoridade*, não suporta *desconfirmação*, considerando que a obrigatoriedade da mensagem (norma) deve repousar em elementos de uma mediação bem sucedida das *instituições* políticas na obtenção do consenso dos governados (relação *receptor-emissor*).

---

101. cf. Carvalho, Paulo de Barros. I curso de lógica jurídica. Em comemoração ao centenário da Faculdade de Direito da Bahia e em homenagem à memória do Professor A. L. Machado Neto. Salvador, 1991 p. 13 e segs.; Carvalho, Paulo de Barros. *Curso de Direito Tributário*.17ª ed. São Paulo: Saraiva, 2005. p. 4.

Essa mediação, lembra CELSO LAFER[102], "é um processo complexo, seja porque ela não pode apoiar-se, apenas, na força do monopólio da coerção organizada, seja porque a política não é o campo da razão pura, onde as soluções são evidências que se impõem a todos, incontrastavelmente, como *one best way.* A mediação não deriva, exclusivamente, nem da coerção interna da lógica da discussão racional, nem da coerção externa da força".

Contudo, que fique entendido que não se deve contrapor a *concepção normativa do Direito* à *concepção institucional do Direito;* antes, deve-se acrescentar uma à outra, sobretudo, quando o estudo ocorre no chamado campo do *direito público*, que é receptivo a constantes mutações, uma vez que o *direito privado* é mais refratário a mudanças *semânticas*, *sintáticas* e *pragmáticas* tão intensas, circunstância que facilita a construção *conceitual.*

A norma jurídica não deve ser abordada, apenas, como uma *proposição prescritiva*, mas também, como um *enunciado* em que se analisa a figura do enunciante (a fonte que a emite) e como um fenômeno comunicativo em que se analisa a relação emissor-receptor-emissor, nos seus aspectos *relato e cometimento.*

A norma jurídica, di-lo, muito bem, TERCIO SAMPAIO FERRAZ JUNIOR, é um discurso, logo, "é ação, ação *linguística*, em que *alguém* dá a *entender alguma coisa* a outrem. Inclui, portanto, não só palavras pronunciadas, mas quem pronuncia, quem ouve e as respectivas reações, conforme certas regras. Para enquadrar melhor este complexo de 'ações' e 'reações', dissemos que o discurso é um *procedimento* interacional. Trata-se, além disso, de

102. cf. prefácio ao livro *Poder e legitimidade*; autor José Eduardo Faria. São Paulo: Ed. Perspectiva, 1978, ps. 10/11.

um procedimento *convencionado* numa relação de ensino e aprendizado".[103]

Esta abordagem, que considera a disciplina do *pensamento* (leis da *Lógica*) e a precisão consequente da mensagem que depende das entidades linguísticas, no todo de suas relações (teoria geral dos *signos* e *linguagem*), permite lembrar que, no plano da *pragmática*, o *direito público* realiza-se em âmbito diverso daquele do *direito privado*; isto significa que a construção *conceitual*, também, é diversa sob essa ótica da experiência.

Enquanto o *direito privado* tem um âmbito delimitado, de modo rígido, pelas normas positivas — esta é a razão de não se poder reduzir ao *signo contrato*, o *pacto de pessoa a nomear* — o âmbito do *direito público* implica o juspublicista ter de superar a esfera dominada por estas normas para atingir *as fontes de produção* delas, levando, diretamente, em consideração as *instituições* que as realizam, concretamente, ou que, pelo menos, as atuam e tutelam.

É de SANTI ROMANO[104] a lição: "se de vida e de evolução se quer falar, incluídos aqueles seus elementos que são *normas jurídicas,* não há como olvidar que se trata de uma vida e uma evolução que as afetam, as tocam e as animam à condição e à medida em que nelas se manifestam a vida e a evolução da *instituição: somente esta, em seu conjunto, e não cindida em suas partes essenciais, tem uma vitalidade e uma idoneidade para evoluir".*

Tudo isto recomenda, a quem labuta com *signos* da *linguagem* jurídica, que ao laborar com os seus *conteúdos semânticos* faça-os resultarem da integração de vários fatores encontrados na *concepção institucional do Direito,* a partir

---

103. *Teoria da Norma Jurídica:* ensaio de pragmática da comunicação normativa. 2 ed. Rio de Janeiro: Forense, 1986. ps. 114/115.

104. cf. *Ibid.*, ps. 210 e 211.

da adoção de suas *estruturas lógico-linguísticas* e não das simplificações do normativismo "*stricto sensu*" (o *positivismo*) que reduz o legítimo ao legal. "Para entender plenamente uma determinada norma jurídica não basta aplicar aos materiais legislativos aqueles conceitos e estruturas formais, mas, é preciso algo mais, a saber, a *consideração de princípios e normas não formulados nos preceitos legais e, não obstante, neles implícitos*"[105].

É o que se persegue, aqui, em razão da expressão "*contrato com pessoa a declarar*", no contexto em que é colocada, inclusive, o da *pragmática da comunicação jurídica contratual*.

Essa *pragmática* fornece os *elementos constitutivos* do *conceito contrato*, ou seja, um conjunto de preceitos que constitui uma afirmação demonstrável como um *signo* no qual se distinguem as relações *semântica*, *sintática* e *pragmática*, as três áreas pelas quais se desenvolve a comunicação do pensamento, antes já referidas e que foram estabelecidas e adotadas para o estudo da *Semiótica*. Aplicadas essas relações à configuração desse "*conceito*", ter-se-á, com precisão, a sua representação.

Sob o aspecto *semântico*, o *signo* "*contrato*" designa um acordo de vontades *declaradas* — incluídas, como tais, as *condutas sociais típicas* com efeitos de *declarações*[106] — por pessoas *capazes* e *legitimadas*, mediante *forma* prescrita ou não proibida por lei (fonte *imediata*), tendo como *objeto* um *interesse* lícito e, juridicamente, possível (*conteúdo*) e explicitado por uma *estrutura técnica*, com o propósito de

105. cf. Siches, Recaséns. cit. por Meirelles Teixeira. *Curso de direito constitucional*, organizado e atualizado por Mª. Garcia. Rio de Janeiro: Forense Universitária, 1991, p. 20.

106. cf. Larenz, Karl. *Derecho de obligaciones*. Tomo I. Versão espanhola e notas de Jaime Santos Briz. Madrid: Editorial Revista de Derecho Privado. 1958, p. 58.

adquirir, resguardar, transferir, modificar ou extinguir direitos *patrimoniais*[107].

Sintaticamente, há de ser um ato jurídico negocial com características diferenciadas de outros atos (negociais e não negociais), em face do seu regime jurídico típico representativo de uma disciplina jurídica que inclui uma *causa*[108] e certos critérios básicos que se revestem da natureza de *princípios*.

O "*conceito contrato*" exatamente, por isso, poderá revelar *propriedades* típicas no Estado Democrático de Direito que tome a forma dualista do *desenvolvimento econômico* e do *bem-estar social*[109] — *propriedades* para além daquelas que lhe são comuns em qualquer tempo e lugar — partindo do seu equacionamento em uma norma hierarquicamente superior às demais permitindo, assim, uma apreciação *sintaticamente*, também por esse ângulo.

Observada essa relação *sintática*, pode-se buscar, na Constituição, fundamento no *princípio da dignidade da pessoa humana* para monitorar a *execução* do *contrato*, porque, baseando-se na organização estamental do sistema jurídico, fundada na lógica do *dever ser*, é a Constituição a norma que ocupa nessa relação a posição de norma-fundamento de validez de todas as outras que tratem do tema[110].

---

107. cf. Roppo, Enzo. *O contrato*. Trad. Ana Coimbra e M. Januário C. Gomes. Coimbra: Livraria Almedina, 1988. p. 11.

108. cf. Betti, Emilio. *Teoria geral do negócio jurídico*, tomo I. Trad. de Fernando de Miranda. Coimbra: Coimbra Editora, Lda. 1969, p. 352: a causa é a função econômico-social que caracteriza o tipo e lhe determina o conteúdo mínimo necessário.

109. cf. Brito, Edvaldo. *Reflexos jurídicos da atuação do Estado no domínio econômico: desenvolvimento econômico, bem-estar social*. 3ª ed. Prefácio de Orlando Gomes. São Paulo: Saraiva jur. 2022. p. 42.

110. cf. Constituição da República Federativa do Brasil, art.1º, III; Lei Fundamental da República Federal da Alemanha, art.1º; Alexy, Robert. *Teoría de los derechos fundamentales*. Versão castelhana: Ernesto Garzón Valdés. Revisão: Ruth Zimmerling. Segunda reimpressão. Madrid: Centro de Estudios Políticos y Constitucionales. 2001, p. 344-349.

Importa, assim, apreciar as *propriedades* do "*conceito contrato*", as quais são os seus *elementos constitutivos*, a partir dessa conotação: ter *causa*, obedecer a certos *princípios* e gerar *efeitos* peculiares.

A conclusão é a de que, nesse ambiente, o "*conceito contrato*", somente é possível de ser, assim, figurado sob as luzes das três relações objeto de estudo da teoria geral dos *sinais* da *linguagem*, dado que o *contrato* pode ser tomado como uma afirmação demonstrável e, assim, tomado como um *signo*.

Nestes termos, o *conceito* é, perfeitamente, redutível, através da *linguagem natural*, a um *enunciado* que se comporte na *linguagem* normativa do legislador, *linguagem-objeto*, sobre a qual se desenvolverá a *metalinguagem* do cientista do Direito.

O *conceito* no qual faltarem as *propriedades* dessas *funções semióticas*, não poderá ser um "*conceito contrato*".

Advirta-se, neste ponto, que não é pacífico o tema dos *elementos constitutivos*, considerando que a Doutrina diverge quanto à possibilidade de alguns dos seus componentes serem apropriados para a caracterização como *pressuposto*[111] e não como *elemento*.

MESSINEO[112], referindo-se a BETTI como sendo o introdutor do tema do *pressuposto* do negócio jurídico na doutrina italiana, fala de *elemento constitutivo* como um *requisito* essencial e, então, como algo distinto do *pressuposto*.[113]

---

111. cf. Bessone, Darcy. *Do contrato – teoria geral*. Rio de Janeiro: Forense, 1987, p.115-146.

112. cf. Messineo, Francesco. *Il contrato in genere*, tomo primo. Ristampa emendata. Milano: Dott. A. Giuffrè Editore. 1973. p. 162.

113. cf. Messineo, Francesco. *Il contrato in genere*, tomo primo. Ristampa emendata. Milano: Dott. A. Giuffrè Editore. 1973. p. 162.

Efetivamente, BETTI[114] agrupa em três *categorias* as circunstâncias que ele chama de *pressupostos* de validade do negócio, conforme refiram-se:

> 1ª ao *sujeito* do negócio: capacidade da pessoa; ou
>
> 2ª ao *objeto* do negócio considerado em si mesmo: idoneidade do sujeito; ou ainda
>
> 3ª à *situação dos sujeitos em relação ao objeto*: legitimação para o negócio.

Obviamente, está correta a especificação porque todas essas situações preexistem ao ato a ser celebrado; são "circunstâncias integrativas que devem estar presentes no momento em que o negócio se efetua ou entra em vigor (....) ao passo que, quando a sua presença é exigida num momento posterior, podem designar-se, em sentido amplo, pelo nome de *condições* (*iuris* ou *facti*)".

Já a expressão "*elementos constitutivos*" ele a utiliza para arrolar a *forma* e o *conteúdo* do negócio.

Vê-se, porém, que, aqui, supera-se a discussão, porque se adota a expressão como designativa de todos os componentes do "*conceito contrato*".

Depois desse esclarecimento, é assim que o tema será tratado infra, isto é, analisando-se esses *elementos constitutivos*:

I. A) – acordo de vontades
   B) – vontades declaradas
   C) – pessoas capazes e legitimadas

II. Forma prescrita ou não proibida por lei

---

114. cf. Betti, Emilio. *Teoria geral do negócio jurídico*, tomo II. Trad. De Fernando de Miranda. Coimbra: Coimbra Editora Lda. 1969.p.7-136.

III. Conteúdo

IV. Propósito das partes de referência aos direitos patrimoniais

I - *Contrato* é um acordo de vontades *declaradas* por pessoas *capazes* e *legitimadas*.

Aqui está um dos elementos do "*conceito contrato*". Há acordo de vontades porque ocorre a harmonização de *interesses antagônicos*; se houver entre as pessoas o *mesmo interesse*, então, não se trata de acordo e, em consequência, não se caracteriza o *contrato*, mas, sim, um *convênio*.

Diz-se vontade *declarada*, porque dele se exclui a possibilidade de existir em decorrência de uma vontade *manifestada*, tal como já se esclareceu supra[115] com base nos magistérios de OERTMANN e de ORLANDO GOMES[116].

É de ANTONIO JUNQUEIRA DE AZEVEDO[117] a correta afirmação: "*o que de fato caracteriza o negócio, é o fato de ser ele uma declaração de vontade*".

Fala-se de pessoas *capazes* para as *declarações* de vontade porque essas *declarações* terão de ser emitidas por sujeitos aptos a praticarem atos da vida civil, o que somente ocorrerá não só ao atingirem uma certa faixa etária, mas, também e concomitantemente não estarem incluídos em qualquer das interdições legais.

Fala-se de pessoas *legitimadas* para as *declarações* porque os civilistas tomaram de empréstimo esse elemento ao direito processual, dado que ele é, sempre, verificado, pelo juiz, na sua decisão de *saneamento* do processo, assim, entendida a correção de eventuais defeitos e de

---

115. cf. item 2.1.1., p. 19.

116. cf. notas de rodapé n°s. 10 e 16.

117. cf Azevedo, Antonio Junqueira de. *Negócio jurídico – existência, validade e eficácia*. São Paulo: Saraiva, 1974. p. 153.

organização de rumos, findo o prazo para a contestação[118], como uma condição da ação para apurar se o seu autor, cuja *pretensão* é deduzida com base em *contrato*, tem, efetivamente, *interesse* em propô-la. Assim, um pai não pode alienar o bem do filho menor sem a devida autorização judicial, logo, não está *legitimado* para a prática desse ato; ou o tutor não pode adquirir os bens do seu pupilo (arts. 497, 1.692 e 1.749 do Código Civil).

Essas pessoas, exatamente, em razão de harmonizarem *interesses* diversos[119], quando formam o *vínculo*, devem ser denominados de *partes*, ou seja, lados diferentes do acordo.

ORLANDO GOMES e JOSÉ PAULO CAVALCANTI sustentaram uma polêmica, que resultou em tréplica, em torno do tema, por entender o segundo que o primeiro teria confundido *pessoa* e *parte* quando afirmou, no seu livro *Introdução ao direito civil*, que intervêm na formação do *contrato* pelo menos duas *pessoas* que se chamam *partes*.

ORLANDO GOMES mantém, com razão, na tréplica, a afirmativa, com apoio em COLAGROSSO, DOMAT, POTHIER, DEMOLOMBE, PLANIOL, RIPERT e ESMEIN[120].

Aqui, opta-se pelo *signo parte* porque ele tem o conteúdo *semântico* significativo de *parcela* ou *porção* de um *todo*. O *todo* é o acordo.

A vontade *declarada* por pessoas *capazes* — *partes* — obedece a uma *forma* prescrita ou não proibida por lei.

---

118. cf. art. 347 do Cod. Proc. Civ.

119. Atribui-se a Duguit a impugnação a essa ideia de que o contrato pressupõe a oposição de *interesses*. Cf. Gomes, Orlando. *Direito privado (novos aspectos)*. Rio de Janeiro/São Paulo: Livraria Freitas Bastos S/A, 1961. p.344.

120. cf. Gomes, Orlando. *Direito privado (novos aspectos)*. Rio de Janeiro/São Paulo: Livraria Freitas Bastos S/A, 1961. p. 321-382. Cf., também, Brito, Edvaldo. *Direito civil*. In. Manual de Iniciação ao Direito / Ives Gandra Martins e Fernando Passos (coordenadores), São Paulo: Pioneira, 1999, p. 173.

Aqui, pois, está mais um dos elementos constitutivos do "*conceito contrato*".

A lei é a fonte *imediata* de qualquer obrigação[121], isto é: a sua *causa eficiente*[122] — a *causa* pela qual a obrigação *é* — como bem ensinam, BARBERO[123] e ORLANDO GOMES[124].

Logo, a lei é, também, a fonte *imediata* do *contrato* porque o define como o *fato jurídico* ao qual ela atribui o efeito de criar o *vínculo* (*obrigação*), por isso, ele é a fonte *mediata* das *obrigações contratuais*.

Ora, existindo as *partes*, *conclui*-se o *contrato* se a *proposta* oferecida por uma, for *aceita* pela outra.

Antecede a esta fase de *conclusão do contrato*, aquela designada de *fase pré-contratual*, em cujo período respectivo acontecem *fatos* que têm consequência jurídica, a ponto de a ele referir-se a teoria da *culpa in contrahendo* de IHERING, exposta linhas atrás[125].

ANTONIO JUNQUEIRA DE AZEVEDO[126] é elucidativo ao afirmar que nessa *fase pré-contratual*, mesmo quando

---

121. cf. inciso II do art.5° da Constituição da República Federativa do Brasil: *ninguém será obrigado a fazer ou deixar de fazer alguma coisa senão em virtude de lei.*

122. para uma noção de *causa eficiente*, consulte-se Vigo (H.), Rodolfo L. *Las causas Del derecho*. Prólogo de Georges Kalinowski. Buenos Aires: Abeledo-Perrot. 1983 p. 125-154.

123. cf. Barbero, Domenico. Sistema istituzionale Del diritto privato italiano. Terza edizione riveduta e aumentata, vol. II. Torino: Unione Tipográfico - Editrice Torinese. 1951. p. 247-248 "*Fonte diretta delle obbligazioni, come di qualsiasi rapporto giuridico, fonte quindi nel senso di causa efficiente del rapporto obbligatorio, è unicamente la legge, l'ordinamento giuridico*".

124. cf. *Obrigações* 9ª ed. Rio de Janeiro: Forense, 1994. p. 26 "*a lei é sempre causa eficiente de toda e qualquer obrigação*".

125. cf. item 2.1.1.1., p. 28 e segs.

126. cf. *La bonne foi dans les relations entre particuliers. Rapport brésilien*. In. La bonne foi (Journées louisianaises), tome XLIII. Paris: LITEC, 1992, p.78: "*2.1. - Lorsque le contrat n'est pas conclu, par la suite de la rupture des pourparlers ou des négociations préliminaires, on peut, pourtant, obtenir indemnité pour acte illicite, alléguant une conduite déloyale ou abusive*".

o *contrato* não esteja *concluído*, a ruptura da continuidade das negociações preliminares pode resultar em indenização se ocorrer, com isto, ato ilícito produzido por uma conduta desleal ou abusiva.

ORLANDO GOMES[127], comentando essa experiência de contratar, dando ensejo à *responsabilidade pré-contratual*, lembra que há autores que buscam explicá-la, também, pela teoria do *abuso de direito*, embora não esclareçam qual teria sido o direito exercido irregularmente e há outros, dependendo do sistema jurídico, que afirmam aplicarem-se as regras que disciplinam a *culpa extracontratual*.

Um desses *fatos*, que acontecem, também, pode ser daqueles praticados como lícitos. O exemplo é o que corresponde à *declaração* constitutiva de uma *faculdade* de *indicar* uma pessoa que deva, respectivamente, adquirir o direito ou assumir o dever decorrente do *contrato*, considerando que hoje está pacificada a admissão dessa situação.

É esta *declaração* que, no direito positivo brasileiro (arts. 467 a 471 do Código Civil), expressa um *pacto* mediante *cláusulas* de certos *contratos*, embora ela tenha tomado a denominação de "*contrato com pessoa a declarar*".

Fala-se de certos *contratos* porque há aqueles que são *fontes mediatas* de certas *obrigações* que não comportam esse *pacto*.

II - A *forma* corresponde ao modo como o *contrato* é estruturado e, por isso, *um* apresenta um *tipo* inconfundível com o de *outros*.

Contudo, diversamente dos seus primórdios — pois, para os romanos, no direito clássico, não havia uma categoria geral de *contratos*, mas sim *tipos* de *contratos*[128] — hoje,

---

127. cf. *Contratos*. 28ª ed.; atualizadores Edvaldo Brito [e coordenador], Reginalda Paranhos de Brito. Rio de Janeiro: Forense, 2022, p. 61.

128. cf. Nogueira, Adalício Coelho. *Introdução ao direito romano*. 1ª ed. 2º vol.

ele habita o mundo do *princípio da liberdade de forma*[129], vicejando, em consequência, uma grande quantidade de *contratos atípicos*, não sendo temerário afirmar que prevalecem sobre os *nominados*.

PORTALIS[130], no discurso pronunciado ante o Conselho de Estado, apresentando o projeto do *Código Napoleão*, afirmou que não há legislação no mundo que tenha podido determinar o número e fixar a diversidade de contratos de que são susceptíveis os assuntos humanos. "Daí essa multidão de contratos conhecidos, nas leis romanas, sob o título de contratos *inominados*".

A *forma* prescrita pela lei está-se rarefazendo, valendo a alternativa de, não sendo proibida pela lei, a *forma* adotada pelas partes será respeitada.

A vedação há de estar alojada na ofensa à *ordem pública* e aos *bons costumes*, expressa em critérios que têm a natureza de *princípios*.

Portanto, essa *liberdade de forma* permite que qualquer *pacto* pode ser inserido em qualquer *contrato* se não for defeso em lei ou se não ferir a natureza da *prestação* da obrigação a que tenha de dar nascimento.

BETTI, repetidamente[131], valoriza a *forma* por afirmar que ela *é* o *contrato*, ou seja, um ato que consiste ora numa *de-*

Rio-São Paulo: Forense, 1971, p. 153. Cretella Júnior, J. *Curso de direito romano: o direito romano e o direito civil brasileiro* 13ª ed. rev. e aum. Rio de Janeiro: Forense, 1991, p.244. Alves, José Carlos Moreira. *Direito romano*. 5ª ed. - 1ª tiragem. Rio de Janeiro: Forense. 1995, p.123. May, Gaston. Éléments de droit romain. 18ª ed. Paris: Librairie du Recueil Sirey. 1932, p. 367.

129. cf. Roppo, Enzo. *O contrato*. Trad. Ana Coimbra e M. Januário C. Gomes. Coimbra: Livraria Almedina, 1988. p. 96.

130. cf. Portalis, Jean Etienne Marie. *Discurso preliminar al código civil francês*. 1ª ed. Introducción y traducción de I. Cremades y L. Gutiérrez-Masson. Madrid: Editorial Civitas, S. A., 1997, p. 91.

131. cf. Betti, Prof. Emílio. *Teoria geral do negócio jurídico*, tomo I, já cit., por exemplo, p. 108, 244, 333, 354.

claração, ora num simples comportamento, e, através dele, o indivíduo regula, por si, os seus *interesses*, nas relações com outros.

Ela torna reconhecível, no ambiente social, a *vontade* como fato psicológico meramente *interno*. "Na vida de relação, um ato *só é reconhecível pelos outros* através da sua *forma*. Precisamente por isto, a vontade, enquanto se mantém como puro fenômeno psíquico e não se traduz em atos, não tem relevância social e jurídica (....). Ora, desde que o ato só pode ser identificável pelos outros através da sua *forma*, essa estatuição parte, necessariamente, de uma determinação da *forma* (....) Daí que a classificação corrente dos negócios em 'formais' e 'não formais' — seria preferível dizer com *forma vinculada* ou *livre* — não deve induzir na errônea crença de que existam negócios nos quais seja possível prescindir de toda e qualquer *forma*"[132].

A este propósito, ANTONIO JUNQUEIRA DE AZEVEDO[133], também, adverte que não se deve "fazer a confusão elementar de entender que somente os negócios com forma prescrita é que têm forma, sem se dar conta que todos eles, inclusive os de forma livre, hão de ter uma forma, do contrário, inexistiriam (plano da existência)"; por isso, não havendo negócio sem *forma*, deve distinguir-se a questão da *forma* quando diz respeito ao *plano da validade* — forma prescrita em lei e forma livre — ou quando se a examina no *plano da existência*: "forma do negócio jurídico é o meio através do qual o agente expressa a sua vontade".

A *forma* pode ser a expressa em uma *declaração* ou em um comportamento puro e simples a que se refere ALFRED MANIGK, citado antes. Daí a relevância jurídica da *causa* do *contrato*.

---

132. cf. Betti, ob. cit. p. 244 e 245.

133. cf. Azevedo, Antonio Junqueira de. *Negócio jurídico – existência, validade e eficácia*. São Paulo: Saraiva, 1974. p. 145.

III – O *conteúdo* é o elemento *intrínseco* do *contrato*, assim, denominado em oposição à *forma*, que é o elemento *extrínseco*.

Tome-se, novamente, a lição de BETTI, segundo a qual, *conteúdo* é aquilo que o negócio é intrinsecamente considerado: a sua *facti spécie* interior, que é, ao mesmo tempo, fórmula e ideia, palavra e significado.

Esse *conteúdo* consiste na *declaração* com a qual as *partes* regulam os seus *interesses*. Nisto consiste o exercício da *autonomia da vontade* veiculada por essa *declaração* que se arrima numa *causa*.

Por isso, esse respeitável Catedrático de Direito Civil da Universidade de Roma fala da delimitação desses *interesses* em função de um *conteúdo mínimo*, indispensável ao próprio negócio, traçado pela ordem jurídica de modo a não estar no poder das *partes* dispensar, arbitrariamente, a presença de elementos que constituem parcela integrante da sua função típica. É o exemplo da limitação convencional da responsabilidade a que se refere o Código Civil italiano, no seu art. 1.579, ao disciplinar o contrato de locação[134].

As *partes* regulam, efetivamente, *interesses*. Esta é a razão pela qual se insiste que estes constituem o *conteúdo* do *contrato*. Preferível assim porque somente esses *interesses* podem ser *objeto* de todo e qualquer *contrato*.

Falar-se em *bens* como constitutivo desse *objeto*, corre-se o risco de excluir a sua idoneidade para compor o *conteúdo* de certos tipos de *contratos*, porque "certos *bens* não podem ser *objeto* daqueles negócios: assim, a *hipoteca* só pode constituir-se em relação a *bens* imóveis ou a *bens* móveis registráveis; de igual modo, o *comodato* só pode

134. art. 1.579 – Il patto con cui si esclude o si limita la responsabilità del locatore per i vizi dela cosa non há effetto, se il locatore li há in mala fede taciuti al conduttore oppure se i vizi sono tali da rendere impossibile il godimento dela cosa.

ter por objeto coisas inconsumíveis, o *mútuo* só coisas fungíveis". Outras situações, relativas a *bens*, configuram-se inidôneas em face de valores cultuados pela sociedade. É o caso da proibição do objeto de *contrato* da herança de pessoa viva[135] ou que disponha sobre a própria sucessão ("*pacto* sucessório")[136] ou que estipule a liberação do devedor quanto às consequências do seu dolo ("*pactum de dolo non praestando*")[137].

O *interesse* das partes relaciona-se com o *objeto* do *contrato* que, por sua vez, fundamenta-se na *causa*. Daí que o *contrato*, embora tenha como *objeto* um *interesse* lícito e, juridicamente, possível, este *objeto* não se confunde com o da *obrigação*.

A Doutrina, por alguns dos seus expressivos integrantes, tem gizado essa distinção entre o *objeto da obrigação* e o *objeto do contrato*.

Têm razão.

---

135. art. 426 do Código Civil brasileiro: "*Não pode ser objeto de contrato a herança de pessoa viva*".

136. art.458 do Código Civil italiano: "*È nulla* [1418] *ogni convenzione com cui taluno dispone della própria successione. È del pari nullo ogni atto com quale taluno dispone dei dirittti che gli possono spettare su uma successione non ancora aperta, o rinunzia ai medesimi* [557, 589, 635, 679, 2122]". Art. 1130 do Código Civil francês: "*Les choses futures peuvent être l'objet d'une obligation. On ne peut cependant renoncer à une succession non ouverte, ni faire aucune stipulation sur une pareille succession, même avec le consentement de celui de la succession duquel il s'agit.*". Código Civil alemão: § 312 – *Um contrato sobre a sucessão de um terceiro ainda vivo é nulo. O mesmo se dá com um contrato sobre a legítima ou um legado da sucessão de um terceiro ainda vivo. Estas disposições não encontram aplicação a um contrato que, entre futuros herdeiros legítimos, seja concluído, sobre o quinhão hereditário legítimo ou sobre a legítima de um deles. Um tal contrato necessita de documentação judicial ou por tabelião*".

137. cf. Espínola, Eduardo. *Sistema do direito civil brasileiro*, vol. II, tomo I, 2ª. ed. Rio de Janeiro/São Paulo: Livraria Editora Freitas Bastos, 1944, p. 339 e 363.

Por todos citem-se, entre nós, DARCY BESSONE[138] e pelos estrangeiros, BEUDANT[139]. Este último adverte que os textos confundem as duas espécies de *objeto*, mas, o *objeto* do *contrato* é mais geral, por tratar-se da operação que as partes entendem realizar, por tratar-se do *interesse* que o acordo tem em mira regular. "Assim compreendido" — diz ele — "o *objeto* do *contrato* varia ao infinito segundo os acordos. Estes podem ter como objetivo seja criar ou transferir um direito real, seja criar, modificar ou extinguir uma obrigação, seja realizar qualquer efeito de direito". E continua: em direito, o *objeto* do *contrato* é a criação da obrigação.

Na esteira dessa distinção, coloca-se este estudo. O *objeto* do *contrato* é o *interesse* que as partes consentem em regrar. É, efetivamente, mais amplo porque não se limita àqueles *contratos* que fazem *nascer* obrigações[140], mas, também, inclui aqueles a que a Doutrina alemã[141] denomina de *reais*

138. cf. Andrade, Darcy Bessone de Oliveira. *Do contrato – teoria geral*. Rio de Janeiro: Forense, 1987. p. 124 e 145.

139. cf. Beudant, Ch. *Cours de droit civil français* seconde édition, tome VIII. Paris: Rousseau & Cie, Éditeurs, 1936, p. 124-132.

140. Não se confundem *nascimento* e *fontes das obrigações*. As *fontes* são: *imediata*: a *lei* e *mediata* os seguintes *fatos jurídicos* descritos pela *lei*: o contrato; o ato ilícito; os atos unilaterais (promessa de recompensa, gestão de negócios, pagamento indevido, enriquecimento sem causa); situação de senhorio. O *nascimento* ocorre quando acontece qualquer desses *fatos jurídicos* que expressam as *fontes* mediatas.

141. cf. Gaudemet, Eugène. *Théorie générale des obligations*. Réimpression de l'édition publiée en 1937. Paris: SIREY, 1965, p.17: "*La nullité del'acte créateur d'obligation entraîne la nullité de la constitution de droit réel. (....) Donc, le système français comporte un défaut de sécurité dans les constitutions de droits réels: tous les vices du titre créateur d'obligations affectent en même temps la constitution de droits réels.*
(....)
Cela explique un phénomène historique curieux: un grand nombre de législations contemporaines, des plus perfectionnées, ont admis le principe romain, qui concordait d'ailleurs avec la tradition féodale: la législation anglaise, le Code civil allemand font une distinction profonde entre l'acte créateur de droits personnels et l'acte constitutif de droits réels. En Allemagne, la propriété sur les meubles s'acquiert par la tradition (art.929). Pour les immeubles, il faut un acte solennel, devant un magistrat, Auflassung, *dessaisissement, et une inscription au livre foncier (art.313). Cet acte constitutif de droits réels s'appelle, en Allemagne, contrat réel,* Realvertrag, dinglicher Vertrag. *Il est*

porque têm como *objeto* a transmissão de um *direito real*, constituindo-o, isto é, fazendo-o nascer e, portanto, não, apenas, transmitindo-o.

Já o *objeto* da *obrigação* é o *comportamento* (*prestação*) que o devedor terá de ter perante o credor: ou porque assim se comprometeu — nas obrigações *contratuais* e naquelas nascidas de declaração unilateral de vontade —; ou porque praticou um ato que causa dano a outrem e tem de repará-lo; ou, enfim, porque se envolveu numa situação de *senhorio* sobre uma coisa, de tal sorte que a *prestação* segue a coisa.

Esse *comportamento* toma uma dessas duas possibilidades: *ação* ou *omissão* do devedor. O *objeto* do *contrato*, já foi dito, é o *interesse*, que ele regula, expresso no seu *conteúdo*.

BEUDANT diz que é manifesto o *objeto* dos *contratos* confundir-se, muitas vezes, com o *objeto* da *obrigação* que resulta deles *contratos*, o que justifica, de uma certa maneira, o ponto de vista do Código Civil francês que, no seu art. 1.126 estabelece: *todo* contrato *tem por objeto uma coisa que uma parte obriga-se a dar, ou que uma parte obriga-se a fazer ou a não fazer*[142].

Contudo, aqui, não se atina com esse dito porque, ainda quando o *objeto* da *prestação* — que é o *objeto mediato* da *obrigação* e, por isso, não se confunde com o *objeto imediato* da *obrigação* (a *prestação*) — seja, como o é, o bem material ou imaterial utilizado para satisfazer o credor e consista em

---

absolument indépendant dans ses effets du contrat créateur d'obligations, qui a pu le précéder. Les vices de ce contrat ne réagissent pas, en principe, sur le contrat réel. Leurs effets sont purement personnels". Cf., também, Saleilles, Raymond, *Étude sur la théorie générale de l'obligation*, troisième édition, Paris: Librairie Générale de Droit & de Jurisprudence, 1914, p.2-3, quando distingue os modos de nascimento das obrigações e os atos de alienação: "*C'est celui de l'absolue séparation entre les actes générateurs d'obligations et les actes constitutifs ou translatifs de droits réels*".

142. *Tout contrat a pour objet une chose qu'une partie s'oblige à donner, ou qu'une partie s'oblige à faire ou à ne pas faire.*

uma *coisa* do mundo físico ou um *fato*; ainda assim, não se confundem os *objetos* da *obrigação* e do *contrato*, sinteticamente, indicados supra.

Todo o exposto revela a importância do *conteúdo* do *contrato* que se exprime por uma estrutura técnica que formaliza este *conteúdo*, destinada a traduzir a *declaração* que expõe a *vontade*.

Reveste-se este *instrumento* de grande importância porque do confronto entre a *teoria da vontade* e a *teoria da declaração*, no que toca à existência e validez do *contrato*, na sua qualidade de ato jurídico "*lato sensu*", o direito brasileiro optou pela primeira ao dispor no art. 112[143] que se deve, nas *declarações de vontade*, atender mais à *intenção* do que à literalidade.

Efetivamente, é uma escolha problemática porque a *vontade*, ou seja, o intuito da parte, considerada em si, — explica VICENTE RÁO[144], ao expor a *teoria subjetiva* — é um fato interno, mero fato psíquico e, por isso, deve ser, necessariamente, manifestada ou declarada, porque se um

---

143. "art.112. – *Nas declarações de vontade, se atenderá mais à intenção nelas consubstanciada do que ao sentido literal da linguagem*". A redação é similar à do art.85 do texto de 1916, assim comentado por Bevilaqua: "Neste artigo, o Código emprega a expreessão — *declaração de vontade*, que é o conteúdo do acto jurídico, pelo próprio acto. Num sentido geral, podem, realmente, as duas locuções se equivalem.
A vontade manifesta-se por signaes ou symbolos, entre os quaes occupam logar proeminente as palavras. Esses signaes ou palavras podem não traduzir, fielmente, o que o agente quer exprimir. A lei, por isso, manda attender, de preferência, à intenção, desde que haja elementos para determinal-a, fora da expressão verbal imperfeita, indecisa, obscura ou insuficiente.
Este preceito é mais do que uma regra de interpretação. É um elemento complementar do conceito do acto jurídico. Affirma que a parte essencial ou nuclear do acto jurídico é a vontade. É a ella, quando manifestada de accordo com a lei, que o direito dá efficacia". – cf. Código civil dos Estados Unidos do Brasil, comentado por Clóvis Beviláqua. Edição histórica. Rio de Janeiro. Ed. Rio, 1975, v.1, p.332-333.

144. cf. *Ato jurídico*: *noção, pressupostos, elementos essenciais e acidentais, o problema do conflito entre os elementos volitivos e a declaração*, 2ª ed. São Paulo: Saraiva, 1979, p.186. Cf., também Azevedo, Antonio Junqueira de. *Negócio jurídico – existência, validade e eficácia*. São Paulo: Saraiva, 1974. p. 112.

conflito sobrevier entre a *vontade* a a sua *declaração*, aquela, por ser defendida pela *teoria subjetiva* ou da *vontade*, como sendo o elemento fundamental do ato jurídico, há de prevalecer sobre esta.

O tema, objeto desse confronto, parece resolvido na medida em que o rigor das duas teorias, que se extremam, é mitigado quando, na interpretação, submetem-se os negócios jurídicos à lei que abre largo campo à *vontade* e a doutrina e a jurisprudência que procuram fixar-lhe limites[145].

Importante, então, é esclarecer que, no plano da *declaração da vontade*, é elucidativo distinguir-se entre declaração *direta* e *indireta* e declaração *expressa* e *tácita*.

Alguns chamam a *expressa* de *direta* e a *tácita* de *indireta*. É a orientação mais ofertada.

Outros procuram fazer uma distinção entre *direta* e *indireta*. O critério é o da *intenção* em relação à *emissão*.

Quando alguém *emite* uma declaração de vontade precisa ou imprecisa. Exemplo: a despedida de um empregado através de memorando é *direta*. A *indireta* dá-se pelos *fatos concludentes* em que não é necessário que o sujeito faça uma declaração por *instrumento* ou escrito; é o caso do passageiro de um ônibus que não tem de formalizar com o transportador um contrato escrito para que ele preste o serviço referente à sua viagem, porque o fato — *concludente* — de entrar no veículo automotor, já demonstra que assumiu o dever de respeitar as *cláusulas*.

Já a distinção entre uma declaração *expressa* e *tácita* obedece a dois critérios: o *subjetivo* e o *objetivo*.

O critério *subjetivo* implica a existência ou não de uma *intenção* de expressar a *vontade*. Quando há *intenção*

---

145. cf. Azevedo, Antonio Junqueira de. *Negócio jurídico – existência, validade e eficácia*. São Paulo: Saraiva, 1974. p. 112.

é *expressa*, quando ela não existe, expressamente, mas, existe por um *comportamento*, então, ela é *tácita*, porque se traduz nele ou dele se infere. Ex.: se alguém, através de um instrumento de *contrato*, obriga-se, é evidente que há a *intenção* de *expressar* a vontade; mas, se alguém não tem essa *intenção*, não obstante *comportar*-se como uma pessoa que faz a *declaração*, infere-se isto do que se chamam *fatos concludentes* — "*facta concludentia*", ou seja, "*facta ex quibus voluntas concludi potest*"[146]. Ex.: o fato de entrar no ônibus é uma *declaração tácita*, pois, não há uma *declaração* formalizada do *contrato de transporte*, mas, essa celebração decorre do *comportamento* de seu ingresso no veículo transportador, isto é, deduz-se uma *declaração de vontade tácita*[147].

O critério *objetivo* é mais simples, mais compreensível. Por ele se distingue a *declaração* através da *forma*: toda vez que uma *declaração de vontade* seja feita oralmente ou por escrito ela é *expressa*; se, porém, deduz-se de um certo procedimento, ela é *tácita*. Há autores que incluem o *silêncio*, neste último tipo[148].

Fala-se, outrossim, em *declaração de vontade implícita* e em *presumida*.

A *implícita* será aquela contida em outra que seja *expressa*, por isso, a *implícita* não se confunde com a *tácita* porque ela é uma forma especial de *indireta* pelo fato de estar contida na *expressa*. Ex.: se alguém outorga poderes a outrem para receber a *prestação*, implicitamente, deu-lhe atribuições para dar quitação.

---

146. cf. Coviello, Nicolas. *Doctrina general del derecho civil*. Cuarta edicion revisada por el Prof. Leonardo Coviello. Trad. por el abog. Felipe de J. Tena. Concordancias de derecho mexicano por ele abog. Raul Berron Mucel. México: Union Tipográfica Editorial Hispano-Americana, 1938, p.386

147. cf. Larenz, Karl. *Derecho de obligaciones*, tomo I, ob. cit., p.58 e segs.

148. cf. p. 125.

A *presumida* é incluída por alguns entre as *tácitas* — que, já foi dito, deduz-se de um *comportamento* — mas, as *presumidas* serão aquelas que se identificam do *comportamento* do sujeito que se exterioriza à base de certas relações que podem ser travadas em que sua vontade esteja presente por uma interpretação da lei; não é, apenas, uma dedução do seu *comportamento* onde não se necessite da interferência da lei de regência. Ex.: no casamento, se o sujeito não escolhe o regime de bens, a lei *presume* que ele aceitou o comum que é o da separação de bens[149].

Foi afirmado, antes, que o *objeto* do *contrato* é explicitado por uma *estrutura técnica.*

A *estrutura técnica* é uma expressão tomada de empréstimo a MESSINEO[150] e, com ela, busca-se, aqui, falar do *instrumento* em que se formaliza o *contrato.*

Aliás, o *instrumento* — "seja a escritura pública, seja o escrito particular de estilo, simples missiva, ou um recibo" — na linguagem corrente, é uma sinonímia de *contrato* "generalizada a tal ponto que os leigos supõem não haver *contrato* se o acordo de vontades não estiver reduzido a escrito"[151].

Reitere-se, a esta altura, que o *contrato* é um acordo de vontades *declaradas* por pessoas *capazes* que se colocam em dois polos, por isso, chamadas *partes*, quando, na mesma relação jurídica de natureza *patrimonial*, com eficácia obrigacional ou constituindo e transferindo *direitos reais*, buscam harmonizar *interesses* diversos.

---

149. cf. Brito, Edvaldo. *Direito civil.* Ob. cit., p.214.

150. cf. ob. Cit., p.87

151. cf. Gomes, Orlando. *Contratos.* 28ª ed.; atualizadores Edvaldo Brito [e coordenador], Reginalda Paranhos de Brito. Rio de Janeiro: Forense, 2022.

Há uma *fase pré-contratual*, mas, quando ele se conclui, então, forma-se existindo essas *partes*, tudo isto mediante procedimentos que são disciplinados pela ordem jurídica.

Todo contrato resulta de uma *proposta* e de sua *aceitação*.

Há o polo que tem a *iniciativa* e, se o outro aceitar esta *proposta*, têm-se, aí, as fases indispensáveis para a *formação do contrato*. No direito contemporâneo, esta é uma consequência do *consensualismo*.

Formado o *contrato*, pode-se encará-lo sob duplo aspecto: de um lado o *material* e, de outro, o *formal*.

Materialmente, o *contrato* apresenta-se — quando se tratar, evidentemente, de um *contrato* escrito — "*articulado* em uma ou em várias *proposições* (o número é indeterminado)" mediante as quais é expressa a *vontade* das *partes* sobre a matéria (*interesses*) contratual.

Tais *proposições* são denominadas *cláusulas*, também, chamadas de *pacto*.

O *instrumento* pode ter um *preâmbulo* onde se identificam as suas *partes* e a sua finalidade, porque, para alguns, esse elemento é importante por favorecer a interpretação do *contrato*.

O essencial, porém, é o chamado *contexto*. Nele, estão as *cláusulas contratuais* que não obedecem a nenhum estilo e podem ser redigidas de acordo com a vontade das *partes*.

Adota-se um projeto de *contrato* ao que se denomina *minuta do contrato*.

É muito comum na atividade da Administração Pública, quando busca a cooperação do particular para a realização de obras, execução de serviços ou fornecimento de bens, a elaboração dessa *minuta* como integrativa do edital de convocação para essa colaboração — *procedimento licitatório* — dando-se-lhe eficácia integrativa para a futura contratação.

Aqui e em hipóteses semelhantes — embora de *contrato*, ainda, não se trate — essas negociações caracterizam atividades pré-contratuais com reflexos na apuração de *responsabilidade pré-contratual* em caso de uma possível frustração culposa da *conclusão* do *contrato*.

Formalmente, o *contrato*, em geral, é *concluído verbalmente* ou é apresentado em documento escrito através de *instrumento particular* ou *público* que formaliza a sua *conclusão*.

A *conclusão*, demonstrada de modo verbal ou escrito, enseja que se destaque, para estudo, o significado do *consentimento* ou *acordo*.

O *signo consentimento* tem, juridicamente, dois significados que provocam ambiguidade, que necessita ser dissipada:

Ora é empregado como o entrosamento de duas vontades e, neste caso, é sinônimo de *acordo*.

Ora e mais frequentemente, em acepção "*stricto sensu*", como *declaração de vontade* de cada uma das *partes*.

Assim, quando o *policitante* emite a proposta ou quando o *oblato* aceita-a, ambos estão dando *consentimento* porque estão declarando vontade.

Os diversos significados incluem a designação do próprio *contrato* que é, neste sentido, *consentimento*, é acordo de vontades.

Essa diversidade semântica obriga, aqui, a uma preferência: chamar de *acordo* o que é, realmente, *consentimento*; *acordo* é vontade contratual e empregar a palavra *consentimento* na acepção de *declaração de vontade*, expressão já foi caracterizada linhas atrás quando foi extremada da noção de *manifestação de vontade*. Neste sentido, aqui, fica-se na companhia ilustre de RIPERT[152] para quem "a obrigação contratual nasce da troca de *consentimentos*".

O momento da *declaração de vontade* é de determinação essencial porque o *propósito notificatório* que ela carrega deve utilizar-se de *meios* de comunicação precisos, face a que eles influem na própria caracterização do *contrato*, na sua forma e na sua prova.

Esses *meios* podem ser os seguintes:

> declaração *verbal*
>
> declaração *escrita*
>
> declaração *simbólica* ou *mímica*
>
> presunção de vontade através do *silêncio*.

A declaração *verbal*, presentemente, é muito usada. Em todo momento, concluem-se *contratos* por essa forma, especialmente, nos dias que correm, no campo da compra e venda de bens móveis, entre presentes, cuja *prestação* do comprador/devedor é cumprida "*à vista*".

Os *contratos* celebrados como fatos propulsores das relações jurídicas de *consumo*, os *contratos* celebrados via "*internet*" são exemplos da mora do Direito com os fatos e estão reclamando melhor classificação, por exemplo, quanto à questão de se eles são *entre presentes* ou *entre ausentes* para os efeitos de suas *forma* e *prova*.

A dificuldade *probatória*, sobretudo, desses últimos — contratos entre *ausentes* — tem feito com que os sistemas jurídicos de Estados, tecnologicamente, desenvolvidos venham adotando regras de segurança e auditoria *informática* para identificar com precisão "a origem de uma

---

152. cf. Ripert, Georges. *O regimen democrático e o direito civil moderno*. Trad. J. Cortezão. São Paulo: Saraiva, 1937, p. 273.

declaração, o horário de sua emissão e a individualização do sujeito declarante"[153].

Por isso, o *Código Civil y Comercial de la Nación*, na Argentina, *ley* 26.994, vigente desde a sua publicação em 08 de outubro de 2014, disciplina os *contratos celebrados à distância* (art. 1105), definindo-os como aqueles concluídos entre um provedor e um consumidor com o uso exclusivo de meios de comunicação à distância, entendidos por tais os que podem ser utilizados sem a *presença física simultânea* das partes contratantes, considerados esses meios de comunicação os postais, eletrônicos, telecomunicações, bem assim serviços de rádio, televisão, mídia impressa ou outra tecnologia similar, minudenciando essas *modalidades especiais* melhor do que a forma brasileira adotada para a *formação dos contratos*.

Indaga-se quanto à situação que, efetivamente, caracteriza uma declaração *verbal*, porque, muitas vezes, ela é feita através de terceiros ou de certos instrumentos como o telefone e o computador.

A hipótese que contempla um terceiro, que seja um *núncio* ou mensageiro, denuncia um contrato verbal entre pessoas ausentes, porque é ele, o *núncio*, quem leva a vontade das partes ao conhecimento uma da outra.

A declaração *verbal*, enfim, é aquela cuja vontade, a que serve de meio, chega, de logo, ao conhecimento da pessoa a quem se dirige, por isso, o contrato que se celebra através dela pode concluir-se entre pessoas que não estão próximas umas das outras, porque a distância não influi na formação desse contrato.

---

153. cf. Stiglitz, Rosana M. *Contratos celebrados por medio de computadoras*. In. Contratos - Teoria general I. Reimpresión. Director Rubén S. Stiglitz. Buenos Aires: Ediciones Depalma, 1994, p. 231.

Ora, esta noção é que demonstra se encontrarem em crise certos conceitos em face dos meios de comunicação acima referidos.

A solução argentina parece superar a dificuldade antes aludida, para o respectivo sistema jurídico; mas, parece, também, que a proposição genérica do art. 104 do Código Civil, no texto de 2002 resolve, com a adoção que faz do *princípio da liberdade de forma* (cf. art. 104, III).

A declaração *escrita* tem a *proposta* e a *aceitação* apresentadas por proposições redigidas em um documento: o *instrumento do contrato*, que é a expressão grafada da vontade das partes.

Não há *forma* especial para esse *instrumento* ou escrito, salvo as exceções ditadas por lei, daí que se pode afirmar que a regra é a do *princípio da liberdade de forma.*

Tanto pode ser um *contrato* em que as proposições obedeçam a um estilo comum, geralmente, adotadas e contendo aqueles elementos sob o aspecto formal, como pode ser uma carta ou qualquer outro *instrumento* em que a *vontade* das *partes* seja expressa.

Destaque-se, agora, um aspecto da explicação dada acima sobre a *declaração de vontade* que se interrompeu com a promessa de retomá-lo, oportunamente.

Neste passo, parece ser o momento.

Trata-se do *silêncio* ao qual se atribui ser uma modalidade de declaração *verbal.*

Indaga-se: o *silêncio* de um sujeito pode ser interpretado como *consentimento*, como *declaração de vontade*?

A resposta, em princípio é negativa, porque o *silêncio*, somente, pode ser considerado assentimento quando o sujeito tem o dever de pronunciar-se e, nas condições pré-estabelecidas, não emite a sua vontade, contrariamente à vontade que lhe fora dada a conhecer.

É o caso do *contrato* de doação sem *encargo* que, *concluído* com prazo para o donatário declarar se aceita, ou não, a *liberalidade*, este, ciente do prazo, deixa escoá-lo sem se pronunciar; entende-se, nestas circunstâncias, pelo seu *silêncio*, que aceitou a doação (cf. o art. 539 do Código Civil).

O *silêncio*, em síntese, é expressão de *vontade*, ou quando há uma determinação legal ou quando há um acordo prévio, isto é, quando entre as *partes* há um acordo em que se estipula que se uma delas não declarar a sua vontade em determinado prazo, então, pelo seu *silêncio*, a vontade expressou-se.

Fora disto, ficar calado não é *consentir*.

Afinal, é uma situação que se parece com o que, antes, foi descrito como declaração de vontade *presumida*, contudo, as circunstâncias nas quais as duas situações, ora confrontadas, operam-se, permitem não as superpor, sempre.

Por tudo isto é que COVIELLO prefere falar em *presunção de vontade*[154].

IV Propósito das partes de referência aos *direitos patrimoniais*

O último dos elementos constitutivos do "*conceito contrato*", que se arrolou supra, é o propósito das partes de adquirirem, resguardarem, transferirem, modificarem ou extinguirem *direitos patrimoniais*.

---

154. cf. Coviello, Nicolas. Doctrina general del derecho civil. Cuarta edición. Revisada por Leonardo Coviello. Mexico: Union Tipográfica Editorial Hispano - Americana, 1938. p.389: "cremos por eso que, salvo los casos expresamente admitidos por ley, el silencio no equivale a manifestación tácita de voluntad; y en esos mismos casos puede decirse, con mayor exactitud, que hay una presunción de voluntad, más que una voluntad efectiva".

Efetivamente, no direito contemporâneo, a tônica é a de que o *contrato* é um acordo de vontades produtivo de efeitos obrigacionais na esfera *patrimonial*, sem se esquecer de que há sistemas jurídicos nos quais ele constitui e transfere *direitos reais,* por isso, na Alemanha, é chamado *contrato real* e, também, na França, a propriedade transmite-se por simples contrato[155].

O direito brasileiro, no que toca à transferência do domínio dos bens móveis, além do *contrato*, exige a *tradição simples* (art. 1.267 do Código Civil) e, para a dos bens imóveis, a *tradição solene*, mediante a *transcrição* do título de transferência no registro desses bens (art. 1.245, do Código Civil).

Pode-se concluir, na esteira dessa concepção, que a *função econômica dos contratos* precisa ser determinada porque é através da *função econômica* típica de cada *contrato* que se determina a sua *causa*, considerando-se que o *contrato* é, positivamente, o instrumento por excelência da vida econômica. Daí serem classificados dentro de certas *categorias* que respondem àquelas atividades de bens ou trocas de serviço.

Assim, aqui, reafirma-se: a mais importante função da vida econômica insere-se numa *categoria* dos *contratos de alienação* onde uma das partes transmite um bem a uma outra; o exemplo mais típico é o da compra e venda. Citem-se, além disso, o *contrato de cessão de uso* — o contrato de locação de um imóvel, onde uma das partes cede à outra alguma coisa.

Há outros em que a *prestação* consiste em *trabalho,* em *serviço*: uma das partes compromete-se, através de um *contrato*, a oferecer seus conhecimentos técnicos à outra, também, mediante uma *prestação*, normalmente, em moeda.

---

155. cf., por todos: Gaudemet, Eugène. *Theorie générale des obligations. Reimpression de l'edition publiée en 1937*. Paris: ed. Sirey, 1965. p. 17.; Gomes, Orlando. *Contratos*. 28ª ed.; atualizadores Edvaldo Brito [e coordenador], Reginalda Paranhos de Brito. Rio de Janeiro: Forense, 2022. p. 235.

E, por fim, os de *garantia de crédito* como o de fiança, de anticrese e outros que estão até fora do campo do Direito Civil.

Verifica-se, por conseguinte, que, desde o início, aqui, a apreciação desses elementos perfilha a tese de BETTI[156], segundo a qual há *um como* (*forma*), há *um o quê* (*conteúdo*) e há *um porquê* (*causa*) como *elementos constitutivos do contrato*.

A *causa* é uma razão prática típica que lhe é imanente, um interesse social objetivo e socialmente verificável a que o *contrato* regula e, por isso, a ele correspondente.

"Causa, bem entendido, não em sentido fenomenológico, mas teleológico e deontológico, atinente à exigência de sociabilidade que preside a função ordenadora do direito", dado que os poderes conferidos pela *autonomia da vontade* não devem ser exercidos em oposição com a *função social* a que são destinados.

"Nos negócios patrimoniais, esta *causa* tem já de acordo com a consciência social, o valor de título justificativo, tanto da perda como da aquisição que o negócio é destinado a produzir, por uma ou outra das partes, ou por ambas", por isso, pode falar-se em uma *função social* da *autonomia privada* e em sua consequência que é a delimitação, pela ordem jurídica, do conteúdo mínimo indispensável ao próprio negócio.

O exposto sobre a *causa*, em tais termos, prepara o caminho para o estudo seguinte sobre o *contrato na ordem econômica*.

2.1.3. O contrato na ordem econômica

2.1.3.1 A função típica do contrato e a doutrina objetiva da causa do contrato

---

156. cf. Betti, Emilio. *Teoria geral do negócio jurídico*. Ob. cit., p.108, 243, 333, 352.

2.1.3.2 O contrato e a circulação da riqueza

2.1.3.3 O contrato nas sociedades capitalista e socialista

O *contrato* é o responsável pelo enriquecimento do direito civil mediante o seu repertório representativo de uma quantidade considerável de normas ou mesmo de fatos de natureza econômica que os *princípios* de liberdade de produção de regras, que o norteiam, vieram incrementando esse ramo jurídico.

Atribuída à *causa* do *contrato*, nos termos da exposição que se fez, até aqui, a *função* típica que lhe é impingida de repositório da disciplina jurídica da atividade socioeconômica, não há temor em afirmar-se que dele decorreram grandes mudanças na ordem jurídica, mesmo na matéria alheia ao direito privado.

A adaptação do *contrato* para servir de fonte das relações jurídicas no direito público é uma prova.

A publicização do direito privado pela interpenetração de normas ou de fatos gerados no campo do direito público, por outro lado, denuncia esta situação a ponto de ter impressionado SAVATIER[157] quando se perguntou: o que é o direito civil neste quadro, em que deixa de ser, essencialmente, o direito que se encontra no Código Civil? ou ter impressionado FARJAT[158] que formulou indagação semelhante, cuja resposta permitiu-lhe identificar transformações no Direito Civil que lhe pareceram dar nascimento a uma *ordem pública econômica*, embora já anunciada, antes, por RIPERT.

---

157. cf. Savatier, René. Du droit civil au droit public, deuxième édition. Paris: Librairie Générale de Droit et de Jurisprudence, 1950, p.3.

158. cf. Farjat, Gerard. *Droit économique*. Parias: Presses Universitaires de France, 2ª ed. 1982, p. 47.

RIPERT[159], que escreveu, amplamente, sobre as relações entre o *contrato* e a *ordem econômica*, lembra que o recurso ao *contrato* é muitas vezes, no espírito das partes, um meio de resistir à instabilidade da legislação econômica, essencialmente variável, pois deve ter em conta elementos que se modificam cada ano, cada mês, considerando que o legislador tem de retomar constantemente uma obra que só pode ser provisória, dado que a sua vontade nada pode contra os fatos econômicos e é preciso ter em conta não só os que se produzem no interior da Nação, mas, os do mundo inteiro.

Averba, outrossim, que no domínio das relações econômicas não existia, no momento em que o Código Civil francês foi promulgado, outra organização senão a que se forma livremente pelas convenções privadas.

Começa-se, por esse autor, a estudar, aqui, o prestígio do *contrato* como *instrumento* que regula as relações jurídicas de *natureza patrimonial*, porque ele é um dentre aqueles que mais exploraram esse tema; prestígio esse que, em si, involuntariamente, para o autor mencionado, tem sido responsável pelo *equívoco* da afirmativa, segundo a qual a circunstância de o *pressuposto* da prestação, como objeto imediato de uma obrigação, ser a sua *patrimonialidade*[160] e considerando que a fonte do maior número de obrigações é o *contrato*, então, o *contrato* estaria fazendo nascer um vínculo entre dois *patrimônios*, razão porque essa seria a sua função.

---

159. cf. Ripert, Georges. *O regimen democrático e o direito civil moderno*. Trad. de J. Cortezão. São Paulo: ed. Saraiva & Cia. 1937. p. 275 e 288.

160. cf. Brito, Edvaldo. *Direito civil*. In. Manual de Iniciação ao Direito / Ives Gandra Martins e Fernando Passos (coordenadores), São Paulo: Pioneira, 1999. p.164.

O equívoco está demonstrado, com pertinência, por MANUEL BORJA SORIANO[161], por ORLANDO GOMES[162] e por CAIO MÁRIO DA SILVA PEREIRA[163], porque a obrigação é um vínculo pessoal cujo objeto imediato — que é a *prestação* — como foi exposto linhas atrás, é um *comportamento* do devedor que consiste em uma *ação* ou uma *omissão*; a par disto, estar-se-ia confundindo a obrigação com o *contrato*, isto é, o criador com a criatura, somente, porque esta circunstância faz comunicarem-se, também, em razão do elemento *patrimonial* existente em ambos: no *contrato*, pela sua *causa*; na obrigação, pelo *objeto* da sua *prestação*.

Equívoco à parte, o importante é acentuar que os *patrimonialistas* formam um grupo expressivo.

Vivendo-se sob a influência do Código Civil francês, cuja definição de *contrato*, diz-se, inspirada em POTHIER e que não contemplou esse elemento, o tema provocou discussão que atingiu um outro assunto, qual seja o de saber-se se o Código que lhe seguiu, o italiano de 1865, ao defini-lo, no seu art. 1.098, como "*l'accordo di due o più persone per costituire, regolare o sciogliere um vincolo giuridico*", teria ou não abrangido o distrato[164].

O Código Civil alemão (*Bürgerliches Gesetzbuch* –BGB) de 18 de agosto de1896 fugiu à técnica da definição (cf. §305), o que estimulou os debates referidos nessas linhas anteriores, somente, aplacados com a reforma do Código Civil italiano aprovada pelo Régio Decreto de 16 de março de 1942,

161. cf. Soriano, Manuel Borja. *Teoría general de las obligaciones*, tomo primeiro, Mexico: Ediciones Porrua, 1939, p.106/107, n°17 e p. 366 n° 439.

162. cf. Gomes, Orlando. *Obrigações*.; atualizador Edvaldo Brito -19ª ed. Rio de Janeiro: Forense, 2019. p.22

163. cf. *Instituições de direito civil*. 10ª ed. Rio de Janeiro: Forense, vol.2, p.9

164. cf. Bessone, Darcy. Do contrato – teoria geral. Rio de Janeiro: Forense, 1987. p. 9-15.

nº262[165] cujo art. 1.321 estabelece: "*Il contratto è l'accordo di due o più parti* [1.420] *per costituire, regolare o estinguere tra loro um rapporto giuridico patrimoniale* [1.174]".

Então, se o legislador tem-se omitido a definir *contrato* — e que se considere esta uma técnica respeitável — evitando engessar uma noção que o colocaria em mora com os fatos, que têm a velocidade denunciada por RIPERT como inalcançável pelo legislador; então — repita-se — se o legislador assim tem procedido, que a Doutrina continue, em seu lugar, adaptando o *contrato* às circunstâncias econômicas que se vão sucedendo, dando-se, sempre, precisão ao seu *conteúdo* em função da conjuntura socioeconômica em que deve medrar.

Por esse caminho, chega-se a um outro ponto do estudo do *contrato*, de certo modo já abordado antes, quando se falou da inexistência de *contratos translativos de direitos reais*, no nosso sistema de direito positivo[166].

Refere-se, esse ponto, à exclusão do domínio do *contrato* daquelas relações de *família* ou de *sucessão*, mesmo as que têm natureza obrigacional e que, por isso, têm, obviamente, *prestação* com o seu pressuposto de *patrimonialidade*.

A hipótese é a de que a *fonte mediata* dessas obrigações não é o *contrato* e sim o fato de o sujeito participar de uma relação jurídica, fato este que, na sua condição de seu propulsor, já carrega o *vínculo* de que resulta uma *prestação* imposta a essa pessoa enquanto ela é participante do liame.

---

165. Cf. *Codice civile, com la costituzione i trattati U.E. e C.E. e le principali norme complementari*. Quattordicesima edizione. A cura di Adolfo di Majo. Milano: Dott. A. Giuffrè Editore. 2000, p. 205, 400.

166. Esclareça-se, por necessário, que, no direito brasileiro, se não é possível o *contrato* ser *titulus adquirendi* e *modus acquisicionis*, ao mesmo tempo, porque não tem efeito translativo da propriedade imobiliária, contudo, não lhe é vedado — ao contrário é dever — que seja o *contrato* o *instrumento* (público ou privado, dependendo da regra dos arts. 108, 109 e 215 do Código Civil) que pressupõe o *modo de adquirir*.

É dessa forma que se explica, em outro plano e para os respectivos efeitos, a obrigação *propter rem*.

Essa exclusão não é pacífica. Se, de um lado, o Código italiano é abrangente ao ponto de incluir na noção os acordos modificativos e os extintivos "tanto dos direitos de crédito, como de outras relações patrimoniais"; de outro lado, para confirmar que não é pacífica a exclusão, ANTUNES VARELA[167] adverte que o Código Civil português, aprovado pelo decreto-lei nº 47.344 de 25 de novembro de 1966, admite o contrato para constituir obrigações de prestações extra-patrimoniais como as decorrentes do casamento (art. 1.577)[168] e do *pacto* sucessório que é fonte de relações "*mortis causa*" (art. 1.701)[169].

Talvez seja assim por força de uma tradição, porque o Código Civil português de 1867 já "incluía no conteúdo do contrato a transferência de algum direito (abrangendo não só os direitos de crédito, mas também os direitos reais: art. 615º)".

Portanto, em Portugal, "o contrato pode ser hoje, não só fonte de obrigações (da sua constituição, transferência,

---

167. cf. Antunes Varela, João de Matos. *Das obrigações em geral*, v.1, 3ª ed. Coimbra: Almedina, 1980, p.200-201.

168. "artigo 1577º - casamento é o contrato celebrado entre duas pessoas de sexo diferente que pretendem constituir família mediante uma plena comunhão de vida, nos termos das disposições deste Código" (redacção do Dec.-lei nº496/77, de 25/11).

169. "artigo 1701º - Irrevogabilidade dos pactos sucessórios.
1. A instituição contratual do herdeiro e a nomeação de legatário, feitas na convenção antenupcial em favor de qualquer dos esposados, quer pelo outro esposado, quer por terceiro, não podem ser unilateralmente revogadas depois da aceitação, nem é lícito ao doador prejudicar o donatário por actos gratuitos de disposição; mas podem essas liberdades, quando feitas por terceiro, ser revogada a todo tempo por mútuo acordo dos contratantes.
2. Precedendo, em qualquer dos casos, autorização do donatário, prestada por escrito, ou o respectivo suprimento judicial, pode o doador alienar os bens dados com fundamento em grave necessidade, própria ou dos membros da família a seu cargo.
3. Sempre que a doação seja afectada nos termos do número anterior, o donatário concorrerá à sucessão do doador como legatário do valor que os bens doados teriam ao tempo da morte deste, devendo ser pago com preferência a todos os demais legatários do doador".

modificação ou extinção), mas de direitos reais, familiares e sucessórios". No mesmo sentido, GALVÃO TELLES[170].

Essa digressão não acovarda quem afirma a hegemonia dos *patrimonialistas*, porque mesmo os renomados juristas portugueses citados não infirmam a tese do *conteúdo econômico*, apenas demonstram que o direito compatriota admite mais do que essa qualidade, tanto que MÁRIO JÚLIO ALMEIDA COSTA pode abrir espaço para festejar a importância dos *contratos bancários*, tendo presente a função característica das instituições de crédito no *sistema econômico-financeiro* que está na base da denominada *economia concertada* ou *contratual*[171].

Por tudo isto, há de prosseguir-se nomeando alguns dos integrantes dessa corrente majoritária, mesmo em sistemas cujo direito positivo não o consagra, expressamente, nas regras sobre *contrato*:

ARGENTINA - MARCELA H. TRANCHINI[172] lembra que a doutrina, ao estudar a noção de *contrato*, no direito positivo daquele país, destaca seu desenvolvimento no campo dos *direitos patrimoniais*.

---

170. cf. Galvão Telles, Inocêncio. *Direito das obrigações*. 6ª ed. Revista e actualizada. Coimbra: Coimbra Editora, Lda., 1989, p.66: "Já sabemos que os contratos não são fonte somente de efeitos de natureza obrigacional. Geram também outros efeitos, entre eles os reais, consistentes na constituição, modificação ou extinção de direitos sobre coisas. Os efeitos *obrigacionais* e os *reais* andam bastantes vezes associados, porque são frequentes os contratos que produzem uns e outros, como os de alienação, em que se dá a transferência da propriedade e, além disso, se constitui para o alienante a obrigação de entregar a coisa."

171. cf. *Direito das obrigações*, 7ª ed. Revista e actualizada. Coimbra: Almedina, 1998, p.183. A doutrina francesa refere-se a esta "*économie concertée*" et "*économie contractuelle*", como uma renovação que se manifesta sobre um plano diferente daquele do contrato clássico designada de contratos da economia de massa ("*économie concertée*" et "*économie contractuelle*") - cf. Starck, Boris; Roland, Henri; Boyer, Laurent. *Obligations* 2. Contrat, quatrième édition. Paris: LITEC, 1993, p. 4.

172. cf. *El contrato y los derechos reales*. In. Contratos - teoría general. Reimpresión, Rubén S. Stiglitz, director. Buenos Aires: Ediciones Depalma, 1994, p.3-4. Lembre-se que o art.1137 do Código Civil argentino dispõe sobre *contrato*, mas, não o define de modo a a, expressamente, adotar o conteúdo econômico.

Assim, "por exclusão ficam fora do âmbito da contratação, os direitos extrapatrimoniais: os direitos personalíssimos, os de família puros e os intelectuais enquanto direito moral do autor. Para designar aos atos jurídicos bilaterais que versam sobre eles, está reservado o termo genérico de 'convenção'."

BRASIL - CLÓVIS BEVILÁQUA[173] refere-se ao tema da *causa* para dizer que "não foi considerada pelo Código Civil, porque não representa elemento essencial do conceito de contrato"; afirma-o mesmo lembrando que "DEMOGUE reduz o estudo da causa ao da utilidade social", no que se aproxima da questão socioeconômica; e mesmo tendo consciência da situação econômica que envolve esse negócio; o pai do nosso Código Civil não prestigiou, aí, o apelo *patrimonialista*[174].

Já TEIXEIRA DE FREITAS[175] não se fez de rogado; colocou-se na dianteira e, sob aplausos, plasmou, na redação do art. 1.830 do seu "Esboço", que "haverá *contrato* (art. 438), quando duas ou mais pessoas convencionarem entre si alguma obrigação (art. 440) ou obrigações recíprocas (art. 441) a que correspondem *direitos creditórios* (arts. 20, 320, 867, 1.088, 1.117, 1.118, 1.121 a 1.157 e 1.237 a 1.253); ou a modificação de tais obrigações (arts. 437, 438 e 1.142)".

A lista dos nossos *patrimonialistas* é enorme, valendo exemplificar com: ORLANDO GOMES[176], DARCY BESSONE[177],

173. cf. Código Civil dos Estados Unidos do Brasil, ob. cit. p.194

174. cf. Direito das obrigações. Ob. cit. p.166

175. cf. Freitas, Augusto Teixeira. Esboço do Código Civil. Brasília, Ministério da Justiça, Fundação Universidade de Brasília, 1983, vol. 2, p.353

176. cf. *Contratos*. Ob. cit. p.9: "acordo de vontades produtivo de efeitos obrigacionais na esfera patrimonial".

177. cf. *Do contrato*. Ob. cit. p.20: "Nutrindo-se no mesmo pensamento de que são estranhas à noção do contrato as relações de família ou de sucessão, foi que, na reforma do Códice Civile italiano, feita pelo régio decreto de 30 de março de 1942, ficou o seu domínio limitado às relações patrimoniais, como se vê no artigo 1.321:

CAIO MÁRIO DA SILVA PEREIRA[178], WASHINGTON PELUSO ALBINO DE SOUZA[179], WASHINGTON DE BARROS MONTEIRO[180] e o autor deste estudo[181].

ESPANHA – SANTOS BRIZ lembra que o Código Civil espanhol não dá uma definição de *contrato*, embora os preceitos da respectiva noção deduzam-se do contido no seu art. 1.254[182], sendo um deles o ponto de vista econômico dos interesses objeto do acordo[183]. Em outra obra[184], esse autor é incisivo: "são manifestas as repercussões da penetração

---

'Nozione – Il contratto è l'accordo di due o più parti per costituire, regolare o estinguere tra loro um rapporto giuridico patrimoniale'
Este é o verdadeiro conceito do contrato, que, com ligeira modificação, pode assim exprimir-se em vernáculo: *O contrato é o acordo de duas ou mais pessoas para, entre si, constituir, regular ou extinguir uma relação jurídica de natureza patrimonial*".

178. cf. *Instituições de direito civil.* Rio de Janeiro: Forense, 1990, vol. 2, p. 9: "(...) Vencera, mesmo antes do período clássico, a concepção da apropriação violenta das utilidades. Apurara-se. E por isso mesmo pudera constituir em sua pureza a estrutura de tão numerosos contratos, que ainda hoje a complexidade da vida econômica ocidental adota os seus arquétipos com poucas alterações.
(...) O mundo moderno é o mundo do contrato (...)". E menciona o item 127 do vol. 2, da mesma coleção, onde desenvolve o tema da patrimonialidade em relação à obrigação.

179. cf. prefácio a "Conteúdo econômico no anteprojeto do código civil brasileiro". In. Cadernos da Pós-Graduação em Direito nº1. Belo Horizonte: Universidade Federal de Minas Gerais – Faculdade de Direito, 1975, p.5-6.

180. cf. *Curso de direito civil – direito das obrigações*, 2° vol. São Paulo: Saraiva, 1956, p.16-17 – "o objeto do contrato, como o da obrigação, tem de ser possível, lícito e suscetível de apreciação econômica (...) o objeto do contrato deve versar ainda sobre algum interesse economicamente apreciável. Já foi sustentado, sob a influência de escritores alemães, que também interesses insuscetíveis de avaliação pecuniária poderiam ser objeto de contratos. Não se justifica, porém, tal ponto de vista; o objeto do contrato deve encerrar algum valor econômico, capaz de se transformar, direta ou indiretamente, em dinheiro."

181. cf. Brito, Edvaldo. *Direito civil.* Ob. cit., p.175: a função econômica dos contratos precisa ser determinada, porque é através da função econômica típica de cada contrato que se determina a sua *causa*.

182. cf. o teor desse dispositivo, já cit., p. 61, nota de rodapé 71.

183. cf. *Derecho civil – teoría y práctica, derecho de obligaciones*, tomo III. Madrid: Editorial Revista de Derecho Privado, 1973, p.242.

184. cf. *Derecho econômico y derecho civil.* Prólogo del Prof. Jose Beltran de Hereda. Madrid: Editorial Revista de Derecho Privado. 1963, p.96.

econômica no Direito civil. Particularmente a dogmática do Direito das Obrigações está amplamente dominada pelo Direito econômico, o qual é devido a que o *contrato* é considerado como o instituto jurídico que o Direito privado econômico caracteriza especialmente, porque em último termo todos os fenômenos jurídicos que procuram o curso da Economia, como o fundamento das obrigações contratuais e a aquisição de direitos reais, mais ou menos, remontam-se ao *contrato*".

Outro jurista espanhol, o professor PABLO BELTRAN DE HEREDA Y ONIS[185], segue a mesma trilha, ao escrever que "a noção de contrato tem evoluido; porém, sua evolução não é nova — como vimos na parte histórica — nem tem terminado. Adaptar-se-á em cada momento às circunstâncias conceituais, e muito particularmente econômicas, de um momento histórico determinado".

FRANÇA – O magistério de RIPERT[186] é fértil na linha da interpenetração das instituições econômicas no direito civil.

Há tempo, ele advertiu para o surgimento de uma *ordem pública econômica*, cujo estudo foi cevado por juristas que lhe seguiram a senda, apontando-a como nova ideia legitimadora das proibições impostas pelo legislador em virtude de razões econômicas, passando para o juiz o poder de dirigir o *contrato*, abalando-lhe os próprios fundamentos.

A tradição de estudos, privilegiando essa linha de exame das repercussões econômicas no *contrato* e na sua

---

185. cf. *La obligacion (concepto, estructura y fuentes)*. Madrid: Editorial Revista de Derecho Privado, 1989, p.105.

186. cf. ob. cit. *O régimen democrático e o direito civil moderno* e mais: *La régle morale dans les obligations civiles*, deuxième Edition. Paris: Librairie Générale de Droit et de Jurisprudence, 1927; *Aspectos jurídicos do capitalismo moderno*. Trad. Gilda G. de Azevedo. Prefácio do Ministro Philadelpho Azevedo, Rio de Janeiro/São Paulo: Livraria Editora Freitas Bastos, 1947.

criatura, pode ser apontada em GAUDEMET[187] que atina — ainda que *equivocadamente*, como já foi dito antes — para o que chama de efeito curioso de um fenômeno raro, qual seria a existência, na relação obrigacional, *de dois patrimônios* quase exclusivamente compostos de direitos pessoais gerando modificações nos caracteres jurídicos da obrigação, que passaria a ser um valor patrimonial, dado que a personalidade do credor ou a do devedor seria um elemento secundário na relação jurídica obrigacional. Importante, neste ponto, não é apurar esse *equívoco* e sim incluir o autor na linha patrimonialista.

COLIN-CAPITANT[188] não se alheiam dessa forma de examinar o *contrato* como senhor do *direito do patrimônio* formando a imensa maioria das relações pecuniárias que nascem entre indivíduos, tendo sua origem nas convenções.

SAVATIER[189] observa o fenômeno, além do que já foi citado, também, pela ótica da economia dirigida sobre os contratos de direito civil, sobretudo, pela via da moeda.

FARJAT[190] tem-se incumbido de registrar que o direito civil está enriquecido de um aporte considerável de normas ou de práticas de natureza conômica.

---

187. cf. *Théorie générale*, ob. cit. p.11-13.

188. cf. Colin, Ambroise; Capitant, H. *Cours elementaire de droit civil français*, tome deuxieme, cinquième édition. Paris: Librairie Dalloz, 1928, p. 259.

189. cf. Savatier, René. *Du droit civil au droit public*, deuxième édition. Paris: Librairie Générale de Droit et de Jurisprudence, 1959, p. 67.

190. cf. Farjat, Gerard. *Droit privé de l'Économie. 2 – théorie des obligations.* Paris: Presses Universitaires de France, 1975: "En définitive, la théorie des obligations peut constituer un des 'modèles' de systèmes juridiques. Elle constitue précisément le modèle de notre système juridique. L'image de la balance figure à juste titre sur les manuels de droit constitutionnel ou de science politique (contrat social), du droit de la famille (le contrat de mariage, rangé, au surplus, par notre Code Civil parmi les 'diferentes manières dont on acquiert la propriété'), ou du droit du travail (au servage, au compagnonnage, succèdent des rapports contractuels). Les obligations, et plus particulièrement le contrat, ont vocation à regir l'ensemble des rapports sociaux."

É que — acentua esse professor francês — o direito civil é o direito comum das relações jurídicas entre pessoas privadas e, assim, recolhe todas as modificações aparecidas nos diferentes quadros do direito privado, razão porque tem de apresentar-se profundamente modificado.

Consequentemente, todas as matérias do direito civil *patrimonial* são divididas em duas partes ("*sont dédoublées*"): "a propriedade coletiva (nascida da transformação das sociedades) deve ser examinada ao lado da propriedade individual; o contrato coletivo, ao lado do contrato individual; a ordem pública econômica, ao lado da ordem pública clássica".

O enriquecimento do direito civil *patrimonial*, por essas normas e práticas econômicas, é admitido mesmo por aqueles que preferem falar somente de economia dirigida de que resultaria, apenas, uma visão econômica do direito civil, mantida a sua unidade tradicional, inexistindo, por isso, "*dédoublées*".

Aqui, a tese prefere afiliar-se à de FARJAT, especialmente, porque a sua noção de *ordem pública econômica* agasalha o exame da divisão a que se refere, ensejando o surgimento de um *direito dos contratos*, diverso daquele debuxado pelo direito civil tradicional, cuja *teoria geral do contrato* é constituída de *princípios* buscados no direito positivo, como um todo: "*les obligations, et plus particulièrement le contrat* — assevera FARJAT, com o apoio deste trabalho — *ont vocation à régir l'ensemble des rapports sociaux*".

Cabe, a esta altura da exposição, destacar que as Cortes europeias — especialmente as da Alemanha e da França — não têm regateado a aplicação do *princípio da dignidade da pessoa humana* na execução do *contrato*, circunstância que, efetivamente, daria maior espaço à perplexidade de SAVATIER, no sentido de perguntar o que é direito civil, hoje, ou, pelo menos, o que é o *direito dos contratos*, hoje, se, certamente, não são as instituições tais como discriminadas, somente, pelo Código Civil?!

Não valeria, agora, a sua resposta no sentido de que "le droit civil, c'est essentiellement le droit qui se trouve dans le code civil, qu'il s'agisse d'ailleurs du code Napoléon ou du code civil d'um autre pays que la France, par exemple de celui de la Province de Québec; ils contiennent les mêmes choses.".

Os estudos jurídicos franceses da atualidade, também, registram essa aludida integração do *direito dos contratos*, ora falando de "*économie contractuelle*"[191]; ora de que "*le contrat est une convention créatrice d'obligations, autrement dit de liens patrimoniaux entre deux ou plusieurs personnes qui peuvent être tour a tour créancière ou débitrice, même dans le cadre d'un seul contrat*"[192].

ITÁLIA – O jurista italiano que, mais escancaradamente, tornou íntimos *contrato* e *ordem econômica* é ROPO[193]. Seu pensamento, em resumo, consiste em que *contrato* é um *conceito jurídico* por ser uma construção da ciência jurídica. Mas, como todo *conceito* dessa estirpe, tem de refletir uma realidade exterior a si próprio e esta realidade é de natureza *econômico-social* e da qual, por isso, ele é, somente, a representação da sua tradução científico-jurídica.

Assim, os *interesses*, que são regulados pela *declaração* com a qual é formado o *conteúdo* do *contrato*, devem constituir a substância real desse ato e podem ser resumidos na ideia de *operação econômica*. "De fato, falar de contrato significa sempre remeter — explícita ou

191. cf. Starck, Boris; Roland, Henri; Boyer, Laurent. ob. cit. p. 4.

192. cf. Ameli, François. *Droit civill - Les obligations*. Paris: Montchrestien, E.J.A., 1997, p. 28.

193. cf. Ob. cit. p. 7-11; 15.

implicitamente, direta ou mediatamente — para a ideia de operação econômica".

Ora, se se pode referir a *contrato-conceito jurídico* como algo diverso de *contrato-operação econômica*, não se pode omitir que o *contrato-conceito jurídico* resulta instrumental do *contrato-operação econômica*, porque o *contrato* é a veste jurídico-formal de operações econômicas.

"Donde se conclui que *onde não há operação econômica, não pode haver também contrato*", porque "*contrato* é, precisamente, o *conceito* que vem resumir esta realidade complexa, não linear, de progressiva *captura* das operações econômicas por parte do direito, assim, como outros conceitos jurídicos exprimem, sinteticamente, fenômenos de expansão do direito a governar outros comportamentos humanos, até então subtraídos — tal como as operações econômicas — ao seu império e, assim, colocadas, como se costuma dizer, num *espaço vazio de direito*".

BETTI, como tem sido lembrado, vincula a *função econômico-social* do *contrato* à sua *causa* que entende ser "um interesse social objetivo e socialmente verificável a que ele deve corresponder"[194], daí que o "*contrato* vem a assumir, nos bizantinos e também no direito moderno, o significado de um acordo idôneo — por sua causa (art. 1.325, nº2) — para criar, modificar ou extinguir uma relação jurídico-patrimonial"[195].

MESSINEO[196] destaca, também, que, historicamente, o contrato manifesta-se, ainda que de maneira rudimentar e desde os primórdios da vida associativa, primeiro como entidade econômica para depois ser um fenômeno jurídico;

194. cf. *Teoria geral do negócio jurídico*. Tomo I. Ob. cit. p. 334.

195. cf. *Teoria general de las obligaciones*. ob. cit. p. 61 e segs.

196. cf. *Il contrato in genere*, tomo primo, ob. cit., p.27

e afirma: "o contrato é indubitavelmente um fato econômico, antes que jurídico".

Consequentemente, deve-se ter cuidado com a afirmativa de que se "fala, frequentemente, de *economia planificada* pelos países socialistas e de *economia contratual* pelos países capitalistas", porque o exposto mostra que não há *sistema, regime* ou *estrutura econômicos* que resistam ao *contrato*.

ORLANDO GOMES[197], por sua vez, escreveu sobre o direito privado nos *países socialistas* e chamou atenção, apenas, para a diferença radical com que a ordem jurídica neles, sem deixar de conceituar e valorizar o *contrato*, cuida, à sua moda, desse instituto básico do civilismo clássico.

Significa, pois, que mesmo em *economia planificada*, há a presença do *contrato*: "moldado para servir a uma ordem econômica que pressupõe o poder de livre-iniciativa dos indivíduos, o seu arcabouço logicamente estaria deslocado numa ordem que suprime essa liberdade. Os países socialistas deveriam refundir, completamente, o direito das obrigações contratuais, senão para eliminar o contrato, ao menos, para o reduzir a uma expressão insignificante. Todavia, assim não é".

Reafirma-se, aqui, a posição de que a importância desse entrelaçamento entre o *contrato* e a *ordem econômica* está em que a função socioeconômica que caracteriza o *conteúdo* do contrato é, propriamente, a sua *causa*.

O "*porquê*" do *contrato*, de que fala BETTI, é a razão da sua celebração. Esta razão, este "*porquê*" é regido pela *vontade autônoma* das partes, a qual pode estar delimitada por um *conteúdo mínimo*, indispensável ao próprio negócio,

---

197. cf. *A crise do direito*. São Paulo: Max Limonad, 155, p.268; *o direito privado nos países socialistas*. Caderno nº 3 – Separata da Revista da Faculdade de Direito. Bahia: edição C.A.R.B., 1954, p. 12.

retirando-se, dessa forma, parcela do poder de estas partes regrarem, totalmente, a *vontade* emitida, pois, terão de obedecer a esse *conteúdo mínimo* constituído por elementos que são partes integrantes da função típica do *contrato* que se celebra.

Este *conteúdo mínimo* é decorrência das *limitações* que, através do tempo, vieram sendo impostas ao *princípio da autonomia da vontade*, muitas delas são frutos dessa nova *ordem pública econômica*.

Essas inovações, examinadas por outro ângulo, operaram transformações para além da imposição de um *conteúdo mínimo* que impede esteja no poder das partes dispensá-lo como conjunto dos elementos que integram a sua função socioeconômica; essas transformações, também, abrangem a maneira de concluir o *contrato*, pois, grande quantidade deles forma-se *sem* a *troca expressa* de *declarações de vontade*.

Essa formação, assim mencionada, não se confunde com aquela observada nos *contratos verbais* porque, nestes, a *vontade* é notificada pelas partes, entre si, *declarada* por elas, expressamente, ainda que por via não escrita. Nele, os *verbais*, então, há *troca expressa*.

A modalidade de que se cuida, agora, não revela uma *troca expressa* de *declarações de vontade* como ocorria, necessariamente, no contrato antigo.

Advirta-se, de logo, que há, contudo, emissão de *vontade*, porque há uma *ação*, que configura a prática de um *ato jurídico*.

Relembre-se a referência de LARENZ à *conduta social típica*, aos *fatos legalmente regulados* e ao *ato de soberania estatal com efeitos constitutivos em matéria de direito* privado[198].

---

198. cf. Larenz, Karl. *Derecho de obligaciones*, tomo I, ob. cit. p.55 e segs.

Enfim, o *contrato na ordem econômica* tem o gabarito de seu dono na disciplina jurídica das relações de que ele é o fato propulsor.

A *doutrina objetiva da causa* dá-lhe a função típica que se registrou supra.

O *contrato* promove a circulação da riqueza e a sua *universalidade* não o permite recolher-se, somente, às relações que se travam no regime econômico da chamada sociedade capitalista.

2.2 Teoria *geral* do contrato

As palavras iniciais deste capítulo indicam para uma distinção entre a teoria do contrato e a teoria *geral* do contrato.

O primeiro tema, a teoria do contrato, tem como objeto o estudo do *contrato*, mesmo quando o seu fato gerador não seja um acordo resultante da *troca expressa* de *declarações de vontade*.

Reserva-se o segundo tema, a teoria *geral* do contrato, para as hipóteses em que o fato gerador do *contrato* é um *acordo* nos moldes que se definiu antes.

A ordem jurídica guarda para esta última categoria uma *teoria* própria, em face do *conjunto* de *princípios* e de *limites*, os quais lhe são fundamentais.

Diz-se *geral*, porque esse *conjunto*, constituído por um *núcleo mínimo*, tem de ser elementar do *tipo*.

Não há univocidade, nem quanto ao *conceito princípio*, nem quanto ao número deles, no caso da teoria *geral* do contrato.

Melhor será, então, arrolar como *princípios* aqueles *critérios* que, sendo comuns ao *contrato* típico e ao atípico, representam "um pensamento diretor de uma regulação jurídica"[199] dessa categoria, em boa parte dos sistemas jurídicos oriundos do direito romano.

2.2.1 Princípios

2.2.1.1 Noção de princípio

Impõe-se, pois, discernir sobre o *signo princípio* que — já foi anunciado — não é unívoco.

LARENZ[200], esclarecendo que, em si mesmos, eles não são regras suscetíveis de aplicação, porém, podem transformar-se em regras, deixa entender que o *princípio* é uma ideia que orienta uma série de outras disposições.

Distingue-os em duas categorias: os *princípios éticos-jurídicos,* que são pautas orientadoras da normação jurídica e, em virtude da sua própria força de convicção, podem justificar decisões jurídicas; já os *princípios técnico-jurídicos* fundam-se em razões de oportunidade, considerando-se o seu conteúdo material, por isso, são manifestações e especificações especiais da ideia de Direito, tal como este se revela na consciência jurídica geral.

Esses critérios, "enquanto princípios não são regras imediatamente aplicáveis aos casos concretos, mas, ideias diretrizes, cuja transformação em regras que possibilitem uma resolução tem lugar em parte pela legislação, em parte pela jurisprudência, segundo o processo anteriormente descrito da concretização e do aperfeiçoamento de princípios mais especiais mediante a formação de grupos de casos. Alguns deles têm [...] o escalão de normas constitucionais; outros, como o princípio da *boa-fé*, estão expressos

---

199. cf. Larenz, Karl. *Derecho justo – fundamentos de ética jurídica*. Madrid: Editorial Civitas S.A., 1990, p. 32.

200. cf. Larenz, Karl. *Metodologia da ciência do direito*. 8ª ed. Trad. de José Lamego. Lisboa: Fundação Calouste Gulbenkian, 2019, p. 599 e segs.

nas leis ou infere-se delas, recorrendo à *ratio legis*, o fundamento justificante de uma regulação legal. Enquanto *critérios teleológicos-objetivos* são coadjuvantes para a interpretação, bem como para a integração de lacunas [...] Segundo ESSER, os princípios jurídicos que não estão ainda positivados irrompem 'no pensamento jurídico pelo umbral da consciência, devido a um caso paradigmático'. Um dia serão formulados pela doutrina ou por um tribunal. [...] Assim, [...] desenvolveram-se, no Direito Civil, as mais das vezes apelando ao princípio fundamental da *boa-fé*: as doutrinas do abuso do direito, da caducidade (*Verwirkung*), da queda da base do negócio, do *dever de fidelidade* do sócio, do *dever de assistência* na relação laboral, dos *deveres de proteção* e da responsabilidade por *culpa in contrahendo*."

RONALD DWORKIN[201], analisando o *positivismo jurídico* como uma escola que concebe o direito segundo um obsessivo "modelo de regras", que não deixa ver o papel central que na prática daquele desempenham os *princípios jurídicos,* que são pautas ou critérios muito distintos das regras, mas, que são cumpridos com a mesma obediência pelos convencionais da *instituição*, lista, como tais:

"A pauta que serve para por cobro ao exercício abusivo dos direitos; a que nega proteção jurisdicional a quem invoca a sua própria torpeza; a que proscreve a interpretação analógica das leis penais; a que reza que as leis sociais de aposentadoria e pensões, de acidentes do trabalho, etc., devem aplicar-se com critérios amplos; a que em matéria relativa a filhos, tutela, adoção, etc. ordena consultar antes de tudo o interesse dos menores; a que estabelece a presunção de legitimidade dos atos do poder público; a que, no concernente à aplicação das leis impostivas, prescreve atender à realidade econômica substancial e não às formas

201. cf. *Los derechos en serio*. 2ª ed. Trad. Marta Gustavino. Barcelona: Editorial Ariel S.A., 1989, p.9, 72ss. e 134ss. Cf., também, Carrió, Genaro R.. *Princípios jurídicos y positivismo jurídico*. Buenos Aires: Abeledo-Perrot, 1970.

jurídicas que as encobrem; a que, em matéria de serviços públicos, dispõe que se deve assegurar a sua continuidade; a que circunscreve o poder jurisdicional de declarar a inconstitucionalidade das leis àqueles casos em que tal declaração seja inevitável; a que diz que a interpretação das leis relativas ao contrato de trabalho deve ser feita de modo a favorecer a estabilidade do vínculo e não a sua dissolução".

Destaque-se, para exemplificar, que o direito positivo brasileiro não registra muitas dessas pautas, mas, os seus operadores não se têm negado a observá-las na apreciação de casos concretos.

O magistério de DWORKIN conduz a que se distingam, pela forma e pela dimensão, *princípio* e *norma*, ainda que haja dificuldade de fazê-lo pela forma.

Aqui se adota, em face desse entendimento, o que autor deste trabalho tem sustentado[202]: o *princípio* é *norma* jurídica, porém, não tem explícita a forma *disjuntiva*, considerando que ele não estabelece, expressamente, a consequência jurídica, como o faz a *norma simples*.

ROBERT ALEXY[203] traz boa contribuição à fixação do tema, quando coloca as *normas* e os *princípios* sob o conceito de *norma*, porque ambos dizem o que *deve ser* e podem ser formulados com a ajuda das expressões deônticas básicas do mandato, a *permissão* e a *proibição*. "Os princípios, igualmente como as normas, são razões para juízos concretos de *dever ser*, ainda quando sejam razões de um tipo muito diferente. A distinção entre normas e princípios é, pois, uma distinção entre dois tipos de normas".

---

202. cf. Brito, Edvaldo. *Limites da revisão constitucional*. Porto Alegre: Sergio Antonio Fabris Editor, 1993, p.62. Idem: *Princípios constitucionais tributários*. In. Caderno de Pesquisas Tributárias. Coord. Ives Gandra da Silva Martins. São Paulo: coedição Editora Resenha Tributária/Centro de Extensão Universitária, 1993, p.552-556.

203. cf. *Teoria de los derechos fundamentales*. Segunda reimpressão. Versão castelhana: Ernesto Garzón Valdés. Revisão: Ruth Zimmerling. Madrid: Centro de Estudios Políticos y Constitucionales, 2001, p. 83.

A inexistência de univocidade sobre o *signo princípio* não prejudica a noção que os operadores do Direito têm, no momento, sobre ele.

EROS ROBERTO GRAU[204], sempre, defendeu "que os princípios [...] também são normas. As normas compreendem um gênero do qual são espécies, as regras e os princípios".

O conteúdo *semântico* do *signo princípio* há de ser encontrado na Ciência do Direito *"stricto sensu"* fazendo-se *epistemologia* mediante conhecimentos colhidos na área da Semiótica e da Lógica.

A Semiótica faz descobrirem-se as relações oriundas da utilização desse *signo* no discurso jurídico.

A Lógica dá arrimo para disciplinar o pensamento, cada vez que o *signo* for utilizado, nessas relações, às quais a *teoria da linguagem* denomina *semântica* (relação do *signo* com o objeto a que ele refere), *sintática* (relação do *signo* com outro, no discurso), *pragmática* (relação do signo com o sujeito enquanto este o utilize, com habitualidade, em um certo contexto discursivo).

Ora, se não há univocidade, no campo jurídico, sobre o conteúdo *semântico* do *signo princípio*, porque ele pode referir-se a mais de um objeto, então, ele sempre há de ser estudado sob a ótica das relações *sintática* e *pragmática*, cuidando-se de observar os princípios lógicos da *identidade* (um *ser* é igual a si mesmo) e da *não contradição* (um *ser*, ao mesmo tempo, não é igual a si e igual a outro *ser*).

Consequentemente, o conteúdo *semântico* do *signo princípio* é o de um critério elaborado pela *pragmática* (o comportamental do jurista: doutrinador e juiz) da comunicação jurídica e utilizado como base para o discurso deôntico.

---

204. cf., por todas as suas obras, nas quais cuida da matéria: *O direito posto e o direito pressuposto*. São Paulo: Malheiros Editores, 1996, p.19

Por isso, o *princípio* tanto pode apresentar-se como *norma* jurídica em um determinado *sistema*, como pode constituir pautas de valores adotados pelo *sistema* para inspirar a elaboração e a interpretação de *normas* jurídicas[205]. É nessa perspectiva que este trabalho utiliza o *signo*.

O *princípio*, pelo visto, pode incorporar um *valor*, mas, nem por isso, devem ser confundidos os dois conteúdos *semânticos*.

ALEXY[206] chama a atenção para os enunciados do Tribunal Constitucional Federal da Alemanha, sobre *valores*, para sustentar, em seguida, que "o conceito de *valor* é utilizado de maneiras muito diferentes, tanto na linguagem ordinária, como na filosófica especializada e nas linguagens especializadas das diferentes ciências particulares".

Assim, quando se usa a palavra *valor* deve-se cuidar de uma diferença fundamental entre a determinação que algo *tem* um *valor* e que algo *é* um *valor*.

Quando se diz que algo *tem* um *valor*, expressa-se um *juízo de valor* e se faz uma *valoração*.

Quando se diz que algo *é* um *valor*, expressa-se um *conhecimento* sobre a sua absorção ou a sua rejeição em um certo contexto social.

Portanto, o contexto social perfilha, especialmente, sob o aspecto ético, práticas coletivas que seleciona no campo do amor e do ódio.

Este *conhecimento* espontâneo da coletividade sobre os atributos de algo, caracteriza-o como um *valor* em si mesmo e não como *tendo* um *valor*.

---

205. cf. Brito, Edvaldo Pereira de. *Princípios constitucionais tributários*. In. Caderno de Pesquisas Tributárias. Coord. Ives Gandra da Silva Martins. São Paulo: coedição Editora Resenha Tributária/Centro de Extensão Universitária, 1993, p.554-555.

206. cf. ob. cit. p.138-172.

Ora, na atuação dos homens existem conflitos de *princípios* com *princípios*; de *valores* com *valores*; de *princípios* com *valores*; de *ambos* com as *normas* jurídicas simples.

A solução, às vezes, somente, é possível pela técnica da *ponderação* dos *bens* que representam, entregue a decisão ao juiz.

A questão vem a pelo, porque o Código Civil dispunha sobre a *função social do contrato* como *limite* para o exercício da *liberdade de contratar*[207], até ser alterado pela *Lei de Declaração de Direitos de Liberdade Econômica.*

Mas, a Constituição estabelece que a iniciativa privada é um *valor* social.

Logo, há de prevalecer a norma constitucional, no que toca à *liberdade* incondicional de *iniciativa*, pois, assim, o contrato é *valor.*

Consequentemente, esse *limite* da *função social* não pode inibir o exercício da *liberdade de contratar* porque, sob pena de inconstitucionalidade, essa norma infraconstitucional, apenas, pode incidir sobre a *execução* da *prestação* nascida do contrato e não sobre a *celebração* deste.

Já se disse antes que *princípio* e *valor* são *signos* de conteúdo *semântico* diverso; certamente, que haverá conflito na operacionalidade deles enquanto balizas da atuação da *vontade*, prevalecendo, sempre, aquele forrado pela constitucionalidade como *valor.*

É contraditória a *interpretação* desse negócio jurídico se for admitido, ao mesmo tempo, o entendimento do *princípio da intervenção estatal mínima* e o de que o da *função social* impede a celebração.

207. cf. o art.421 com a redação dada pela Lei nº 13.874, de 20 de setembro de 2019, que institui a Declaração de Direitos de Liberdade Econômica.

O entendimento há de ter consonância com o dever de os contratantes guardarem na *execução* do contrato, além, da *probidade* e da *boa-fé*, também, a *função social*. Portanto, na *execução*.

Inicia-se, então, a análise desses *princípios* e *limites*, ainda, recordando a advertência de não haver univocidade, quanto ao conteúdo *semântico* do *signo princípio* e quanto ao número deles em relação à formulação de uma teoria *geral* do contrato.

O ideal, portanto, é formular a seguinte sinopse:

1. ***princípios***
   - 1.1 autonomia da vontade
     - 1.1.1 consensualismo
     - 1.1.2 liberdade contratual
     - 1.1.3 força obrigatória do contrato
     - 1.1.4 relatividade dos efeitos
   - 1.2 ordem social
     - 1.2.1 boa-fé
     - 1.2.2 equilíbrio contratual
2. ***limites***
   - 2.1 ordem pública
     - 2.1.1 dignidade da pessoa humana
     - 2.1.2 função social
     - 2.1.3 probidade
   - 2.2 bons costumes

A síntese já assinala para a distinção que seleciona entre *princípios* e *limites*.

Os *princípios* são os fundamentos do *contrato* que, *sendo* ele um *valor*, o seu *conhecimento* é revelado por tais elementos.

Os *limites* são restrições que as circunstâncias impõem aos contratantes, ainda que tais *limites*, em outro plano — que não o do contrato — sejam *princípios*.

O tema do *valor* vem a pelo porque a Constituição dispõe sobre os *fundamentos* da *República*, da *Federação* e da *Democracia* arrolando, entre eles, o *valor* social da *livre-iniciativa*, legitimando dessa forma a lei integrativa[208], que institui a *Declaração de Direitos de Liberdade Econômica*.

O signo *valor* permite a apreciação de um *objeto do conhecimento*, pelo seu conteúdo semântico *abstrato* designativo da *valoração* do objeto de modo pessoal e subjetivo, portanto, *axiológica*, em que se admite que o objeto tem *valor*; ou pelo seu conteúdo semântico *concreto* em que se considera ser o objeto possuidor de características que o identificam como merceredor de estima oriunda da aprovação social na *vida de relação*, ou seja, o objeto é um *valor*, o que decorre de valorações preexistentes da generalidade das pessoas[209].

O *contrato* é um *valor* porque é o instrumento pelo qual se viabiliza a *livre-iniciativa*, que não tem peias constitucionais[210], por isso, o Código Civil não pode submeter essa *liberdade* à *função social* do *contrato*, valendo a interpretação de que a sua norma, segundo a qual a *liberdade*

---

208. cf. lei nº 13.874 de 20 de setembro de 2019.

209. cf. Larenz, Karl. *Metodologia da ciência do direito*. 8ª ed. Trad. de José Lamego. Lisboa. Fundação Calouste Gulbenkian. 2019, p. 172 e segs. Engisch, Karl. Introdução ao pensamento jurídico. 6ª ed. Tradução de J. Baptista Machado. Lisboa. Fundação Calouste Gulbenkian. 1988, p.213. Lalande, André. Vocabulário - técnico e crítico - da filosofia. II vol. Trad. de Fátima Sá Correia et al. Porto. RÉS Editora Lda. 1985. p. 688 e segs.

210. cf. arts.1º e 170 da Constituição.

contratual será exercida nos limites dessa função, no sentido de sua *execução*, nunca a de sua *formação*.

2.2.1.2 Autonomia da vontade

Este *princípio* sempre foi o fundamento maior do *contrato*.

Consiste na aptidão que têm os contratantes, pelas suas exclusivas *vontades*, de decidirem sobre o *como* é o acordo (*forma*); o que ele o *é* (*conteúdo*) e o *porquê* o é (*causa*).

Desde que a diversidade de *causa*, em razão da multiplicidade dos fatos econômicos e desde que essa diversidade abrange, sobretudo, as relações de vida gerando uma função de "conciliador de *interesses* colidentes, como um pacificador dos egoísmos em luta"[211], passou-se a fixar-lhe um *conteúdo mínimo*, mesmo mantida a *liberdade* expressa por essa aptidão de decidir, pois, a *deliberação livre* de "autorregular os próprios *interesses*, sem ser obrigado a usar um dos tipos contratuais previstos e disciplinados na lei"[212], mantém-se como a essência mesma da *autonomia da vontade*, que faz reafirmar-se, aqui, a ampla possibilidade dos *contratos atípicos*.

Essa *autonomia*, caracterizadora dessa aptidão de decidir, corresponde, no sistema de direito positivo — desde a lei constitucional, no caso brasileiro — à *liberdade de iniciativa econômica* registrada como um *valor social*.

ORLANDO GOMES[213] sintetiza o conteúdo da *autonomia*:

---

211. cf. Beviláqua, Clóvis. *Direito das obrigações*. Rio de Janeiro: José Luiz da Fonseca Magalhães, 1896, p. 166.

212. cf. Gomes, Orlando. *Novos temas de direito civil*. Rio de Janeiro: Forense, 1983, p. 82.

213. cf. *Novos temas de direito civil*. Ob. cit., p.81

1 – a *liberdade* de contratar ou deixar de contratar;

2 – a *liberdade* de negociar e determinar o *conteúdo* do contrato;

3 – a *liberdade* de celebrar contratos atípicos;

4 – a *liberdade* de escolher o outro contratante;

5 – a *liberdade* de modificar o esquema legal do contrato;

6 – a *liberdade* de agir por meio de substitutos;

7 – a *liberdade* de forma.

A *Declaração de Direitos de Liberdade Econômica* tem a Constituição como fonte do direito de o particular movimentar-se, *livremente*, na sociedade civil para autorregular seus *interesses*, "contando com a proteção do Estado institucionalizada" na Lei Maior.

Isto quer dizer que os *limites* estabelecidos em norma infraconstitucional há de conformar-se com o *regime* e com os *princípios* adotados pela Lei Fundamental; não poderá ultrapassá-los, sob pena de conflito que se soluciona em favor dos contratantes.

O *princípio* da *autonomia da vontade* tem efetivamente essa natureza, a de *princípio*, porque é um juízo que orienta uma série de outras disposições, às quais se pode chamar de seus corolários jurídicos.

São, assim:

1 – o consensualismo;

2 – a liberdade contratual;

3 – a força obrigatória do contrato;

4 – a relatividade dos efeitos do contrato.

A) O *consensualismo* é o concurso de vontades que dá nascimento ao *contrato*, porque traduz o *consentimento* necessário e suficiente para que ele se forme.

Considerando que, no direito pátrio, não há *contrato translativo* de *direitos reais*, embora, neste caso, o título de transferência seja um *contrato*, a sua eficácia depende do cumprimento de formalidades para que haja a *tradição* que, na hipótese, é *solene* para os bens imóveis e *simples* para os móveis.

A regra, consequentemente, é a de que o simples consentimento das partes é bastante para torná-lo perfeito.

B) A *liberdade contratual* reveste-se dos seguintes aspectos, antes mencionados:

B1 - *liberdade* de contratar ou de não contratar;

B2 - *livre* determinação do conteúdo do contrato;

B3 - *liberdade* de forma.

B1) Efetivamente, ninguém é forçado a engajar-se num contrato.

Há a *livre decisão de vincular-se ou não.*

Não se argumente com o *contrato coativo*, porque, nesta hipótese, mantém-se a *liberdade* de decidir; o que acontece é a obrigatoriedade de, uma vez decidindo-se, ter de respeitar o quadro legal.

B2) A *livre determinação do conteúdo do contrato* caracteriza-se pelo fato de as partes poderem modelar o acordo, contanto que se respeite o *conteúdo mínimo*, a que já se fez referência. Sob reserva de respeitar-se os elementos essenciais ditados pela *função econômica* de cada um *tipo*, não há vedações à *liberdade* de emitir a vontade na linha dos *interesses* que as partes propõem-se a regular.

Estão em voga os chamados *contratos conexos*.

Franceses e italianos têm cultivado, respectivamente, os seus "*groupes de contrats*" e "*collegamento negoziale*", embora, na França a legislação ainda não seja rica e na Itália a construção seja doutrinária.

Ocorrem quando, simultânea ou sucessivamente, vários contratos — típicos ou atípicos — são celebrados guardando, entre si, vínculo de dependência funcional, por se relacionarem reciprocamente, embora sejam independentes, formalmente.

ANA LÓPEZ FRÍAS[214] exemplifica-os:

> I – operações de crédito ao consumo que resulta na celebração de dois contratos — compra e venda ou prestação de serviços e um de empréstimo para seu financiamento;
>
> II – vendas sucessivas que integram a cadeia de produção e distribuição de bens móveis, em que há a intervenção do fabricante, dos vendedores intermediários e do adquirente final que participam de dois ou mais contratos, conforme o número de intermediários;
>
> III – operações de *leasing*, pois pode haver dois contratos, o de compra e venda e o de arrendamento financeiro.

---

214. cf. *Los contratos conexos*. Prólogo por el Prof. Dr. Bernardo Moreno Quesada. Barcelona: Jose Maria Bosch Editor, S.A. 1994, p.21-34. Rapazzo, Antonio. *I contratti collegati*. Milano: Giuffrè, 1998. Bacache-Gibeli, Mireille. *La relativité des conventions e les groupes de contrats*. Paris: L.G.D.J., 1996

Essa prática moderna da *coligação* de contratos não se cofunde com o *contrato atípico* que tem *unidade* de *causa*[215].

O *atípico* é um contrato *unitário*, veiculado mediante um só *instrumento* — ou em vários — que, embora respeitando as normas gerais fixadas pela *teoria geral do contrato* estipulada no Código Civil, não forma um dos *tipos* legalmente postos e, por isso, não pode ser disciplinado pelas regras desses *tipos*.

O Tratado de Direito Civil de ENNECCERUS, KIPP e WOLFF[216] cuida do *mecanismo* da *coligação*, ao tratar da união de contratos com dependência. Nesse modelo de união, as partes têm a *intenção* de que um contrato dependa do outro, não interessando cada um deles, isoladamente, formando uma *unidade econômica*. Mas, se cada um guarda com o outro dependência, contudo, cada qual tem de conservar a sua própria individualidade, submetendo-se ao *regime jurídico* que o direito positivo assina-lhe.

Há que se registrar hipóteses como a do chamado *contrato de adesão*, mas, sob o prisma da *liberdade*, verifica-se que se compensa a parte que não colaborou com a estipulação, colocando-a sob a proteção das *condições* gerais preestabelecidas e da *interpretação* que lhe é mais favorável.

A *Declaração de Direitos de Liberdade Econômica* — que o legislador ordinário, com as considerações, aqui, feitas linhas atrás, quer que seja exercida nos limites da *função social do contrato* — trouxe no seu bojo um *novo paradigma contratual*, permitindo às partes a liberdade de estabelecerem regras de interpretação, de preenchimento de lacunas e de integração dos negócios jurídicos, diversas daquelas previstas em *lei*, a qual, assim, será *supletiva* para

215. cf. Gomes, Orlando. Contratos 28ª ed. ob. cit. p.102 e segs.

216. Enneccerus, Ludwig; Kipp, Theodor; Wolff, Martin. *Tratado de derecho civil: derecho de obligaciones*, t.2., Barcelona: Bosch/Casa Editorial. [s.d.], p.7 e segs.

a elaboração do conteúdo, mas, naquilo que este for silente, então, a *lei* passará a ser obrigatória.

O direito pátrio, com a edição do texto de 2002 do Código Civil, disciplina o *Direito de Empresa* e a noção de *empresário*, permitindo que se distingam os *contratos* entre *civis* e *empresariais*, mas, estabelecendo uma *presunção* de que são *paritários* e *simétricos*, a qual, somente, poderá ser afastada se houver elementos concretos que o justifiquem, ressalvados os regimes jurídicos previstos em leis especiais.

Os *contratos empresariais* são aqueles celebrados entre empresários, pessoas físicas ou jurídicas; ou entre um empresário e outra pessoa não empresária; com o objetivo de atender ao exercício profissional de *atividade econômica lucrativa*, organizada para a produção ou a circulação de bens ou de serviços.

São uma categoria específica de *contrato*, em face das peculiaridades relacionadas com a organização da *atividade econômica lucrativa* que incumbe à empresa, por isso, é compreensível que sejam caracterizados, distinguindo-se das demais espécies de *contrato*, inclusive, dos *contratos civis* que são aqueles celebrados entre *pessoas* que não se qualificam como *empresárias* e que não objetivam o *lucro*.

Princípio de paridade e simetria[217].

Esse *novo paradigma contratual* estabelece, também, que será *subsidiária e excepcional a intervenção do Estado* sobre o exercício de atividades econômicas, assim, por via de consequência, também, sobre as relações contratuais, porque estas instrumentalizam aquelas atividades.

Restauram-se, dessa forma, em grande extensão o *princípio da autonomia da vontade*, excepcionado no auge da fase dos *contratos de massa*.

---

217. cf. o texto de Brito, Edvaldo. Atualização de *Contratos* 28ª ed. de Orlando Gomes, ob. cit. p.42/43.

Contrapõe-se, portanto, ao regime dos *contratos de adesão*.

O legislador, nesse novo modelo, disciplina a *igualdade* entre os sujeitos do contrato (*paridade*), por considerá-los capazes de *declarar vontade* suscitando efeitos reconhecidos e tutelados pela ordem jurídica para fazerem nascer prerrogativas e deveres.

Cria, como foi dito supra, *presunção* — presunção legal — *relativa*, porque admite prova em contrário, ao dispor que essa *presunção* mantém-se até a presença de elementos concretos que justifiquem o seu afastamento.

É, assim, *presunção juris tantum*, ou seja, válida até que afastada a *condição* em que se fundamenta.

Constata-se uma *contradição* porque, a cada momento da *massificação* contratual, veio identificando-se a vulnerabilidade de uma das partes no negócio, mesmo que fosse uma empresa, porque passível, esta, de integrar uma relação contratual, juridicamente, regulada como *consumerista*, quando assume, na relação jurídica, a qualidade de compradora de produto ou de contratante de um serviço, fazendo-o na condição de *destinatária final*.

O exercício abusivo de *posição dominante*, infringindo a ordem econômica, é frequente em setores econômicos altamente concentrados em poucos fornecedores.

A *assimetria*, então, é assente.

Aqui está a *contradição* porque, indistintamente, *contratos civis* e *empresariais* são submetidos à regra da *paridade* e *simetria*, regulados nas "Disposições Gerais" da lei, que estabelece a *Declaração de Direitos de Liberdade Econômica*, uma vez que essas disposições são aplicadas a todos os *contratos* e a todas as *relações obrigacionais*, as quais têm o *contrato* considerando ser ele maior parte de suas quatro *fontes mediatas*.

A ressalva do legislador, que exclui os regimes jurídicos previstos em leis especiais e as *garantias*, a seguir *listadas*, comprova essa *contradição* revelada na inclusão das novas regras desses *contratos paritários*, os quais consistem em as partes se encontrarem em *igualdade* de condições para discutirem os termos do ato negocial, fixando as cláusulas e condições contratuais, como se o mundo, ainda, estivesse no tempo em que era possível as partes sentarem-se, frente a frente, para dialogar sobre o *conteúdo do contrato* e pudessem discutir vírgula e ponto e vírgula.

Essa possibilidade, presencial ou não, de fixação de cláusulas e de condições desse *conteúdo*, já não existe, mesmo nas relações conhecidas como *interempresariais*.

Cresce de condenação esse novo regime, à medida em que ele prevê a *revisão* contratual como, unicamente, possível, somente, de maneira excepcional e limitada.

Ora, de qualquer contrato, pode resultar a *onerosidade excessiva* da execução da *prestação*, que enseja ou a *revisão* ou a *resolução* do contrato, impossíveis de previsão por elaboração de parâmetros objetivos para a *interpretação* das cláusulas negociais e de seus pressupostos ou de *revisão* ou de *resolução*.

Por outro lado, tecnicamente, os *riscos* são os *prejuízos* que ocorrem nas hipóteses de *acaso*, isto é, de *caso fortuito* e de *força maior*, resultante de impossibilidade superveniente de cumprimento da *prestação*.

É, no dizer de TRABUCCHI[218], o *perigo* no *contrato*.

Esta situação jurídica, quando muito, permite que de modo abstrato e genérico se venham a prever *prejuízos* que sejam ocasionados por *inadimplemento*, além daqueles já estabelecidos pelo Código Civil[219].

---

218. cf. Istituzioni di diritto civile, p. 659.

219. cf., por exemplos: arts. 492, §§1º e 2º, 494, 567, 575, 583, 613, 636, 642 do Código Civil.

É atecnia ou é baboseira de legislador assessorado pelas imposições econômicas?

As *garantias*, *listadas* nessa nova disciplina legal, são, por conseguinte:

a) o estabelecimento, pelas partes negociantes, de parâmetros objetivos de *interpretação* das cláusulas negociais e de seus pressupostos de *revisão* ou de *resolução*;

b) respeito e observação, pelas partes, da alocação de riscos que elas tenham definido; e

c) excepcionalidade e limitação da *revisão* contratual.

Mas, diga-se, enfim, em nome da *contradição*, anunciada linhas atrás, que a própria *Declaração* admite que há vulnerabilidade do particular perante o Estado, o que poderá ser afastada, aferível por critérios dispostos em Regulamento, por questões de má-fé, hipersuficiência ou reincidência.

Certo é que as faladas *garantias* são incapazes de evitar que se esgarce, em rasgões largos, a *proteção* do *hipossuficiente* construída, por anos a fio, conhecida como *limitações à liberdade de contratar*, as quais, sempre, existiram mesmo na época do apogeu do *individualismo jurídico*, entendendo-se que a *autonomia da vontade* tem como barreira natural a própria lei.

Ora, se a lei abre essa proteção, através de regras cuja *generalidade* permite o esgarçamento supradenunciado, então, poda-se o *intervencionismo* do Estado, porém, com a abdicação das funções de quem assegura a *liberdade econômica*, esquecendo-se da *justiça social*, porque esse retraimento estatal adota a autorresponsabilidade do *vulnerável* e a consequente impunidade do *dominante*, em uma sociedade, ainda, sem a plenitude do respeito ao *bem-estar social*, constitucionalmente, assegurado[220].

A *Declaração de Direitos de Liberdade Econômica*, ainda, introduz, no direito brasileiro, o significado normativo de *contrato*, com um novo paradigma diante do acréscimo de novos critérios de *interpretação objetiva* destinados à sua determinação[221], no momento em que o legislador modificou o regime dessa *interpretação* do *negócio jurídico*, gênero de que o *contrato* é a mais saliente *espécie*[222].

Assim, a *interpretação* do *contrato*, pelo juiz, na busca de dirimir um litígio, terá de observá-los, adotando-os como normas subsidiárias da *interpretação subjetiva*, por isso, aplicável somente em favor do respeito aos *contratos*, uma vez que são de ordenação pública sobre atividades econômicas privadas.

Foram instituídos como *Declaração de Direitos de Liberdade Econômica* com o objetivo de proteger a livre- iniciativa e o livre exercício de atividade econômica.

São critérios de caráter *consequencialista*, de resto, já estabelecidos, antes, em termos gerais, pela Lei de Introdução às Normas do Direito Brasileiro[223], segundo os quais, também, na esfera judicial, não se decidirá com base em valores jurídicos abstratos sem que sejam consideradas as *consequências* práticas da decisão, cuja motivação demonstrará — se for o caso — a necessidade da invalidação do *contrato*, inclusive em face das possíveis alternativas, a qual invalidação deverá indicar de modo expresso suas *consequências* jurídicas e, se estabelecer *interpretação*

---

220. cf. Brito, Edvaldo. Reflexos jurídicos da atuação do estado no domínio econômico. 3ª ed. revista, atualizada e aumentada. São Paulo. Saraiva *jur*. 2022, p. 39

221. cf. lei nº 13.874, de 20 de setembro de 2019.

222. cf. o texto de Brito, Edvaldo. Atualização de *Contratos* 28ª ed. de Orlando Gomes, ob. cit. p.216/217.

223. cf. lei nº 13.655, de 25 de abril de 2018.

nova, deverá prever regime de transição quando indispensável para que o novo dever seja cumprido de modo proporcional, equânime e eficiente e sem prejuízo aos interesses gerais, considerando-se como orientações gerais as *interpretações* contidas em jurisprudência judicial de amplo conhecimento público.

Volta-se ao colo do juiz evidenciando, novamente, a *contradição* de que se fala supra.

A *interpretação objetiva* disciplinada, originalmente, no texto de 2002 do Código Civil, acolhe, para subsidiar a intenção das partes, somente, o *princípio da boa-fé* e o *dos usos do lugar da celebração do contrato*[224].

Alarga-se, doravante, para que a *interpretação objetiva*, além desses dois *princípios*, atribua ao *contrato*, o sentido que:

a) for confirmado pelo comportamento das partes posterior à sua celebração;

b) corresponder aos usos, costumes e práticas do mercado relacionados com o respectivo tipo contratual;

c) for mais benéfico à parte que não redigiu o instrumento do contrato, tal como se possa provar e

d) corresponder ao que seria a razoável negociação das partes sobre a questão discutida, inferidas das demais disposições do contrato e da racionalidade econômica das partes, consideradas as informações disponíveis no momento de sua celebração.

Destaque-se, nesse novo paradigma, a *interpretatio contra proferentem*, expressa na regra da atribuição do sentido mais benéfico para a parte que não contribuiu com a

224. cf. art.113

redação do instrumento, portanto, contra aquele em cujo favor se tenha celebrado o contrato.

Assemelha-se, mas, não se confunde com o regime do *contrato de adesão*, porque essa regra demanda *prova*, pois, aquele que fundamenta sua *pretensão*, em um *contrato*, deve *provar* qual era a *intenção*, para que se encontre o significado da cláusula que restou ambígua, por isso, a expressão legal "*se identificável*".

A *interpretatio contra proferentem* é um critério que os tribunais usam no caso dos *contratos de adesão*, *interpretando*-os *contra* quem redigiu o instrumento e em *favor* do aderente e, em regra, o critério pressupõe a ambiguidade de uma cláusula contratual e se limita ao âmbito das chamadas *condições gerais do contrato*.

Assim, foi na Itália com o Código de 1942[225] e na Alemanha com a inclusão da *Unklarheitenregel*, uma regra de ambiguidade a serviço de um sistema complexo de proteção da parte *hipossuficiente*.

A opção brasileira, diferentemente, é de aplicação generalizada, o que exige um cuidado, uma precisão no seu uso porque, no fundo, o Código de Defesa do Consumidor já estabelece que as cláusulas contratuais serão interpretadas de maneira mais favorável ao consumidor, impregnando o contrato de interesses sociais, contrariamente, à tradicional impregnação da liberdade de forma.

O certo seria esse novo paradigma conter-se nos limites da proteção de uma categoria de sujeitos, como a dos *consumidores*; mas, a generalização adotada chega ao ponto de permitir às partes pactuarem, diversamente do que dispõe a lei, regras de *interpretação* de preenchimento de

225. cf. – art. 1370 **Interpretazione contro l'autore della clausola**. — Le clausole inserite nelle condizioni generali del contratto o in moduli o formulari predisposti da uno dei contraenti s'interpretano, nel dubbio, a favore dell'altro.

lacunas e de integração dos *contratos*, do que se conclui a transformação, da natureza dessa lei, em *supletiva*, salvo se o *contrato* for silente porque, então, ela será *cogente*.

Contudo, conclua-se que, aqui, pode inserir-se o regime do chamado "*contrato com pessoa a declarar*", porque não se trata, por natureza, de um *contrato*, mas, sim, de um *pacto* inserto em *contratos* que o admitam, tal como se provará adiante[226].

B3) Por fim, *liberdade de forma*:

Inexiste, no direito contemporâneo, o formalismo romano, assim, os *contratos* são válidos em função do *consentimento* que se revela pelo *consensualismo*.

O Código Civil libera as declarações de vontade, para serem válidas, salvo se a lei, expressamente, exigir uma forma especial[227].

Certo que há exceções, mas, estas são mais para assegurar a *substância* do ato do que mesmo a sua *forma*.

É a *hipótese* da exigência da escritura pública quando o *contrato* vise à constituição, à transferência, à modificação ou à renúncia de *direitos reais* sobre imóveis de valor superior a trinta vezes o maior salário- mínimo vigente no país. É a *hipótese* do *contrato* que insira cláusula de que sua validade depende de instrumento público, porque este passa a ser da *substância* do ato. É a *hipótese* dos títulos de crédito[228].

A *forma* pode ser a de uma *declaração* nos moldes tradicionais ou a de uma conduta pura e simples que traduza essa *declaração* como elemento característico desta, ou seja, uma ação com o *propósito notificatório* que, na

---

226. cf. Item 5.3, p. 379.

227. cf. art.107

228. cf., por exemplo, arts.166, IV, 215, 221, 233, 244, 657, 887, 888 do Código Civil

expressão de BETTI[229], inspirado por MANIGK, tenha função manifestativa em relação aos outros, porque caso contrário, será, simplesmente, uma *manifestação de vontade* e não uma *declaração de vontade.*

Reitere-se:

O direito contemporâneo proscreve o formalismo do direito romano, pois, agora, a validade do *negócio* não depende de *forma* especial de *declaração de vontade.*

Essa *forma* passou a ser exceção, dado que, a sua existência, depende de expressa exigência da lei.

Os contratos, por exemplo, são válidos em função do consentimento (*consensualismo*), mediante o qual, respeitada a *eticidade*, há a *autorregulação dos interesses*. O Código Civil (art. 107) libera as *declarações de vontade* — para serem válidas — de uma *forma* especial. Essa exceção, enfim, à regra geral da *liberdade de forma*, é estabelecida, tão somente, quando o legislador pretende assegurar a substância que ele próprio deu ao ato.

O texto de 2002 do Código Civil libera as *declarações de vontade* — para serem válidas — de uma *forma* especial. Essa exceção, enfim, à regra geral da *liberdade de forma*, é estabelecida, tão somente, quando o legislador pretende assegurar a substância do ato.

O tema envolve tanto a *oferta* quanto a *aceitação*, que são elementos de *formação do contrato*, e que têm implicações na caracterização do *momento de perfeição do contrato*, ou seja, o momento da sua *conclusão*.

Afirme-se que a *forma* é um aspecto acidental qualquer que seja a sua figuração por qualquer desses dois elementos de emissão de *vontade* formadora do *negócio*, considerando-se que a concorrência dos dois *conclui* o *negócio*.

229. cf. Betti, Emílio. *Teoria geral do negócio jurídico*. Tomo I. ob. cit., p.247/248.

Qualquer dos dois, contudo, pode ser emitido por qualquer meio apto.

É o que decorre desse *princípio de liberdade formal* adotado, também, pelo ordenamento jurídico brasileiro, em que se inclui o *negócio* formalizado por um *instrumento* escrito ou mediante comunicação oral ("*contrato verbal*").

Por todo o exposto, a *solenidade constitutiva* há de resultar de expressa determinação legal e só para atribuir-se o valor "*ad substantiam*" ou "*ad solemnitatem*".

EVA MARIA MARTINEZ GALLEGO[230], após expor sobre o ordenamento jurídico espanhol que, como o nosso, é consagrador do *princípio de liberdade de forma*, afirma que é válida toda *declaração* realizada por qualquer meio que expresse ou a *oferta* ou a *aceitação*, quando o contrato não requeira uma *forma* determinada. Assim, a *perfeição do contrato* é fruto da concorrência de *declarações de vontades* receptícias. Necessita, portanto, que *oferta* e *aceitação* tenham sido reciprocamente recebidas pelos polos da relação.

Importante será, sempre, identificar-se o *momento* em que se tenha entendido finalizado o período de *formação do contrato*, para distinguir-se se a contratação é entre *pessoas presentes* ou *pessoas não presentes*, porque é relevante verificar, nas hipóteses de contratação entre *pessoas não presentes*, se se trata de contratos de *formação sucessiva* ou de *formação instantânea*, considerando-se que não se confunde o *momento* da perfeição contratual num e noutro.

Os contratos de *formação instantânea* não têm problemas de fixação desse *momento* porque a distância entre as pessoas (*pessoas não presentes*) não é obstáculo para o

230. cf. *La formación del contrato a través de la oferta y la aceptación*. Madrid/Barcelona: Marcial Pons, Ediciones Jurídicas y Sociales, S.A., 2000. ps.90-121.

conhecimento simultâneo do instante em que concorrem ambas as *declarações de vontade*.

Os de *formação sucessiva* envolvem *declarações* transmitidas por *colaboradores* das partes, terceiras pessoas titulares de alguns dos meios de comunicação à distância, que se incumbem de lhes dar publicidade. O Código Civil disciplina-os no seu art. 429. Aqui, não há conhecimento simultâneo, nem comunicação direta entre as partes.

A *formação instantânea* exige que se examinem as circunstâncias de sua ocorrência, pois, o *momento* da formação pode transformar o *período* de formação de um contrato, entre *pessoas não presentes*, naquele que caracteriza o tipo entre *pessoas presentes*, pois, ainda que essas pessoas estejam — como o estão — entre si, distantes, isto é, em lugares diversos, essa diversidade de lugares não é empecilho para que haja o conhecimento simultâneo e, por isso, para que haja a *formação instantânea*.

Daí a necessidade de integrar-se o *lugar* da perfeição do contrato e o *momento* da perfeição do contrato. O Código Civil brasileiro é singelo, quanto à identificação desse *lugar*, ao estabelecer que será, sempre, o da *oferta* (art. 435).

O estatuto maior do direito privado brasileiro, também, disciplina a formação, quanto ao *momento*, entre pessoas *presentes* e *não presentes*.

Assim, as contratações por telefone, telégrafo, telex, telefax, "e-mail" (correio eletrônico) são consideradas entre *pessoas presentes* (cf. art. 428, I, 2ª parte, combinado com os arts. 222 e 225, todos do Código Civil) e são, portanto, de *formação instantânea* e o *momento* da perfeição do contrato é o da recepção da mensagem enviada através desses "*meios de comunicação*", pois, se o *momento* da proposta (*oferta*) revela, sempre, a formação quanto ao *lugar*; o *momento* da perfeição entre *pessoas não presentes* — como é o caso da contratação mediante os citados "*meios de comunicação*"

— é revelado pelo *instante* da ocorrência da expedição da *aceitação* — a qual, feita por esses "*meios*", é simultânea da *oferta* — salvo se o proponente se tiver comprometido a esperar a resposta; ou se esta não chegar no prazo estipulado; ou, ainda, se a *aceitação* for considerada inexistente por não ter chegado com ela ou antes dela, ao proponente, a retratação do aceitante (cf. art. 434 do Código Civil).

Destaque-se, por oportuno e de passagem, que esta *aceitação*, por todo o exposto, tanto pode ser explícita, quanto pode resultar de um "*facta concludentia*", como se demonstrará adiante, reforçando, sobretudo, nas hipóteses de *contrato verbal*, a existência deste.

O direito, em boa parte dos países europeus, inclusive o *comunitário*, tem buscado uma harmonização nesta matéria, pretendendo alcançar, entre si, a univocidade na disciplina jurídica da fixação do *momento* no qual há de se entender concluído o *período* de *formação* do contrato, quando se trata de contratação entre *pessoas não presentes*, adotando, para tanto, a técnica a partir dessas duas modalidades antes referidas: *formação sucessiva* e *instantânea*.

O direito brasileiro, está dito supra, admite a contratação por *meios* eletrônicos de *comunicação*; logo, admite o *contrato verbal*, neste caso definido como a contratação entre pessoas que se encontram distantes (*pessoas não presentes*), assim consideradas aquelas que não têm possibilidade de comunicação oral *direta*, ou seja, "*vis-à-vis*", contudo, pessoas que concluem contrato de modo *instantâneo*, ainda que sem instrumento formalmente escrito; admite, outrossim, pelos meios acolhidos em Direito, a comprovação desta modalidade de contratação, ao estipular os modelos de *prova*.

Vale a *prova* testemunhal; vale a *prova* produzida pelos registros que os aparelhos mecânicos ou eletrônicos, que instrumentalizam essa comunicação, mediante sua engrenagem, fazem do *fato* de transmissão da mensagem (cf. art.225 do Código Civil).

Essa *formação* é, pois, *instantânea*.

A *vontade*, no *contrato verbal*, é notificada pelas partes, entre si e não por *formação sucessiva*; é declarada por elas, *expressamente*, ainda que por via não escrita. Nesses contratos, assim, há *troca expressa de declarações de vontade* que concorrem, simultaneamente, para a sua *formação*.

Ora, os meios de *prova* regrados pela lei que disciplina a *teoria geral dos atos jurídicos* - o Código Civil - valem para sustentar decisão administrativa e, obviamente, a judicial, que tenham por objeto *fato* administrativo?

A resposta é positiva.

HELY LOPES MEIRELLES[231] ensina que o processo administrativo é instaurado com base legal e para a preservação da lei, pois nisto consiste o *princípio da legalidade objetiva*. E arrola outros princípios *típicos* do processo administrativo, dentre os quais o da *verdade material* e o do *informalismo*, corroborando, para essa área jurídica, a assertiva supra.

Efetivamente, nesse processo, a *verdade material* configura o princípio da *liberdade de prova*, pelo qual a Administração está autorizada "a valer-se de qualquer prova que a autoridade processante ou julgadora tenha conhecimento, desde que a faça trasladar para o processo".

A *verdade material*, assim, é o contraste com a *verdade formal*, porque "enquanto nos processos judiciais o Juiz deve cingir-se às provas indicadas no devido tempo pelas partes, no processo administrativo a autoridade processante ou julgadora pode, até o julgamento final, conhecer de novas provas, ainda que produzidas em outro processo ou decorrentes de fatos supervenientes que comprovem as alegações em tela".

---

231. cf. *O processo administrativo*. In. Revista da Procuradoria Geral do Estado de São Paulo (7) 33-54, dez.1975, ps. 33 e segs.

Diz mais, esse festejado autor, que tudo é assim porque o *informalismo*, como princípio típico dessa processualidade, "dispensa ritos sacramentais e formas rígidas para o processo administrativo, principalmente para os atos a cargo do particular".

Ora, se a *prova* do fato é regrada, sobretudo, pelo ordenamento jurídico, ainda que não o seja, explicitamente, no direito administrativo positivo, não há, portanto, como recusá-la, considerando-se o *regime jurídico* das *provas* de todo e qualquer *ato jurídico*, *regime* este, contido na lei que disciplina a *teoria geral* desses *atos*.

Se se trata de um *negócio jurídico* (ato jurídico "*lato sensu*" — cf. art. 185 do Código Civil) concluído *verbalmente* e de *existência*, tal como aceito pela legislação civil, nos termos supraexpostos, não há como deixar de aceitar, também, o meio de *prova* admitido por essa legislação, para sustentar, no processo administrativo, decisão de *autoridade*, sob pena de desobediência ao falado princípio da *verdade material*.

MANOEL DE OLIVEIRA FRANCO SOBRINHO[232] lembra que "a natureza jurídica do ato administrativo não se apresenta estanque na teoria dos atos jurídicos".

Ora, se essa teoria, que é *geral*, está normatizada no Código Civil, então, as regras nele estabelecidas têm aplicabilidade no processo administrativo quanto às *provas*, até porque a admissibilidade da *prova* nesse processo repousa, diz esse autor, "na conformidade ou discrepância das partes sobre os fatos [....]. Não se restringem, assim, as possibilidades probatórias de qualquer das partes ante qualquer órgão jurisdicional", por isso, a *prova* será sempre permitida e obedecerá às normas estabelecidas para o processo civil ordinário; como a defesa — conclui FRANCO

232. cf. *A prova administrativa*. São Paulo: Saraiva, 1973, ps. 130/131; 189/192.

SOBRINHO — "a prova se confunde harmoniosamente num sistema de garantias jurídicas. Ampla a defesa, também ampla é a prova legal".

O direito brasileiro, enfim, consagrando a *ampla defesa*, para os processos administrativo e judicial, "*ex-vi*" do inciso LV do art. 5º da Constituição, consagra, enfim, essa *amplitude*, qualquer que seja a natureza da lei que a venha descrever; ou qualquer que seja a caracterização jurídica do fato a *provar*-se, quando se estiver diante da discrepância das partes, sobre ele.

Existe, portanto, no ordenamento jurídico brasileiro, regra disciplinadora do *contrato verbal, o qual* pode ser *comprovado* pelos meios admitidos no estatuto mor do direito privado, que legitima tal *contrato* e os meios de sua *formação*, atribuindo-lhe eficácia como base para sustentar decisão administrativa ou judicial, tal como o assevera a doutrina e como o disciplina o direito positivo.

C) A *força obrigatória do contrato*: as partes, com o *vínculo*, estão seguras pela *declaração* que emitem, seja pela forma tradicional, seja pela conduta social típica.

É a regra da "*pacta sunt servanda*" que o texto de 1916 trazia explícita, no seu art. 928, ao dispor que se o *contrato* não fosse *fonte mediata* de obrigação de fazer pessoal "*intuitu personae*", operaria efeitos, entre as partes e, também, em relação aos sucessores que fossem *interessados*.

Nessa hipótese, esses sucessores não poderiam ser considerados *terceiros* para beneficiar-se de possível regra da relatividade dos acordos, porque, na realidade, incluíam-se no conceito de *interessados*, isto é, pessoa que, passando a integrar o vínculo, teria *interesse* ligado ao objeto da *prestação*: se credor, o de ser satisfeito; se devedor, o de liberar-se cumprindo a *prestação*[233].

---

233. cf. art.928 a 938 do texto de 1916 do Código Civil.

O texto de 2002 não tem correspondente.

Mesmo com essa disposição, o tempo entregou ao juiz o controle da execução dos *contratos*, face à complexidade que a vida econômica veio experimentando.

Assim, por construção pretoriana, adotou-se o equilíbrio das partes ditado pelas circunstâncias, aplicando-se desde a pesquisa da fidelidade entre elas, mediante a utilização da análise da intenção que teria presidido as *declarações de vontade* na conclusão do *contrato*, até a dos critérios do "*bom pai de família*"; da "*rebus sic stantibus*"; da *imprevisão*; ou da *onerosidade excessiva*.

O texto de 2002 do Código Civil registra a *resolução do contrato por onerosidade excessiva*[234]. Até então, poder-se-ia falar de uma *resolução tácita* existente em todo contrato bilateral a ser implementada por controle judicial.

A partir daí, *resolve-se* o *contrato* não só pelas razões de *prestação* não cumprida, quando há bilateralidade, mas, também, porque a *prestação* pode tornar-se *excessivamente onerosa*, para o devedor, com *extrema vantagem* para o credor, em virtude de acontecimento extraordinário e imprevisível.

A *resolução* é uma das formas de *dissolução* decorrente de causas supervenientes à conclusão do contrato[235].

A *teoria da imprevisão* é outra providência que se atribui ao juiz para corrigir o valor da *prestação*, quando, por motivos *imprevisíveis*, sobrevier desproporção manifesta entre esse valor que tinha quando da formação do contrato e o valor que passou a ter no momento da execução dessa *prestação*.

---

234. cf. arts. 478 a 480.

235. cf. Brito, Edvaldo. *Direito civil*. Ob. cit., p. 194-199.

Vê-se que não se confundem as duas providências: uma (a *onerosidade*) redunda em *dissolução*; a outra (a *imprevisão*) resulta em correção do valor da *prestação*.

Por essas providências, incluída a *rebus sic stantibus*, tem-se mitigado a regra da *força obrigatória*, mas, fora as exceções que as justificam, essas providências não infirmam, propriamente, o critério de que o *contrato* é lei entre as partes.

D) A *relatividade dos efeitos* do contrato pode ser examinada de referência aos *sujeitos* e ao *objeto*.

POTHIER[236] anuncia que o efeito dos *contratos* é o de produzir obrigações, mas, destaca que há um princípio que é particular ao efeito do *contrato* e de todas as convenções: é o de que este ato jurídico *não tem eficácia mais do que* a respeito das *coisas* que são o seu *objeto* e *somente* entre as *partes* contratantes (*Animadvertendum est ne conventio in alia re facta aut cum alia persona, in alia re, aliave persona noceat*).

E esclarece que é assim considerando-se que sendo esse ato formado pela *vontade* das partes não pode ter efeito senão sobre o que elas objetivaram.

Seguem-lhe os passos PLANIOL e RIPERT[237], admitindo que o efeito do *contrato* limita-se quanto às *coisas* e quanto às *pessoas* nele referidas.

---

236. cf. Ob. cit., p. 58

237. cf. Planiol, Marcel e Ripert, Georges. Tratado elemental de derecho civil, primeira edición. Trad. Jose M. Cajica Jr., México: Cardenas Editor y Distribuidor, 1983, p.98-100

O CONTRATO COM PESSOA A DECLARAR, NO BRASIL, É UM PACTO

O Código Civil francês dispõe sobre as duas situações nos seus arts. 1.135[238] e 1.165[239], influenciado, naturalmente, por POTHIER, a quem RUGGIERO[240] e BEVILÁQUA[241] definem como inspirador dessas disposições.

ORLANDO GOMES[242] aceita, também, a dupla regra aqui enunciada e esclarece o que é *terceiro* para que se possam aplicar as exceções que envolvem pessoas que não celebraram o *contrato*, pois o princípio da relatividade não é absoluto, uma vez que se podem distinguir os *efeitos internos* do ato e a *sua existência*.

Este autor trata desses *efeitos*, incluindo a figura do *contrato com pessoa a designar* entre as categorias relacionadas com esses efeitos.

Acima, este trabalho já se definiu quanto ao tema, falando das pessoas *interessadas*; elas, ainda quando não participem da formação do *contrato*, poderão ser alcançadas pelos seus *efeitos*, porque na "vida de relação" o *contrato*, "enquanto se mantém como puro fenômeno psíquico e não se traduz em atos, não tem relevância social e jurídica. Mas, estabelecer uma ligação entre um ato e certos efeitos jurídicos, significa, substancialmente, estatuir que, quantas vezes ele seja realizado por alguém, os outros membros da sociedade devem, ou podem, comportar-se de certa maneira, suportando, ou aceitando, ou removendo as suas consequências".

---

238. Código Civil francês: "art.1135 *Les conventions obligent non seulement à ce qui y est exprime, mais encore à toutes lês suítes que l'équité, l'usage ou la loi donnent à l'obligation d'après sa nature*".

239. Código civil francês: "art.1165 *Les conventions n'ont d'effet qu'entre lês parties contractantes; elles ne nuisent point au tiers, et elles ne lui profitent que dans lê cãs prévu par l'article 1121*"

240. cf. Ruggiero, Roberto de. Instituições de direito civil, v. III. Trad. Da 6ª ed. Italiana pelo Dr. Ary dos Santos. São Paulo: Saraiva, p.247

241. cf. Gomes, Orlando. *Direito das Obrigações*. Ob. cit. p.228.

242. cf. Gomes, Orlando. *Contratos*. Ob. cit. p.38-39; 165-166; 168-169.

O exposto determina que se procure precisar o alcance dessa regra "*res inter alios acta nec prodest nec nocet*" enunciada por POTHIER em dupla regra.

Assim, GAUDEMET[243] explica que:

1º a situação criada pelo *contrato* está essencialmente determinada pela vontade das partes; é o *princípio das liberdades das convênções*;

2º sem embargo, o efeito do contrato está restrito às pessoas. Não alcança, em geral, mais que as partes e normalmente não é oponível a terceiros; é o *princípio do efeito relativo dos contratos*;

3º excepcionalmente e por derrogação deste segundo princípio, em certas condições, os contratos podem produzir efeitos a respeito de terceiros; essas condições estão determinadas pela teoria das *promessas por outro e dos contratos em favor de terceiros*.

Outro que busca explicitar o princípio é ARNOLDO WALD[244], para quem, o não contratante que não é sucessor do contratante, o contrato é, somente, "*res inter alios acta*"; distingue, a partir dessa afirmação, três situações distintas no campo das obrigações:

a) as *personalíssimas*, que só vinculam as partes não se transmitindo aos seus sucessores;

b) as *não personalíssimas*, que obrigam as partes e seus sucessores e

c) *certos contratos que criam deveres ou direitos para terceiros*, dependendo todavia a sua eficácia em relação ao terceiro da aceitação deste e, na

---

243. cf. *Théorie générale* des obligations. Reimpression de l'edition publiée en 1937. Paris: ed. Sirey, 1965. Ob. cit. p. 200.

244. cf. *Obrigações e contratos*, 6ª ed., com a colaboração do Ptof. Semy Glanz. São Paulo: Editora Revista dos Tribunais, 1983, p.156.

hipótese de falta da mesma, resolvendo-se no plano patrimonial em perdas e danos devidos pelos contratantes.

Ora, considerando que a "vida de relação" não se compadece com a referida restrição em termos absolutos, BEVILÁQUA[245], em 1896, portanto, antes do texto de 1916 do Código Civil, escreveu que "nem mesmo o direito romano, com a sua rigorosa personalização das obrigações, deu uma aplicação inflexível, pois que ele admitiu a estipulação para terceiro, conferindo a este um direito direto".

Daí que esse Código, que ele projetou, contém, por exemplo, a regra do art. 74, II[246], no sentido de que uma pessoa poderia adquirir direitos para si, ou para terceiros e a do art. 928[247], referente às obrigações de fazer pessoal "*intuitu personae*", como a induzir que a relatividade dos *contratos* somente teria sentido *absoluto* em casos como os dessa espécie de *vínculo*.

Esses dois dispositivos não têm correspondente no texto de 2002.

Parece, então, que a razão cabe a HENRI DE PAGE[248], ao comentar o art.1.165 do Código Civil francês, ele diz que esta é uma regra muito antiga que domina toda a matéria dos atos jurídicos e especialmente dos *contratos*: a regra da *relatividade*, em virtude da qual, *todo ato não tem, e nem pode ter, efeitos senão entre as partes contratantes.*

---

245. cf. *Direito das Obrigações*. Bahia: ed. Livraria José Luis da Fonseca Magalhães. 1986, p. 228.

246. art.74. Na aquisição dos direitos se observarão estas regras: [...] II – pode uma pessoa adquiri-los para si, ou para terceriros.

247. art.928. A obrigação, não sendo personalíssima, opera assim entre as partes, como entre seus herdeiros.

248. cf. *Traité élémentaire de droit civil belge*, deuxième édition, tome premier. Bruxelles: Établissements Émile Bruylant, 1948, p.152-156

Acrescenta que se trata, na realidade, de um princípio geral do direito belga[249], o qual se justifica, logicamente, pelo caráter pessoal da obrigação, mas, admite derrogações (*"stipulation pour autri"*, *"action directe"*, etc.).

E é em decorrência dessa admissibilidade que ele acrescenta ter importância capital a distinção entre os *efeitos internos* do ato e a sua *existência*, sob pena de ser totalmente incompreensível esse princípio da relatividade dos *contratos* que, assim, não tem um sentido *absoluto*.

Afirma, afinal, que o princípio não concerne senão aos *efeitos internos* do *contrato*, os direitos e deveres que dele provêm, porque estes são pessoais das partes, por isso, não concernem a terceiros.

Esse art. 1.165 não se aplica no terreno da *existência* do *contrato*, porque é muito justo notar que "a *existência* do contrato *é um* FATO que os terceiros devem, em princípio, ter em conta".

Assim, costuma-se dizer que o *contrato* tem força vinculante *somente* em relação às partes: *"res inter alios acta nec prodest nec nocet"*; mas, beira ao exagero o *somente*, porque a tese é a de que é possível um sujeito celebrar um contrato vinculando um terceiro.

Volte-se a POTHIER[250] que aceita a possibilidade de um contrato, por virtude própria, outorgar direito a alguém que não é parte dele, por força da equidade natural que forma tal compromisso.

Sob esse ângulo, o chamado *"contrato com pessoa a declarar"* não fere este princípio da relatividade dos efeitos do *contrato*.

---

249. De Page era professor da Universidade de Bruxelas, cidade que se tornou, no século XIX, capital da Bélgica, tendo pertencido, antes, à Áustria e à França; por isso ele cita a regra do Código Civil francês referindo-se a *"principe général de notre droit"*.

250. cf. *Tratado de las obligaciones*. Buenos Aires: ed. Atalaya, 1947. Ob. cit., p. 52.

2.2.1.3 Ordem social

Está patente, pelo que se expôs, a integração do *contrato* com a "*vida em relação*", dado que ele reflete a realidade socioeconômica.

Esta é a justificativa que se pode ter para a intervenção do Estado no domínio econômico, a tal ponto que gerou acentuadas transformações nas estruturas política e econômica da sociedade com reflexos no Direito[251], implantando o que se costumou chamar de dirigismo contratual.

A grande *mudança política* está revelada em duas tendências: a *primeira* consiste em o Estado apossar-se do indivíduo, passando, consequentemente, a ser ele, o Estado, o protagonista indiscutível, no lugar que antes era ocupado pelo indivíduo; a *segunda* é a de dirigir a a ordem social, a sociedade, querendo modelá-la, assumindo o papel de seu tutor porque a quer regrar.

O que se observa, pois, à medida que progridem estas tendências, é o reforço do poder do Estado na sociedade sobre os indivíduos e sobre os grupos, operando uma limitação cada vez mais enérgica nos direitos individuais, nas liberdades individuais, a cada momento fazendo-se impor como essencial ao atendimento da chamada pretensão absoluta do homem à proteção estatal e processando-se sob as mais variadas formas e nos mais diversos setores, sobretudo os considerados *chave*, como o do crédito bancário, da energia, dos seguros, dos transportes, das comunicações, enfim os da *assistência vital*, logicamente, com reflexos importantes, também, no sistema jurídico.

Os reflexos na Economia e no Direito operam-se sob duas grandes substituições: a do Estado liberal pelo

---

251. cf. Brito, Edvaldo. *Reflexos jurídicos da atuação do estado no domínio econômico*. Ob. cit. p. 27-39.

intervencionista de natureza social — "*welfare state*"; a do Estado inerte ou abstencionista pelo Estado ativista.

A intervenção, por seu turno, é modificadora de direitos e de relações jurídicas, manifestando-se por duas formas principais:

a) modificação estatal da ordem social por meio da intervenção direta;

b) participação ativa do Estado, ou de outro sujeito da Administração Pública, nas funções da vida social, *transformando-se* o Estado, ele mesmo, em produtor, comerciante ou distribuidor de bens.

A adaptação dessa nova face do Estado teria de fazê-lo desprender-se das formas, excessivamente, rígidas e pouco eficazes da *Administração soberana e burocrática*, moldando suas funções *econômicas* nos *modelos jurídicos* mais elásticos do Direito Privado, constituindo o que WALTER JELLINEK[252] denomina *Administração de soberania simples*.

Essa *transformação* atinge todos os ramos do Direito, sobretudo o dos *contratos*, pois o fenômeno da intervenção estatal provoca um certo número de questões decorrentes de sua característica ativista, gerando *técnicas* diferentes das liberais por ter saído do seu *domínio* tradicional de atividades e assumindo *funções* novas.

Por outro lado, essa *invasão* no campo do Direito Privado, fenômeno que ORLANDO GOMES[253] descreveu, há mais de cinquent'anos, como a *publicização do direito privado*, produz-se de forma mais ou menos rotunda, segundo

---

252. cf. Brito, Edvaldo. *Reflexos jurídicos da atuação do estado no domínio econômico* ob. cit. p. 22.

253. cf. *Influência do direito público sobre o direito privado*. In Fórum, 1955, v.25, p.11-21; também, *Direito privado (novos aspectos)*. Rio de Janeiro: Freitas Bastos, 1961, p.5 e segs.

um tipo de *técnica* empregada, classificada por GARRIDO FALLA[254], com base em JEAN RIVERO, segundo o grau de intervencionismo:

1º a *infiltração* estatal, ainda que respeite o caráter jurídico privado de uma determinada matéria, submete-a a uma regulação prévia de tipo imperativo que desvirtua seu mecanismo próprio (p. ex., as regras imperativas nos *contratos* de trabalho);

2º a *delimitação externa* (*"encérclement"*) de um setor da vida privada por normas de Direito Público (p. ex., as proibições de *fazer*);

3º o *protetorado*, em que a atividade em questão continua sendo privada, porém, de tal forma se submete a normas administrativas que se pode falar de um verdadeiro protetorado estatal;

4º a *anexação* pura e simples de um campo da atividade privada ao setor público, como ocorre, por exemplo, no caso das nacionalizações.

Prosseguindo e já, então, com base em RIPERT, o tratadista espanhol enumera as *medidas* intervencionistas:

1º as *proibições*;

2º as *autorizações prévias* como condicionantes de uma atividade privada;

3º os *mandatos positivos de fazer* (de cultivar as próprias terras ou de regular uma residência desocupada);

4º a inspeção e *vigilância* sobre empresas privadas;

5º a nacionalização.

---

254. cf. Falla, Fernando Garrido. *Tratrado de derecho administrativo*, 5ª ed. Madrid: Instituto de Estúdios Políticos, 1974, p. 142.

Portanto, a participação do Estado em atividades antes executadas, exclusivamente, pelos particulares desfaz a tradicional descrição de suas funções como sujeito abstrato da atividade econômica e que o fazia distinguir do particular — figura concreta e egoísta, como sujeito da economia.

Essa mudança implica um modelo de uma economia que esvazia a *autonomia privada* e minimiza o *negócio jurídico*.

São suas novas *técnicas* e suas categorias jurídicas próprias que devem ser estudadas, definidas, interpretadas, sem que se esqueça, contudo, de que esse Direito novo não deve ser a negação do Direito[255] e sim a reafirmação do Direito, como uma das manifestações culturais mais relevantes e como meio de realização dos ideais da humanidade.

E porque o Direito é a *conduta humana na sua interferência intersubjetiva* retratada na norma[256], é fatal a assertiva de que "*toda a existência humana desenvolve-se numa esfera de juridicidade*"[257], não devendo, portanto, o Direito conservar-se ausente para milhões de seres, enquanto venha a abarrotar de preceitos que interessem, raras vezes, a meia dúzia de afortunados.

E com esta advertência, observe-se com RIVERO[258] que, ao lado das riquezas, a evolução econômica desenvolveu, no plano *social*, pobrezas e misérias: estas do proletariado industrial urbano que o interesse geral não autoriza abandonar à sua sorte; donde o desenvolvimento de uma Administração *social* e de serviços impostos pela vida urbana, a qual, também, cumpre realizar o Estado do *bem-estar social e do desenvolvimento*, na sua tarefa de distribuidor

255. cf. Ataíde, Augusto de. *Elementos para um curso de direito administrativo da economia*. Lisboa, 1970, p. 30-31; Falla. *Tratado de derecho administrativo*. ob. cit., p.141.

256. cf. Cossio, Carlos. *La teoría egológica del derecho y el concepto jurídico de libertad*. Segunda edicion. Buenos Aires. Abeledo – Perrot. 1964, p.102 e 531

257. cf. Gomes, Orlando. *A crise do direito*. Ob. cit., p.23

258. cf. Rivero, Jean. *Droit administratif*, 5ª ed. Paris: Dalloz, 1971, p.25

dos benefícios dessa sua atuação, convocando o jurista para uma necessária reflexão sobre a conexão do direito privado com a condição *social* da Idade Moderna e da Contemporânea[259], até para evitar que se corrompam, abruptamente, por esse clamor, as *instituições jurídicas* geradoras de *institutos*, *conceitos* e *categorias jurídicos*.

Este fato, aliado à circunstância de que "melhores condições materiais de existência para o maior número não são apenas uma das estratégias do desenvolvimento econômico, mas a exigência primeira de uma *sociedade de consumo* que projeta nas mentes a sua imagem sedutora"[260], fez com que as *transformações* na estrutura política e econômica ocasionassem mudança na *consciência social*, o que se operou, principalmente, sob dois modos de os indivíduos entenderem os acontecimentos sociais:

1.°) o não conformismo com os flagelos, com os males sociais (a fome, p. ex.);

2.°) não se admitir mais *fatalidades econômicas*, reagindo, em consequência, à vida em desigualdade econômica a qual não se considera mais uma fatalidade, mas sim um mal social curável.

As mudanças na *consciência social*, pelas óbvias razões expostas em torno da noção de *Direito* e *existência humana*, teriam de refletir no pensamento jurídico dando oportunidade ao movimento que se pode denominar, sem conotação política, de *socializador do Direito* para significar a substituição do caráter individual do Direito pelo caráter social, o que aconteceu tanto sob o ângulo *doutrinário* quanto sob o de *Direito positivo*.

---

259. cf. Wieacker, Franz. *Diritto privato e società industriale*. Napoli: Edizioni Scientifiche Italiane, 1983, p. LXXV.

260. cf. Gomes, Orlando. *Direito econômico e outros ensaios*. Salvador: Distribuidora de Livros Salvador, 1975, p. 61.

Doutrinariamente, surgiram várias correntes das quais são exemplos a revisionista francesa, a sociológica, a socialista e a do Direito natural, todas com o intuito de justificar:

a) a submissão do indivíduo ao social;

b) a submissão do voluntarismo, manifestado nos negócios jurídicos, ao interesse coletivo;

c) a submissão dos Direitos subjetivos ao Direito objetivo, à lei, a qual hoje já estabelece várias restrições a tais direitos subjetivos.

As principais repercussões, no que tange ao *Direito positivo,* traduzem-se na introdução de novos conceitos, na ordem jurídica positiva:

Em primeiro lugar, o aparecimento de uma noção de *ordem pública econômica*, a que alude FARJAT[261], a qual se desdobra em três direções:

1ª) *ordem pública econômica* como medida de proteção individual;

2ª) *ordem pública econômica* como medida de proteção *social*;

3ª) ordem pública econômica como medida de proteção ao dirigismo econômico.

Outras repercussões na *ordem jurídica positiva* atual assinalam-se e se apresentam como diretrizes traçadas, pelo legislador, como *princípios gerais*, por isso, muitas vezes imperceptíveis e em relação a alguns dos quais já se fez menção, neste trabalho:

1.º) a aceitação em alguns *Direitos positivos* da *noção objetiva de causa*. É uma noção aceita como

261. cf. Farjat, Gerard. *Droit économique*. Paris, PUF, 1971, p. 43.

necessária para a moralização do Direito ou para concretização deste sentido novo da norma jurídica, afastando-se a *noção subjetiva de causa*;

2.°) a *noção de boa-fé*, que é própria desta nova noção do Direito, quer na formação, quer na execução dos direitos;

3.°) a *teoria do abuso do Direito* (noção de relatividade dos direitos);

4.°) a *teoria da adaptação do contrato*;

5.°) a *publicização do contrato*. Este está se tornando cada vez mais um ato em que a intervenção do Estado faz perder aquela significação anterior de regular interesses próprios dos particulares;

6.°) o surgimento de *técnicas novas* que revelam a necessidade do aparecimento de novas figuras jurídicas que não as clássicas, as tradicionais.

Assim, nesses novos quadros, verifica-se que o Direito Comercial, onde antes a economia encontrava seu apoio, está sendo revolvido:

É o caso de algumas leis que tiveram influência no *desenvolvimento econômico*, como por exemplo, no Brasil, a de reforma agrária, a do mercado de capitais e a das sociedades anônimas, ou mesmo, a regulação do Direito de Empresa acolhida no texto de 2002 do Código Civil.

Todo o exposto conduz à apologia de um Direito, em qualquer dos seus ramos, *conformador* destas tendências da estrutura política e econômica da sociedade organizada, pelo Estado *social* moderado, com o objetivo de promover o *bem-estar e o desenvolvimento*, observados, como lhe são próprios, as *garantias* e os *direitos sociais*, como *fundamentais* ao indivíduo em um necessário regime intervencionista que assegure a *liberdade econômica* com *justiça social*.

É, assim, que se fala de uma *nova ordem social.*

Então, repita-se: é de falar-se, também, da necessária integração do *contrato* com a "*vida em relação*", dado que ele reflete a realidade socioeconômica.

Esse discurso contempla dois *princípios contratuais* apropriados a essa *nova ordem*: o da *boa-fé* e o do *equilíbrio contratual.*

É o que LARENZ[262] considera a necessidade de um pensamento orientado a valores, a qual faz a lei recorrer a uma pauta de valoração: *boa-fé, justa causa, relação adequada, prazo razoável, prudente arbítrio*, etc.

2.2.1.3.1 Boa-fé

É rica a Doutrina sobre este tema, conforme se dá mostra, por mero exemplo, no rodapé desta página[263].

---

262. cf. Larenz, Karl. *Metodologia da ciência do direito*. Ob. cit. p.310.

263. Alpa, Guido. Introduzione alla nuova giurisprudenza. In: *giurisprudenza sistematica di diritto civile e comerciale*. Fund. Walter Bigiavi. Torino: ed. Unione Tipografico-Editrice Torinense, 1992. p. 3-350.
Amaral, Francisco. *A boa-fé no processo romano*. Revista de Direito civil imobiliário, agrário e empresarial. Ano 20. v. 78. 1996. p. 195-204.
Azevedo, Antônio Junqueira de. *La bonne fois dans lê relations entre particuliers. Rapport brésilien*. In. La bonne foi (Journées louisianaises), Paris: ed. Litec. 1992, tome XLIII, p.77-84.
_______. *Negócio jurídico*: existência, validade e eficácia. São Paulo: ed. Saraiva, 1974.
Betti, Emilio. *Cours de droit civil compare des obligations (1957 – 1958)*. Milano: ed. Dott. Giuffrè, 1958.
________.*Teoria general de las obligaciones*. Trad. José Luiz de los Mozos. Madrid: ed. Revista de Derecho Privado, 1969. Tomo 1.
Capitant, Henri. *La bonne foi*. Paris: ed. Litec, 1992. Tome XLIII.
Danz, Erich. *A interpretação dos negócios jurídicos*: contratos, testamentos, etc. Versão em Português de Fernando de Miranda. São Paulo: ed. Livraria Academia Saraiva & Cia Editores, 1941.
Espinola, Eduardo; Espinola Filho, Eduardo. Introdução ao estudo do direito civil. In: *Tratado de direito civil brasileiro*. Rio de Janeiro: ed. Livraria e Editora Freitas Bastos, 1939.
Freitas, Augusto Teixeira de. *Esboço do código civil*. Brasília: ed. Ministério da Justiça, Fundação Universidade de Brasília. 1983, Vol. 1.
Fromont, Michel; Rieg, Alfred. *Introduction au Droit Allemand*: Republique Federale: Les Fondements. Paris: ed. Cujas, 1991. Tome 3.

O Código Civil vigente estabelece, em vários artigos, à semelhança do texto de 1916, a regra da *boa-fé subjetiva*, ou seja, aquela que se pede como um dos elementos de suporte fático para aquisição de direitos. Há, por exemplo, a *boa-fé subjetiva* na usucapião ou a *boa-fé subjetiva* na questão da posse, na questão da indenização das benfeitorias (cf., por exemplo, os arts. 164, 1.201, 1.202, 1.214, 1.217, 1.219, 1.561).

Contudo, a *boa-fé* de que se cuida, neste ponto desta exposição, é a *objetiva* que não é essa situação que o Código Civil prevê nos dispositivos, sob exemplo supra.

A *boa-fé objetiva* é um modo de comportar que a lei exige para o *contratante*, que deve demonstrar *lealdade*, desde a formação do *vínculo*, devendo "cada persona ajustar su propia conducta a este arquétipo, obrando como lo haría um hombre recto: com *honestidad, lealtad, probidad*"[264], portanto, padrão de conduta social.

Gomes, Orlando. *O principio da boa-fé no código civil português*. Separata de Jurídica Revista da Divisão Jurídica do Instituto do Açúcar e do Álcool. Rio de Janeiro: ed. G.B. 1972.

Gonzalez Perez, Jesus. *El principio general de la buena fe en el derecho administrativo*. 2 ed. Madrid. Ed. Editorial Civitas, S/A. 1989.

Guimarães, Otávio Moreira. *"A boa-fé no direito civil brasileiro"*. São Paulo: ed. Empresa Gráfica da Revista dos Tribunais, 1938.

Manganaro, Francesco. *Principio di buona fede e attività delle amministrazioni Pubbliche*. Napoli: ed. Edizioni Scientifiche Italiane, 1995.

Martins-Costa, Judith. *A boa-fé no direito privado*: sistema e tópica no processo obrigacional. 1 ed. . São Paulo: ed. Revista dos Tribunais, 2000.

Modesto, Paulo Eduardo Garrido. *O principio da boa-fé em direito administrativo*. Milagres: 1992.

Ráo, Vicente. *Ato Jurídico*: noção pressupostos, elementos essenciais e acidentais, o problema do conflito entre os elementos volitivos e a declaração. 2 ed. São Paulo: ed. Saraiva, 1979.

Rubio, Delia Matilde Ferreira. *La buena fe*: el principio general en el derecho civil. Madrid: ed. Editorial Montecorvo, S.A. 1984.

Serpa Lopes, Miguel Maria. *Exceções substanciais*: Exceção de Contrato não Cumprido. Rio de Janeiro: ed. Freitas Bastos, 1959.

Silveira, Alípio. *A boa-fé no código civil*. São Paulo: ed. Universitária de Direito Ltda. 1973. Vol. 2.

Wayar, Ernesto C. *Derecho Civil obligaciones I: concepto, naturaleza, elementos, efectos. teoría del incumplimento*. Buenos Aires: ed. Depalma, 1990. Vol.1.

264. cf. Wayar, Ernesto C. *Derecho civil – obligaciones*, tomo I. Ob. Cit, p. 19.

Dá a entender que as partes devem se comportar com correção ou com *lealdade recíproca* e nisso não se confunde com a ideia de *boa-fé* que no direito pátrio, antes de regras como por hipótese, as dos arts. 187 e 422 do texto de 2002, tinha uma forte carga *subjetiva*, aquela que se apresenta como um fato psicológico, no qual se consideram os valores éticos, tanto que BETTI[265] relaciona-a com a máxima romana do "*alterum non laedere*".

Mas, quando se fala em *princípio contratual*, inserido na natureza de *ordem social*, cuida-se da *boa-fé objetiva*, a *boa-fé* como comportamento.

Esta encontra-se no campo das relações jurídicas obrigacionais e dos negócios jurídicos em geral e consiste na conduta reta do homem de bem, tomado este no consenso de uma sociedade em um determinado momento histórico, por isso, alheia à vontade das partes.

Invocando, novamente, BETTI, encontra-se o que ele chama de aspecto positivo das exigências de convivência, que impõe, não, simplesmente, uma conduta negativa de respeito, senão uma ativa colaboração com os demais, encaminhada a promover seus *interesses*.

Opera, assim, no campo exterior ao sujeito.

JOSÉ CARLOS MOREIRA ALVES[266], em estudo inédito, citando MENGONI[267] mostra que, por vezes, a *boa-fé subjetiva* "não se exaure como fato psicológico, porquanto nela, também, como convicção de não ofender direito alheio, ou como ignorância dessa ofensa, levam-se em consideração os valores morais da honestidade e da retidão; e, de outra parte, por vezes, a *boa-fé objetiva* vincula-se a um elemento psicológico, como sucede na fase de formação do

265. cf. *Teoria general de las obligaciones*. Ob. cit., tomo I, p.71

266. cf. *A boa-fé objetiva no sistema contratual brasileiro*. (texto inédito). Brasília 2001.

267. cf. *Gli acquisti "a non domino"*, 3ª ed. Milano: Giuffrè Editore, 1975, p. 316-317.

contrato, em que a *boa-fé* implica o dever de comunicar à outra parte as causas de invalidade do contrato ou os defeitos da coisa seu objeto, não deixando de haver *boa-fé* na falta dessa comunicação decorrente da ignorância de um desses fatos ou de outro".

Essa espécie de *boa-fé*, como comportamento, ela, hoje, está com o pensamento doutrinário unificado, no sentido de que deve começar a ser perscrutada antes da conclusão do *contrato*.

Já na fase de tratativas, na fase de negociações, os dois contratantes devem ter *lealdade recíproca*, devem dar as informações que a outra parte merece ter.

Deve dar, também, se por acaso, o futuro *contratante* ou, como dizem os italianos, o *candidato a contratante*, pedir e venha a ter as informações solicitadas.

Por outro lado, o comportamento de um desses *candidatos*, nessa fase pré-contratual, pode gerar *expectativas* para o outro que trabalha com essa esperança.

Há a *boa-fé*, no sentido de respeitar as *expectativas* do outro *candidato*, o que não ocorre se houver uma conduta frustrante, que dá oportunidade a uma indenização, face à ruptura das negociações, gerando uma *responsabilidade pré-contratual*, a qual é explicada com o *princípio da boa-fé*.

ANTONIO JUNQUEIRA DE AZEVEDO[268] tem pensamento claro sobre o tema: "*lorsques le contrat n'est pas conclu, par le suite de la rupture des pourparlers ou des négociations préliminaires, on peut, pourtant obtenir indemnité pour acte ilicite, alléguant une conduite déloyate ou abusive*."

O Código Civil brasileiro, por isso, estabelece que os contratantes são obrigados a guardar a *boa-fé* (*objetiva*) já na fase de *conclusão* do contrato.

---

268. cf. *La bonne fois dans le relations entre particuliers. Rapport brésilien*. Ob. cit., p. 78.

Isso está consagrado em todos os países da Europa, por exemplo, no mais recente Código Civil, o holandês; bem assim, no de Quebec e no do Estado da Lousiania, nos Estados Unidos da América do Norte.

Estes três Códigos já fazem a previsão da *boa-fé* na fase pré-contratual.

O direito brasileiro não é expresso quanto à responsabilidade pré-contratual.

A Doutrina e a Jurisprudência, contudo, vêm admitindo, com idêntico fundamento: se as tratativas não vinculam os *candidatos*, porque essas negociações preliminares têm a marca da liberdade das bases do *contrato* que se procura celebrar, a ruptura das conversações, nessa fase, pode resultar nessa responsabilidade pré-contratual, determinando o dever de indenizar[269].

O direito brasileiro, portanto, para o efeito de responsabilidade, não inclui a fase pré-contratual, nem a pós-contratual, dispõe, apenas, a exigência da *boa-fé objetiva* nas fases de *conclusão* e de *execução* do *contrato* (Código Civil art. 422).

A fase de *conclusão* é a fase de elaboração do *contrato*, quando as partes, então, chegam a combinar e a redigir o teor das cláusulas e assinar o *contrato*.

Não é a fase pré-contratual porque esta consiste na etapa de negociações.

MENEZES CORDEIRO[270] chamou a atenção, também, para fato parecido, isto é, que "a literatura francesa atual, sobre a *boa-fé* nas obrigações, regrediu".

Lembra, o seu magistério, a existência de quatro posições para configurar essa responsabilidade pré-contratual.

---

269. cf. Chaves, Antônio. Responsabilidade pré-contratual. Rio de Janeiro: Forense, 1959, p. 271.

270. cf. *Da boa-fé no direito civil*, vol. I. Coimbra: Almedina, 1984.

Assim, para haver a indenização, ele consigna a existência de quatro pressupostos da responsabilidade pré-contratual:

1º) que haja a *expectativa*. É claro que está se supondo que o *candidato* tenha ficado naquela esperança de que o contrato seria realizado;

2º) que essa *expectativa* tenha sido criada pelo outro *candidato* que, afinal, termina por romper as negociações;

3º) que essa *expectativa* seja uma esperança justificada, uma *expectativa* séria. Não é a *expectativa* de um otimista inveterado. Não se trata, por exemplo, de alguém que começou tentando vender um apartamento e encontra outrem que exprime uma opinião quanto a ser bom o apartamento, para que se suponha, imediatamente, realizável o negócio e se possa criar uma série de investimentos e de despesas confiando que o negócio vai ser celebrado.

4º) que haja investimentos em razão da *expectativa*.

Portanto, é necessário que haja a *expectativa*, que essa *expectativa* seja séria, que essa *expectativa* seja criada pelo outro *candidato* e que haja, por parte do contrário, investimentos.

Os quatro pressupostos estão aí a justificar a posição da Jurisprudência que, assim, supria a míngua de regra no direito positivo.

Aliás, o Código Comercial de 1850[271], no seu art. 131, 1º, trazia uma regra típica da *boa-fé objetiva*, tal como se considera hoje: "sendo necessário interpretar as cláusulas do contrato, a interpretação, além das regras sobreditas, será regulada sobre as seguintes bases: 1. a inteligência simples

---

271. cf. lei nº 556 de 25 de junho de 1850, revogada, na sua Primeira Parte, pelo art.2.045 do texto de 2002 do Código Civil.

e adequada, que for mais conforme a *boa-fé*, e ao verdadeiro espírito e natureza do contrato, deverá sempre prevalecer à rigorosa e restrita significação das palavras".

Por conseguinte, analisando essa ideia da *boa-fé*, não se poderá afirmar que o Código Civil tenha contemplado a responsabilidade pré-contratual. Só a responsabilidade contratual e, ainda assim, a resultante da *conclusão* do *contrato* ou da *execução* do *contrato*. Repita-se: também, não contempla a responsabilidade pós-contratual ou *post-pactum*.

Boa-fé exprime, enfim, uma conduta isenta de dolo, por isso, conforme os preceitos legais, dentro do justo, revelando a sua intenção pura, ou seja, leal e sincera.

É a *bonae fidei actiones* deduzida de fatos que evidenciem a sua existência na ação pessoal sem malícia.

A eticidade tem influência em diversos aspectos das obrigações contratuais, tal como já foi acentuado e o direito pátrio incorporou o princípio da *boa-fé* na sua dúplice função: *subjetiva* e *objetiva*.

A concepção *subjetiva* já era objeto de disciplina consistindo em um elemento individual expresso pela consciência de que a conduta não está em conformidade com o direito, o exemplo da *possesio bonae fidei*.

A concepção *objetiva* veio no bojo do texto de 2002 do Código Civil e está expressa como princípio norteador da conduta honesta, leal e correta exigida de todos que formam o *vínculo*. É a *boa-fé* como comportamento de que já se falou.

2.2.1.3.2 Equilíbrio contratual

O *equilíbrio contratual* atina, de um lado, com uma orientação de *direitos* e *deveres* e, de outro, com o problema do *equilíbrio econômico*.

O Código de Defesa do Consumidor — Lei nº 8.078 de 11 de setembro de 1990 — ao dispor sobre "*cláusulas abusivas*", embora de modo impreciso, cuida desse *equilíbrio* dos *direitos* e *deveres* (art. 51, IV e item II do § 1º do art. 51), sob a orientação francesa acerca de "*cláusulas abusivas*", e se enquadra numa orientação mais própria do direito brasileiro de ver no *desequilíbrio*, inicialmente, um problema entre *prestação* e *contraprestação*.

E, portanto, trata a questão do ponto de vista da *causa* ou do *sinalagma* entre uma coisa e outra.

Olhada a questão pelo ângulo do *desequilíbrio*, ter-se-á que limitar-se, basicamente, na questão do *desequilíbrio econômico* porque, nessa previsão da "*cláusula abusiva*", o exame seria do *desequilíbrio* dos *direitos* e *deveres* que, efetivamente, cabe na ideia da *boa-fé*.

O que não cabe é o problema do *sinalagma*, em relação ao qual comporta examinar as *figuras* que consagram a solução concreta para o *desequilíbrio econômico*.

Essas *figuras*, basicamente, são duas: a da *lesão*, quando se trata do início contratual, aquela que ocorre no momento da *conclusão* do *contrato*, na fase de sua concretização, e que difere *daquela* que se apresenta na situação posterior ao *contrato*.

A *lesão*, que diz respeito ao momento inicial, é simultânea com a elaboração do *contrato*.

Depois do *contrato* celebrado, se há *desequilíbrio*, a solução está na aplicação de técnicas como a da "*cláusula rebus sic stantibus*" e de uma série de outras teorias que orientam o Juiz, especialmente, para fazer uma *revisão contratual*.

Há, fundamentalmente, duas *lesões*; porém, aqui, vai-se poder falar de uma terceira espécie, de uma *lesão especial*.

Mas, há uma *lesão* que vem do Direito Romano, chamada "*laesio enormis*" que se caracteriza porque a *contra-prestação* não tem equivalência com a *prestação*.

JOSÉ CARLOS MOREIREA ALVES[272] explica que a *lesão enorme* configurava-se, apenas, quando se tratava de venda de imóvel, pois se exigia que o preço, além de certo e verdadeiro, teria de ser justo, assim entendido como aquele não inferior à metade do valor justo do imóvel, podendo o vendedor requerer ao juiz a rescisão da venda, salvo se o comprador preferisse pagar o que faltava para alcançar o justo valor da coisa.

O segundo tipo é o da *lesão qualificada*.

O Código de Defesa do Consumidor consagra o *desequilíbrio objetivo*, enquanto que as legislações fora do quadro especial do direito do consumidor fazem, também, uma referência a um certo abuso de uma parte em relação à outra.

Então, é como está, inclusive, na Medida Provisória n° 2.172-32, versão de 23.08.2001, que estabelece a nulidade das disposições contratuais *lesivas*, nas hipóteses que prevê, invertendo o ônus da prova nas ações intentadas para sua declaração[273].

A *desproporção objetiva* não necessita de prova para anular-se um negócio jurídico. É assim na relação de consumo em que haja desproporção.

A hipótese regrada nessa Medida Provisória e no caso de outras legislações necessita, também, da existência de um elemento de ordem subjetiva, no sentido de verificar o *abuso* de uma pessoa em relação à outra que está em situação *desvantajosa*.

---

272. cf. *Direito romano*. V.2. Rio de Janeiro: Forense, 1995, p. 183/184.

273. a referida Medida Provisória está em vigor, nos termos do art.2° da Emenda Constitucional n° 32 de 12 de setembro de 2001.

Essa *desvantagem* pode configurar-se quando a pessoa está em estado de necessidade ou, às vezes, é pessoa despreparada para aquele assunto, é inexperiente, ou não teve muito tempo para pensar uma certa posição e é, assim, levada a contratar em situação de inferioridade.

Nesse caso da *lesão qualificada*, têm-se, pelo menos, dois pressupostos:

I - a *desproporção* e mais

II - o *abuso* da outra parte.

Vigora essa *lesão qualificada* no Direito Civil, portanto, nas relações não disciplinadas pelas legislações comercial e de defesa do consumidor.

É que — repita-se — no caso das relações de consumo, a *lesão* é *objetiva*.

O Código Civil no texto de 1916 não disciplinava a *lesão*. O texto de 2002, sim. Porém, essa disciplina é quase que uma terceira hipótese um pouco diferente dessa, porque não se exige propriamente o *abuso* de uma parte em relação à outra. Ou seja, não se exige o chamado *dolo de aproveitamento* de uma parte em relação à outra.

Parece que seria o quadro da *lesão qualificada* porque se dispõe que é preciso que o contratante lesado esteja em situação de inferioridade, a exemplo de uma pessoa vulnerável ou porque é inexperiente ou porque tem pouca idade e, assim, por diante.

Pareceria, então, disciplina idêntica à da Medida Provisória nº 2.172-32/2001, mas, na verdade, vale dizer o seguinte: é uma terceira espécie, é uma *lesão especial*, porque há possibilidade da desproporção e de uma situação de vulnerabilidade.

A *lesão* e o *estado de perigo* são categorias jurídicas novas no direito positivo brasileiro.

Durante a discussão do Projeto original de que restou o texto de 2002 do Código Civil, houve emendas — as de n.os 187 e 183 — na tentativa de suprimi-las, sob a alegação de que as duas confundiram-se. Mas, tal não ocorre como se verá nas linhas seguintes.

O sistema codificado, em 1916, não cuidava, no particular, da matéria, embora disciplinasse os defeitos dos atos jurídicos, negociais ou não, com a designação comum de *defeitos dos atos jurídicos*, discriminando-os como *vícios do consentimento* causadores de *anulabilidade*, sem distinguir entre esta e a *nulidade*.

O sistema de 2002 distingue entre *Defeitos dos Negócios Jurídicos* e *Invalidade do Negócio Jurídico*.

Os *defeitos* são vícios da vontade que correspondem às irregularidades no processo de formação da vontade. São vícios psíquicos nos quais se incluem a *lesão* e o *estado de perigo*.

A *invalidade* é um vício que compreende à insubordinação da vontade às exigências legais e, por isso, a sanção, aqui, é a de *nulidade* considerando a desobediência à lei. A causa de invalidade são os vícios sociais.

Então, *lesão* e *estado de perigo* têm em comum a característica de categorias que viciam a emissão de vontade, já na sua formação.

Mas, distinguem-se:

A categoria *estado de perigo*, apesar de não haver univocidade conceitual na doutrina, não é desconhecida, entre nós, dado que a sua introdução no nosso direito positivo foi tentada através do Código de 1916, mas abortada pela Comissão Revisora do Projeto Clóvis Beviláqua, em cujo art. 121 descrevia uma presunção de nulidade, por vício da vontade, para a hipótese de contrato celebrado quando uma das partes estivesse sob ameaça de um perigo iminente de naufrágio ou parada no alto-mar, de inundação, de incêndio ou de uma cirurgia, acarretando-lhe risco de vida, bem assim, celebrado em estado crítico de moléstia aguda e grave. Essa presunção é classificável como relativa, porque não se configuraria o pressuposto se a consequência desse fato conhecido fosse a ratificação do negócio, após passado o perigo sob cuja iminência foi formado. O modelo atual é diverso: enquanto o que se pretendia para o Código de 1916 descrevia os casos "numerus clausus", agora, há descrito um gênero caracterizável pelos seguintes requisitos: a) – existência de grave dano; b) – ameaça de alguém sofrê-lo; c) – necessidade do ameaçado de se salvar dele ou de salvar outra pessoa de sua família, ou não; d) – emissão de declaração de vontade do ameaçado; e) – onerosidade excessiva da prestação assumida; f) – conhecimento do dano pela outra parte. A pessoa diversa do declarante, que esteja premida, se for estranha à sua família, enseja a necessidade de decisão do juiz, conforme as circunstâncias. A formulação do Código é idêntica à do art. 66 e seu parágrafo do Projeto de Código de Obrigações (1965), cujo ponto de partida foi o Anteprojeto elaborado pelo Prof. Caio Mário da Silva Pereira.

A *lesão*, que ativa com o equilíbrio contratual, tem neste, a pertinência de uma orientação de direitos e deveres, por um lado e, pelo outro, de um problema de equilíbrio econômico, por cujo ângulo ter-se-á de limitar ao exame do desequilíbrio dos direitos e deveres, onde cabe a ideia de *boa-fé*.

A *lesão*, sendo situação que ocorre no momento da *conclusão* do negócio, é identificada, somente, na fase da sua *execução,* quando se depara com prestação manifestante desproporcional ao valor de prestação oposta.

O tema da *inexperiência* é, contudo, antigo porque o embrião está na alínea "b" do art. 4º da Lei nº 1.521 de 26 de dezembro de 1951, ao definir o crime de usura pecuniária ou real. A inspiração para o elemento *inexperiência* pode ter sido, porém, o § 138 do Código Civil alemão.[274]

Enfim: configura-se o *estado de perigo* quando há premente necessidade de alguém salvar-se, ou salvar pessoa de sua família, de grave dano conhecido pela outra parte, assume prestação excessivamente onerosa. Configura-se a *lesão* quando a premente necessidade é qualquer outra que não a de *salvar-se*, mas há, também, o *elemento subjetivo* da *inexperiência*, além de a prestação ser, manifestamente, desproporcional (*elemento objetivo*).

Os dois princípios cuja exposição, aqui, conclui-se, o da *boa-fé objetiva* e o do *equilíbrio socioeconômico*, são ditados pela nova *ordem social*, tal como já se descreveu supra.

2.2.2 Limites

Princípios e *limites* são inconfundíveis na teoria *geral* do contrato.

Os primeiros correspondem aos *fundamentos* ou razões, próprios da natureza do ato na "*vida de relação*", enquanto os *limites* são o balizamento imposto à prática do ato.

Este é o pensamento de ORLANDO GOMES[275] quando se refere às duas *limitações* de caráter geral, restringindo a *liberdade de contratar*, que tolhem interesses considerados infensos à *ordem social*.

São essas *limitações*: a *ordem pública* e os *bons costumes*.

---

274. § 138 – Um negócio jurídico que infrinja os bons costumes, é nulo. Nulo é, particularmente, um negócio jurídico pelo qual alguém, explorando o estado de necessidade, a leviandade ou a inexperiência de um outro, faz prometer ou conceber, para si, ou para um terceiro, contra uma prestação, vantagens patrimoniais das quais o valor excede de tal modo à prestação que, de acordo com as circunstâncias, as vantagens patrimoniais estão em manifesta desproporção com a prestação.

275. cf. *Contratos*. Ob. cit., p.23

HENRI DE PAGE[276] disserta sobre o tema, a partir do que denomina *utilidade social* em confronto com a *utilidade subjetiva* do ato jurídico.

Diz que esta última consiste em o ato ter um objeto determinado e possível, o que, contudo, não é suficiente, porque a *autonomia da vontade*, que o preside, deve corresponder a uma *utilidade social*; esta, por sua vez, no sistema econômico-jurídico belga, é *presumida*.

O liberalismo econômico resulta em que cada homem é o juiz dos seus interesses, enquanto que a harmonia e o *equilíbrio social* nasceram da luta dos interesses individuais (*livre-concorrência*), daí a ordem jurídica ter de impor *limites*, como *exceções* ao *princípio da autonomia*, que não é de absoluta liberdade, tanto que a *Declaração de Direito de Liberdade Econômica*[277] tempera a conduta individual, ao disciplinar essa *liberdade*.

Por isso, a *utilidade social* será regrada de uma maneira negativa, através de tais *limites*, nominados por esse autor como sendo as *leis de ordem pública* e os *bons costumes*, os quais darão merecimento ao objeto de um ato.

Define, a seguir, as *leis de ordem pública*, como sendo as disposições essenciais existentes em todas as legislações; são os princípios da organização social e da sua estabilidade.

Já os *bons costumes* são as regras de ordem moral que toda civilização comporta e que são feitas da habitualidade e da tradição, formando corpo com a consciência de um povo, sendo, suficientemente, gerais para serem independentes de toda religião ou de qualquer seita determinada.

---

276. cf. *Traité élémentaire de droit civil belge*. Tome premier. ob. cit., p. 100-125.

277. cf. Lei nº 13.874, de 20 de setembro de 2019.

A terminologia atual da ciência jurídica alemã[278] designaria estas noções como *conceitos jurídicos indeterminados* porque, como se percebe e o próprio DE PAGE enuncia, são extremamente difíceis de definir; a lei (o art.1.133 do Código Civil francês[279]) que a elas se refere não os determina com exatidão.

"São conceitos jurídicos indeterminados, no sentido de que a medida concreta para a aplicação dos mesmos em um caso particular não os resolve ou determina com exatidão a própria lei que os criou e de cuja aplicação trata"[280], daí a enumeração exemplificativa constante da obra desse autor.

Importante é concluir que o fato de a ordem jurídica conferir aos indivíduos a *liberdade de contratar*, autorregulando os seus interesses na esfera econômica, não significa que possam eles, através de um negócio jurídico bilateral, disciplinar, sem peia, todos os *interesses* que sejam de sua conveniência.

Sempre houve, mesmo na época do apogeu do individualismo jurídico, *limitações* a esta *liberdade de contratar*, entendendo-se que a *autonomia da vontade* tem como *limite* natural a própria lei que restringe esta *liberdade de contratar* opondo certas barreiras.

O que caracteriza a fase atual dos direitos é a multiplicação dessas barreiras com a concepção de que o *princípio da autonomia da vontade* deve ser controlado pela ordem jurídica.

---

278. cf. – Larenz, Karl. *Metodologia da ciência do direito*. Ob. cit. p.686 e segs. Engisch, Karl. Introdução ao pensamento jurídico. Ob. cit. p.205 e segs.

279. "Art. 1.133 *La cause est illicite, quand elle est prohibée par la loi, quand elle est contraire aux bonnes moeurs ou à l'ordre public*".

280. cf. García de Enterría, Eduardo. *La lucha contra las inmunidades del poder*, 3ª ed. Madrid: Editorial Civitas, S.A. [s.d], p.34

Afinal, estes próprios obstáculos que a lei sempre antepôs a esta *liberdade* devem ser entendidos com maior largueza e amplitude, em face da tendência que se vem fixando no Direito Privado.

Mas, em princípio, as *limitações* impostas à *liberdade de contratar* persistem e reagem através de sanção que a lei institui.

Aqui, configuram-se os *contratos ilícitos*.

Diz-se, pois, que o *contrato* é *ilícito* quando fere uma disposição legal que restringe a *liberdade de contratar*.

As restrições a esta liberdade inspiram-se, sempre, em duas noções fundamentais do Direito e que têm variado nos últimos tempos, mas, podem ser identificadas, como visto, sob as noções de *ordem pública* e de *bons costumes*.

Os indivíduos são livres para contratar desde que não firam a *ordem pública* e os *bons costumes*.

Admitem-se, também, por outro lado, como *limitação* desta *liberdade de contratar*, as chamadas *leis imperativas*, isto é, leis que têm o objetivo específico dessa *limitação*, justo porque se entende que a ordem jurídica pode socorrer-se dessa técnica para evitar a exploração dos fracos pelos fortes.

Leis imperativas são aquelas de *ordem pública* cuja definição é feita com risco de consagrar soluções falsas.

Mas, HENRI DE PAGE[281] formula uma ideia caracterizadora dessa categoria de lei, como sendo aquela que afeta os interesses essenciais do Estado ou da comunidade ou que estabelece, no direito privado, as bases jurídicas fundamentais sobre as quais se baseia a ordem econômica ou moral de uma determinada sociedade.

281. cf. *Traité élémentaire de droit civil belge*. Tome premier. Ob. cit. p. 102.

Diante dessa dificuldade elenca, notadamente, *leis de ordem pública*:

a) no *direito público*: as de milícias; as de impostos; aquelas sobre sequestro de bens inimigos; certas convenções internacionais; um grande número de disposições de direito penal ou de processo penal; as de organização judiciária ou de processo;

b) no *direito privado*: de consagração ou de salvaguarda dos princípios de liberdade ou de igualdade dos cidadãos, particularmente, as que estabelecem princípios da liberdade de trabalho, de comércio e de indústria; as relativas a certos princípios da responsabilidade civil ou de responsabilidades determinadas; aquelas sobre o estado e a capacidade das pessoas; sobre o estado civil; as fundamentais do direito sucessório, por exemplo, a de proibição de pactos sobre sucessão futura; as de princípios fundamentais do direito de propriedade; as monetárias; as de proibição do anatocismo; as relativas à composição do domínio público.

Portanto, as *leis imperativas* operam *limites* para o exercício da *liberdade de contratar*.

Hoje, enfim, podem ser classificadas as *limitações* à *liberdade de contratar*, indicando os itens de ordem geral que são: a *ordem pública e os bons costumes* na concepção *socialista* do Direito (expressão que, aqui, está empregada em oposição ao *individualismo jurídico*; portanto, a expressão não tem o conteúdo ideológico com o qual é costumeiramente empregada).

Levando-se em consideração estas três *limitações*

✓ *ordem pública*,

✓ *bons costumes* e

✓ *leis imperativas*

podem ser classificados os *contratos ilícitos* em:

✓ *proibidos,*

✓ *imorais,*

✓ *ilegais* e

✓ *fraudulentos.*

São, pois, espécies do gênero *contrato ilícito.*

Proibido – é aquele que é realizado com violação a preceito de *ordem pública* que esteja formulado em uma anterior disposição legal e seja deduzido da concepção que se tenha de *ordem pública,* tal como se viu.

O *contrato* se diz *imoral* quando fere os *bons costumes,* que, também, como visto, é uma noção, é um conceito elástico que tem variado no tempo e no espaço, porque é difícil encerrar uma noção precisa do que sejam.

Diz-se que o *contrato* é *ilegal* quando se o celebra com objetivo de transgredir um preceito legal de caráter *imperativo* destinado exatamente àquelas finalidades assinaladas, pela lei respectiva, como é o caso dos preceitos que compõem, hoje, a chamada *Legislação do Trabalho,* editada para favorecer o trabalhador que é a parte fraca.

Todos eles, portanto, são *contratos ilícitos,* isto é, são *contratos* que ferem, que violam a ordem jurídica, seja nos seus princípios fundamentais implícitos ou nos expressos.

A maior importância, desse estudo discriminado, está nos seus *efeitos* que serão examinados a seguir.

A primeira modalidade é a dos *contratos proibidos* que são os contrários à *ordem pública,* sempre tida em oposição à *liberdade de contratar.*

A *ordem pública*, aqui, diante da noção esboçada, antes, não deve ser entendida no sentido vulgar, mas, como o conjunto de preceitos que se entendem como sendo as bases de Direito; são aqueles elementos fundamentais para o Direito Civil; por exemplo, é um deles, no regime capitalista, o reconhecimento e a proteção do direito de propriedade privada; a liberdade de profissão, também, é um outro.

Assim, não se pode celebrar um *contrato*, estipulando-se que, depois dele cumprido, o indivíduo deixe de exercer a sua profissão, por isso, a "*quarentena*", ou seja, a chamada *obrigação de não fazer*, nascida de certos *contratos de emprego*, gera a *ilicitude* do acordo.

Se tal ocorrer, o *efeito* é o de contrato *nulo*, porque a nulidade é o *efeito* decorrente dessa ofensa, ainda que o direito brasileiro não regule a responsabilidade pós-contratual.

Então, os elementos básicos, no Direito Civil, relativos à propriedade, à família, à herança, à responsabilidade, etc. são as bases fundamentais que constituem o que se chama a *ordem pública*, para as relações disciplinadas neste campo jurídico.

Todo *contrato* que fere a *ordem pública* é *nulo de pleno direito*.

Portanto, seja pela sua *finalidade*, seja pelo seu *conteúdo*, quando as pessoas celebram um *contrato* ferindo estes elementos que são comuns, que são aceitos por todos da comunidade dentro de uma certa época, é um *contrato nulo*.

Contudo, estes mesmos *contratos*, quando ferem os *bons costumes*, muitas vezes podem ser considerados *nulos* numa ordem jurídica e não o serem em outra, ou o serem por determinada época, apenas.

É exemplo o contrato de *usura* — alguém cobrando uma "taxa" excessiva de juros.

Já houve tempo em que a simples cobrança de juros foi considerada *usura*, depois, admitiu-se, um limite para isso: o que passasse deste limite seria o contrato *imoral*.

Muitas vezes, esta noção de *bons costumes*, dada a dificuldade de precisá-la, transforma-se em um princípio acolhido na lei — e o contrato passa a ser *ilegal*.

É o caso da lei brasileira sobre a *usura* que transformou o *contrato* de norma *imoral* em *ilegal*.

O terceiro tipo de *contrato ilícito*, o chamado *ilegal*: aqui se caracteriza, de modo mais incisivo, uma violação da lei.

Ele é, justamente, a violação, por parte dos contratantes, de um preceito que ordena a observância dela, a lei, para estipulação do *conteúdo* do *contrato*.

O exemplo é o do *contrato de trabalho*, especialmente, uma de suas modalidades que é o *contrato de emprego*.

A determinação, por exemplo, do horário do trabalho antes era relegada ao critério das partes, ao arbítrio das partes; hoje, a legislação do trabalho estabelece que a jornada, em regra, é de 8 (oito) horas e ninguém vai estipulá-la em número maior de horas.

Há um processo técnico muito mais interessante usado pela ordem jurídica para regrar os efeitos de um *contrato ilegal*.

Este processo é o que se chama de *superposição*: se dois indivíduos celebram um *contrato de emprego* e fixam que a jornada é de um número de horas superior ao legal, o *contrato* assim estipulado não é *nulo*, mas, a *cláusula* que viola o preceito legal é substituída por força da própria lei, por um preceito legal, que "se superpõe à vontade das partes, vigorando o contrato como se não fora escrita a *cláusula* que a viola. Dá-se, em suma, a incorporação automática do preceito legal ao conteúdo do contrato"[282].

Logo, em vez de considerar-se *nulo* o *contrato* faz-se a *superposição* do preceito legal, alterando-se a cláusula *ilegal* e, então, este *contrato*, apesar da eiva inicial de *ilegalidade*, é conservado e continua a surtir *efeitos*, apenas, modificado naquela parte que fira o preceito legal.

A *ilicitude* dos *contratos* não se esgota nestas modalidades, através das quais se verifica uma violação ou a um elemento de *ordem pública* ou aos *bons costumes* ou às *leis imperativas*, etc.

Muitas vezes, as partes — prevendo atingir um *fim* que lhe é proibido pela lei — utilizam-se, através de certos meios, de procedimentos *lícitos* para atingirem fins *ilícitos*; são estes os contratos *fraudulentos*. Na ação das partes o que se visa é a um *fim* proibido pela lei, embora os *meios* tenham sido lícitos.

Os *contratos fraudulentos*, quanto aos *efeitos*, não são nulos, são *anuláveis*, isto é, são *contratos* que não surtem seus *efeitos* somente se a parte interessada promover a sua anulação através de sentença judicial. Ex.: é a doação à concubina[283]; como, também, aqueles *contratos* que se fazem sob uma *condição* ilícita.

Conclusão: essas regras são aplicáveis a todo negócio jurídico, seja unilateral, seja bilateral, que contém disposições que consideram a *declaração de vontade* do agente (no caso do negócio unilateral) ou as *declarações* das partes, no caso do negócio jurídico bilateral.

---

282. cf. Gomes, Orlando. *Contratos*, ob. cit., p. 158.

283. cf. RE 883.168: "É incompatível com a Constituição Federal o reconhecimento de direitos previdenciários (pensão por morte) à pessoa que manteve, durante longo período e com aparência familiar, união com outra casada, porquanto o concubinato não se equipara, para fins de proteção estatal, às uniões afetivas resultantes do casamento e da união estável."

Essas disposições que consubstanciam o *interesse* das partes que determinam a realização do negócio jurídico chamam-se o seu *conteúdo* ou, por outras palavras, chama-se o *conteúdo* de um negócio jurídico e se apresentam através dessas disposições.

Isto se verifica nos negócios jurídicos unilaterais mediante uma *declaração* que exterioriza a vontade daquele que realiza o negócio, a qual toma, muitas vezes, nome especial, o *testamento*, por exemplo: aquele que quer exteriorizar o seu pensamento para prevalecer *post-mortem*, fá-lo através de disposições chamadas *verbas*.

Quando o negócio é bilateral, o nome das disposições não é o mesmo. Por exemplo, no *contrato*, as disposições chamam-se *cláusulas*, através das quais se verifica o *conteúdo* desses negócios.

Todo *contrato* é um conjunto de *cláusulas*, de disposições; na determinação destas *cáausulas* ou daquelas *verbas*, respectivamente, para o preenchimento do *conteúdo* de um negócio jurídico, vigora, também, no sistema jurídico brasileiro, o principio chamado da *autonomia da vontade*, submetido, como se demonstrou, às *limitações* que se vêm explicitando, neste trabalho, muitas das quais, hoje, fora do próprio Código Civil, também, como, aqui, vem-se esclarecendo.

Este *princípio* — somente, para recordar — consiste no poder que a ordem jurídica confere a todos os indivíduos capazes, para regularem os seus *interesses*, mas, nos *limites* antes mencionados.

Enfim, é através do exame desse *princípio* de *autonomia da vontade*, com as suas *limitações*, que se deve observar o *conteúdo* de um negócio jurídico, contemplado o *conteúdo mínimo* de que fala BETTI[284].

---

284. cf. Betti, Prof. Emilio. *Teoria geral do negócio jurídico*. Tomo I, ob. cit. p.300 e segs.; p.354.

A interpretação desse *conteúdo* carece da observância das regras do arts. 112 e 113 do Código Civil, este último dispositivo com a redação dada pela lei[285] que institui a *Declaração de Direito de Liberdade Econômica*, segundo a qual, nas *declarações de vontade*, deve-se atender mais à *intenção* das partes e não ao sentido literal da linguagem, tanto que já foi dito supra que a interpretação do negócio jurídico deve atribuir-lhe, nessa linha, o sentido que:

I - for confirmado pelo comportamento das partes posterior à celebração do negócio;

II - corresponder aos usos, costumes e práticas do mercado relativas ao tipo de negócio;

III - corresponder à boa-fé;

IV - for mais benéfico à parte que não redigiu o dispositivo, se identificável; e

V - corresponder a qual seria a razoável negociação das partes sobre a questão discutida, inferida das demais disposições do negócio e da racionalidade econômica das partes, consideradas as informações disponíveis no momento de sua celebração.

As partes poderão, livremente, pactuar regras de interpretação, de preenchimento de lacunas e de integração dos negócios jurídicos diversas daquelas previstas em lei.

Tudo isto porque, nas relações contratuais privadas, prevalecerão o princípio da intervenção mínima e a excepcionalidade da revisão contratual (parágrafo único do art. 421 do Código Civil).

285. cf. Lei nº 13.874, de 20 de setembro de 2019.

ORLANDO GOMES[286] acha que essa regra de interpretação prende-se ao princípio da *boa-fé*, aliás, BETTI[287] destaca-o em face do art. 1.366[288] do Código Civil italiano.

Catalogam-se, enfim, esses *limites*, pela ótica do sistema de direito positivo brasileiro, a partir da Constituição da República Federativa do Brasil, de 1988, elaborando-se a seguinte síntese:

Limites

I) - ordem pública

Ia) - dignidade da pessoa humana

Ib) - função social

II) - bons costumes

IIa) – probidade

III) - leis imperativas

As três espécies de *limites* (*ordem pública, bons costumes* e *leis imperativas*) foram objeto de análise nas linhas anteriores.

Examinam-se, agora, as subespécies:

Ia) - *Dignidade da pessoa humana* é o *limite geral.*

Este *princípio* está inserido na Constituição da República Federativa do Brasil (art. 1°, III)[239]; na Constituição

286. cf. *Contratos*, ob. cit., p.35: "O princípio da boa-fé entende mais com a interpretação do contrato do que com a estrutura. Por ele se significa que o literal da linguagem não deve prevalecer sobre a intenção manifestada na declaração de vontade, ou dela inferível".

287. cf. *Teoria general de las obligaciones*, ob. cit. tomo I, p.73

288. "Art. 1366. **Interpretazione di buona fede**. - Il contratto deve essere interpretato secondo buona fede [1337, 1375]"

289. Art. 1°. A República Federativa do Brasil, formada pela união indissolúvel dos Estados e Municípios e do Distrito Federal, constitui-se em Estado Democrático de Direito e tem como fundamentos: [...] III – a dignidade da pessoa humana.

alemã, a chamada Lei Fundamental da República Federal da Alemanha (art. 1º, 1)[290]; na Convenção do Conselho da Europa sobre a Proteção dos Direitos Humanos e das Liberdades Fundamentais (art. 3º)[291]; no Preâmbulo da Constituição francesa de 1946[292].

Um *contrato* não pode quebrar a *dignidade da pessoa humana*.

A regra constitucional revela, na verdade, toda uma tendência moderna do Direito Civil ligar-se à Constituição. E, naturalmente que, afastados os excessos, o *princípio* do Direito Constitucional vigora no Direito Civil, como em qualquer outro ramo do direito positivo.

A Constituição brasileira tem obrigado a releitura do seu Direito Civil atual, que deve ser interpretado segundo os seus *princípios* (dela Constituição), embora, obviamente, ela não seja o Direito Civil que tem a sua própria existência, por isso, essa releitura não deve ignorar as peculiaridades desse ramo jurídico.

Há temas, como o da *dignidade da pessoa humana*, que é um dos fundamentos da República, da Federação e do Estado Democrático de Direito brasileiros, no qual essas categorias constituem-se e que não podem ser relegadas em matéria de *contrato*.

PORTALIS anotara, com razão, que, obviamente, "o Código Civil está sob a tutela das leis políticas; deve

---

290. Art. 1º (Proteção da dignidade da pessoa humana) (1) A dignidade da pessoa humana é inviolável. Todas as autoridades públicas têm o dever de a respeitar e proteger.

291. Artigo 3. Ninguém poderá ser submetido a tortura nem a penas ou tratamentos desumanos ou degradantes.

292. "Préambule – Au lendemain de la victoire remportée par les peuples libres sur les régimes qui ont tenté d'asservir et de dégrader la personne humaine, le peuple français proclame à nouveau que tout être humain, sans distinction de race, de religion ni de croyance, possède des droits inaliénables et sacré. Il réaffirme solennellement les Droits et les Libertés de L'Homme et du Citoyen consacrés par la Déclaration des Droits de 1789 et les principes fondamentaux reconnus para les lois de la République."

justar-se a elas. Seria grande mal se houvesse contradição nas máximas que governam os homens"[293].

Repita-se: no caso da Constituição brasileira, ainda, cresce de importância, porque o contexto desse *princípio* levava à discussão da legitimidade da regra do art. 421 do Código Civil, na sua redação original, em face da Lei Maior quando, nele se estabelecia que a *liberdade de contratar* teria como *razão*, portanto, como *fundamento*, a *função social* do negócio.

Ora, ainda que se pudesse admitir a natureza de *princípio* para a *função social do contrato* e, assim, ela seria *razão* para o exercício da *liberdade de contratar*, ter-se-ia, contudo, de operar uma *interpretação*, no mínimo, mediante a *ponderação de bens*, considerando o conflito que resultaria desse "*princípio*" com um outro *princípio*, o do *valor social da livre-iniciativa* (art.1°, IV da Constituição), ou seja, o do *valor social da liberdade de contratar*, mediante o qual funciona a *livre-iniciativa*. É que, já foi enunciado supra, *princípio* e *valor* não se confundem.

Acrescente, ainda, que a *função social do contrato* nem é, mesmo, um *princípio*, é, sim, um *limite*, nos termos desta exposição.

Felizmente, a lei que institui a *Declaração de Direitos de Liberdade Econômica* corrigiu, ao dispor que a *liberdade de contratar* será exercida nos *limites* da *função social do contrato*.

Mas, como revelado, nessa matéria negocial, não se pode execrar o *princípio* sob comento.

Volte-se a ele.

---

293. cf. Portalis, Jean Etienne Marie. Discurso preliminar al Código Civil francés. Introducción y traducción de I. Cremades y L. Gutiérrez-Masson. Madrid. Editorial Civitas S.A. 1997, p. 47.

Há *contratos* que diminuem o respeito à *dignidade da pessoa humana*.

São aqueles que se vêm denominando de *contratos cativos* ou, para os tipos norte-americanos, chamados pela Doutrina de *contratos relacionais*.

Essa espécie *contratual* tem duração de longo prazo e envolve interesses que tocam na *dignidade da pessoa humana*.

Diz-se que diminuem o respeito, porque relativizam, ao extremo, a *autonomia da vontade*, considerando-se a incapacidade das partes contratantes de elaborarem, individualmente, os seus termos, uma vez que são contratos de *relações* contínuas e duradouras cuja base está na solidariedade, na cooperação, na confiança como elementos fincados na *boa-fé objetiva*.

São exemplos: os de plano de saúde; os da casa própria; os das mensalidades escolares; os da previdência privada.

Não se reduzem a categorias consagradas de negócio, por exemplo, a do *contrato de adesão* ou a do *contrato de atividade*, ambos do tipo contrato descontínuos.

Os *contratos relacionais* são de negociação e renegociação *contínuas* em que as cláusulas designativas de uma substância dão lugar a regras de regulação do processo de renegociação *contínua*, por isso, é que se disse, supra, serem os *contratos relacionais* comprometedores da *autonomia da vontade* e carecem de monitoramento, dada a dependência econômica e de poder da parte vulnerável, hipossuficiente, que se submete ao *longo vínculo* contratual, não podendo ser categorizados como *paritários* e *simétricos* porque estes se presumem *descontínuos*.

É uma espécie diferente dos *contratos puramente econômicos*, podendo-se dizer que, dentro disso, aquele princípio do direito alemão sobre o *limite* de sacrifício encontra o seu respaldo, porque o cumprimento do *contrato* pode levar a um sacrifício de subsistência, motivador da dispensa de sua execução, abrangendo, assim, a *dignidade da pessoa humana* que, no Brasil, atina com um *valor* que *é* a pessoa humana.

Aqui, volta-se à questão já solucionada antes: o *princípio* não quer significar que a pessoa humana *tem* valor e sim que ela *é* um valor.

O conteúdo do *princípio da dignidade da pessoa humana*, por isso, sinaliza para os seguintes elementos, dentre outros, desse *valor*: a igualdade, a liberdade e a justiça.

Tem razão NETO DE CARVALHO[294] em afirmar que o Direito vem teorizando os *valores* segregados pela sociedade ocidental e deve começar por um deles que é a *dignidade humana*, fundamento de todos os demais, cumprindo-lhe oferecer os instrumentos para extinguir certos condicionalismos que terminam no fato de o homem estar se autoeliminando, mediante os atentados permanentes contra os ciclos da Natureza, tornando a vida impossível na Terra.

A forma de extingui-los, há de ser penosa, sobretudo, porque num regime de *ampla liberdade*, a *dignidade* de cada um só será assegurada se houver equilíbrio entre os diferentes centros de poder.

Situações como a das descobertas científicas de países desenvolvidos que possibilitam, no campo da medicina, a utilização de produtos de origem humana, são daquelas que o Direito deve pretender reger[295], ainda que a nomogênese jurídica reflita o exercício do confronto desses centros de poder, porque "do ponto de vista do direito em elaboração,

---

294. cf. *Direito, biologia e sociedades em rápida transformação*. Coimbra: Almedina, 1992, p. 111, 112 e 114.

295. cf. Bernard, Alain. *Le corps humain, objet du contrat*. In. Bioéthique et droit Paris: Presses Universitaires de France, 1988, p. 148.

há sempre uma *pressão axiológica* relacionada com uma *situação fática*, que pode ser expressa através de diversos projetos de lei, ou diversas proposições normativas[296]".

O tema da *bioética*, quando relacionado com o jurídico, busca resposta para essas questões que, sempre, topam com o *contrato*.

É possível o corpo humano, para os fins científicos, ser objeto de *contrato*?

São indagações que desafiam a conciliação desses centros de poder, mas, cuja resposta, o legislador, que representa esses centros, tem de dar com urgência.

As Cortes europeias já estão atentas para toda a problemática que tem como objeto a aplicação do *limite* da *dignidade da pessoa humana* às mais diversas relações jurídicas oriundas de *contratos*.

Os exemplos são tomados de suas decisões mais divulgadas, como se descreverá infra.

A Alemanha, segundo relato de ALEXY[297], tem-se louvado em critérios concretos para utilizar garantias jurídico-positivas de liberdade, a fim de proteger a *dignidade da pessoa humana* que, pela Lei Fundamental de Bonn[298], é um

---

296. cf. Reale, Miguel. *Pluralismo e liberdade*. Ob. cit. p. 211.

297. cf. *Teoría de los derechos fundamentales*. ob. cit., p. 344-348.

298. É a Constituição da República Federal da Alemanha, promulgada em 23 de maio de 1949, cujo último artigo, o 146, dispôs que, uma vez concluída a unidade e a liberdade da Alemanha, aplicar-se-ia a todo o povo, então, dividido em Alemanha Oriental e Ocidental, hoje, reunificado, em 1990, modificou o Preâmbulo: "*Consciente da sua responsabilidade perante Deus e os homens, movido pela vontade de servir à paz do mundo, como membro com igualdade de direitos de uma Europa unida, o povo alemão, em virtude do seu poder constituinte, outorgou-se a presente Lei Fundamental. Os alemães nos Estados de Baden-Württemberg, Baviera, Berlim, Brandemburgo, Bremen, Hamburgo, Hessen, Mecklemburgo-Pomerânia Ocidental, Baixa Saxônia, Renânia do Norte Vestfália, Renânia-Palatinado, Sarre, Saxônia, Saxônia-Anhalt, Schleswig-Holstein e Turíngia consumaram, em livre autodeterminação, a unidade e a liberdade da Alemanha. A presente Lei Fundamental é válida, assim, para todo o povo alemão*".

valor intangível: "a dignidade da pessoa humana é inviolável. Todas as autoridades públicas têm o dever de a respeitar e proteger".

Assim, o regime de *ampla liberdade*, em que vive a pessoa, tem de ser interpretado de modo a que as ações que pratica, na "*vida de relação*", não resultem em perigo para a sua própria *dignidade*.

E é assim porque nem tudo que cada um resolve fazer é compatível com os predicados da *pessoa humana*; algo que se delibere pode ter a consequência de humilhar, de discriminar, de depreciar o indivíduo, como um ser humano.

Persegue-se, pois, em face de o conceito de *dignidade da pessoa* ser vago — novamente se poderia falar de "*conceito jurídico indeterminado*" — a formulação de um conceito unitário e de diferentes *concepções* da *dignidade da pessoa humana*, embora elas sejam difíceis de classificar.

Tribunal Constitucional Federal alemão resumiu-as em sua fórmula sobre a imagem da *pessoa*, segundo o que essa Corte concebe, a norma, que estabelece o *princípio*, traduz "a *concepção* da pessoa como um ser ético-espiritual que aspira a determinar-se e a desenvolver-se a si mesmo em *liberdade*".

A Lei Fundamental de Bonn, hoje, Constituição da República Federal da Alemanha, "não entende esta *liberdade* como a de um indivíduo isolado e, totalmente, dono de si mesmo, senão como a de um indivíduo referido *a* e vinculado *com* a comunidade".

Ora, se o *princípio* não quer significar que a pessoa humana tem valor e sim que ela é um valor; se o conteúdo do *princípio*, por isso, sinaliza para os seguintes elementos, dentre outros, desse *valor*: a *igualdade*, a *liberdade* e a *justiça*.

Vê-se que o Tribunal Constitucional alemão deu importância, nessa sua *concepção*, ao elemento *liberdade* que, por sua vez, também, é um conceito vago, por isso, nesse contexto — explica ALEXY — o que se busca é assegurar a *dignidade* através do Direito.

"Não pode querer fazer-se referência, pelo Direito, a uma liberdade positiva interna, como a que existe no cumprimento da lei ética por dever. Ao que se faz referência tem que ser uma liberdade externa que consiste em que não se impede ao indivíduo, através da coação externa, a escolha entre diversas alternativas de decisão, pois, de outra maneira, em um contexto *jurídico*, não poderia falar-se da 'independência da pessoa' e de uma 'personalidade autorresponsável'. Porém, uma tal liberdade inclui sempre essencialmente a liberdade jurídica negativa. Pode, portanto, dizer-se que sem liberdade jurídica negativa não existe dignidade da pessoa em um sentido juridicamente relevante"[299].

Dada a relevância da liberdade negativa na concepção da *dignidade da pessoa humana*, então, pode concluir-se, com o Tribunal alemão, que o indivíduo não é *livre*, no sentido de ter-lhe sido outorgada uma permissão definitiva de fazer ou omitir o que queira, senão, que tão somente, diz que cada qual pode fazer ou omitir o que queira, na medida em que *razões suficientes* (direitos de terceiros e interesses coletivos) não justifiquem uma *restrição* da liberdade negativa.

Todo o exposto justifica a intervenção judicial na *resolução* do *contrato* no conhecido caso *Morsang-sur-Orge*, na França.

A cidade com este nome, na região metropolitana de Paris, tem uma boate que oferecia aos seus frequentadores,

299. Alexy, Robert. Ob. cit. p. 346.

um divertimento o "*lancer de nain*" (lançamento de anão), pelo qual a plateia recreava-se arremessando, a partir do palco, um homem nanico, sendo vencedor do concurso quem conseguisse lançá-lo mais longe.

O Prefeito dessa cidade decidiu pela extinção do entretenimento e o proibiu, sendo, porém, anulada a sua decisão pelo Tribunal Administrativo de Versailles, em face de impugnação feita pela empresa patrocinadora, em litisconsórcio com o anão — *contratado* como objeto de arremesso — restou, afinal, vitoriosa a providência no Conselho de Estado, em outubro de 1995. O fato é do final de 1991.

A *causa de pedir* do anão era a *autonomia da vontade* porque entendia ser esta ilimitada.

Os Estados Unidos e o Canadá, também, tiveram casos iguais que, afinal, foram todos levados à Comissão das Nações Unidas para os Direitos Humanos e esta, em 27 de setembro de 2002, julgou que "a decisão não era discriminatória aos anões, estabelecendo que o banimento do arremesso não era abusivo, e sim necessário para manter a ordem pública, fazendo ainda considerações a respeito da dignidade humana".

O aspecto jurídico importante, a destacar, está no fato de nenhum documento normativo, especificamente, na França consignar norma impedindo o negócio.

O fundamento da decisão do Conselho foi o princípio da *dignidade da pessoa humana* buscado no *Preâmbulo* da Constituição francesa de 1946 e na *Convenção sobre a Proteção dos Direitos Humanos e das Liberdades Fundamentais* de que são signatários os Membros do Conselho da Europa, lavrada em Roma no dia 04 de novembro de 1950.

Essa decisão, a par de respaldar o ato administrativo praticado no exercício do *poder de polícia*, objetivando impedir tratamento degradante para a *pessoa humana* considerada, ela própria, como *valor* intangível, também, legitima o *princípio* da *dignidade da pessoa humana* como *limite* à *autonomia da vontade*.

Brasil[300] tem e a Alemanha, também, norma expressa, no direito positivo, de aplicabilidade indiscutível.

Ib) – *Função social*

A *função social do contrato* é óbvia, no sentido de que esse negócio jurídico não pode deixar de ter uma utilidade social, sobretudo, porque se identifica como regulador, no plano jurídico, dos interesses das pessoas na "*vida de relação*".

Contudo, há uma carga *semântica* técnica para exprimir essa situação do *contrato*, tal como se exporá em seguida.

Deve-se a DUGUIT[301], quando esteve nestas bandas do mundo fazendo conferências na Argentina, em 1911, a defesa da ideia da *função social* que descansa sobre uma concepção, exclusivamente, *realista* que vem eliminando, pouco a pouco, a concepção *metafísica* do direito subjetivo, mesmo sem a participação do legislador e, até, apesar da omissão deste.

Assevera DUGUIT: "o homem não tem direitos; a coletividade tampouco. Porém, todo indivíduo tem na sociedade uma certa função a cumprir, uma certa tarefa a executar. E esse é precisamente o fundamento da regra de direito que se impõe a todos, grandes e pequenos, governantes e governados".

Desenvolve a ideia, de logo, exemplificando com a *liberdade* e com a *propriedade*, pois a primeira não permite que, em seu nome, o homem fique inerte no meio social, ele

---

300. cf., por exemplo, a Recomendação nº 123, de 07 de janeiro de 2022, na qual o CNJ – Conselho Nacional de Justiça faz ver aos órgãos do Poder Judiciário a observância dos tratados e convenções internacionais de direitos humanos e o uso da jurisprudência da Corte Interamericana de Direitos Humanos.

301. cf. Duguit, Leon. *Las transformaciones del derecho (público y privado)*. Buenos Aires: Editorial Heliasta S.R.L., 1975, p.178-205.

tem que atuar, nem que seja pela coação governamental, a fim de realizar a *função social* que lhe incumbe.

Quanto à *propriedade* não é, contemporaneamente, um direito intangível, absoluto, que o homem que possui riqueza tem sobre ela.

"Ela é e deve ser a condição indispensável da prosperidade e da grandeza das sociedades".

A Constituição brasileira estabelece que propriedade urbana cumpre a sua função social quando atende às exigências fundamentais de ordenação da cidade expressas no plano diretor, aprovado pela Câmara Municipal, obrigatório quando a população ultrapassar os vinte mil habitantes.

Esta disposição constitucional fundamenta o regime da perda da propriedade, por abandono, o qual o Código Civil define, como bem vago, o imóvel urbano abandonado pelo proprietário, com intenção de não mais o conservar em sem patrimônio, presumindo-se, de modo absoluto essa intenção quando, cessados os atos de posse, deixar o proprietário de satisfazer os ônus fiscais. Será, portanto, arrecadado passando à propriedade do Município.

O imóvel situado na zona rural, abandonado nas mesmas circunstâncias, poderá ser, também, arrecadado, passando à propriedade da União.

A *liberdade* consiste, também, no direito de querer juridicamente, ou seja, o direito de poder, por um ato de vontade e sob certas condições, criar uma situação jurídica a que se denomina *autonomia da vontade* e que deve conformar-se a uma interdependência social, por isso, o direito protege o ato individual que persegue um objetivo coletivo.

Esta ideia, defendida, com convicção, por ele e com os aplausos dos demais, fora esboçada, por um ângulo próximo, já em 1895, por BEVILÁQUA[302] que, invocando o jurista inglês, SUMNER MAINE, recorda a distinção entre a sociedade antiga e a moderna, calcada na grande parte que nela ocupam os *contratos*.

Esta constatação não teria, somente, a identificação de uma situação econômica, mas, caracteriza um estado ético; o *contrato* pode ser considerado um conciliador dos interesses colidentes, sendo esta a sua primeira e mais elevada *função social*, até porque, pouco a pouco, o "contrato corresponde ao direito, substitui a lei no campo restrito do negócio por ele regulado".

Mais perto deste tempo, BETTI[303] fala de uma "*vida de relação*" que tem de apreender o *contrato* porque — enquanto ato que exprime puro fenômeno psíquico e não se traduz em atos reconhecíveis pelos outros — "não tem relevância social e jurídica".

Mas, o elemento novo, que a *autonomia privada* procura introduzir, exige uma justificação objetiva, cuja compreensão passa da consideração estática do negócio à consideração dinâmica da *autonomia privada*.

A investigação desses objetivos necessita da utilização, "especialmente, no ambiente da sociedade moderna, de um grau de sensibilidade social, de que o velho individualismo dos juristas não tinha a menor ideia".

Resulta disto o exame da estrutura do negócio —*forma* e *conteúdo* (o *como* e o *quê*) — de que provem frutuoso o estudo da sua *função* (o *porquê*), denominada, tecnicamente, de *causa*, qual seja, a razão prática típica que lhe é imanente, isto é, "um interesse social objetivo e socialmente verificável" a que o negócio deve corresponder, por isso, os

302. cf. *Direito das obrigações*. ob. cit., p. 165-169.

303. *Teoria geral do negócio jurídico*. Tomo I, ob. cit.

poderes de *autonomia* não devem ser exercidos em oposição com a *função social* a que esses poderes são destinados.

HENRI DE PAGE[304] disserta sobre a utilidade social que empresta a aptidão ao ato para merecer a proteção jurídica, porque a utilidade subjetiva (existência, determinação, possibilidade) não é suficiente.

Lembra que no sistema econômico-jurídico belga a utilidade social é *presumida*, por isso, ela somente seria regulada de forma negativa, por meio de *limitações*, em número de duas: a *ordem pública* e os *bons costumes*, porque o negócio não mereceria qualquer proteção legal se contrário a essas duas *limitações*.

A regra da *probidade* e a da *boa-fé* veiculadas pelo texto de 2002 do Código Civil, nos seus arts. 422 e 2.035 são de *ordem pública*, ao resguardarem a *função social do contrato*, contudo, inserem-se, pelo *conteúdo*, no campo dos *bons costumes*.

MESSINEO[305], ao seu turno, chama a atenção para um aspecto novo no direito, com início no último decênio do século XIX, que é a vida em um mundo governado, exclusivamente, pela lei da economia de mercado, trazendo para o direito civil e, em consequência, para o direito do *contrato* o espírito da *sociabilidade*, atenuando o seu caráter individualista, especialmente, na relação de trabalho e no *contrato* que a regula.

Vê-se, pois, que há comunhão de elementos, ainda que não haja total coincidência de todos eles, em cada noção de *função social do contrato* de cada um dos citados.

HENRI DE PAGE e MESSINEO exibem essa comunhão de elementos ao adotarem, como tal, o *econômico*

---

304. cf. *Traité élémentaire de Droit Civil Belge: Príncipes, Doctrine e Jurisprudence.*, tome premier, ob. cit., p. 100.

305. cf. Messineo, Francesco. *Il contratto in genere*. t.1. Ob. cit., p. 28-34.

— no primeiro, o *sistema econômico-jurídico* belga e no segundo, a chamada *lei da economia de mercado*.

Essa coincidência, pois, não é total, mas, aparece quando deixa patente a execração — na falada comunhão de elementos — da apresentação do *contrato*, como o era, antes, um ato de expressão do individualismo.

Mas, importa, sobretudo, acentuar que essa noção, assim, identificada, não pode ser tomada como um *fundamento* do *contrato* e sim como seu *limite*, afinal, consagrado pelo legislador brasileiro com a *Declaração de Direitos de Liberdade Econômica*[306], ao estabelecer que *função social do contrato* é, somente, *limite* e não *fundamento* — ou seja, *razão* — para o exercício da *liberdade contratual*, como o dizia a redação original do texto de 2002 do Código Civil.

A *função social do contrato* não se confunde com a *imprevisão* ou com a *onerosidade excessiva* agasalhadas, respectivamente, nos arts. 317 e 478 do texto de 2002 do Código Civil, as quais são seus *pressupostos*, ao servirem de condutoras para internalizar *valores* constitucionais ao *direito do contrato*.

A Constituição da República Portuguesa de 02 de abril 1976, ao disciplinar a força obrigatória dos *princípios fundamentais*, estabelece, no seu art. 18, essa internalização, determinando que os preceitos constitucionais respeitantes aos direitos, liberdades e garantias são diretamente aplicáveis e vinculam as entidades públicas e privadas, os quais, somente, poderão ser restringidos pela lei nos casos expressos na própria Constituição e, ainda assim, essa lei tem de ter caráter geral, abstrato e irretroativo.

IIa) – *Probidade*

---

306. cf. lei nº 13.874, de 20 de setembro de 2019.

A *probidade* é, também, um *limite*, mas, este se insere, pelo *conteúdo*, no campo dos *bons costumes*.

Os *bons costumes* constituem-se do conjunto de tradições e hábitos que formam o processo mental de uma sociedade em termos de inspirar as normas jurídicas que, afinal, são o pensamento, em liberdade, desse conjunto que é a conduta humana na sua interferência intersubjetiva.

A caracterização da *probidade* não é de fácil elaboração, tanto que há quem[307] a inclua como elemento da *boa-fé*.

Ter *probidade* é ter firmeza de vontade e agir moralmente, portanto, é um aspecto psicológico da individualidade.

Ter *probidade* é ter caráter íntegro.

A tradição do direito positivo brasileiro é a utilização do *signo* pelo que exprime o seu antônimo, a *improbidade*, para, com ele, tipificar ilicitudes administrativa e penal.

"Os atos de improbidade, é dizer, desonestidade, ofensa à moralidade administrativa[308]".

O texto de 2002 do Código Civil registra-o como um *princípio* atrelado ao da *boa-fé*, de tal sorte que dá a entender que, apenas, exprime um reforço de linguagem.

Muito se terá de construir, doutrinária e jurisprudencialmente, para fixar mais este *conceito jurídico indeterminado*.

O seu conteúdo semântico indica uma ação caracterizada por um procedimento justo e, somente, as circunstâncias revelarão a maneira criteriosa de o sujeito passivo cumprir os deveres e de o sujeito ativo exigir a *prestação*.

---

307. cf. Wayar, Ernesto C. *Derecho civil – obligaciones* tomo I. Ob. Cit., p. 19.

308. cf. Bastos, Celso Ribeiro/ Martins, Ives Gandra. *Comentários à Constituição do Brasil*, 3ºv., tomo III, São Paulo: Editora Saraiva, 1992, p. 163.

Portanto, os dois polos da *obrigação contratual*, desde o nascimento do *vínculo*, mediante a *conclusão* do contrato, até a sua *execução*, têm de agir de modo justo, íntegro, honrado, cauteloso em suas funções no *vínculo*, criterioso no modo de proceder.

Afinal, o *credor*, apesar de ser o sujeito ativo, titular da *pretensão*, tem de *colaborar* com o devedor no cumprimento de sua *prestação*, pela forma menos gravosa, porque o *vínculo* nasce e se deve desenvolver a relação com o seu único objetivo, sua única razão de ser: o *cumprimento* da *prestação*.

A obrigação (o *vínculo*), neste sentido, nasce para morrer.

2.3 O contrato como *fonte mediata* de uma relação jurídica obrigacional

O *contrato* é uma das quatro *fontes mediatas* que o texto de 2002 do Código Civil adota para fazer *nascer* a *obrigação*, ou seja, adota como seus *fatos geradores*.

As outras são: a *declaração unilateral de vontade; o ato ilícito; as situações de senhorio*.

Tomando-se por base o Direito Romano de onde se origina, no *sistema jurídico continental europeu*, o *Direito* moderno *das Obrigações*, é possível sistematizar as *fontes* das obrigações, especificando-as em duas categorias:

- ✓ *fonte imediata* e
- ✓ *fontes mediatas*.

Isto leva, de logo, a uma indagação: existe obrigação "*ex lege*?"

Antes de responder, examine-se o *signo* "*fonte*", o qual não tem univocidade na Ciência do Direito "*stricto sensu*".

O vocábulo passa, pelo menos, por quatro significações:

A primeira entende "*fonte do direito*" como sendo a *gênese* do fenômeno jurídico; o tema é objeto da Sociologia do Direito que conclui: "*ubi societas, ibi jus*".

Não é este o sentido de que se utilizará este trabalho para identificar as *fontes* das *obrigações*.

O segundo sentido é aquele que toma a expressão "*fonte do direito*" como significativa de *fundamentos* ou *justificativas* do Direito positivo e, aqui, entra-se no campo da Filosofia do Direito, especulando-se por intermédio de várias teorias, exemplificando-se, por todas, com o *marxismo*, que explica o direito positivo como elaboração da classe dominante, calcando seus fundamentos na diferença de classes em que se estrutura a sociedade e, por isso, é um instrumento de dominação de uma sobre a outra, obviamente, da opressora sobre a oprimida.

Logo, não haveria, assim, justificativa para o Direito positivo.

Certamente, também, não é neste sentido que se tomará, aqui, a expressão.

Há outros dois significados que serão adotados no estudo que se faz neste trabalho.

São os de "*fonte do direito*":

a) como os *fatores reais e ideais que influenciam a elaboração do direito formal* e

b) como *formas de exteriorização do direito positivo*.

Chamam-se *fatores reais* aos próprios fatos sociais, aos costumes, aos hábitos, que informam a vida do dia a dia e aos quais recorre a fonte que elabora a norma jurídica.

Fatores Ideais correspondem à ideologia do cientista do Direito, correspondem, então, à Doutrina jurídica.

Nesta significação de "*fonte do direito*" toma-se, também, para a de "*fonte das obrigações*".

São as chamadas "*fontes materiais do direito*".

O quarto e último significado de "*fontes do direito*" encontra-se no modo, na maneira, ou nas *formas* de manifestação ou de expressão do direito positivo, cuja preeminência, no *sistema continental europeu*, é a *lei*.

Fala-se, então, de *fontes formais do direito*.

Neste sentido, também, será utilizado para exprimir *fontes das obrigações*.

A *fonte formal das obrigações*, no mundo contemporâneo, é a *lei* — fonte imediata, *causa eficiente*, de toda e qualquer obrigação — por isso, respondendo à pergunta quanto à existência de obrigação "*ex-lege*", como sendo aquela que *somente* ela, tem como fonte a *lei*, a resposta é *negativa*, porque todas o têm[309].

As *fontes materiais das obrigações* são os fatos eleitos pelo legislador como capazes de gerar o *vínculo*.

São, por isso, os *fatos jurídicos*, assim, classificáveis:

1. *acontecimentos naturais* (fatos jurídicos, "*stricto sensu*")
    1.1. ordinários. A morte, por exemplo
    1.2. extraordinários. O *caso fortuito*, por exemplo
2. *acontecimentos volitivos* (ações humanas: atos jurídicos - fatos jurídicos "*lato sensu*")
    2.1. lícitos
        2.1.1 ato jurídico "*stricto sensu*"

---

309. cf. Barbero, Domenico. *Sistema istituzionale del diritto privato italiano* v.II, terza edizione riveduta e aumentata. Torino: Unione Tipográfico – Editrice Torinese, 1951, p.247-250; Gomes, Orlando. *Obrigações*, ob. cit. p.25-26; Brito, Edvaldo Pereira de. *Problemas jurídicos do icm*, Bahia: Ed. Legislação e Jurisprudência Fiscal, 1974, p.25. Em contrário, Pothier, *Tratado de las obligaciones*, ob. cit., p. 74-75.

O CONTRATO COM PESSOA A DECLARAR, NO BRASIL, É UM PACTO

2.1.2 ato jurídico *"lato sensu"*. O negócio jurí dico, por exemplo

2.2. ilícitos

Ora, no Direito Romano, sabe-se que, além de as suas *instituições de direito privado* serem estudadas, pelas suas diferenças, nos diversos períodos de sua *história interna*, também, a lei (*lex*) — por causa desses diversos períodos — não teve, sempre, o mesmo *processo* de elaboração, nem a mesma *modalidade*[310].

Os romanistas falam, nesta matéria, em bipartição, tripartição e em classificação quadripartida.

São atribuídos três textos:

1. (Gaio, *Inst.* 3, 88) – contrato e delito;
2. (Gaio, *Digesto*, 44, 7, 1) – contrato, delito e várias espécies de obrigações;
3. (Gaio, *Inst.* de Justiniano) – contrato, quase contrato, delito, quase delito[311].

Portanto, parte-se desta classificação quadripartida de JUSTINIANO e se verifica que a *lex* nunca se incluiu entre as *fontes* das obrigações.

Afinal, eram as *fontes das obrigações* somente:

✓ *contrato,*

✓ *quase contrato,*

✓ *delito,*

✓ *quase delito.*

---

310. cf. Alves, José Carlos Moreira. *Direito romano*, v.I 10ª ed. Rio de Janeiro: Forense, 1997, p. 1 e 22.

311. cf., por todos, Azevedo, Álvaro Villaça. *Teoria geral das obrigações*, 8ª ed. revista e atualizada. São Paulo: Editora Revista dos Tribunais, 2000, p.42; Gomes, Orlando. *Obrigações*, ob. cit. p.27-28; Moreira Alves, José Carlos. *Direito romano*, ob. cit. p. 31-36.

O direito contemporâneo traz o elenco sistematizado em duas categorias, como já dito supra: a fonte *imediata* de todas as obrigações, que é a lei e as fontes *mediatas* que são os fatos jurídicos, discriminados supra.

A fonte *imediata* tem fulcro na Constituição (cf. art. 5º, II).[312]

A lei, porém, emite um *juízo*; se é *juízo* é *hipótese*; se é *hipótese* é *abstração*.

Então, a norma legal descreve uma ação de modo teórico e abstrato. Ex: "*matar alguém*".

A norma, em si, não opera sua própria *efetividade*, se não acontecer o *fato* que ela descreveu.

Logo, se *ninguém matar alguém,* a norma legal não se *efetiva*, permanece abstrata.

O discurso legal, *logicamente*, é *se acontecer* o *fato*; *quando acontecer* o *fato*.

A lei tem, apenas, a função de descrever o *fato*, ou seja, a figura do *fato*, a "*facti species*".

Forçoso é concluir que os romanos descreviam, como *fonte das obrigações*, os *fatos jurídicos* que se denominam, hoje, *fontes mediatas* porque, repita-se, a *lex* não o era.

O esquema dos *fatos jurídicos*, acima transcrito, contempla o *contrato* (negócio jurídico) entre os acontecimentos volitivos lícitos (ato jurídico "*lato sensu*"), como uma dessas *fontes mediatas*.

---

312. "*ninguém será obrigado a fazer ou deixar de fazer alguma coisa senão em virtude de lei*".

2.3.1 Elementos constitutivos da obrigação

2.3.1.1 O sujeito determinável

Os elementos constitutivos da obrigação são, a rigor:

- ✓ o *subjetivo* e
- ✓ o *objetivo.*

Tem-se incluído o *fático*, mas, será melhor caracterizar o *fato* como *pressuposto* da *obrigação*, considerando a sua qualidade de episódio propulsor do nascimento do *vínculo.*

A obrigação é um *vínculo* jurídico que une dois polos (o ativo ao passivo) do qual decorre para o sujeito ativo uma *pretensão*, isto é, o poder jurídico de exigir do sujeito passivo uma *prestação* que consiste em um comportamento de *dar* coisa do mundo físico ou *fazer* algo ou deixar de *fazer* algo.

Os limites deste trabalho pedem, apenas, o estudo do *elemento subjetivo* integrado pelos sujeitos *ativo* e *passivo.*

Sujeito ativo é o *credor*; é, assim, o titular do direito subjetivo de *crédito.*

Sujeito passivo é o *devedor*, é aquele que deve cumprir a *prestação.*

Surgido o *vínculo*, nascido de um *contrato*, os *sujeitos* que o celebram, obviamente, devem estar *determinados.*

É a regra.

Há, por exceção, situações nas quais os *sujeitos* podem ser *determináveis*[313], porém, de forma passageira ou transitória, isto é, uma *determinabilidade relativa.*

---

313. cf. Windscheid, Bernardo. *Diritto delle pandette*. Vol. secondo. Traduzione dei professori Carlo Fadda e Paolo Emilio Bensa. Torino: Unione Tipografico-Editrice Torinese. 1930, p.138. Planiol, Marcel; Ripert, Georges. *Traité pratique de droit*

Ambos os *sujeitos* poderão tomar essa qualidade; às vezes, na mesma relação jurídica.

Esta situação pode ocorrer nas obrigações "*propter rem*" (*em razão da coisa*)[314], propiciada pela circunstância da *ambulatoriedade*: nunca se sabe, por exemplo, qual dos confinantes vai ter a iniciativa de produzir o fato descrito no art. 1.297[315] do Código Civil, para que se transforme em *credor* do outro que, por conseguinte, passa a ser o seu *devedor determinável*, sobretudo, se a coisa, de hoje para amanhã, mudar de titular.

Não é possível, porém, que a *determinabilidade* do *devedor* mantenha-se até o momento de cumprimento da *prestação*[316], porque, aí, é essencial a sua *determinação*.

Já a do *credor* pode; tanto que o *devedor*, quando desconhece o *accipiens*, pode socorrer-se do *pagamento em consignação* extinguindo a obrigação com o depósito em estabelecimento bancário da coisa devida ou mediante o depósito judicial[317].

A *obrigação real* (*propter rem* = em razão da coisa) é o *vínculo* que une os polos em razão do exercício de um

---

français. 2ª ed. Paris: ed. Librairie Générale de Droit et de Jurisprudence, 1952, vol.6, p.173; Gazzoni, Francesco. *Obbligazioni e contratti*. Napoli: Edizione Scientifiche Italiane, 1993, p. 528.

314. cf. Alterini, Atílio Aníbal; Ameal, Oscar José; Cabana, Roberto M. Lopez. *Derecho de obligaciones: civiles y comerciales*. Buenos Aires: Abeledo-Perrot, 1995, p. 49-50.

315. *art.1.297 – O proprietário tem direito a cercar, murar, valar ou tapar de qualquer modo o seu prédio, urbano ou rural, e pode constranger o seu confinante a proceder com ele à demarcação ente os dois prédios, a aviventaar rumos apagados e a renovar marcos destruídos ou arruinados, repartindo-se proporcionaomente entre os interessados as respectivas despesas.*

316. cf. Alfaro, Joaquin Martinez. *Teoria de las obligaciones*. 3ª ed. México: ed. Porrua, 1993, p.7; Wayar, Ernesto C. *Derercho civil – obligaciones I: concepto, naturaleza, elementos, efectos, teoría del incumplimento*, ob cit., p. 95-112.

317. cf. arts. 334 e segs. do Código Civil e arts. 539 e segs. do Código de Processo Civil.

senhorio (posse, propriedade, usufruto, enfiteuse, etc.) sobre a coisa.

Características da *obrigação real*:

> 1. Dependem de uma relação de direito real;
>
> 2. Constituem-se pelo fato jurídico despesas realizadas para construir, conservar ou melhorar a coisa;
>
> 3. São *ambulatórias*: o crédito ou a dívida (a *prestação*) sucedem-se nos adquirentes: o sujeito é determinável;
>
> 4. São *numerus clausus* porque os fatos geradores são discriminados em lei e não podem ser aumentados pela *autonomia da vontade*, cuja forma de expressão está na aquisição da coisa;
>
> 5. O inadimplemento da prestação pode gerar a *obligatio* em relação a qualquer bem do patrimônio;
>
> 6. Extinguem-se em relação a cada sujeito coma cessação da *vinculação* do *sujeito* com a *coisa*.

O *sujeito determinável* é circunstância comum, não só nas obrigações *reais*, mas, também, naquelas nascidas de *declaração unilateral de vontade*.

Contudo, nas obrigações *contratuais*, por força, sobretudo, da *relatividade dos efeitos do contrato*, não se abria espaço para a hipótese de um *sujeito* celebrar um *contrato*, *vinculando* um terceiro, apesar de, no caso brasileiro, o inciso II do art.74 do texto de 1916 - Código Civil ter estabelecido que poderia uma pessoa adquirir direitos para terceiros.

Observe-se, porém, que, na hipótese, não significava que o contraente estivesse praticando o ato para *vincular* outrem, pelo lado passivo, mas, em *favor* deste outro, considerando que adquiriria direitos; não contrairia deveres.

A proposição constante dos arts. 467-471 — *contrato com pessoa a declarar* — exige, pelo menos, a reflexão sobre a *questão* dos *princípios contratuais*, anteriormente, referidos.

Uma outra *questão* que esses artigos suscitam é o da *formação do contrato*, uma vez que o acordo por eles referidos opera-se nesse momento, portanto, não necessita de ser revelado na atividade pré-negocial e, então, há de perguntar-se da possibilidade da alegação de responsabilidade pré-contratual, no bojo desse chamado *contrato com pessoa a declarar*, no qual se identifica a indeterminação do elemento subjetivo.

2.4 A formação do contrato: momento da sua conclusão e o lugar da sua celebração

Muito frequentemente, as relações *contratuais* travam-se entre as pessoas *presentes*, mas, não raro, elas se realizam entre *ausentes*.

Quando são entre *presentes* é difícil distinguirem-se as diversas etapas da *formação do contrato*, mas, quando as partes estão distantes, *ausentes*, há uma sucessão de etapas nessa formação:

1ª) *Proposta ou oferta*

É uma *declaração receptícia de vontade*, porque começa a produzir efeitos quando recebida pela pessoa a que se destina.

Sendo formulada uma *proposta*, para a *formação do contrato*, ela deve ser completa, séria.

Assim, as *declarações* feitas ao público em geral não se entendem como propostas (*anúncios*).

Chama-se, a quem formula a *proposta*, de *proponente ou policitante*; aquele a quem a proposta é dirigida, desde que aceita, de *aceitante ou oblato*.

A *proposta* deve ser *séria* no seu conteúdo, ou seja, deve conter algo de realizável, concreto e não simples hipótese.

A *proposta* deve conter todos os elementos necessários à *formação do contrato*, isto é, deve ser completa; não basta que ela indique alguns elementos; é necessário que ela diga, por exemplo, a natureza da mercadoria, o preço, as condições de entrega.

O Código Civil em seu art. 428 estabelece as hipóteses em que a *proposta* deixa de ser obrigatória, porque, fora dessas hipóteses, logo que a *proposta* é emitida, fica obrigado o *proponente*.

Se, formulada a *proposta*, o *aceitante* declarar *aceitar*, ele já não pode recusar a *formação do contrato* sem responder pelas perdas e danos.

Dentre essas hipóteses, destacam-se aquelas em que a *proposta* deixa de ser obrigatória, se, logo depois de emitida e antes da *aceitação*, o *proponente* se retrata; se depois de emitir a *proposta*, o *proponente* venha a falecer, ela não é valida.

Desde que estabelecida a *proposta* e levada a terceiro, e que este responda *aceitando* as condições da *proposta*, em regra[318], *forma-se* o contrato.

Mas, a *aceitação* deve ser *incondicional*; se o *aceitante* modificar uma cláusula, ainda, *não houve aceitação* e sim uma *contraproposta*; e o *contra-proponente* é quem está formulando a *contraproposta* e o *proponente*, livremente, poderá aceitar ou não.

É da conjunção das duas declarações de vontade que surge a *vontade contratual*.

2ª) *Aceitação*

---

318. cf. Roppo. *O contrato*. Ob. cit. p. 87; Windscheid, Bernardo. Diritto delle pandette, v. II. Trad. Carlo Fadda e Paolo Emilio Bensa, Torino: Unione Tipografico-Editrice Torinese, 1930, p. 181-185.

Repita-se: ela necessita ser pura, isto é, manifestar uma adesão global aos termos da *proposta*, se o *aceitante* ou *oblato* modificar, então, deu-se apenas uma *contra-proposta*.

A *aceitação* pode ser *expressa ou tácita*.

O normal é que seja ela expressa, mas, não raro, ocorre que pelo *silêncio* se *aceite* a *proposta*.

É necessário, porém, que este *silêncio* seja circunstanciado e tido como *aceitação* desta *proposta*, por exemplo, quando o *proponente* dispensa àquele a que faz a *proposta*, a *declaração*, dizendo-lhe que o seu *silêncio* será a aceitação. Ex.: Uma proposta para fazer-se uma reserva num hotel em que se esclareça que, caso tal seja impossível, o destinatário deve informar; se o dono do hotel (o destinatário) *silencia* é porque fez a reserva.

Contudo, a *aceitação* deve ser *expressa* e manifestada em *tempo útil*, isto é, ou o *proponente* determina um prazo dentro do qual deva ser manifestada a *aceitação* ou o proponente não fixa o prazo e, então, se entende que a manifestação dessa *aceitação* à *proposta* deve ser imediata porque se se demora e se faz fora do tempo, o *proponente* já não mais se encontra obrigado.

As relações entre *presentes* se fazem em tempo *simultâneo*; entre *ausentes*, tal ocorre com certa sucessividade.

Contrato entre *ausentes*, não há de entender-se a pessoa que se encontra em outra localidade em relação ao *proponente*. É um *contrato*, simplesmente, *não presencial* quanto àqueles que o contraem.

Entre *presentes*, há um *contrato* quando tal ocorre até *verbalmente*. Ex.: O contrato por telefone, visto como não há uma separação de ordem temporal entre o *momento* da *proposta* e o da *aceitação*.

Entre *ausentes*, há uma *sucessividade* de ordem cronológica entre a *proposta* e a *aceitação*.

É necessário fixar-se qual *o momento em que nasce o contrato*, porque a *proposta* só, não basta.

Este, porém, é um dos problemas mais controvertidos.

Aqui, falam várias teorias[319]:

> *1) da cognição ou informação* – por ela se entende que o *contrato* só estará formado no momento em que o *proponente* tenha conhecimento da *aceitação* pelo *aceitante* ou *oblato*. Esta teoria não teve eco porque, assim, também, seria necessário que o *oblato* soubesse que o *proponente* aceitou a sua "aceitação", e dificilmente ter-se-ía a *conclusão*.

A esta teoria se contrapõe a

> *2) da declaração* – diz que para a *formação do contrato* basta que seja manifestada a *aceitação*. Esta teoria apresenta três subtipos ou variantes:
>
> 2.1. *da recepção* – diz que é necessário que o proponente receba a manifestação da aceitação, mesmo que ela não tenha dela tomado conhecimento, quanto ao conteúdo;
>
> 2.2. *da expedição* – a esta filia-se Código Civil, nos termos do art. 434: basta que o *aceitante* haja expedido a sua *aceitação*, desde quando ele tendo remetido a sua *aceitação*, ocorre a *formação do contrato*. O Código Civil só admite a *retratação* de quem emitir a sua *aceitação* se essa *retratação* chegar ao *proponente* antes da chegada de sua *aceitação*.

Mas, apesar de ser perfilhada pelo direito pátrio, há um ilogismo nela: é esta permissão de o *aceitante* retratar a sua *aceitação*.

> 2.3. *a simples aceitação declarada* pelo *aceitante* basta para a *formação do contrato*. Não precisa ele a expedir

319. cf. Castan Tobeñas, Jose. *Derecho civil español, comun y foral*. Tomo tercero. Duodecima edicion. Revisada y puesta al día por Gabriel Garcia Cantero. Madrid: Reus, S.A., 1978, p. 579-580.

Esta teoria é lógica, mas, a lei não se faz, apenas, de princípios lógicos.

Realmente, se o *aceitante* manifestou esta *aceitação*, já houve a dupla manifestação de que surja o *contrato*, mas, como se pode saber, na prática, se o aceitante a operou?

Lugar da celebração do contrato – Toda vez que os dois contratantes estão *presentes* não há dificuldade na determinação do *lugar* em que se operou o *contrato*.

Mas, se, por ventura, eles estão *ausentes*, entre si, é necessário saber-se se operou no *lugar* da proposta ou no da *aceitação*.

Isto se observa desde o lugar onde se pagam os *impostos*, até o da solução dos problemas de natureza judicial, como o do *foro* competente para dirimir as questões.

O Código Civil o refere, como regra geral, no art. 435: "Reputar-se-á celebrado o contrato no lugar onde foi proposto".

MARIA HELENA DINIZ[320] atribui, com razão, importância a esta circunstância considerando que há contratos que, embora celebrados no estrangeiro, submetem-se à lei brasileira, passando a ser relevante o *local*, para esse efeito.

2.4.1 Novos modos de conclusão

A "*vida de relação*", no seu dinamismo, tem determinado *transformações* na *formação clássica do contrato*, com incidência sobre o *momento* da sua *conclusão* e mesmo sobre o *local* da celebração.

320. *Tratado teórico e prático dos contratos*. v1. São Paulo: Saraiva, 1993, p.78

ORLANDO GOMES[321], em parte arrimado em LARENZ[322], descreveu, com precisão, as inovações que, por esse ângulo, sofreu a teoria *geral* do contrato.

Assim, arrola como *novidades* as *relações contratuais fáticas*; os *negócios de atuação*; a *conduta social típica*; o *contrato de adesão*; o *contrato tipo*; o *contrato obrigatório*; às quais se podem acrescentar outras *novidades*, como o *contrato relacional* e o *contrato de atividade*, para citar, apenas, mais dois nesse universo de transformações tecnológicas.

Esses *modos* rompem com a *formação clássica*, porque neles se encontram relações jurídicas obrigacionais de acordo (as prorrogações contratuais determinadas por lei); negócios sem *declaração expressa de vontade* decorrentes de uma simples *atuação da vontade*; outros decorrentes de uma *conduta social típica*.

A enumeração, aqui, não significa concordância porque, bem examinadas as hipóteses, identifica-se a *declaração de vontade* por um *modo* próprio.

A rigor, em que pese serem relações consagradas, na "*vida de relação*", sob a denominação de *contrato*, efetivamente, o *contrato de adesão*, o *contrato tipo* e o *contrato obrigatório* não são, propriamente, modalidades de *contrato*, porque, do ponto de vista técnico, não apresentam as *peculiaridades* que importam na fixação da *categoria*, como ocorre com os *contratos bilaterais*, os *onerosos* ou os *solenes*.

Aqui o que se constata é uma deformação estrutural do *contrato* ou uma denominação imprópria, como a dessa *categoria* sob exame, à qual se dá o nome de *contrato com pessoa a declarar*.

---

321. cf. *Novos temas de direito civil*, ob. cit. p. 96-98.

322. cf. *Derecho de obligaciones*, tomo I. ob. cit. Versión española y notas de Jaime Santos Briz. Madrid: Editorial Revista de Derecho Privado, 1958, p. 58-64.

2.5 As transformações da autonomia da vontade

O *contrato* é o exemplo mais destacado do negócio jurídico e, *em regra*, é o acordo resultante de pluralidade de *declarações de vontade* antagônicas emitidas, respectivamente, pelos polos ativo e passivo da obrigação contratual, da qual ele, o acordo, é a fonte *mediata* descrita pela lei (lei que é a fonte *imediata* de todas as obrigações), a qual lei garante-lhe um determinado fim.

Aqui, diz-se, *em regra*, porque, contemporaneamente, há *negócios* celebrados por essas diversas *novas modalidades de conclusão*, algumas das quais dispensando essa formalidade da *declaração de vontade*. Contudo, sendo esta uma noção nuclear, valem os termos supra para caracterizar o gênero.

Tanto é pertinente essa observação que "os construtores da noção preocuparam-se em descrever-lhe a estrutura e, no empenho de valorizar a *vontade* do indivíduo como causa primeira ou *fato propulsor* das relações jurídicas, desencadearam uma das grandes polêmicas do sec. XX — a que se travou entre os epígonos da *teoria da vontade* (*willenstheorie*) e os seguidores da *teoria da declaração* (*erklarungstheorie*)"[323]; aquela afirmando que há predominância da *vontade interna* sobre o que está *declarado*; esta sustentando o contrário.

O direito positivo brasileiro sempre adotou a *willenstheorie*, porque, desde o texto de 1916 do Código Civil Brasileiro (art. 85), até o novo texto de 2002 (art. 112) determina: "*nas declarações de vontade se atenderá mais à intenção nelas consubstanciada do que ao sentido literal da linguagem*".

Centra-se, pois, na *vontade*, o poder de criar direitos e deveres.

---

323. cf. Gomes, Orlando. *Autonomia privada e negócio jurídico*. In. Novos temas de direito civil. Rio de Janeiro: Forense, 1983, p. 79.

Aqui se reafirma a *autonomia da vontade* que, contudo, hoje, comporta adaptação, tal como ocorre na contratação em massa, tipicamente coletiva, de que resultam, por exemplo, os *contratos normativos*.

Essa circunstância moderna não tem o condão de reduzir a função da *vontade* na *formação* do *negócio*, especialmente, naqueles bilaterais, ainda que sejam concluídos em repetição, como acontece com os modelos suprarreferidos.

A adaptação, à que se alude linhas acima, é para adotar-se a dogmática própria de cada acordo, mesmo que se siga o modelo em série concertado nas relações de transportes, comunicações, seguros, instituições financeiras, para citar algumas bem pronunciadas.

Enfim, reafirma-se a *autonomia*, ainda quando esta seja conduzida com a contenção dos freios à *liberdade de contratar* ou sob os *novos modos de conclusão de contrato*, esses últimos servindo de instrumentos mediante os quais se assumem deveres de que nascem obrigações, sem que se necessite de emitir *declarações de vontade* pela forma tradicional; tais são as "*relações contratuais de fato*", à que alude Larenz[324], mas, que, apesar disto, estão a denunciar a existência da *autonomia da vontade*, pois, se não há a tradicional *declaração de vontade*, como ocorre na *atuação* jurídica *negocial*, esta, a *vontade*, resulta expressa na *conduta*, cujo significado *social típico* tem os mesmos efeitos jurídicos dessa *atuação*.

Certo é que, para onde se bandeie, no âmbito contratual, a *intenção* (a *vontade interna* referida pela *willenstheorie*: art. 112 do texto de 2002 do Código Civil) está presente no comportamento das partes que concluem o acordo, com ou sem *declaração* expressa, formalizada em *instrumento*. Esse autor, por isso, refere-se à "*conduta social típica*" de

---

324. cf. Larenz, Karl. *Derecho de obligaciones,* tomo I, Madrid: Editorial Revista de Derecho Privado, 1958, ps.58 e segs.

quem se utiliza do ônibus, de uma balsa ou de um veículo análogo de transporte público, pelo que o usuário está, segundo o critério do tráfico, com o dever de pagar o preço do trajeto, segundo a tarifa, tendo o direito de ser transportado de acordo com as condições dessa tarifa, sem ter em conta se sua *intenção* consistia em emitir uma *declaração de vontade* de tal conteúdo, ou se tem ou não capacidade *negocial*. A sua *intenção* está em ser transportado conforme este fato encontra-se, legalmente, regulado.

Toda a descrição feita, até aqui, mostra as *transformações da autonomia da vontade* as quais, contudo, confirmam essa *autonomia* nessas adaptações determinadas pelas *novas modalidades* de conclusão do *negócio* que implicam a substituição do dogma da *declaração da vontade*, classicamente, formulada, pelo conceito de *autorregulação de interesses* que, além de ser situação compatível com a *intenção*, também, são transcendentes aos interesses pessoais das partes, para acolher, no "*princípio de socialidade*" (art. 422 do Código Civil), uma atuação sobre o *direito de contratar* própria do direito positivo contemporâneo comprometido com a *eticidade*.

As partes — *declarando vontade*, sob a modalidade clássica, ou, emitindo-a, através de "*conduta social típica*", na forma da lei — podem *concluir* não só *contratos típicos*, mas, também, aqueles surgidos de novos horizontes que "iniciaram a criação de inúmeros contratos, nos moldes de suas necessidades atuais, aumentando o elenco de convenções inéditas, ao lado dos contratos tradicionais"[325] (típicos).

Estes tradicionais são consequência da sedimentação da ordem jurídica, pois, lembra VILLAÇA que "os primeiros contratos foram verbais e se regularam pelos usos e costumes do lugar onde nasceram. Com o florescer da

---

325. cf. Azevedo, Álvaro Villaça. *Contratos inominados ou atípicos*. São Paulo. Bushatsky, 1975, p. 8.

Civilização, deu-se um crescente aumento das formas de contratar, com o aparecimento da técnica, das invenções, do progresso, enfim. [...]. O progresso é, assim, uma força incontrolável que, alimentada pelas necessidades socioeconômicas, não pode parar, caminhando, mais e mais, para um emaranhado de problemas [...] Nessa evolução, o fator preponderante é a liberdade de contratar, que atingiu seu apogeu, no século XIX, acenando ao século XX com o princípio da autonomia da vontade. [...] A liberdade contratual revolucionou os meios jurídicos, sendo responsável, ainda, pelo desaparecimento dos formalismos exagerados vindos dos romanos".

O Código Civil consagra essa evolução para estabelecer, expressamente, que é lícito às partes estipular *contratos atípicos* (art. 425), sem precisar de *forma*, quando a lei não o determinar (art. 107).

Por isso, tanto a *liberdade de forma*, quanto o *momento de perfeição do contrato* são elementos importantes para a identificação da *conclusão do contrato*, especialmente, quando o *negócio*, nele veiculado, não se encontra instrumentalizado por escrito ou quando a sua formação processa-se pelos denominados "*meios de comunicação*".

CAPÍTULO III

3. TEORIA DO PACTO

3.1 Evolução da noção de pacto

O estudo do *pacto* impõe uma incursão no Direito Romano onde, de início, distinguia-se do *contrato*.

Este trabalho necessita fixar — ainda que em apertada síntese — a noção de *pacto* porque o objeto que, aqui, persegue-se é o de demonstrar que o denominado *contrato com pessoa a declarar*, referido no texto de 2002 do Código Civil, não reveste as peculiaridades da categoria *contrato*, não passando de um *pacto*, nos seus termos atuais, tanto que a Doutrina tem tido dificuldade de oferecer a sua natureza, enquanto *contrato*.

ENRIETTI[326] faz um rol de dezesseis teorias sobre esta categoria chamada de "*contrato*", criticando a todas, pela insuficiência de elementos de convicção.

---

326. cf. Enrietti, Enrico. *Il contratto per persona da nominare*. Torino: G. Giappichelli – Editore.

JOSÉ CARLOS MOREIRA ALVES[327] é exaustivo no estudo da evolução dessa noção de *pacto*.

Esclarece, de logo, que, apesar das discordâncias, os autores modernos concordam que houve essa variação conceitual nas diferentes etapas da história do sistema jurídico romano.

Pactum, no tempo da Lei das XII Tábuas, tinha o conteúdo semântico de paz.

Assim, consistia em um acordo que punha fim a uma *pretensão* de uma parte contra outra; consequentemente, não correspondia, naquele tempo, ao nascimento de relação obrigacional.

Revela o direito clássico — que é uma divisão da *história interna*, a qual tem como objeto o estudo do sistema de direito privado romano — que o pretor, no começo, "continuou a reconhecer apenas *eficácia negativa* ao *pactum*: por ele, as partes não podiam criar, entre si, relação obrigacional nova, mas, sim, acordar na renúncia, total ou parcial, de uma delas mover contra a outra a *actio* (ação) decorrente de relação jurídica anterior".

Uma outra *eficácia*, a *positiva*, foi atribuída ao *pactum*, nesse mesmo período clássico: a de *cláusula* modificativa de efeitos, *adjecta* a uma relação obrigacional. Aí tomou o nome de *pacta adiecta* (pactos adjectos).

Essa evolução veio a alcançar o direito pós-clássico, no qual se aproximou a ideia de *pactum* à de *contractus* pela identificação, em ambos, da existência do acordo de vontades como elemento constitutivo e porque já é tutelado o *pactum* com a concessão de *actiones in factum*. Nesse período, são denominados de *pactos pretorianos*.

327. cf. Alves, José Carlos Moreira. Direito Romano. 5. Ed..Rio de Janeiro: Forense, 1995, p. 225-233.

3.2 Pacto e contrato

3.2.1 No direito romano

3.2.2 No direito contemporâneo

A história do *pactum* e sua aproximação ou afastamento do *contractus* pode ser assim resumida:

Contractus era um acordo de vontades criador de relações jurídicas obrigacionais.

O *pactum* não tinha essa eficácia, embora, tal como o *contractus*, era um acordo lícito.

Houve tempo em que os pactos adjetos aos contratos eram protegidos pela *exceptio*;

já os *pacta in continenti*, eram-no pela própria ação que sancionava o contrato cujos efeitos ele modificara.

O *pactum* teve, numa época, sentido restrito, designando acordo de vontades para extinguir vínculo jurídico ou para renunciar a mover a *actio*.

O *pactum*, noutro momento, foi empregado no sentido amplo, exprimia qualquer acordo de vontades;

O acordo de vontades, nessa fase, que definia o *contractus* estava atrelado a um elemento objetivo (causa), dando nascimento a *obligationes* e sendo sancionado pela *actio*,

O acordo que definia o *pactum*, além de não gozar de nenhuma dessas características, também, era sancionado, apenas, por uma *exceptio*.

Os *pactos legítimos* surgem na época das constituições imperiais, reconhecidos e tutelados por elas.

Enfim, as convenções que não se enquadrassem no modelo do *contractus*, por serem desprovidas das *actiones*, eram chamadas de *pacta nuda* e aqueles sancionados eram os *pacta uestita*.

Sistematizando:

1. *pacta nuda*
2. *pacta uestita*
    2.1. – pacta adiecta
    2.2.– pacta praetoriana
    2.3. – pacta legitima

Pacta Nuda

Dizia o jurisconsulto PAULO: *nudo pacto non nascitur actio*, confirmado pelo texto de ULPIANO: "*nuda pactio obligationem non parit, sed parit exceptionem*".

Consequentemente, se uma das partes, nessa convenção chamada de *pacto*, unia-se à outra, sabia que do simples *pacto* não nascia uma *ação*, mas, sim, uma *exceção*, isto é, a parte demandada iria defender-se de forma indireta, exatamente, porque *pactio obligationem non parit*, ou seja, o simples pacto não gera uma obrigação.

O direito romano, portanto, distinguia entre *pacto* e contrato[328].

A aproximação do *pactum* ao *contractus*, informa ADALICIO NOGUEIRA[329], foi feita pelo edito do pretor "em que este proclamou que *pacta conventa servabo*, isto é, que prestigiaria os *pactos* celebrados pelas partes, desde que não o fossem, dolosamente e de modo contrário à lei".

---

328. cf. Bevilaqua, Clóvis. *Código civil dos estados unidos do Brasil* edição histórica. Volume IV. Rio de Janeiro: Editora Rio, 1975. p.194.

329. cf. Nogueira, Adalício Coelho. *Introdução ao direito romano* v.2. Rio-São Paulo: Forense, 1971, p.157-162.

Pacta uestita

Eram, assim, chamados os *pactos vestidos*, isto é, sancionados pelas *actiones*, distinguindo-se nas seguintes três espécies:

1ª - *Pacta adiecta*

Eram as convenções que se apunham ao *contrato* principal para modificar-lhe os efeitos, reduzindo (*ad minuendam obligationem*) ou ampliando (*ad augendam obligationem*) as obrigações.

Classificavam-se, quanto ao momento de sua celebração, em: *in continenti* e *ex interuallo*, conforme fossem celebrados, respectivamente, ao mesmo tempo do contrato ou lhe fossem apostos, posteriormente.

2ª - *Pacta praetoriana*

Eram sancionados pelo pretor por uma ação *in factum*, por isso, tinham eficácia, servindo para constituir direitos reais ou para fazerem nascer obrigações.

Distinguiam-se, entre eles:

> o *iusiurandum* (pacto de juramento), que era um juramento, mediante transação, para pôr fim a um litígio;
>
> os *recepta*, que consistiam na permissão do pretor para que certas pessoas recebessem objetos para guardar, concedendo-se aos interessados, para a defesa dos seus direitos, a *actio receptícia*. "Salienta-se, como o mais importante, o *receptum nautarum, cauponum, stabulariorum*, isto é, o dos capitães de navio, dos hoteleiros e dos proprietários de estábulos"[330];
>
> os *constitutum*, pelos quais, uma pessoa obrigava-se a pagar a outra, em determinado dia, uma *prestação* já existente. Eram de duas espécies (*constitutum proprii debitti* se a dívida era própria e *constitutum debiti alieni* se a dívida era alheia) sancionadas pelo pretor, mediante a *actio de pecunia constituta*.

330. cf. Nogueira, Adalício Coelho. *Introdução ao direito romano*. 2º volume ob. cit. p. 158.

3ª - *Pacta legitima*

Eram os sancionados pelo direito imperial, ou seja, as ações decorrentes das constituições imperiais, mas, que, por força da tradição, não foram enquadradas entre os contratos[331].

Eram de três espécies: o de doação (*pactum donationis*); o de dote (*pactum dotis*); o de compromisso (*compromissum*).

Há dúvidas se, no direito de JUSTINIANO, equipararam-se, de modo absoluto, o *pactum* e o *contractus*.

Essas dúvidas, porém, resolvem-se no sentido negativo, até porque a *eficácia* e a *validade* do *contrato* dependiam de requisitos desconhecidos para o *pacto*, quais sejam:

- ✓ o *consentimento* que consistia na emissão de uma vontade sem vícios;
- ✓ a *capacidade* dos contratantes;
- ✓ o *objeto* lícito, possível, determinado ou determinável.

MOREIRA ALVES[332] e ADALÍCIO NOGUEIRA[333] insistem, com razão, na resposta negativa.

O primeiro faz uma discriminação perfeita, mostrando que, em Roma, o *contractus* produzia, como regra, obrigações, enquanto que o *pactum*, não; apesar de ser sancionado, a partir de um certo momento, pelas ações.

O segundo afirma que nem no período justinianeo *contractus* e *pactum* equipararam-se de modo absoluto.

331. cf. Moreira Alves, José Carlos. *Direito romano* II, ob. cit. p. 232.

332. cf. *Direito romano* II. ob. cit., p. 120-126.

333. cf. *Introdução ao direito romano*. ob. cit., p. 157.

CLÓVIS BEVILÁQUA[334], após lembrar que os romanos distinguiam entre os dois signos, minimiza a diferença, na contemporaneidade, porque entende que ela se anulou quando os *pactos pretórios*, os *legítimos* e os *adjectos* eram providos de sanção e cuja criação restringiu o domínio dos *pactos nus*.

CAIO MÁRIO DA SILVA PEREIRA[335], também, conclui, assim, porque "estas distinções perderam a sua razão de ser no direito moderno, especialmente, depois da obra de SAVIGNY, que afasta a distinção entre pacto e contrato, aproximando-os em sinonímia que o direito moderno traz quase perfeita".

Há equívoco desses dois ilustres autores, tanto que a esmagadora maioria da Doutrina[336], que cuida do tema,

---

334. cf. *Código civil dos estados unidos do Brasil*. ob. cit., p. 171.

335. cf. *Instituições de direito civil*, v. III, Rio de Janeiro: Forense, 1990, p. 8.

336. cf. Alves, José Carlos Moreira. *A Retrovenda*. 2ª ed. São Paulo: Ed. Revista dos Tribunais, 1987.
________. *Da alienação fiduciária em garantia*. 3ª ed. Revisada, atual. e aumentada. Rio de Janeiro: ed. Forense, 1937.
________. *Direito romano*. 5ª ed. Rio de Janeiro: Ed. Forense, 1995.
Arias, José. *Contratos civiles*: teoria e prática. Buenos Aires: Ed. Compañía Argentina de Editores, 1939.
Bessone, Darcy. *Do contrato-teoria geral*. Rio de Janeiro: Ed. Forense, 1987.
Beviláqua, Clóvis. *Direito das obrigações*. Bahia: Ed. Livraria José Luis da Fonseca Magalhães, 1896.
Carvalho de Mendonça, Manoel Inácio. *Doutrina e prática das obrigações tratado geral dos direitos de credito*. 3ª ed. Aumentada e atualizada por J.M. de Carvalho Santos. Rio de Janeiro: Ed. Livraria Editora Freitas Bastos, 1938. Tomo 2.
Carrara, Giovanni. *La formazione dei contratti*. Milano: ed. Casa Editrice Dottor Francesco Vallardi, 1915.
Castrillón, Gilberto Peña; Neira, Néstor H. Martínez. *Pacto Arbitral y Arbitramento en Conciencia*. Bogotá: ed. Editorial Temis S.A. 1988.
Código Civil dos Estados Unidos do Brasil. Comentado por Clóvis Beviláqua. Edição Histórica. Rio de Janeiro: ed. Rio, 1975. Vol. 1.
Messineo, Francesco. *Il contratto in genere*. Milano: ed. A. Giuffrè, 1973. 21, t1.
Salim, Ângela. *Contrato, convención y pacto. Contrato y acuerdo. Acto colectivo, complejo y colegial. Diferencias de los contratos civiles con los contratos administrativos*. In.: STIGLITZ, Rubéns S. [Diretor]. Contratos. Teoria General. Buenos Aires: ed. Ediciones Depalma, 1993. p. 21-37.
Espinola, Eduardo *Sistema do direito civil brasileiro*. 2 ed. Rio de Janeiro: ed. Livraria Editora Freitas Bastos, 1944. Vol. 2, Tomo 1.

confirma a resposta negativa dos dois outros, não menos ilustres, autores suprainvocados.

RUGGIERO[337] esclarece que os romanos nunca tiveram um conceito geral de contrato, por isso que o acordo

---

Freitas, Augusto Teixeira de. *Vocabulário jurídico*: Com Apêndices. [Prefácio Silvio A. B. Meira; edição cuidada por Alcides Tomasetti Jr.]. São Paulo: ed. Saraiva, 1983. 7v. em 1.
Gastaldi, José María. *Pacto comisorio*. Buenos Aires: ed. Hammurabi, 1985.
Page, Henri. *Traité élémentaire de Droit Civil Belge*: Príncipes, Doctrine e Jurisprudence. Bruxelles: ed. Établissements Émile Bruylant, 1948.
Gaudemet, Eugene. *Teorie general de las obligaciones*. México: ed. Porrúa, S.A. 1974.
Giorgi, Jorge. *Teoría de las obligaciones en el derecho moderno*. Madrid: ed. Editorial Reus S.A. 1929. Vol 3.
________. *Teoría de las obligaciones en el derecho moderno*. Madrid: ed. Editorial Reus S.A. 1930. Vol 9.
Gomes, Orlando. *Contratos*. 17 ed. Rio de Janeiro: ed. Forense, 1996.
Pereira, Caio Mario da Silva. *Instituições de direito civil*. 8 ed. Rio de Janeiro: ed. Forense, 1990. Vol. 3.
Pothier, R. J. *Tratado de las obligaciones*. Buenos Aires: ed. Atalaya, 1947.
Ripert, Georges; Boulanger, Jean. *Tratado de derecho civil*: Segun el Tratado de Planiol. Buenos Aires: ed. La Ley, 1988. Tomo. 4.
Ruggiero, Roberto de. *Instituições de direito civil*: direito das obrigações direito hereditário. Tradução, Dr. Ary dos Santos. São Paulo: ed. Saraiva & Cia, Editores. [s.d.]. Tamburrino, Giuseppe. *I Vincoli unilaterali nella formazione progressiva del contratto*. Milano: ed. Dott. Antonino Giuffrè Editore, 1954.
Varela, João de Matos Antunes. *Das obrigações em geral*. 2 ed. Coimbra: ed. Livraria Almedina, 1973. Vol. 1.
DIREITO ROMANO:
Cretella Júnior, J. *Curso de direito romano*: o direito romano e o direito civil brasileiro. 13 ed. Rio de Janeiro: ed. Forense, 1991.
Giffard, A.E. *Droit romain et ancien droit français les (obligations)*. 4 ed Paris: ed. Dalloz, 1976.
________. *Précis de droit romain*. Paris: ed. Dalloz, 1938. Tome 2.
Gomez, Mario Montoya. *De las obligaciones en el derecho romano*. Bogotá: ed. Editorial Midaud Temis, 1973.
Marky, Thomas. *Curso elementar de direito romano*. 6 ed. São Paulo: ed. Saraiva, 1992.
May, Gaston. **Éléments de droit romain**. 18 ed. Paris: ed. Librairie du Recueil Sirey, 1932.
Nogueira, Adalício Coelho. *Introdução ao direito romano*. São Paulo: ed. Forense, 1971. Vol. 2.
Pugliese, Giovanni. *Istituizone di diritto romano*. Torino: ed. G. Giappichelli, 1994.
Schulz, Fritz. *Principios del derecho romano*. Trad. Manuel Abellán Vasco. Madrid: ed. Civitas S.A. 1990.

337. cf. *Ruggiero, Roberto de. Instituições de direito civil: direito das obrigações direito hereditário. Tradução, Dr. Ary dos Santos. São Paulo: ed. Saraiva & Cia, Editores. [s.d.].* p. 204-205.

ao aspirar à geração de vínculos obrigatórios entre as partes teria de ser enquadrado numa das formas contratuais e, apenas, limita-se a dizer que a distinção começou a ser obliterada a partir do último período justinianeo, porém, não arrisca à afirmativa quanto à inexistência da distinção no direito moderno. É, também, o procedimento de CARVALHO DE MENDONÇA[338].

ORLANDO GOMES[339], com o seu poder de síntese, é incisivo: "no Direito moderno, o termo *pacto* significa a cláusula aposta em certos contratos para lhes emprestar feitio especial. Pacto não é mais, como no Direito Romano, a convenção desprovida de sanção".

MOREIRA ALVES[340], mais de uma vez, acentua a diferença existente no Direito de hoje: "se examinarmos as legislações que admitem a retrovenda, entre as quais se encontra o Código Civil brasileiro, verificaremos que, em geral, é ela concebida como *cláusula adjecta* a contrato de compra e venda" e segue, apoiando-se em LACERDA DE ALMEIDA, dizendo que a *cláusula,* que é a retrovenda, também, é denominada *pacto de retrovenda.*

LACERDA DE ALMEIDA[341], por sua vez, não poupa palavras sobre o assunto: "a forma pura do contrato pode ser modificada mediante a inclusão ou aposição de *cláusulas* ou *pactos*, que ou alteram-lhe a natureza jurídica ou restringem ou ampliam-lhe os efeitos. São tais os *pactos adjectos*, assim chamados por isso que constituem acessório

---

338. cf. Carvalho de Mendonça, Manoel Inácio. *Doutrina e prática das obrigações tratado geral dos direitos de crédito.* 3 ed. Aumentada e atualizada por J.M. de Carvalho Santos. Rio de Janeiro: ed. Livraria Editora Freitas Bastos, 1938. Tomo 2. p. 142.

339. cf. *Contratos*. Coordenador: Edvaldo Brito, Atualizadores: Edvaldo Brito e Reginalda Paranhos de Brito. 28 ed. Rio de Janeiro: Forense, 2022. p. 9.

340. cf. Alves, José Carlos Moreira. *A retrovenda.* 2 ed. São Paulo: Revista dos Tribunais, 1987. p. 1.

341. cf. Lacerda de Almeida, Dr. Francisco de Paula. *Obrigações*. Porto Alegre: ed. Typographia de César Reinhardt, 1897. p. 165.

de um contrato ou convenção principal. Os pactos adjectos são comumente chamados *cláusulas*".

EDUARDO ESPÍNOLA[342] confirma essa linha de entendimento quando disserta sobre o *pactum de dolo non praestando*, atribui-lhe a natureza de *cláusula*.

GIORGI[343] é explícito na crítica à imprecisão no uso do termo: "a palavra *pacto* que o Código emprega alguma vez, parece-nos, em realidade, uma impropriedade menos grave, porque melhor significa uma cláusula particular do que o conjunto da convenção contratual".

JOSÉ MARIA GASTALDI[344], professor da Universidade de Buenos Aires, explicita que "o vocábulo "pacto" ajusta-se a cláusula convencional, quer dizer, ao pacto comissório expresso, ao incluído expressamente pelas partes no contrato".

JOSÉ ARIAS[345], outro professor da Universidade de Buenos Aires, escreve que na terminologia legal argentina, "chama-se correntemente pacto às cláusulas ou modalidades agregadas a um contrato principal, tais os pactos de retrovenda, de melhor comprador, etc."

ÁNGELA SALIM[346] não discrepa da opinião dos seus conterrâneos argentinos: "modernamente, existe acordo

342. cf. *Sistema do Direito Civil Brasileiro*. 2 ed., v. II, Tomo I. Rio de Janeiro/São Paulo: Livraria Editora Freitas Bastos, 1944. p. 340.

343. cf. Giorgi, Jorge. Teoria de las obligaciones en el derecho moderno. v.III. Madrid: editorial Reus (s.a.), 1929. p.23.

344. Gastaldi, José María. *Pacto comisorio*. Buenos Aires: ed. Hammurabi S. R. L., 1985. p. 8.

345. cf. *Contratos civiles: teoría y práctica*. Buenos Aires. Ed. Compañia Argentina de Editores, 1939. p. 58.

346. Salim, Angela. *Contrato, convencion y pacto contrato y acuerdo*: Acto Colectivo, Complejos y Colegial. Diferencias de los Contratos Civiles con los Contratos Administrativos. In: STIGHTZ, Ruben S. [Diretor]. Contratos. Teoria General. v. 2. Buenos Aires: ed. Ediciones Depalma, 1993. p. 24.

na doutrina em considerar que quando a lei fala de pacto alude-se às cláusulas acessórias que modificam os efeitos normais ou naturais dos contratos típicos, ou seja, aqueles previstos pelo legislador de um modo supletivo e que as partes podem excluir, ampliar ou reduzir. Tais os pactos: comissório, na teoria geral, e aqueles previstos na compra e venda: de revenda, de retrovenda, de melhor comprador".

O Código Civil espanhol estabelece: "art. 1255. "Los contratantes pueden establecer los pactos, cláusulas y condiciones que tengan por conveniente, siempre que no sean contrarios a las leyes, a la moral ni al orden público".

Forçoso é concluir que, no direito contemporâneo, a *pragmática* da comunicação jurídica, normativa e doutrinária, é a de distinguir *pacto* e *contrato*, para entender que aquele se contém neste, por ser dele simples *cláusulas*, isto é, uma série ordenada de disposições que não obedecem a nenhum estilo ou quantidade e podem ser redigidas de acordo com a vontade das partes.

CAPÍTULO IV

4. ANÁLISE CRÍTICA DOS PRINCÍPIOS CONTRATUAIS NO CÓDIGO CIVIL

4.1 Tentativas de codificação do Direito Civil brasileiro

A Codificação, em geral, desperta, ainda, hoje, interesse no mundo jurídico, inclusive no campo do Direito Civil.

É uma tendência muito pronunciada, na maioria dos povos, a sistematização de suas normas jurídicas, em códigos, que visa a facilitar o seu reconhecimento e, por outro lado, a dar-lhes uma estruturação lógica.

Essa tendência para a condensação das leis já está envolvendo povos, mesmo sendo do mundo ocidental, antes infensos à ideia, como o povo norte-americano[347], visto que o sistema jurídico anglo-saxão não se verificou pelos peculiarismos dessa técnica.

Todavia, nos demais países do Ocidente, as leis estão condensadas em complexos orgânicos, de modo que, já no

347. cf. Código Civil da Louisiania, nos Estados Unidos da América do Norte e Stone, Bradford. *Uniform commercial code* – in a nutshell, fourth edition. St. Paul, Minn: West Publising Co., 1995

século XX, encontramos esse fenômeno da condensação num estágio que permite afiançar que essa tendência é um imperativo da evolução do Direito.

A Codificação é um trabalho de criação de normas jurídicas.

Um Código não é elaborado transcrevendo-se regras já existentes no direito positivo nacional, tal como é a natureza de uma *Consolidação*; nem deve ser um simples *transplante* de normas do direito positivo estrangeiro.

Código é um complexo orgânico. E é essa organicidade que diferencia um Código de uma simples *Consolidação*.

Códigos obedecem, na sua elaboração, a uma *técnica*, que se chama de *legislativa*, a qual recomenda a sua estatuição dentro de certas regras. Daí, terem uma mesma fisionomia – seja o alemão, seja o brasileiro etc.

Por isso, antes de, aqui, serem examinadas as tentativas para a confecção do Código Civil brasileiro, parece interessante uma breve referência às grandes codificações.

Logo, se o Direito Civil brasileiro contém na sua elaboração e estruturação aqueles elementos universais, ele é, também, influenciado por elementos estrangeiros, por elementos alienígenas. O que não é mal; ruim é, simplesmente, *transplantar institutos*, *conceitos* e *categorias* que não tenham base nas *instituições* brasileiras.

Esses elementos estrangeiros são as grandes codificações e, dentre elas, sem dúvida, está o Código italiano que é de 1942 e que, evidentemente, não poderia influenciar a nossa codificação de 1916.

Mas, as outras grandes codificações, também, influíram.

Aquelas que maior influência exerceram sobre as demais, inclusive as brasileiras, são: o Código Civil francês chamado de *Código Napoleão* (1804) e o Código Civil alemão (BGB – Bügerliches Gesetzbuch) que entrou em vigor em 1900, embora seja de 18 de agosto de 1896 e experimentou, assim, grande período de "*vacatio legis*".

Esse Código alemão é importante apesar de não ter tido, de logo, as repercussões merecidas, mas, sob o ponto de vista das técnicas jurídicas é uma doutrina avançada, a dos Pandectistas; houve aqui, portanto, mais influência de sua técnica do que do conteúdo. Há nele um excesso de abstração.

O Código Civil francês de 1804 é uma legislação que, por assim dizer, inaugura essa tendência de codificação das normas jurídicas. Ele se expandiu de tal modo, que certos países o admitiram como seu Código. Outros o adotaram com pequeníssimas alterações como é o caso da Bélgica. A Itália quase que o reproduziu em 1865. Tal importância talvez se deva, também, ao prestígio que a França desfrutou por aquela época.

O Código português de 1867 abandonou as tradições das Ordenações para adotar o *Código Napoleão*.

O Código Civil italiano de 1942 é considerado pela Doutrina como um modelo de técnica jurídica, daí destinado a exercer uma grande influência em qualquer reforma de Código que se faça no mundo, já expurgado das concepções fascistas.

A vontade de codificar as leis civis, no Brasil, é antiga, vem desde Constituição Imperial, a de 25 de março de 1824. O item XVIII do seu art. 179 dispunha: "*organizar-se-á o quanto antes um Código Civil, e Criminal, fundado nas sólidas bases da justiça e equidade*".

Fracassaram todas as tentativas, no Império.

Lamente-se que, aqui, a primeira dessas tentativas não tivesse ressonância, minorando esse lamento o fato de que as bases dadas pelo seu autor na elaboração servissem para outros povos como foi o caso da Argentina.

Essa referência é ao projeto de TEIXEIRA DE FREITAS[348]. Tinha o seu esboço 4.908 artigos e ele não conseguiu vê-lo aprovado porque divergiu do Governo com o problema da unificação, ou não, do Direito Privado: queria TEIXEIRA DE FREITAS um só Código para o Direito Civil e o Direito Comercial e o Governo desejava-os separados.

Fracassada a tentativa de TEIXEIRA DE FREITAS, NABUCO DE ARAÚJO foi encarregado de fazer o projeto, em 1872. Parece que chegou a redigir uma centena de artigos até a sua morte, em 1878.

Coube a FELÍCIO DOS SANTOS, então, a redação de um projeto submetido a uma Comissão que levou muito tempo sem que o examinasse até que veio a República.

Já na República, teve a incumbência COELHO RODRIGUES, cujo projeto, concluído em 1893, foi rejeitado por se basear em um Código em desuso, inadaptável à realidade nacional, que era o Código de Zurique.

Malogradas essas tentativas, escolheu-se CLÓVIS BEVILÁCQUA, em 1899, que fez um projeto em poucos meses; tendo sido submetido à Câmara e ao Senado, em 1900.

O Código Civil anterior ao texto de 2002, portanto, resulta de uma grande elaboração porque só em 1º de janeiro de 1917 entrou em vigor. É um Código elaborado para um meio que não suportava aquela técnica aprimorada. Um Código que era mais um desejo da elite do que mesmo uma expressão do mundo social ao qual ele se destinava. Conviveu com uma série de *leis esparsas*.

As *leis esparsas* mais importantes: lei de proteção sobre a família e de condição dos filhos, a lei que proíbe a usura; leis, no entanto, que não atingiram o Código na sua essência e isso é prova de que ele foi elaborado com tanta

---

348. cf. Freitas, Augusto Teixeira de. *Esboço do Código Civil.* Brasilia: Ministério da Justiça. 1983. v. 1 e V.2.

inteligência que se pode ir adaptando às mutações que o Direito veio sofrendo.

O Governo do Presidente JÂNIO QUADROS, em 1961, incumbiu ORLANDO GOMES de elaborar um projeto de Código Civil do qual se excluiria o Livro III da Parte Especial do Código BEVILÁCQUA, a fim de que se adotasse, em separado, um Código de Obrigações, unificando-se esta parte do Direito Privado (obrigações do Direito Civil e as mercantis).

Contudo, o surgimento do regime militar, em 1964, abortou essa iniciativa porque o projeto foi remetido ao Congresso em 1965 e dele retirado, pelo Governo respectivo, nesse mesmo ano e um novo anteprojeto foi encomendado transformando-se no Projeto de Lei nº 634-D, de 1975, cuja última redação foi divulgada em 29 de novembro de 2000, pela Câmara dos Deputados, de que resultou o texto de 2002.

Esse projeto foi influenciado, também, pelo Código italiano, tanto que o *contrato com pessoa a declarar* está transplantado de lá para cá.

MOREIRA ALVES[349], que compôs a Comissão Especial elaboradora do anteprojeto de que resultou esse Projeto de Lei nº 634-D, de 1975, informa que "as disposições preliminares do Livro III (Dos fatos jurídicos) da Parte Geral do Código Civil de 1916 — arts. 74 a 80 — não foram reproduzidas no Projeto", isto porque "o Projeto não definiu o negócio jurídico, atento à diretriz de se retirarem de seu bojo princípios de caráter meramente doutrinário".

Se o *contrato* é um negócio jurídico — como é verdadeiro — então, a regra do art. 74, II, do Código de 1916 que cuidava da aquisição de direitos para *terceiros*, está

349. cf. Alves, José Carlos Moreira. *A parte geral do projeto de código civil brasileiro*. São Paulo: Saraiva, 1986, p. 102-103.

substituída, de modo concreto, pelas hipóteses neles aventadas, pelos arts. 467 a 471 do texto vigente.

Por isso, tendo sido festejada, pelo citado autor, a inserção dos arts.106, 110, 111 e 113, como proposições que "não têm símile, no Código de 1916", vale relembrar as observações feitas neste trabalho, linhas atrás, sobre a "*teoria do contrato*", como tema que pode ser estudado, de modo independente, mas, continente, da "teoria *geral* do contrato"; bem assim, relembrar a crítica à redação do art. 110 que utiliza a expressão "*manifestação de vontade*", no lugar de "*declaração de vontade*", para esclarecer que a expressão como se encontra hoje, não é a mesma como estava elaborada, corretamente, antes[350].

Portanto, nessa teoria *geral*, na redação do atual Código, entram essas proposições e, consequentemente, fica-se advertido de que a matéria referente à *declaração de vontade* (art. 110), ao *silêncio* (art. 111) e à *boa-fé* (art. 113) como método de interpretação dos negócios (cf. BETTI e ORLANDO GOMES[351]) é pertinente, tal como foi cuidada, neste trabalho.

Feita essa digressão necessária, retoma-se o rumo, para o exame dos demais elementos dessa teoria no texto de 2002, à guisa de análise crítica.

4.1.1 Circunstâncias ideológicas do projeto do texto de 2002 do Código Civil

A história das tentativas de codificação no Brasil evidencia que a obra resultante expressa as ideias de quem a elaborou.

350. cf. Alves, José Carlos Moreira. A parte geral do projeto de código civil brasileiro. ob. cit., p. 102-103.

351. cf., respectivamente, *Teoría general de las obligaciones*, tomo I, ob. cit. e *Contratos*, ob. cit.

Tanto que se transcreve supra a opinião de um dos membros da Comissão Elaboradora e Revisora do Projeto de Código Civil, encaminhado ao Congresso Nacional em 1975, da qual se colhem as preferências do colegiado.

Mas, o que se busca explicar como *circunstâncias ideológicas* inclui não somente as preferências conceituais de cada integrante, mas, também, o ambiente em que operaram.

O repertório da época era o do acentuado *intervencionismo* econômico estatal, justificado por uma prestigiosa corrente de juristas responsável pelas obras cultivadoras do *dirigismo contratual.*

Ainda se vivia o *autoritarismo*, no plano político, alimentado por um governo forte que disciplinava a sociedade, mediante providências econômicas centralizadoras, bem ao gosto de uma burocracia toda poderosa da União que planejava de modo determinante as ações da sociedade civil.

O Código, naturalmente, revela essa mentalidade em alguns dos seus artigos destinados a disciplinar aspectos- chave.

4.2 Teoria *geral* do contrato no Código Civil, texto de 2002

4.2.1 A liberdade de contratar

Um exemplo dessas *circunstâncias ideológicas* estava em matéria de *liberdade contratual* a partir da redação original do seu art. 421, no qual se dizia que a *liberdade contratual* seria exercida em *razão* da *função social do contrato.*

4.2.1.1 A função social do contrato

Dessa forma, a *liberdade contratual* não seria uma espécie de *liberdade humana* que corresponderia àquela espécie de *autocondução* das pessoas na sua própria vida.

Não. Ela seria *justificada*, apenas, pelo interesse ou pela função social porque seria exercida *em razão* da função social. Ora, nestes termos, quem ditaria o interesse social, naturalmente, seria o Estado.

Veja-se, porém, que é óbvio não poder o contrato ser contrário à *função social*. Esta, como já dito neste trabalho, deve ser mesmo um *limite* para a *liberdade contratual*. Mas, como *limite*, ela não é *fundamento*, ou seja, não é *razão*.

Esta forma de colocar não deixaria de ser uma espécie de visão reformadora do Estado, essa ideia de que a *liberdade contratual* está existindo em *razão* de uma *função social* e não como uma maneira de emprestar a própria individualidade.

Já se colocou, aqui, à mostra, que o *contrato*, na verdade, constitucionalmente, no Brasil, é um *valor social*, porque o art. 1º, IV, da Constituição estabelece que a *livre-iniciativa* é um *valor social* que fundamenta os princípios da *República*, da *Federação* e o *Estado Democrático de Direito* em que elas duas constituem-se.

Associa-o, no inciso III, do mesmo artigo, ao *princípio da dignidade da pessoa humana* e, naturalmente, essa *dignidade* tem de ser vista como um respeito à autodeterminação da pessoa.

Portanto, até, já, na ideia da *dignidade pessoa humana* há a *liberdade contratual* porque a pessoa determinará o seu comportamento, escolhendo os atos que vai praticar.

Isso no desejo de dar vazão à sua própria personalidade.

Não é, portanto, uma espécie de subordinação totalizante ao interesse social. O interesse social, assim, vem depois, sempre, como um *limite* e não como *razão*.

Nestes termos constitucionais, em que a *livre- iniciativa* constitui um *valor social*, as expressões *valor social* e *função social*, não podem ser, na superficialidade que se venha a fazer de um raciocínio filosófico, consideradas sinônimos.

O legislador passa a adotar essas considerações, no momento em que altera o texto original do art. 421 do Código Civil[352], excluindo nele os signos "*em razão*", para, apenas, *limitar* o exercício da liberdade de contratar à *função social*, estabelecendo que nas relações contratuais privadas prevalecerão:

a) o princípio da intervenção mínima;

b) a excepcionalidade da revisão contratual.

Introduziu, no direito brasileiro, um *novo paradigma contratual*, mediante o *princípio de paridade e simetria*[353].

Pelo exposto supra, com arrimo em ALEXY, o *contrato* tem, em si, um *valor social.*

Já se viu, enfim, que o próprio ALEXY[354] chama a atenção para os enunciados do Tribunal Constitucional Federal da Alemanha, sobre *valores*, para sustentar, em seguida, que "o conceito de *valor* é utilizado de maneiras muito diferentes, tanto na linguagem ordinária, como na filosófica

352. cf. o art. 7°da Lei n° 13.874 de 20 de setembro de 2019 que institui a Declaração de Direitos da Liberdade Econômica.

353. cf. item 2.2.1.2 – autonomia da vontade, p. 174.

354. cf. *Teoría de los derechos fundamentales*, ob. cit., p.138-172.

especializada e nas linguagens especializadas das diferentes ciências particulares".

Assim, quando se usa a palavra *valor,* deve-se cuidar de uma diferença fundamental entre a determinação que algo tem um *valor* e que algo é um *valor*.

Quando se diz que algo tem um *valor*, expressa-se um *juízo de valor* e se faz uma *valoração*.

Quando se diz que algo é um *valor*, expressa-se um *conhecimento* sobre a sua absorção ou a sua rejeição em um certo contexto social.

Portanto, o contexto social perfilha, especialmente, sob o aspecto ético, práticas coletivas que seleciona no campo do amor e do ódio.

Este *conhecimento* espontâneo da coletividade sobre os atributos de algo, caracteriza-o como um *valor* em si mesmo e não como *tendo* um valor.

Foi dito, também, linhas atrás, em cima desse raciocínio, que, na atuação dos homens, existem conflitos de *princípios* com *princípios*; de *valores* com *valores*; de *princípios* com *valores*; de *ambos* com as *normas* jurídicas simples.

A solução, às vezes, somente, é possível pela técnica da *ponderação* dos *bens* que representam, entregue a decisão ao juiz.

E, então, alertou-se que a questão vem a pelo, porque o Código Civil na redação que vigorou até 2019[355], falava dessa *função social do contrato*, como *razão* e como *limite* para o exercício da *liberdade de contratar*; fala em *princípios* de *probidade* e de *boa-fé* que devem ser guardados pelos contraentes na *conclusão* e na *execução* do *contrato*, ao passo que a Constituição estabelece que a *iniciativa privada* é um *valor* social.

355. cf. Lei nº 13.874, de 20 de setembro de 2019.

Mas, também, ficou expresso, quando se estudou o *conceito princípio*, que *princípio* e *valor* são *signos* de conteúdo *semântico* diverso.

Reitera-se, que, com essa redação, certamente, haverá conflito na operacionalidade deles enquanto balizas da atuação da *vontade*, com essa redação.

É que, quando o legislador constituinte reconhece que há *dignidade da pessoa humana* e que essa *dignidade* explicita-se através do *contrato*, porque o *contrato* é a expressão maior da *livre-iniciativa* definida como um *valor social*, esse legislador está reconhecendo que o *contrato*, em si, é um *valor social*.

Não é o problema de procurar a *função social*, porque aquilo que é *valor*, em si, não está subordinado a uma determinada *função*.

O que se quer dizer, em outras palavras, é que a defesa da individualidade, a defesa da *dignidade da pessoa humana* implica o reconhecimento do *direito de contratar*, implica a *liberdade contratual*.

E essa *liberdade*, é claro, depois, terá que ser exercida desde o início, mas, não está *fundamentada*, como dizia o Código, na sua redação original, com essa visão, nessa *função* social que — repita-se, por necessário — é, sim, um *limite* porque o *contrato tem* de ter essa *função* como sua bitola da execução da respectiva *prestação*.

O que significa que, após a pessoa ter-se deliberado, há de submeter-se a esse *limite*. Não é mera teoria, se se observar que essa *função social* varia no espaço e no tempo.

E isto se associa a um paradigma ultrapassado de mandar tudo para o juiz, porque, para estes termos, RIPERT[356], há mais de 80 anos, dedicou essas palavras procedentes.

---

356. cf. Ripert, Georges. *O regimen democrático e o direito civil moderno*, ob. cit., p.

Efetivamente, há esse duplo círculo que se reconhece, na democracia, que o juiz deve delineá-lo, mas, além de o próprio RIPERT, em outra passagem do seu livro[357], ter

227-229: "Quando o legislador quer limitar os direitos, é obrigado a traçar um circulo perfeitamente nítido, pois a autoridade legislativa deve precisar o que é proibido. A experiência prova que alinha é facilmente quebrada; o titular dum direito encontra sempre o meio, iludindo o texto, de sair do circulo onde pretenderam encerrá-lo. Quando se evadiu, é necessário encarcerá-lo de novo, mas não tarda uma nova evasão desse prisioneiro, sempre mais hábil que o legislador-carcereiro.
Por outro lado, a lei procede por modo abstracto é geral; distingue os direitos, segundo o objecto e não pela sua intensidade; julga os homens pelos actos e não pelas intenções. É preciso tomar cuidado quando se legisla em não ferir indiferentemente todos os titulares de direito, tanto os mais pequenos como os mais poderosos. A democracia tem os seus preferidos; para a obra que ela pretende realizar é necessário proceder uma discriminação.
Daí a ideia de que se recorrer ao juiz. Se o legislador, numa regra muito geral, propôs unicamente uma directiva ou um "standard jurídico", ao juiz ficará o encargo de delimitar os direitos particulares e restringir demasiadamente fortes, carregados de ameaças ou de perigos. Póde êle próprio fazer que o legislador se confessa impotente para realizar: crear diferenças entre os titulares do direito. Nas malhas da justiça só os pequenos passarão, os grandes serão apanhados.
Também, é justamente por causa desta ameaça arbitrária, durante muito tempo os juristas se mostraram reservados em relação á intervenção do juiz no exercício dos direitos. Essa intervenção parecia-lhes contrária á liberação individual, que só pela lei deveria ser limitada. Era a época em que os espíritos mais democráticos, Laurent e Huc, por exemplo, se mostravam pouco favoráveis á idéia de deixar o juiz estatuir sobre a regularidade do exercício dos direitos. Foi contra a restrição arbitrária dos direitos pelo juiz que a escola clássica não cessou de defender o adágio tradicional: *neminem loedit qui suo jure utitur*. Quando Planiol, em 1900, denuncia a logomaquia que se insinua na teoria do abuso do direito, defende a ideia de que um acto não pode ser ao mesmo tempo legal e declarada abusivo.
Hoje todos os autores se cederam já, e comprazem-se em exaltar a obra creadora da jurisprudência. Convidam o juiz a uma acção mais vasta de justiça por uma larga interpretação dos textos. A letra do artigo 1382 não é, aliás, duma precisão que embarace. Contém unicamente a indicação duma regra geral de conduta: não causar culposamente dano a outrem.
O juiz é convidado, em cada caso particular, a julgar aquele que se prevalece do exercício dum direito. Se o condena, não obstante a defesa invocada, decide, por essa mesma razão, que o direito não existe ou, que não confere impunidade ou que é quasi a mesma cousa.
Existe desse modo um duplo círculo em volta de cada direito, o primeiro é traçado com firmeza pelo legislador; quem o transpõe não tem escusas: comete um acto ilícito; O segundo, dum desenho mais pálido e de traço menos regular, é o juiz que o delineia, e aquele que o ultrapassa pode sustentar que usou dum direito, mas o se acto não é julgado por isso menos culpado. Vem assim a ideia do abuso do direito."

357. cf. Ripert, Georges. *O regimen democrático e o direito civil moderno,* ob. cit.p. 314.

chamado a atenção para o fato de que esse paradigma, "*a concessão ao juiz de semelhante poderio abalar os próprios fundamentos do contrato*", também, é de ver-se que, no mundo contemporâneo, as relações são complexas, no plano técnico e são exigentes quanto à velocidade.

Isto tornaria o juiz em super-homem sábio em todos os campos e veloz como um míssil para decidir sobre todos os temas, nessa economia globalizada.

O juiz, na democracia, claro que é respeitável, todos têm de se subordinarem a essa maneira de ver porque é a maneira do próprio jurista.

Mas, constate-se que o Poder Judiciário, há tempo, está repleto de questões, pelo que não pode esse Código Civil ter, justamente, essa visão permanente de um Estado todo poderoso, no qual inúmeras questões têm de ser levadas ao Poder Judiciário.

E terá de ser assim, porque o seu texto está cheio dos chamados *conceitos jurídicos indeterminados*. Esse de *função social*; esse problema dos *conflitos* de *princípios* que requererão a *ponderação dos interesses* e outros tantos que ANTONIO JUNQUEIRA DE AZEVEDO[358] tem revelado e tem procurado, numa análise crítica, à qual se filia este trabalho, oferecer soluções.

Esse ilustre civilista tem comparado com o Código Civil brasileiro, o Código Europeu de Contratos e o Uniform Commercial Code dos norte-americanos, para verificar que as soluções são muito mais específicas, muito mais eficientes do que as previstas no nosso que as remete, sempre, ao Poder Judiciário.

---

358. cf., por exemplo: "*Projeto de Código Civil é falho, diz jurista*". Gazeta Mercantil, São Paulo, 07 jan. 1998. Legislação, p.9; "*Os princípios gerais do contrato em face do Projeto de Código Civil*". Aula de encerramento do 1° Semestre do Curso de Especialização em Direito dos Contratos" do Centro de Extensão Universitária, da qual participou como ouvinte, o autor deste trabalho. São Paulo: 26 jun. 2001, 09,00 às 12,00 hs.

É o caso da *revisão* ou de qualquer caso de *alteração das circunstâncias*, daquilo que se veio a chamar, por exemplo, de *circunstância* ou *excessiva onerosidade*.

Essas soluções do Código Civil são aquelas da ideologia que imperava na década de 1970, de um Estado *intervencionista*, quase radical, pensamento que remete para o Juiz verificar se há possibilidade de, por exemplo, suplemento de *prestação* no caso de elisão ou de modificação das cláusulas contratuais quando há excessiva onerosidade.

E essa remessa ao Juiz no caso, por exemplo, do Código Europeu de Contratos, no caso do direito norte-americano, faz-se quando falham outros mecanismos de solução; por isso, antes de chegar a esse extremo do Poder Judiciário, há uma espécie de tentativas obrigatórias que o contratante se dirige ao outro contratante na expectativa de que a solução saia sem o Poder Judiciário".

O sistema judiciário dos Países Baixos prevê que os recursos a um procedimento judiciário são considerados como uma etapa última, porque outros métodos de resolução dos litígios são muito populares.

Estes recursos incluem o uso extensivo da arbitragem devido à influência das muitas associações profissionais na vida profissional e a inerente tendência holandesa para procurar consensos[359].

Assim, a conclusão deve ser a de que o Poder Judiciário está reservado para as questões que realmente exigem *ponderação de interesses*.

Só que, no caso do Código Civil, tudo está fadado a ir para o juiz resolver, mesmo que não se revista dessa necessidade de *ponderação*.

---

359. cf. Dossiers internationaux francis Lefebvre. Pays-Bas. 3ª édition. Paris. Avril 2001, p. 35.

Enquanto isto, há alguns pontos fundamentais, na matéria de *contrato*, em relação aos quais o Código ficou ultrapassado e, por isso, passa, completamente, ao largo.

É o caso dos chamados *contratos atípicos* que, no sistema 1916, foram encarados pelo Código Civil como uma exceção; no atual, ele tem apenas um artigo, o 425 e, ainda assim, esses *contratos atípicos* estão presos a normas gerais, as quais, também são exemplos de *conceitos jurídicos indeterminados*.

Praticamente, é o que já se encontrava no Código de 1916. Cabe a reclamação, embora com a ponderação típica do seu autor, ÁLVARO VILLAÇA AZEVEDO[360], de que o texto de 2002 não criou um capítulo específico "que cuidasse de princípios gerais atinentes, diretamente, aos contratos atípicos".

Enfim, há sobre o *contrato atípico*, apenas, esse artigo que diz que às *partes* é lícito estipular *contratos atípicos*.

Ora, isto é pouco, pois, pode-se afirmar que, hoje, o *contrato atípico* é a regra e não a exceção, porque a maioria, no momento, é formada por eles. Então, essa mera referência de um artigo, sobre *contrato atípico*, é, totalmente, insuficiente. Esses *contratos*, em geral, como já dito antes[361], vêm numa espécie de *cadeia de contratos*. São os *contratos coligados* ou *conexos*, que são *grupos de contratos*.

Já PORTALIS[362], no início do sec. XIX, afirmava que "não há legislação no mundo que tenha podido determinar o número e fixar a diversidade de convenções das que são susceptíveis aos assuntos humanos".

---

360. cf. *Contratos inominados ou atípicos*. ob. cit., p. 116.

361. cf. Frías, Ana López. *Los contratos conexos*. Ob. cit., p. 23.

362. cf. *Discurso preliminar al* Código *Civil francês*. Ob. cit. p. 91.

Contratos novos como o contrato de franquia, de *leasing*, de pacote turístico, pela *internet*, nada disto está no Código Civil.

Estas omissões vão, efetivamente, promover a volta ao Juiz.

Este tema é, também, explorado com mestria, por ANTONIO JUNQUEIRA DE AZEVEDO, na aula já referida, porque ele lembra que, fazendo um retrospectivo histórico, busca-se o exemplo de autores alemães quando se começou com essa história de *conceitos jurídicos indeterminados* e *cláusulas gerais*, não se dizia: está havendo uma fuga *para* o juiz; dizia-se: fuga da *lei* para o juiz, que era a mudança de paradigma.

Mas, a realidade de hoje, ao contrário, é a da fuga *DO* juiz e não *PARA* o juiz.

Essa fuga *DO* juiz é no sentido de se buscarem as soluções expeditas, que são as soluções extrajudiciais: a da *arbitragem*; a dos procedimentos, para a solução de conflitos, trazidos com o regime jurídico da *alienação fiduciária* ou o do *loteamento* em que o próprio registro de imóveis cancela o *contrato* não cumprido pelo comprador do lote "*à prestação*", isto é, do pagamento parcelado da *prestação*.

E isso é o que falta no texto de 2002 do Código Civil, sobretudo, se comparado com os Códigos recentes que trazem soluções que procuram resolver os casos de inadimplemento contratual, de revisão contratual, de anulação, de rescisão por causa de excessiva onerosidade, tudo através de notificações entre uma parte à outra, deixando para a última instância o apelo ao Judiciário.

A legislação que disciplina a organização judiciária dos Países Baixos estabelece, desde o começo deste século, que o recurso a procedimentos legais é considerado como um passo final, na Holanda, porque outros métodos de resolução de disputas são muitos populares. A grande prática da arbitragem, ali, deve-se à influência das diversas associações profissionais na vida dos seus filiados e à inerente tendência dos holandeses de buscar o consenso.

Essa tendência é proveitosa, porque os brasileiros, ao contrário, tradicionalmente, buscam resolver conflito de interesses no Judiciário.

Assim é que a lei de arbitragem (Lei nº 9.307 de 23 de setembro de 1996) não tem tido a esperada aplicabilidade, considerando que as pessoas capazes de contratar não se têm valido dela.

O Código de Processo Civil (Lei nº 13.105 de 16 de março de 2015) legitima o procedimento da arbitragem ao dispor que o juiz não resolverá o mérito quando acolher a alegação de existência de convenção de arbitragem ou quando o juízo arbitral reconhecer sua competência.

A arbitragem, nestes termos, não se confunde com os chamados meios alternativos de solução de conflitos, seja sob a forma de autocomposição, seja pela forma de heterocomposição.

A autocomposição pode ser expressa pela mediação técnica, que busca o acordo entre partes litigantes como consequência de debate do conflito; enquanto a conciliação busca, diretamente, este acordo. A distinção entre as duas é, somente, quanto ao método, porque o resultado que se pretende é o mesmo.

O Código de Processo Civil dispõe sobre a matéria, sem distinguir entre mediação e conciliação cujo pressuposto é a existência de litígio.

Autocomposição não se confunde com autotutela porque esta resulta na atuação da vontade de um sobre a de outro, a exemplo do exercício do direito de retenção e da autoexecutoriedade dos atos administrativos.

Os chamados *princípios contratuais*, hoje, não se resumem àqueles três fundados na *autonomia da vontade* e dos quais o Código menciona, somente, o da *liberdade de contratar*.

Esse padrão antigo da *liberdade de contratar*, que em seu momento inicial revela que as partes podem contratar ou não contratar, podem fixar o conteúdo do contrato, podem escolher a forma contratual, podem escolher com quem contratar e assim por diante; é o que dava a ideia da *autonomia da vontade*, dentro da qual se fala, também nessa visão tradicional, em *consensualismo*; em *princípio da relatividade das convenções*, no sentido de que só as partes estão vinculadas e aquilo que pactuaram não prejudica terceiros; tem-se, aí, em consequência, a obrigatoriedade do "*pacta sunt servanda*" do *contrato*, estabelecendo *lei* entre as partes e, ao mesmo tempo, o princípio de que o contrato não prejudica nem beneficia a terceiro.

Uma primeira observação, que se impõe, está em que a proposição do "*contrato com pessoa a declarar*", feita pelo Código, rompe com o princípio da *relatividade dos efeitos das convenções* e, talvez, por isso, tenha-se de falar, no Código, em um conteúdo diverso do tradicional para o *princípio da autonomia da vontade*, sobretudo, com a informação, já citada neste trabalho, de que se adotou a "diretriz de se retirarem de seu bojo princípios de caráter meramente doutrinário".

Muito bem: esses princípios fundamentais, atrelados ao da *autonomia*, eram exclusivos.

A grande diferença que há é a existência, hoje, de, pelo menos, outros dois *princípios* incrustados no *princípio da ordem social* — o da *boa-fé* e o do *equilíbrio contratual*, antes referidos — que contrabalançam com aquela exclusividade da chamada *autonomia da vontade*.

Há uma tentativa de reconhecer-se o *equilíbrio contratual*, especialmente nos contratos pessoais *sinalagmáticos* ou de prestação e de contraprestação.

Esse *princípio do equilíbrio contratual*, em matéria de grandes injustiças, faz, com o da *boa-fé,* um contraponto com o da *autonomia da vontade*, tomando, até, a roupagem de um *limite*.

Ora, o Código não é explícito sobre esse *equilíbrio* que já está regrado no Código de Defesa do Consumidor e, até, numa Medida Provisória, a de nº 2.172-32, de 23 de agosto de 2001 e de que já se falou, neste trabalho.

Traz o Código o princípio da *probidade* — de que este trabalho, também, já discorreu, antes — o qual seria mais próprio considerar-se um elemento da *boa-fé*. As circunstâncias em que está posto revela mais um *conceito jurídico indeterminado*, com as consequências já mencionadas sobre a fuga PARA o juiz.

4.2.1.2 A probidade e a boa-fé

A boa-fé é o princípio mais novo e mais definido no Código. É o segundo *princípio* expresso do *direito contratual*. O primeiro, já referido, é o da *liberdade de contratar*, o do art. 421.

O art. 422 faz a previsão da *boa-fé objetiva* que é considerada, como já exposto, *comportamento* e não como situação de pensamento do contratante.

Ruim é que a proposição refere-se, apenas, às fases de *conclusão* e de *execução*, excluindo as fases *pré-contratual* e "*post-pactum*".

A *boa-fé objetiva*, que é um modo de comportar, significa que há de haver lealdade recíproca, nos termos definidos pelos padrões sociais e não no pensamento de cada um.

Muito bem: essa *boa-fé* como *comportamento* deve ser observada antes do *contrato* ser feito. Portanto, já na fase de tratativas, na fase de negociações, os *candidatos* a contratantes devem ter lealdade recíproca, devem dar as informações que a outra parte merece ter.

Ora, se esta lealdade, somente, é exigida na fase de *conclusão*, ou seja, fase de elaboração do contrato, quando as partes, então, chegam a dispor sobre as *cláusulas* e, até, a assinar o contrato, entende-se que a *boa-fé*, disciplinada no Código, não será exigida na *fase pré-contratual* que é a de negociações, nem na fase "*post-pactum*". É mais um tema para dizer-se que será o juiz chamado e, aí, dependerá do seu convencimento admitir ou não.

Despreza-se, desta forma, toda uma conquista decorrente da formulação doutrinária e jurisprudencial, como já se acentuou, antes, com arrimo em MENEZES CORDEIRO.

A insuficiência reguladora do Código, em matéria de *boa-fé objetiva*, ainda existe num outro ponto de vista, é o da sua inexigibilidade na fase *pós-contratual*, fase "*post-pactum*".

Assim como se elaborou uma Doutrina da *responsabilidade pré-contratual* deve-se imaginar uma para a *responsabilidade pós-contratual*.

A jurisprudência alemã registra casos dessa natureza, como a de um comprador de imóvel que, depois de ter sido, então, bem conversado pelo vendedor, acabou por adquiri-lo em razão de uma bela vista para um vale e o vendedor ponderou que aquilo era permanente, que não havia possibilidade de construir-se na frente do imóvel porque havia restrições oficiais.

O vendedor, depois de tudo terminado, utilizou de sua influência junto ao órgão administrativo competente para expedir as respectivas posturas e obteve a revogação do ato através do qual se proibia a construção mais alta na frente, no referido espaço.

E ele mesmo, o vendedor, adquiriu o terreno em frente e construiu sobre ele, tirando a vista do imóvel que, ele próprio, havia vendido no primeiro negócio.

Esse é um *comportamento* de quem frustra as *expectativas* do comprador a que já se referiu linhas atrás.

A verdade é que não se trata de inadimplência, mas, de um *comportamento* que contribuiu para uma insatisfação do negócio que havia celebrado com a outra parte, sob *expectativas*.

Então, o Tribunal alemão considerou o caso como de *responsabilidade* por quebra da regra da *boa-fé* na celebração do negócio, aplicada em relação a fato ocorrido na fase *pós-contratual*.

Atribui-se, portanto, ao direito alemão, a criação da teoria da *culpa post factum finitum*, ou seja, da teoria da *responsabilidade pós-contratual*.

Os seus doutrinadores e jurisprudência fundamentam-se no art. 242 do Código Civil que dispõe sobre a observância da *boa-fé*, também, na fase posterior à da *execução* do contrato, uma vez que esse dispositivo estabelece um procedimento de fidúcia das partes, inclusive, quando rompido o *vínculo*, ainda que os efeitos dos fatos aí ocorridos não tenham sido fixados por essas partes.

O Código Civil brasileiro, enfim, não cuida nem da *responsabilidade pré-contratual*, nem da *responsabilidade pós-contratual* e, somente, manda guardar a *probidade* e a *boa-fé* na fase de *conclusão* e na fase de *execução*.

Mas, também, não fala, por exemplo, das hipóteses de *inexecução antecipada*, salvo — o que não é o mesmo — daquela *mora solvendi*, em razão da qual o Código defere ao credor enjeitar o *objeto da prestação* e exigir satisfação das perdas e danos, se, por causa da mora, esse *objeto* tornar-se inútil (cf. parágrafo único do art. 395).

É silente, assim, quanto ao *inadimplemento antecipado*, tendo-se de ir PARA o juiz; tanto que o Superior Tribunal de Justiça foi chamado a resolver um caso, que teve como relator o Ministro RUY ROSADO DE AGUIAR, o do Recurso Especial nº 309626-RJ, com decisão unânime da 4ª Turma, em julgamento de 19 de junho de 2001, cuidando de *inadimplemento antecipado* de empresa contratada para construir um imóvel e, passado o prazo, a obra não se tinha iniciado.

A expressão não é, tecnicamente, apropriada porque se é *inadimplemento* não pode ser *antecipado*.

Melhor será falar de *inexecução antecipada*, tal como se lê no art. 91 do Código Europeu de Contrato, segundo o qual, há um *devedor sem condições de adimplir*, assim se entendendo o fato de, antes do vencimento do termo, ser razoável considerar que o devedor não está em condições de cumprir uma prestação de uma obrigação contratual ou que não pode cumpri-la, sem defeitos relevantes e que tal situação não se deve a um fato positivo ou omissivo do credor.

Este, o credor, pode solicitar, por escrito, que lhe seja fornecida, em um período razoável e não inferior a 15 (quinze) dias, uma garantia apropriada relativa à futura execução e declarar que, na ausência desta, o inadimplemento será considerado definitivamente certo, assegurada a ampla defesa deste devedor.

Parte desses problemas, aqui, relatados como não regulados pelo texto de 2002 do Código Civil, recebeu solução com a disciplina que lhe dá a já citada Lei de Declaração de Direito de Liberdade Econômica, editada em 2019.

CAPÍTULO V

5. A FORMULAÇÃO "*DO CONTRATO COM PESSOA A DECLARAR*", NO TEXTO DE 2002 DO CÓDIGO

O Código Civil, no texto de 2002, formula o "*contrato com pessoa a declarar*", com as seguintes proposições:

> TÍTULO V
>
> CAPÍTULO I
>
> DISPOSIÇÕES GERAIS
>
> ....
>
> Seção IX.
>
> Do contrato com pessoa a declarar.
>
> **Art. 467.** No momento da conclusão do contrato, pode uma das partes reservar-se a faculdade de indicar a pessoa que deve adquirir os direitos e assumir as obrigações decorrentes do contrato.
>
> **Art. 468.** Essa indicação deve ser comunicada à outra parte dentro no prazo de cinco dias da conclusão do contrato. Se outro não tiver sido estipulado.
>
> Parágrafo único. A aceitação da pessoa nomeada não será eficaz se não se revestir da mesma forma que as partes usaram para o contrato.

O CONTRATO COM PESSOA A DECLARAR, NO BRASIL, É UM PACTO

> **Art. 469.** A pessoa, nomeada de conformidade com os artigos anteriores. Adquire os direitos e assume as obrigações decorrentes do contrato. A partir do momento em que esse foi celebrado.
>
> **Art. 470.** O contrato será eficaz somente entre os contraentes originários:
>
> **I** - Se não houver indicação de pessoa, ou se o nomeado se recusar a aceitá-la.
>
> **II** - Se a pessoa nomeada era insolvente. E a outra pessoa o desconhecia no momento da indicação.
>
> **Art. 471.** Se a pessoa a nomear era incapaz ou insolvente, no momento da nomeação, o contrato produzirá seus efeitos entre os contraentes originários.

Verifica-se, pela transcrição, que essa *categoria* está regrada, nesse texto do Código, na parte das *disposições gerais* dos *contratos*, significando que ela é comum a todas as *espécies* de contrato, tanto as típicas quanto as atípicas, *dependendo*, somente, da natureza do *vínculo* que essas *espécies* venham a criar. Contudo, essa *categoria* não se reveste como uma dessas *espécies*, ou seja, como um tipo específico de contrato.

Diz-se *dependendo* da natureza do *vínculo*, porque o seu âmbito de aplicação não pode ser amplo de modo a abranger qualquer um deles, por exemplo, aqueles que dão origem a certas *obrigações de fazer*.

O seu modelo tanto pode ser o Código Civil italiano de 16 de março de 1942, arts. 1.401 a 1.405; quanto o português de 25 de novembro de1966, arts.452 a 456.

Ambos disciplinam a *categoria* em quatro artigos incluídos como parte das *Disposições Gerais*.

A doutrina italiana, em consonância com a jurisprudência da Corte de Cassação Civil[363], caracteriza-o como

363. cf. Livi, Maria Alessandra. Comentários aos arts.1.401 e segs. In. Codice civile a cura di Pietro Rescigno. Seconda edizione. Milano Giuffrè Editore 1994, p.1569

uma *cláusula* de reserva de nomeação a favor do estipulante, a qual pode ser aposta tanto num contrato com efeitos obrigacionais, como num contrato com efeitos reais; bem assim, num contrato definitivo, como num contrato preliminar.

Admite, outrossim, que a *cláusula* pode ser aposta como uma opção, a ser aceita, no prazo fixado, quer do contratante de origem, quer da pessoa designada; também pode ser aposta num contrato de permuta com efeitos obrigacionais, mas, não com efeitos reais, sendo inválida quando a pessoa do contratante é relevante por força da lei.

A admissão, ainda, ocorre em contrato cuja prestação é *intuitu personae,* se o estipulante empenha-se a designar um sujeito que tenha as características predeterminadas no contrato, mas, exclui a possibilidade de ser adotada no contrato com prestação a cargo de uma só parte; ou em um contrato de segundo grau modificativo ou extintivo de uma precedente relação na qual se refere a um objeto bem determinado.

A prática italiana dá bem a dimensão do âmbito de utilização dessa *categoria*, modelando-a para sistemas que a tenham perfilhado.

Gize-se, por necessário, que o Código Civil italiano disciplina, destacadamente, as *espécies* contratuais sob um Título específico denominado "*Dos Contratos Individuais*", de forma que serviu de cópia para o direito pátrio, em 2002.

Então, ambos os regimes jurídicos — o italiano e o brasileiro — não consideram a *categoria*, aqui, sob estudo, como uma *espécie* de contrato e, sim, como um *pacto adjeto*.

O direito português, outro exemplo, segue a mesma trilha, ao inserir os *contratos* como uma das *fontes das obrigações* (arts. 405° e segs), inclui o *contrato para pessoa a nomear* (arts. 452^{oo} e segs.) nas *Disposições Gerais*, na Seção I, entre outras *categorias* por elas disciplinadas.

Tais são:

- *liberdade de contratar;*
- *contrato-promessa;*
- *pactos de preferência;*
- *cessão da posição contratual;*
- *exceção de não cumprimento do contrato;*
- *resolução do contrato;*
- *resolução ou modificação do contrato por alteração das circunstâncias;*
- *antecipação do cumprimento. Sinal;*
- *contrato a favor de terceiro.*

Assim, o texto brasileiro de 2002 *teve a quem puxar*, autorizando a conclusão de que, também, nele, não há que se falar em uma *espécie* de contrato e, sim, em uma *disposição* cabível em qualquer *espécie* de contrato, contanto que haja compatibilidade.

5.1 Terminologia

O texto de 2002 do Código adota a denominação de *contrato com pessoa a declarar*.

Essa *terminologia* é inaceitável, no plano da linguagem técnico-jurídica.

A) *Primeiro* porque, no contexto em que a *categoria* está formulada, não se trata de uma *espécie* de *contrato*, por isso, que o seu regime jurídico, tecnicamente, está incluído como tema das *disposições gerais* atinentes aos *contratos*.

A exposição feita neste livro, sobre a teoria do contrato, dentro da qual se colocou a teoria *geral* do contrato, demonstra que a *categoria*, ora sob comento, não se coaduna com a *instituição contrato*, com o *instituto contrato*, com o *conceito contrato* e, por isso, também, não pode ser admitida como uma *categoria contrato*, independentemente, considerada.

Pode ser enquadrada, ao revés, na *categoria pacto*, porque, no dito contexto, efetivamente, pode ser uma *cláusula* de um *contrato* ou um *pacto adjecto* a ele aposto, assim, como ocorre com a *convenção de arbitragem* sobre a qual dispõe a lei nº 9.307, de 23 de setembro de 1996, assim entendida a *cláusula compromissória* ou o *compromisso arbitral*.

TAMBURRINO[364] refere-se a essa *categoria* como uma hipótese interessante, embora concernente ao conteúdo e à atitude concreta de *opção*, ou seja, aquela *opção por pessoas a nomear* que se faz em um *contrato*.

Outros, como GAZZONI[365], cuidam de dar-lhe o tratamento, na estrutura da obrigação, de uma mera modalidade de *determinabilidade subjetiva*.

São exemplos do equívoco terminológico, ao falar, o legislador brasileiro, ambiguamente, em *pessoa a declarar*.

B) *Segundo* porque a expressão "*pessoa a declarar*" induz a essa lamentável ambiguidade, na perspectiva de uma *linguagem técnica* que a Ciência do Direito "*stricto sensu*" vem cultivando, com o auxílio da *Semiótica* e da *Lógica Jurídicas*.

---

364. Cf. Tamburrino, Giuseppe. *I vincoli unilaterali nella formazione progressiva del contrato*. Milano: Dott. Antonino Giuffré – Editore, 1954, p. 33-58.

365. cf. Gazzoni, Franceso. *Obbligazioni e contratti*. Napoli: Edizioni Scientifiche Italiane, 1993, p. 527-530.

Pessoa a declarar dá a entender tanto *pessoa* que irá fazer uma *declaração de vontade*, como *pessoa* a ser *declarada* por alguém.

Certamente, que é nessa segunda acepção, a que tomou o Código. Mas, se é esta, então, repita-se que é lamentável não ter a precisão de *linguagem* que teve o seu modelo, o Código Civil italiano, que adota a expressão *pessoa a nomear*, porque disto é que se trata: uma nomeação, uma designação, ou seja, uma indicação de um nome de uma pessoa, dado que isto é que importa em uma *individualização*. O português denomina: *contrato para pessoa a nomear*.

Crítica à parte, quanto à *terminologia*, examina-se, a seguir, o regime jurídico posto.

5.2 Origem

O *contrato* para *pessoa a ser nomeada*, chamado pelo legislador brasileiro de *contrato com pessoa a declarar*, era desconhecido pelo Direito Romano, que repugnava a qualquer forma de *indeterminação subjetiva* nas relações jurídicas, *alteri stipulari nemo potest*, porque, salvo raríssimas exceções, o terceiro, não tendo participado da *conclusão* do contrato, não poderia dele ter proveito.

Essa regra da *relatividade* é objeto de moderação, na contemporaneidade.

Basta lembrar as considerações feitas, páginas atrás, sobre os *efeitos internos* e *externos* do contrato, para reafirmar-se que esses *efeitos externos* resultam em que os terceiros devem ter em conta a *existência* do contrato[366].

---

366. cf. Enrietti, Enrico. *Il contrato per persona da nominare*. Torino: Universitá di Torino, 1950. p. 200.

ENRIETTI[367] informa que o *contrato para pessoa a ser nomeada* nasce, seguramente, na Itália, difundindo-se, rapidamente, em numerosas outras regiões, a exemplo da Savoia, Holanda e vizinhança, Espanha e, na França, o contrato *avec éléction de command.*

Acrescenta que já BALDO DEGLI UBALDI[368] falava dele nos seguintes precisos termos:

> "*promittis mihi recipienti pro eo, quem declarabo*"? (você me promete colocar o destinatário em nome deste homem, a quem vou declarar?;

e adiciona:

> "*si neminem declaro, presumar recepisse per me et heredibus meis*" (se nós declaramos, presumindo recebifo po mim e por minha herdeira).

Essa *categoria*, pelo exposto, tem por base o negócio fiduciário, aqui, historicamente, derivado do tipo celebrado por ordem.

As suas causas foram:

a) fixação do preço em prol da pessoa financeiramente abastada e

b) evitar pluralidade de incidência de laudêmio e de impostos sobre o negócio jurídico ou sobre os seus efeitos.

Isto porque, habitualmente, foi utilizado na compra e venda, fazendo-se, então, uma venda com eleição de ordem e, por ser negócio fiduciário, quem *adquiria* para a *pessoa*

367. cf. Enrietti, Enrico. *Il contrato per persona da nominare*. Torino: G. Giappichelli – Editore. 1958, p. 30.

368. cf. *Dig. L. II, XIV de pactis, §1 (huius edicti aequitas).*

a nomear tomava o nome de *fiduciarius emptor* (comprador fiduciário).

CARAVAGLIOS[369] afirma que, desconhecido para o Direito Romano por causa da repugnância deste, pela *indeterminação subjetiva* na relação jurídica, essa figura criou-se no campo das *vendas públicas com encantamento*, pois as pessoas de alto escalão não desejavam ser confundidas com outros licitantes, tanto para não serem acusados de malevolência para com os devedores expropriados, como porque (e esta teria sido, talvez, a razão mais relevante) tinham uma certa restrição para parecerem ofertantes ou licitantes vencedores.

Esta forma de *venda* ***com encantamento*** **consiste em** uma oportunidade interessante para quem desejava adquirir um imóvel, porque representava um bom negócio, especialmente, pelo preço vantajoso.

Ela acontecia mediante um tipo de leilão caracterizado por um ***concurso público*** que terminava quando ninguém levantava um valor maior do que a última proposta.

Essas características são as de leilão imobiliário ocorrido ao final de um processo de execução, cujo objetivo é satisfazer o credor. Enfim, trata-se de uma *venda em hasta pública com encantamento*, portanto, uma venda aberta a qualquer pessoa, mas, realizada de modo a atrair o cliente para aquisição do objeto do negócio.

A venda forçada por um leilão dessa natureza permitia adquirir um imóvel que tivesse sido objeto de execução ou de desapropriação. O objetivo era o de tentar satisfazer os credores.

E a confidencialidade passou a ser um requisito porque se não atendido levaria a uma baixa participação dos

---

369. cf. Caravaglios, Raffaele. Il contrato per persona da nominare. Milano. Giuffrè Editore. 1998 p. 9 e segs.

licitantes e à consequente redução do valor dos ativos, por isso, o surgimento do anteparo da *reserva de nomeação*, permitindo o anonimato, pelo qual se instruía um administrador fiduciário a tornar-se comprador do ativo com o acordo de transferência, mais tarde, dos direitos adquiridos.

O mecanismo tinha, também, um relevante objetivo que era a *imunidade fiscal* da *declaração de comando*: "pagava as taxas pela cessão do *ius ad rem* (que ocorria entre *promittens* e *stipulans*), não era devido mais laudêmio pela atribuição ao *electus* do *ius in re*".

A *categoria* difundiu-se na Europa, especialmente, na França (contrato *avec élection d'ami* ou contrato *avec élèction de command*), entre o sec. XVII e a codificação italiana de 1942, incluídas leis processuais e tributárias, mas, além do Código Civil português de 1966, nenhum outro europeu acolheu-a.

Foi disciplinada, pelo *Code de Procédure Civile* francês, chamada de *vente avec réserve de command* e pelo *Code Général des Impôts,* este exigindo, para efeitos tributários e fiscais, o cumprimento da nomeação no prazo de vinte e quatro horas, a contar da celebração do contrato.

A reserva de estipulação de nomeação, no direito alemão, em face da ausência de uma referência legislativa precisa, a doutrina substitui-a pela representação de pessoa não declarada, na categoria de negociação em que o destinatário da declaração é indeterminado ou uma pessoa estipula para outros, sem revelar à outra parte a identidade de pessoa em causa, sem esconder a intenção de agir para outros.

> Socorre-se do §179, 1°, do BGB, segundo o qual quem celebrou contrato na qualidade de mandatário fica, se não tiver feito prova do seu poder de representante, vinculado à outra parte na medida em que esta opta por cumprir o contrato ou indenizá-lo por perdas e danos se o mandatário se recusar a ratificar o contrato.

Por outro lado, na ordem, a favor de um recebimento seguro do instituto, há certos fatores que a doutrina avançou para indicar, também, a exatidão do direito fiscal alemão na identificação e, portanto, na tributação das várias hipóteses imputáveis ao contrato para pessoa a nomear, o que permite, ao contrário, do que acontece em Itália, chegar-se a soluções substancialmente inequívocas em matéria civil e fiscal, de modo reconstrutivo, entre diferentes ramos do direito.

A origem da *categoria*, como se encontra no texto de 2002 do Código Civil brasileiro, é a que se encontra no Código Civil italiano de 1942. Assim, para o efeito perseguido, este trabalho dispensa o histórico que fazem outros autores, citados na bibliografia, destacando-se, por todos, o excelente resumo feito por LUIZ ROLDÃO DE FREITAS GOMES[370], autor do único livro sobre a matéria, na doutrina brasileira, porque todos os outros autores tratam do assunto como parte de livros. Recomendável, outrossim, é a leitura do prefácio escrito, nesse livro, por CAIO MARIO DA SILVA PEREIRA[371].

O efeito que se pretende, ao falar da origem, o de que se compare a formulação brasileira, com a italiana[372] e com

---

370. cf. Gomes, Luiz Roldão de Freitas. *Contrato com pessoa a declarar*. Rio de Janeiro: Renovar, 1994. p. 1-9.

371. cf. Prefácio In. Luiz Roldão de Freitas Gomes. Contrato com pessoa a declarar. Rio de Janeiro: Renovar, 1994, p. XI e segs.

372. cf. TITOLO II. **Dei contratti generale** CAPO VII **DEL CONTRATTO PER PERSONA DA NOMINARE 1401. Riserva di nomina del contraente** Nel momento della conclusione del contrato [1326] una parte può riservasi la facoltà di nominare sucessivamente la persona che deve acquistare i diritti e assumere gli obblighi nascenti dal contratto stesso [c.p.c. 583]. **1402. Termine e modalità della dichiarazione di nomina**. – La dichiarazione di nomina deve essere comunicata all'altra parte nel termine di tre giorni dalla stipulazione del contratto [c.p.c. 579[3]], si le parti non hanno stabilito un termine diverso.
La dichirazione non ha effeto se non è accompagnata dall'accettazione della persona nominata o se non esiste una procura anteriore al contratto. **1403. Forme e pubblicità.** – La dichiarazione di nomina e la procura o l'accettazione della persona nominata non hanno effetto si non rivestono la stessa forma che le parti hanno usata per il contratto,

a portuguesa[373], esta última, também, no Código Comercial do país[374].

Verifica-se, pois, que a matriz italiana — embora cuide de *contrato*, gerando o número de pronunciamentos sobre a natureza jurídica da *categoria*, o que levou ENRIETTI, a listar as 16 (dezesseis) teorias adiante discriminadas e a criticar todas — não comete a ambiguidade quanto à expressão *pessoa a declarar*, dado que se refere à *pessoa a nomear*,

anche se non prescrita dalla lege [1392]. Se per il contratto è richiesta a determinati effetti una forma di pubblicità [2643 ss.] , deve agli stessi effetti essere resa pubblica anche la dichiarazione di nomina, con l'indicazione dell'atto di procura o dell'accettazione della persona nominata. **1404. Effetti della dichiarazione di nomina.** - Quando la dichiarazione di nomina è stata validamente fatta, la personna nominata acquista i diritti e assume gli obblighi derivanti dal contratto con effetto dal momento in cui questo questo fu stipulato. **1405. Effetti della mancata dichiarazione di nomina. -** Se la dicharazione di nomina non è fatta validamente nel termine stabilito dalla legge o dalle parti, il contratto produce i suoi efetti fra i contraenti originari. [1762[1]; c.p.c. 583[2]].

373. *Código Civil Português Actualizado*, aprovado pelo Decreto-Lei nº 47.344 de 25.11.1966: Capítulo II. **Fonte das Obrigações** SECÇÃO I Contratos SUBSECÇÃO X **Contrato para Pessoa a Nomear. Art. 452.º Noção. 1.** Ao celebrar o contrato, pode uma das partes reservar o direito de nomear um terceiro que adquira os direitos e assuma as obrigações provenientes desse contrato. **2.** A reserva de nomeação não é possível nos casos em que não é admitida a representação ou é indispensável a determinação dos contraentes. **Art. 453.º Nomeação. 1.** A nomeação deve ser feita mediante declaração por escrito ao outro contraente, dentro do prazo convencional ou, na falta de convenção, dentro de cinco dias posteriores à celebração do contrato. **2.** A declaração de nomeação deve ser acompanhada, sob pena de ineficácia, do instrumento de ratificação do contrato ou de procuração anterior à celebração deste. **Art. 454.º Forma da ratificação. 1.** A ratificação deve constar de documento escrito. **2.** Se, porém, o contrato tiver sido celebrado por meio de documento de maior força probatória, necessita a ratificação de revestir igual forma. Art. 455.º **Efeitos. 1.** Sendo a declaração de nomeação feita nos termos do Art. 453.º , a pessoa nomeada adquire os direitos e assume as obrigações provenientes do contrato a partir da celebração dele. **2.** Não sendo feita a declaração de nomeação nos termos legais, o contrato produz os seus efeitos relativamente ao contraente originário, desde que não haja estipulação em contrário. **Art. 456.º Publicidade. 1.** Se o contrato estiver sujeito a registro, pode este ser feito em nome do contraente originário, com indicação da clausula para a pessoa a nomear, fazendo-se posteriormente os necessários averbamentos. **2.** O disposto no número anterior é extensivo a qualquer outra forma de publicidade a que o contrato esteja sujeito.

374. Caeiro, António; SERENS, Manuel Nogueira. Código comercial: código das sociedades comerciais. 11 ed. Coimbra: ed. Livraria Almedina, 1999. Código Comercial. {Português}. Código das Sociedades Comerciais Capitulo III. **Do Seguro de Vidas.** Titulo XVI. Da Compra e Venda. **Art. 465.º (Contrato para pessoa a nomear).** O contrato de compra e venda mercantil de cousa móvel pode ser feito, ainda que directamente, para pessoas que depois hajam de nomear-se.

tal como o fazem, também, os Códigos Civil e Comercial portugueses transcritos supra.

5.3 Natureza jurídica: teorias

A *natureza jurídica* de um objeto do conhecimento consiste na identificação dos seus elementos constitutivos fornecidos pelo regime jurídico que disciplina a sua essência, instituído em cada sistema.

Todas as questões que se referem à *natureza jurídica* da *categoria* sob estudo, geradoras de tantas teorias, têm centro na sede da matéria, nos Códigos e na *terminologia* equivocada de *contrato*, colidente com a teoria do contrato.

Tome-se ENRIETTI, por todos[375] que têm cuidado do tema e se repitam, com ele, as teorias que ele arrola: *Teoria*

375. cf. sobre o CONTRATO COM PESSOA A DECLARAR: Barbero, Domenico. *Sistema istituzionale del diritto privato italiano.* 3 ed. Rieveduta e Aumentata. Torino: ed. Unione Tipografica Editrice Torinense, 1951. Vol.1. Caravaglios, Raffaele. *Il contratto per persona da nomainare.* Milano: ed. Giuffrè, 1998. Carresi, Franco. *Contratto per persona da nominare.* In: Enciclopedia del Diritto X Contrato - Cor. ed. Giuffrè Editore. [s l]. *Funzione e struttura del contratto per persona da nominare.* In: Revista de Diritto Civile. Padova, ed. CEDAM - Casa Editrice Dott. Antonio Milani, 1958. (1ª Parte). Costa, Mário Júlio de Almeida. *Direito das obrigações.* 7 ed. Coimbra: ed. Almedina, 1998. Coviello, Nicolas. *Doctrina general del derecho civil.* 4 ed. Revisada por Leonardo Coviello. Trad. por el abog. Felipe de J. Tena. Concordancias de derecho mexicano por ele abog. Rau Berron Mucel. Mexico: ed. Union Tipográfica Editorial Hispano ~ Americana, 1938. Enrietti, Enrico. Contratto per persona da nominare. In: *Novissimo digesto italiano.* Tourino: ed.Vnione Tipografico - Editrice Tourinense, p. 666-678. *Il contratto per persona da nominare.* Torino: ed. G. Giappichelli Editore. Galvão, Inocêncio Telles. *Direito das obrigações.* 6 ed. Revista e atualizada. Coimbra: ed. Coimbra, 1989. Giusti, Alberto; Paladini, Mauro. *Il contratto preliminare.* Milano: Giuffrè Editore, 1992. Gomes, Luis Roldão de Freitas. *Contrato com pessoa a declarar.* Rio de Janeiro: Renovar, 1994. Gomes, Orlando. *Contratos.* ob. cit. p.171-172 Leite, Gonçalo Rollemberg. Contrato por pessoa a declarar. In: *Revista Forense.* Rio de Janeiro: Vol.181 ano 56, fascículos 667 e 668, p. 456-467. Paranhos, Amílcar. *Do contrato com pessoa a declarar.* 1988. 86 f. Tese (Doutorado) UERJ - Universidade Estadual do Rio de Janeiro. Pennasilico, Mauro. *Il contratto per persona da nominare.* Milano: ed. Giuffrè Editore, 1999. Scalone, Giuseppe. *Spunti critici in tema di contratto per persona da nominare.* In. Enciclopedia Pratica di Direzione Aziendale. Milano: ed. Casa Editice Dr. Francesco Vallardi, 1957. Serpa Lopes, Miguel Maria de. *Tratados dos Registros Públicos.* Rio de

della Rappresentanza – Carnelutti; Barbero; Planiol, Ripert e Esmein; Demogue. *Teoría del Concorso dell'interposizione di persona con la rappresentanza* -Ferrara; Coviello; Betti. *La figura dell'interposizione fittizia di persona* – Unger; Ferrara; Lerebours-Pigeonnière. *Teoria del contratto a favore di terzi* – Laurent; Pacchioni; De Semo; Scheggi. *La costruzione del contratto bimembre* – Ehrenzweig. *Il contratto pro amico eligendo come promessa del fatto di un terzo* – Ascoli; Fuzier, Championnière e Rigaud; Dalloz; Toullier. *Teoria dell'alternativita' dell'acquisto* – Scisca; Colin et Capitant; Falzea. *L'electio raffigurata come condizione risolutiva dell'acquisto dello stipulans e come condizione sospensiva dell'acquisto dell'electus* – Gratiano; Riminaldo, Vecchio, Ferretto; Baudry-Lacantinière-Salgnat; Messineo; Stolfi; Giovene. *Teoria della condizione che verificandosi, importa la sostituzione della persona dell'acquirente* – Coviello; Ferrara. *Lo stipulans come acquirente sotto la condizione sospensiva della mancata electio* – Tendi. *Teoría del doppio contratto condizionato sospensivamente* – Carnelutti. *Costruzione dell'Hellwig* – Hellwig. *Teoria della cessione del contratto* – Redenti. *Teoria della novazione* – Redenti. *Teoria della surrogazione* – Betti. *Teoria de Foucault e Dalloz.*

Muitos desses autores, contudo, mudaram de opinião, como é o caso de COVIELLO que, na 2ª edição do seu Tratado sobre a Transcrição adota a posição diversa daquela

---

Janeiro: ed. Livraria Jacinto, 1942. Vol. 4. *Curso de direito civil.* (Fontes das Obrigações: Contratos) 3 ed. Revisada e aumentada. Rio de Janeiro: ed. Livraria Freitas Bastos S/A. 1960. Vol. 3. Sesma, Victória Iturralde. *Lenguaje y sistema jurídico*: Questiones Relativas a la Aplication de la Ley. Madrid: ed. Editorial Tecnos, 1989. Trabucchi, Alberto. *Istituzioni di diritto civile.* 10 ed. Padova: ed. CEDAM – Casa Editrice Dott. Antonio Milani, 1957. Varela, João de Matos Antunes. *Das obrigações em geral.* 3 ed. Coimbra: ed. Livraria Almedina, 1973. Vol. 1. Venosa, Sílvio de Salvo. *Direito Civil*: Teoria geral das obrigações e teoria geral dos contratos. São Paulo: ed. Atlas S.A. 2001. Vecchi, Paolo Maria. Il Contratto per Persona da Nominare. In: *Giurisprudenza sistematica di diritto civile e comerciale.* Fund. Walter Bigiavi. Torino: ed. Unione Tipografico-Editrice Torinense, 1992. p.205-215. Wald, Arnold. *O contrato com pessoa a declarar e o direito fiscal.* In. *Revista do Serviço Público.* ed. Departamento de Administração do Serviço Público, 1952. Vol. 3, nº 1, p. 100-102.

que abraçou, de que a *electio* poderia ser configurada como condição resolutiva da aquisição do *stipulans* e como condição suspensiva da aquisição do *electus* e passou a defender que a *electio amici* era uma simples condição resolutiva e não, ao mesmo tempo, resolutiva e suspensiva.

ORLANDO GOMES[376] cuida do assunto, antes de ele ter sido disciplinado, pela primeira vez, no direito pátrio e com a acuidade de sempre, no seu admirável poder de síntese, trata-o como uma *cláusula* especial *pro amico eligendo* ou *pro amico electo*, pela qual uma das partes reserva-se a faculdade de nomear quem assuma a posição de contratante, advertindo que a singularidade estrutural e a complexidade do seu funcionamento técnico não autoriza enquadrar essa categoria em nenhum dos esquemas tradicionais típicos e usuais de contrato.

Diante dessa diversidade e da formulação no texto de 2002 do Código Civil brasileiro, lembre-se que ENRIETTI estuda o tema em função das vontades das duas partes que dão origem ao *pacto*: o *estipulante* e o *promitente*, definindo-o — ainda que equivocadamente — como uma espécie de *contrato* no qual uma pessoa (o *stipulans*) contrata, por si, com outra pessoa (o *promittens*) reservando-se, porém, a *faculdade* de nomear, sucessivamente, como parte contratante, e no seu lugar, outra pessoa, produzindo, portanto, imediatamente, os seus efeitos entre *stipulans* e *promittens*.

Mas, com o verificar-se da *electio*, o sujeito da relação originária passa a ser, *ex tunc*, em lugar do *stipulans*, o *electus*, o qual terá de comportar-se, em face do *promittens*, como verdadeira e própria parte contratante e adquirirá os direitos em face do *promittens* mesmo em face de quem assumir as obrigações, enquanto o *stipulans* perderá a sua qualidade de parte contratante, também, *ex tunc*.

376. cf. *Contratos*. Coordenador: Edvaldo Brito, Atualizadores: Edvaldo Brito e Reginalda Paranhos de Brito. 28 ed. Rio de Janeiro: Forense, 2022. p. 171-172.

Definam-se, em resumo, então, os elementos constitutivos dessa *categoria*:

> *Facultas amicum eligendi* - é a *faculdade* de indicar o *amicus*, isto é, o terceiro que integrará, definitivamente, o contrato.
>
> *Stipulans* – aquele que se reserva a faculdade de indicar a tereira pessoa, o *electus*.
>
> *Promittens* – é o outro contratante que aceita, desde logo, a indicação de um terceiro para assumir a posição do *stipulans*.
>
> *Amicus* - é o terceiro
>
> *Eligendus* - é o *amicus* ou terceiro, antes da indicação
>
> *Electio* - é a *electio amici*, isto é, o ato de escolha do amigo ou terceiro que irá ocupar, definitivamente, o lugar do *stipulans* no contrato.
>
> *Electus* - é o *amicus electus*, isto é, o terceiro, quando já indicado e que, definitivamente, passa a fazer parte do contrato.

5.3.1 A conclusão deste trabalho: pacto adjecto, mediante ou uma cláusula ou um termo em anexo ao contrato, objetivando determinabilidade do sujeito

A teoria do contrato, exposta neste livro, deixa transparecer que, efetivamente, o denominado *contrato com pessoa a declarar*, também, no direito pátrio, não se reveste da *categoria contrato* e sim da de *pacto*, tal como, também, acerca desta última *categoria*, esclareceu-se ao teorizá-la.

PAOLO MARIA VECCHI[377] tem a mesma conclusão: "la collocazione della disciplina del contratto persona da nominare nella normativa sul contratto in generale indica che non ci si trova di fronte ad um particolare tipo negoziale, ma che la riserva di nomina puó essere di massima apposta ad ogni contratto".

---

377. cf. *Il contratto per persona da nominare*. In. *Giurisprudenza sistematica di diritto civile e comerciale*. Fund. Walter Bigiavi. Torino, ed. Unione Tipografico-Editrice Torinense, 1992. p.205-215.

É um *pacto adjecto*, com o propósito de *determinar*, no futuro, o *sujeito* da relação jurídica contratual, daí que se tem entendido ser essa *cláusula* mais apropriada em *contrato preliminar*.

É, portanto, hipótese de *obrigação contratual* na qual o *sujeito* é *determinável*.

A *obrigação* é um *vínculo jurídico* que une dois polos subjetivos — o ativo ao passivo — um é titular de um direito subjetivo (o sujeito ativo), forrado por uma *pretensão* e o outro (o sujeito passivo) tem o dever jurídico, qual seja, o de cumprir *prestação* para satisfazer aquele titular.

Essa *estrutura* da *obrigação* é integrada, também, por um elemento objetivo, qual seja a falada *prestação* que, por sua vez, também, tem o seu objeto (o objeto da *prestação*).

O requisito saliente desse elemento subjetivo é a *determinabilidade*, porque o *vínculo* pressupõe *sujeitos determinados*.

Contudo, a *vida de relação* propicia várias hipóteses de *sujeito determinável*.

São, assim, por exemplo:

a) em obrigações *ambulatórias* as suas espécies mais destacadas são as *propter rem*[378];

b) no pagamento em consignação[379];

---

378. cf. arts.1.297, 1.315 e 1.382 do texto de 2002 do Código Civil. São chamadas *propter rem* porque, em razão da coisa, uma pessoa vincula-se pelo exercício de um *senhorio* (posse, propriedade, usufruto, enfiteuse e etc.) sobre a coisa. *Características*: I) – dependem de uma relação jurídica de direito real; II) – constituem-se pelo *fato jurídico* em despesas realizadas para construir, conservar ou melhorar a coisa; III) – ambulatórias: o crédito ou a dívida sucedem-se no adquirente, o sujeito determinável; IV) – são *numerus clausus* porque os fatos sãc discriminados em lei e não podem ser aumentados pela autonomia da vontade, cuja forma de expressão está na aquisição da coisa; V) – o inadimplemento pode gerar a sujeição do patrimônio do devedor, em relação a qualquer bem da sua riqueza; VI) – extingue-se, em relação a cada sujeito, com a respectiva cessação da relação com a coisa.

379. cf. inciso IV do art. 335 do texto de 2002 do Código Civil.

c) na promessa de recompensa[380].

O denominado *contrato com pessoa a declarar*, tal como regrado no direito pátrio, é, também, uma dessas hipóteses de *sujeito determinável*[381].

A nomeação, *determinando* a imputação subjetiva da relação, é um típico ato receptivo, que produz efeito a partir do momento em que se torna conhecido pelo proponente[382].

O sujeito, na hipótese desse denominado *contrato com pessoa a declarar*, é, sempre, *indeterminado*, mas, em um dado momento ele deverá ser certo[383].

É uma *indeterminação* subjetiva temporária, mediante uma *cláusula* específica, inserida em contratos cujo objeto seja compatível com essa *indeterminação*.

A *categoria*, conforme já se invocou ORLANDO GOMES, não é um tipo particular de contrato munido de uma própria causa[384].

Isto quer dizer que haverá, sempre, um negócio, a que alguns chamam de definitivo, ao qual adere o *pacto*.

---

380. cf. arts. 854 e 855 do texto de 2002 do Código Civil.

381. cf. art.467 do texto de 2002 do Código Civil.

382. cf. Caravaglios, Raffaele. *Il contrato per persona da nominare*. Milano. Giuffrè Editore. 1998, p.174

383. cf. Messineo, Francesco. *Il contrato in genere*. Tomo primo. Milano. Dott. A. Giuffrè Editore. 1973, p.511.

384. cf. Santarcangelo, G.. *La volontaria giurisdizione nell'attività negoziale, I, Procedimento e uffici in generale*. Giuffrè, Milano. 1985, p.570. Gomes, Orlando. *Contratos*. Coordenador: Edvaldo Brito, Atualizadores: Edvaldo Brito e Reginalda Paranhos de Brito. 28 ed. Rio de Janeiro: Forense, 2022. p. 171-172. Taranto, Hugo Omar. *Representación*. In. Stiglitz, Rubén S., Director, Contratos. Teoría general. II. Buenos Aiored: Ediciones Depalma, 1993. p.153.

5.4 Campo de aplicação

Naturalmente que, também, o âmbito de aplicação não se restringe ao contrato de venda, como ocorreu no seu nascimento, mas, não pode ser tão amplo a ponto de incompatibilizar-se com o objeto do negócio a que adere.

Não é possível admitir-se esse *pacto* nos *contratos* que sejam *fontes mediatas* de obrigações de *fazer pessoal*, quando elas forem "*intuitu personae*".

Classificam-se essas obrigações:

a) de *fazer pessoal por natureza* e

b) de *fazer pessoal por convenção.*

É por *natureza* quando a *prestação* é só exequível pelo específico sujeito passivo.

É por *convenção* quando a *prestação* for imposta a um determinado sujeito passivo, embora pudesse ser cumprida por qualquer outro.

Contudo, a Corte di Cassazione Civile italiana perfilhou, em 1969, uma doutrina admitindo que a reserva de nomeação pode estar contida em um contrato "*intuitu personae*", se o estipulante se comprometer a designar um sujeito com as características predeterminadas no contrato.

A *cláusula* pode ser aposta, enfim, tanto em contrato de efeitos pessoais quanto reais; tanto em contrato *definitivo* quanto *preliminar*.

Não é possível admitir o *pacto* em todas as relações do direito societário, razão porque o Código Comercial português teve o cuidado de limitar a *cláusula* ao contrato de compra e venda mercantil de coisa móvel (cf. art. 465°, supratranscrito).

Aqui, a referência vem porque o *direito de preferência* é "*intuitu personae*", portanto, somente pode ser exercido pelo seu titular.

A natureza de direitos personalíssimos dada à prerrogativa de exercer a *preferência*, há de excluir do âmbito do direito societário o *pacto de pessoa a nomear*, porque somente por exceção a *preferência* pode ser excluída dos direitos essenciais do acionista, como ensinam os magistérios insuperáveis de FABIO KONDER COMPARATO[385] e RUBENS REQUIÃO[386].

O Código Civil brasileiro[387] é explícito ao estabelecer que não se pode ceder o direito de preferência, o qual, também, não se presta à sucessão para herdeiros. Trata-se de direito **personalíssimo** e **intransmissível**.

5.5 Fases do *pacto com pessoa a declarar*

a) antes da nomeação;

b) depois da nomeação

Os eventos do chamado *contrato com pessoa a declarar* são divididos (ou podem ser separados) em duas fases: *antes* da nomeação; em seguida, a segunda fase, que consiste na possível aceitação do *eligendo*[388], ela acontece *depois* da nomeação.

---

385. cf. *O poder de controle na sociedade anônima*. São Paulo: Ed. Revista dos Tribunais, 1976, p.143-154.

386. cf. *Curso de direito comercial*, v.2, São Paulo: Saraiva, 1982, p.131

387. cf. arts.513 e segs. do Código Civil brasileiro

388. cf. Messineo, Francesco. *Il contratto in genere*. Tomo primo. Milano. Dott. A. Giuffrè Editore. 1973, p.502

MESSINEO[389] refere-se, portanto, ao tema, mas, designa de *fase de formação*, a essa *anterior* à nomeação, o que induz à errônea caracterização de um contrato, como se fosse munido de uma própria causa; opinião essa que valeria, apenas, para aqueles que não aceitam a sua natureza de *pacto* aposto por meio de *cláusulas* em um tipo particular de contrato.

Melhor insistir de que se trata de um *pacto*, cuja fase *anterior* à nomeação do *eligendo*, no direito pátrio, não corresponde à do instante de *formação* de um particular tipo de contrato, tal como ficará demonstrado em linhas adiante.

Um tipo próprio de contrato, munido de uma própria causa, tem quatro fases:

a) *pré-contratual*;

b) *conclusão*;

c) *execução*;

d) *pós-contratual*.

O Código Civil brasileiro cuida, somente, das fases de *conclusão* e de *execução*, quando manda guardar, nelas, os princípios de *probidade* e de *boa-fé*[390] ou quando, diferentemente, refere-se à faculdade de nomear o *eligendo*, isto é, o terceiro a ser indicado como adquirente dos direitos ou como quem assumirá os deveres[391].

A fase *anterior* do denominado *contrato com pessoa a declarar* consiste, portanto, no ato de indicação da pessoa, o *eligendo* e ocupa o espaço que abrange desde a época do protagonismo dos *candidatos ao contrato* — tanto o

---

389. cf. Messineo, Francesco. *Il contratto in genere*. Tomo primo. Milano Dott. A. Giuffrè Editore. 1973, p. 502.

390. cf. art. 422.

391. cf. art. 467.

preliminar quanto o *definitivo* — a fase *pré-contratual*, até o final do prazo contado a partir da *conclusão*.

Esse espaço contém, assim, a fase *pré-contratual*, passando pela fase de *conclusão* e podendo envolver parte da fase de *execução*, dependendo do tempo estabelecido pelas partes para a comunicação da indicação.

O exercício da *faculdade* de indicar opera efeito *ex tunc*, porque o *eligendo*, já, então, *electus* adquire os direitos e assume os deveres, a partir do momento da celebração do contrato *preliminar* ou do *definitivo*.

A norma legal, que fixa esse prazo, é *supletiva*, porque a regra é a de estipulação do lapso, pelas partes e, somente, na omissão destas, prevalece o legal.

Essa norma veicula, nestes termos, um *direito potestativo*[392] dado que essa *faculdade* é a aptidão que a ordem jurídica outorga à parte, que se reservou esse poder, a exercê-lo sem possibilidade de oposição, uma vez que o *pacto*, somente, perde essa natureza: *ou* se não houver a indicação de pessoa; *ou* se o nomeado recusar-se a aceitá-la; *ou* se, no momento da indicação, a outra parte desconhecia que o *eligendo* era *insolvente* ou *incapaz*; hipóteses em que o contrato produzirá seus efeitos, apenas, entre os contratantes originários, ou seja, o *stipulans* e o *promittens*.

A *declaração de insolvência* é uma ocorrência entre os credores para que o devedor satisfaça a respectiva *prestação*, em execução judicial, quando as dívidas excedem ao valor do seu patrimônio[393].

---

392. cf. Messina, Giuseppe. *Diritti potestativi*. In. *Scritti giuridice*. Milano: A. Giuffré. 1948. p. 41: "poteri, in virtu dei quali il lovo titulare può influire su situazioni giuridiche preexistenti mutandole, estinguendole o creandole move mediante un'attività propria unilaterale".

393. cf. arts. 955 e segs.

Procede-se, então, ao *concurso de credores*, necessário à seleção destes em razão de título legal de preferência expresso pelos direitos reais ou pelos *privilégios* geral e especial[394].

Essa *faculdade* de indicar caracteriza, enfim, um poder decorrente da determinação legal de atrelar a *declaração de vontade* a uma das partes contratantes, dependendo seu exercício, exclusivamente, dessa parte, por isso, é *potestativo* porque é um *direito* que não admite contestações, deixando o outro sujeito da relação em estado de *sujeição* a esse exercício, atuando, assim, na esfera jurídica desse outro.

A fase *posterior* à nomeação é a da possível designação do *eligendo*, que passa, então, a *electus* ou *amicus electus*, isto é, o terceiro nomeado transformando-se na parte definitiva do contrato *preliminar* ou do *definitivo*.

Essa fase é aquela em que o *eligendo* declara a sua aceitação, passando a *electus*, a qual, para que seja eficaz, terá de ser expressa e pela mesma *forma* que as partes usaram para a celebração do contrato, adquirindo os direitos e assumindo os deveres decorrentes do contrato.

5.6 *Formação do Contrato não se confunde com as fases do denominado contrato com pessoa a declarar*

Retoma-se, aqui, o tema já explicitado[395] para distingui-lo desta sua *fase anterior* à nomeação que transforma o *eligendo* em *electus*.

A *formação* do *contrato* até a sua *execução*, migrando para a *fase pós-contratual* e a *liberdade de forma* servem para reforçar essa distinção que certifica ser um *pacto*, o chamado *contrato com pessoa a declarar*.

394. cf. arts. 162, 165, 333, I, 955 e segs.

395. cf. Item 2.4, p. 286.

O *negócio jurídico*, do qual o *contrato* é o exemplo mais destacado, *em regra*, é o *acordo* resultante de pluralidades de *declarações de vontade* antagônicas emitidas, respectivamente, pelos polos ativo e passivo da obrigação contratual, da qual ele, o *acordo*, é a fonte *mediata* descrita pela lei (lei que é a fonte *imediata* da obrigação), a qual lei reconhece e garante o intento prático dos declarantes.

Aqui, diz-se *em regra*, porque, contemporaneamente, há *negócios* celebrados por diversas novas modalidades de *conclusão*, algumas das quais dispensando essa formalidade da *declaração de vontade*. Contudo, sendo esta uma noção nuclear, valem os seus termos supra para caracterizar o *gênero*.

Tanto é pertinente essa observação que "os construtores da noção preocuparam-se em descrever-lhe a estrutura e, no empenho de valorizar a *vontade* do indivíduo como causa primeira ou fato propulsor das relações jurídicas, desencadearam uma das grandes polêmicas do século — a que se travou entre os epígonos da *teoria da vontade* (willenstheorie) e os seguidores da *teoria da declaração* (erklarungstheorie)"[396]; aquela afirmando que há predominância da *vontade interna* sobre o que está *declarado*; esta sustentando o contrário.

O direito positivo brasileiro, sempre, adotou a *willenstheorie*, porque, desde o texto de 1916 do Código Civil Brasileiro (art. 85), até o novo texto de 2002 (art. 112) determina: "*nas declarações de vontade se atenderá mais à intenção nelas consubstanciada do que ao sentido literal da linguagem*".

Centra-se, pois, na *vontade*, o poder de criar direitos e deveres.

---

396. cf. Gomes, Orlando. *Autonomia privada e negócio jurídico*. In. Novos temas de direito civil. Rio de Janeiro: Forense, 1983. p.79

Aqui se reafirma a *autonomia da vontade* que, contudo, hoje, comporta adaptação, tal como ocorre na contratação em massa, tipicamente, coletiva, de que resultam, por exemplo, os contratos normativos.

Essa circunstância moderna não tem o condão de reduzir a função da *vontade* na *formação* do *negócio*, especialmente, naqueles bilaterais, ainda que sejam concluídos em repetição, como acontece com os modelos suprarreferidos.

A adaptação, à que se alude linhas acima, é para adotar-se a dogmática própria de cada *acordo*, mesmo que se siga o modelo em série concertado nas relações de transportes, comunicações, seguros, instituições financeiras, para citar algumas bem pronunciadas.

Enfim, reafirma-se a *autonomia*, ainda quando esta seja conduzida com a contenção dos freios à *liberdade de contratar* ou sob os *novos modos de conclusão de contrato*, esses últimos servindo de instrumentos mediante os quais se assumem deveres de que nascem obrigações, sem que se necessite de emitir *declarações de vontade* pela forma tradicional; tais são as "*relações contratuais de fato*", à que alude LARENZ[397], mas, que, apesar disto, estão a denunciar a existência da *autonomia da vontade*, pois se não há a tradicional *declaração de vontade*, como ocorre na *atuação* jurídica *negocial*, esta, a *vontade*, resulta expressa na *conduta*, cujo significado social típico tem os mesmos efeitos jurídicos dessa *atuação*.

Certo é que, para onde se bandeie, no âmbito contratual, a *intenção* (a *vontade interna* referida pela *willenstheorie*: art. 112 do texto de 2002 do Código Civil) está presente no comportamento das partes que *concluem* o *acordo*, com ou sem *declaração* expressa, formalizada em *instrumento*.

---

397. cf. Larenz, Karl. *Derecho de obligaciones*, tomo I, Madri: Editorial Revista de Derecho Privado, 1958, ps. 58 e segs.

LARENZ, por isso, refere-se à "*conduta social típica*" daquele que se utiliza do ônibus, ou de uma balsa ou de um veículo análogo de transporte público, pelo que o usuário está, segundo o critério do tráfico, com o dever de pagar o preço do trajeto, segundo a tarifa, tendo o direito de ser transportado de acordo com as condições dessa tarifa, sem ter em conta se sua *intenção* consistia em emitir uma *declaração de vontade* de tal conteúdo, ou se tem ou não capacidade *negocial*. A sua *intenção* está em ser transportado conforme este fato encontra-se, legalmente, regulado.

Toda a descrição supra mostra as *transformações da autonomia da vontade* as quais, contudo, confirmam essa *autonomia* nessas adaptações determinadas pelas *novas modalidades de conclusão* do *negócio* que implicam a substituição do dogma da *declaração da vontade*, classicamente, formulada, pelo conceito de *autor-regulação de interesses* que, além de ser compatível com a *intenção*, também são transcendentes aos interesses pessoais das partes, para acolher, no "*princípio de socialidade*"[398], uma *atuação* sobre o direito de contratar própria do direito positivo contemporâneo, comprometido com a *eticidade*.

As partes — *declarando vontade*, sob a modalidade clássica, ou, emitindo-a, através de "*conduta social típica*", na forma da lei — podem *concluir* não só *contratos típicos*, mas, também, aqueles surgidos de novos horizontes que "iniciaram a criação de inúmeros contratos, nos moldes de suas necessidades atuais, aumentando o elenco de convenções inéditas, ao lado dos contratos tradicionais"[399] (*típicos*).

Lembre-se que o *pacto*, aqui, sob exame, tem de ser celebrado no *momento* da conclusão de qualquer contrao

---

398. cf. art. 422.

399. cf. Azevedo, Álvaro Villaça. *Contratos inominados ou atípicos*. São Paulo. Bushatsky, 1975, p. 8.

que guarde compatibilidade com a mecânica do *campo de aplicação* e das *fases do pacto*.

Estes contratos tradicionais são consequência da sedimentação da ordem jurídica, pois, lembra VILLAÇA que "os primeiros contratos foram verbais e se regularam pelos usos e costumes do lugar onde nasceram. Com o florescer da Civilização, deu-se um crescente aumento das formas de contratar, com o aparecimento da técnica, das invenções, do progresso, enfim. [...]. O progresso é, assim, uma força incontrolável que, alimentada pelas necessidades socioeconômicas, não pode parar, caminhando, mais e mais, para um emaranhado de problemas [...]. Nessa evolução, o fator preponderante é a liberdade de contratar, que atingiu seu apogeu, no século XIX, acenando ao século XX com o princípio da autonomia da vontade. [...] A liberdade contratual revolucionou os meios jurídicos, sendo responsável, ainda, pelo desaparecimento dos formalismos exagerados vindos dos romanos".

O texto de 2002 do Código Civil consagra essa evolução para estabelecer, expressamente, que é lícito às partes estipular *contratos atípicos*[400], portanto, sem precisar de *forma*, quando a lei não o determinar[401].

Por isso, tanto a *liberdade de forma*, quanto o *momento de perfeição do contrato* são elementos importantes para a identificação da *conclusão* do *contrato*, especialmente, quando este negócio não se encontra instrumentalizado por escrito ou quando a sua *formação* processa-se pelos denominados "*meios de comunicação*".

400. cf. art. 425.

401. cf. art. 107.

5.7 A execução comprobatória de conclusão do contrato. A aceitação como declaração por facta concludentia

O direito positivo brasileiro distingue, hoje, entre as fases contratuais, a da *conclusão* e a da *execução*.

A categoria objeto deste estudo carece da identificação da fase de *conclusão*, nos termos do art. 467 do Código Civil.

A fase de *conclusão* é a de elaboração do contrato, quando as partes — *candidatos ao contrato* — então, chegam a concertar as *cláusulas* e a assinar o instrumento respectivo, ou a concordar, *verbalmente*, com o que foi concertado, entre si, durante a *fase pré-contratual* de negociações que não tenha redundado em um escrito.

Enfim, fase em que as partes já chegaram à concordância das suas *declarações de vontades* antagônicas ou à conciliação geradora da *autorregulação dos seus interesses*.

Já a fase de *execução* é entendida como aquela na qual a parte com ou sem declaração prévia de aceitação dá início à realização das prestações que lhe cumprem.

Há a possibilidade de interpenetração dessas duas fases quando existem atos de aceitação tácita da oferta, tal como nos negócios em que não seja costume, ou não seja necessária, a aceitação expressa[402].

Essa aceitação tácita identifica-se, pois, em uma conduta que implique uma emissão indireta da *declaração de vontade*, dando, assim, por concluído o contrato, vinculando o destinatário da oferta[403].

---

402. cf. art. 432, combinado com o 225, do Código Civil.

403. cf. Gallego, Eva Maria Martinez. ob. cit., ps. 90/93.

É conduta deste tipo aquela em que o destinatário, em vez de, previamente, comunicar ao proponente, por qualquer meio, a *execução*, ele dá início à mesma.

A doutrina e a legislação estrangeiras, também, cuidam da matéria.

O Código Civil italiano é explícito, ao disciplinar, no seu art. 1.327, a *execução* antes da resposta do aceitante, com o objetivo de fixar o *momento* da *formação* do contrato, dispondo que o negócio estará *concluído* no tempo em que teve início a sua *execução*, se tal decorrer dos costumes ou da sua natureza.

É nestes termos que se fala ser a aceitação uma declaração por *facta concludentia*, excepcionalmente, portanto, não receptícia.

COVIELLO[404] refere-se ao tema como uma das formas de emissão de *vontade* tácita, distinguindo-a, de logo, do simples *silêncio*, pois, somente, entende válido, este, como emissão de *vontade*, nos casos em que a lei tenha estabelecido, por motivos especiais e, assim, ele equivale à verdadeira *vontade*.

O texto de 2002 do Código Civil explicita os efeitos do *silêncio*, ao dispor[405] que ele é anuência, quando as circunstâncias ou os usos autorizarem e quando a *declaração de vontade* expressa não seja necessária.

Veja-se que, ao contrário de um *silêncio*, pode haver a confirmação da *existência* do *contrato verbal*, mediante uma *conduta típica* de *execução* que revela a aceitação através de *declaração* por *facta concludentia*, ou seja, situação que COVIELLO chama de *facta ex quibus voluntas*

---

404. cf. Coviello, Nicolas. *Doctrina general del derecho civil*, 4ª ed. Italiana revisada por Coviello, Leonardo. Trad. para o espanhol por Tena, Felipe de J. México: Union Tipografía Editorial Hispano-Americana, 1938, ps.386-389

405. cf. art. 111.

concludi potest, porque o fato descrito deve ser daqueles *unívocos* e não *equívocos*, pois deve ser incompatível com uma vontade contrária àquela que dele se deduz. É, enfim, "um fato que, segundo o modo comum de pensar, deveria ser considerado como emissão de certa *vontade*", porque, ao em vez de *silêncio*, o que ocorre é a efetiva *declaração de vontade* pela *facta concludentia*, consistente na *execução* do contrato.

O exposto demonstra que não se confundem a *formalização da transferência dos direitos e deveres* que, no *pacto para pessoa a nomear*, transforma o *eligendo* em *electus* e a *formação do contrato*, isto é, a *formação* de um tipo negocial causalmente autônomo.

Esse *pacto* pode ser expresso por uma *cláusula* inserida no contrato, que se constitua em um tipo negocial causalmente autônomo, como pode ter a forma de um acordo acessório do contrato, dependendo, aqui, da decisão de regular o *pacto* de forma exaustiva.

ANTUNES VARELA[406], também, está na linha de conclusão deste trabalho, quanto a ser a *categoria* um mero *pacto*, porque afirma ser esta tese certeira por ser mais realista, a "*que se limita a considerar a cláusula para pessoa a nomear*".

A ideia de *cláusula* ou de um *pacto* em separado não foi estranha a AMILCAR PARANHOS[407] quando no seu trabalho acadêmico apresentado à Universidade do Estado do Rio de Janeiro, em março de 1988, elaborou o modelo de *pacto adjecto*, que se encontra em Anexo deste livro.

406. cf. Varela, João de Matos Antunes. *Das obrigações em geral*, vol.I. 3ª ed. Coimbra. Ed. Livraria Almedina, 1973, p. 328.

407. cf. Paranhos, Amílcar. *Do contrato com pessoa a declarar*. 1988, 86 f. Tese (Doutorado) UERJ – Universidade Estadual do Rio de Janeiro, p. 79-80.

5.8 Figuras afins

A lista das teorias sobre a *natureza jurídica* do denominado *contrato com pessoa a declarar* dá bem a medida das dúvidas suscitadas sobre as características desta *categoria*, no que se refere à *natureza jurídica* e à sua qualidade de *contrato* ou de *pacto*, mediante uma cláusula ou um termo acessório.

Contudo, partindo-se da sua origem, simplificam-se as incertezas.

Repita-se: nasceu no chamado *droit coutumier* francês; foi praticado nos séculos XIV e XV; apareceu nos leilões públicos em que se praticavam as *vendas com encantamento*, nas quais as pessoas das classes sociais de supraestrutura:

a) desejavam ficar incógnitas, a fim de não serem imputadas de beneficiar-se do infortúnio daqueles que se viam executados;
b) temiam pela supervalorização dos bens leiloados, se os lances fossem feitos, diretamente, por essas pessoas abastadas;
c) evitavam que, atuando por interpostas pessoas, sofressem dupla tributação quando da retransmissão dos direitos sobre o bem, pelo adquirente fiduciário.

Então, o denominado *contrato com pessoa a declarar* passou a ser uma técnica jurídica proveitosa, mas, sem reduzir-se a qualquer das *categorias* jurídicas *afins*, sobretudo, a *representação* que, de resto era desconhecida à época[408].

408. cf. Cordeiro, António Meneses. *Tratado de direito civil português*. 2º v.: Direito das Obrigações, 2º t.: *Contratos*. Negócios unilaterais. Coimbra. Edições Almedina S.A. 2010, p. 586.

As *figuras afins* já foram listadas, com apoio em ENRIETTI. As mais mencionadas pelos autores discriminados são:

a) a *representação*;

b) a *cessão de contrato*;

c) o *contrato a favor de terceiros*;

d) a *gestão de negócios*;

e) a *mediação*;

f) o *mandato em causa própria*;

Contudo, elas não se confundem:

A *representação* configura um sujeito que age em nome e por conta do representado, enquanto, aqui, aquele que se reserva a faculdade de indicar a terceira pessoa age em nome próprio, a ponto de, frustrada a nomeação, cumprir os deveres decorrentes do vínculo originário.

A *cessão de contrato* — também, não se confunde com a *cessão de crédito*, porque, naquela, o conteúdo é a cessão da totalidade da posição contratual no seu conjunto de direitos e deveres e na *cessão de créditos*, somente, os direitos — desde o seu nascimento, tem os sujeitos vinculados para o cumprimento do objeto do contrato; além de, apenas, em momento posterior e eventual, um deles, com o de acordo do outro, poder ceder a sua posição[409], enquanto que no chamado *contrato com pessoa a declarar* não há cessão de posição contratual; há, sim, desde o momento da *conclusão* do contrato, *pactuada* a *faculdade* do *stipulans* nomear um terceiro para a sua posição com eficácia *ex tunc* e, em havendo frustração, manter-se vinculado.

O *contrato a favor de terceiro* tem sido considerado, por alguns, como *gênero* de que seria *espécie*, o denominado

---

409. cf. cessão da posição contratual arts. 424° e segs. do Código Civil português.

contrato com pessoa a declarar. Contudo, além de não ter fundamento jurídico essa assertiva, os dois são categorias inconfundíveis porque no *contrato a favor de terceiro*, este terceiro é, apenas, o beneficiário de uma *prestação* de um contrato do qual não é parte, tendo em vista tratar-se de uma estipulação de vantagem patrimonial gratuita a pessoa estranha à formação do vínculo contratual[410].

A *gestão de negócios* é um *ato unilateral*, fonte *mediata* de obrigação. Era considerado o tipo mais comum de *quase contrato*; ainda que se o tenha como contrato, assim, não pode ser admitido porque consiste na assunção da direção de negócio alheio, pela qual um sujeito, sem autorização do interessado, intervém na gestão desse negócio alheio, dirigindo-o, segundo o interesse e a vontade presumível do seu dono, portanto, sem estar autorizado, para tal.

Característica decisiva para não serem confundidas as duas *categorias* é que, aqui, a *gestão* tem de ser por livre-iniciativa do gestor, tanto que o *dominus* não conhece a atividade do gestor, porque se conhecesse tratar-se-ia de mandato tácito[411].

A *mediação* é uma relação que, no direito italiano, consiste na atividade de um sujeito, o mediador, que trabalha, ainda que pontualmente, a favor de outros sujeitos para a *conclusão* de um negócio, sem estar vinculado a nenhuma das partes por relações de colaboração.

O objetivo é facilitar a *conclusão* da relação jurídica negocial ou a facilitação desta *conclusão*, por intermédio do mediador.

---

410. cf. Gomes, Orlando. *Contratos*. Coordenador: Edvaldo Brito, Atualizadores: Edvaldo Brito e Reginalda Paranhos de Brito. 28 ed. Rio de Janeiro: Forense, 2022. p. 170.

411. cf. Gomes, Orlando. *Obrigações*.; atualizador Edvaldo Brito -19ª ed. Rio de Janeiro: Forense, 2019, p. 246.

É, de rigor, um contrato, disciplinado pelo direito italiano, inconfundível com o *contrato por pessoa a nomear*, sobretudo, porque a lei exige a inscrição como *agente de negócios em mediação*, como atividade constituída, em cada Câmara de comércio, indústria, artesanato e agricultura, portanto, uma atividade profissional regulamentada.

Não se confunde, também, com a *mediação* do direito brasileiro que consiste em uma técnica de autocomposição definida como atividade exercida por terceiro imparcial, sem poder decisório, que, escolhido ou aceito pelas partes, as auxilia e estimula a identificar ou desenvolver soluções consensuais para a controvérsia[412].

O *mandato em causa própria* é o negócio jurídico de alienação, pelo qual o mandante transmite o direito ao mandatário que assume poderes para "agir em seu próprio nome, no seu próprio interesse e por sua própria conta"[413]. É um negócio translativo, por isso, é irrevogável e não se extingue pela morte de qualquer das partes[414]. Estas características tornam-no inconfundível com o *contrato com pessoa a declarar.*

5.9 Serventia, hoje, do contrato com pessoa a declarar

Resta perguntar: por que esta *categoria* veio parar no texto de 2002 do Código Civil brasileiro, diante do fato de, então, somente ser regulada em duas codificações — a italiana de 1942 e a portuguesa de 1966 — e diante de sua origem?

412, cf. parágrafo único do art.1° da lei n° 13.140, de 26 de junho de 2015.

413. cf. Gomes, Orlando. Contratos. Coordenador: Edvaldo Brito, Atualizadores: Edvaldo Brito e Reginalda Paranhos de Brito. 28 ed. Rio de Janeiro: Forense, 2022. p. 381.

414. cf. art. 685 do Código Civil.

Agora, a pergunta justifica-se, ainda, mais, quando se verifica que, na Argentina, o Código Civil y Comercial de la Nación, aprovado pela lei nº26.994, que entrou em vigor, no dia 1º de agosto de 2015 coloca a *categoria* no rol da "*incorporación de terceros al contrato*" onde se encontram listados, também, "*la contratación a nombre de tercero; la promesa del hecho de tercero; la estipulación a favor de tercero; el contrato por cuenta de quien corresponda*".

A circunstância de essas codificações contemporâneas, incluídas a brasileira e a argentina, acolherem a *categoria*, é justificada pela necessidade de agilidade para a *conclusão* dos negócios com a *circulação* — nos seus conceitos econômico e jurídico — dos direitos e obrigações de fonte contratual.

Essa nota não passa despercebida nos estudos de MESSINEO, SCALONE e LUIZ ROLDÃO DE FREITAS GOMES, os quais têm absorvido o rompimento com o cânone romano da *determinabilidade do sujeito*, sem exceção.

MESSINEO[415] fala de um contrato com *sujeito em branco*, porém, referindo-se, apenas, ao contrato por conta de quem pertence; para a parte dele. Um contrato com determinação subjetiva *em branco*, cujo preenchimento é confiado à vontade do estipulante (*stipulans*).

SCALONE[416] refere-se a uma finalidade própria da circulação das relações obrigacionais, expressas por essas negociações incompletas.

LUIZ ROLDÃO[417] aborda o tema como sendo próprio desta era moderna caracterizada pela universalização dos

---

415. cf. Messineo, Francesco. *Dottrina generale del contratto*. Milano, 1952, p.170; *Il contratto in genere*. XXI, t.1 Milano: Dott. A. Giuffrè Editore. 1973, p. 511.

416. cf. Scalone, Giuseppe. *Spunti critici in tema di contratto per persona da nominare*. In. Enciclopédia Pratica di Direzione Aziendale. Milano: Casa Editrice Dr. Francesco Vallardi. V.8º. 30 giugno 1957, p.333-369

417. cf. Gomes, Luiz Roldão de Freitas. *Contrato com pessoa a declarar*. Rio de Janeiro: Renovar, 1994, p. 272.

conceitos e pela veloz *circulação* de direitos e obrigações, impulsionada pelos meios tecnológicos de transmissão da vontade, que já ocorre pela via eletrônica.

Os fenômenos de *circulação* podem ser apreciados, aqui, tanto no sentido econômico, quanto no sentido jurídico e, neste último aspecto, correspondem a fenômenos jurídicos diversos, convergindo, porém, para a implementação de um propósito econômico-social comum[418].

É neste propósito que se encontra, presentemente, a serventia da *categoria*, sob exame.

Nascida para a preservação do *anonimato* de nobres na participação das vendas em hasta pública, as *vendas com encantamento*, a fim de evitar a exacerbação do preço dos bens em arrematação e a dupla tributação no momento da nomeação do *electus*, essa técnica jurídica tem cabimento, ainda hoje, porque o contrato continua como o instrumento jurídico de *circulação*, assim, entendido por CARNELUTTI[419], porque a inciativa privada é expressa pelos sujeitos da *circulação*: aqueles que têm o *bem* e os que aspiram a ele.

A natureza contratual da *circulação* é a tônica, pois, o acordo das vontades dos homens que movimenta o *bem*, forma, com este, os pressupostos de toda a teoria jurídica da *circulação*. E o *bem* pode ser um imóvel que *circula*, economicamente, por força de regime jurídico típico.

A técnica milenar, expressa pela *categoria* estudada, ainda tem serventia nessa *circulação*, especialmente, se, na transversalidade tributária, evitar dupla incidência.

---

418. cf. Scalone, Giuseppe. Ob. cit. p. 338.

419. cf. Carnelutti, Francesco. *Teoria giuridica della circolazione*. Padova. Casa Editrice Dott. Antonio Milani Già Litotipo. 1938 – XI. p. 1-83.

CAPÍTULO VI

6. TRANSVERSALIDADE ENTRE O DIREITO PRIVADO E DIREITO TRIBUTÁRIO

Essa transversalidade está na gênese do *pacto* com pessoa a nomear, porque uma de suas causas foi a de evitar dupla tributação nas *vendas com encantamento*.

A matéria, consequentemente, atina com a *integração* do direito tributário com o direito privado.

Trata-se, então, do espaço destinado a uma *interpretação integrativa*, que é, até, uma forma pleonástica porque, a *interpretação*, no Brasil diante do descalabro legislativo tem que ser *integrativa*.

Edita-se lei, no país, cheia de *antinomia* com o resto das leis existentes e, em si, portadora de *lacunas*. Dá-se um corte de tamanho abissal e se aplica aquela lei nova como se o resto não existisse.

Integrativa significa entender a norma jurídica no contexto do sistema jurídico, a partir das normas da Constituição Federal; significa a atividade pela qual se completa o sentido da norma no sistema jurídico, buscando o seu fundamento de validez.

Cuida-se, aqui, de um *pacto adjeto* a um *contrato* que é uma das quatro *fontes mediatas* das *obrigações* e estas têm a sua *teoria geral* regida pelo *estatuto do direito privado* e têm as suas especificidades — como o é a *obrigação tributária* — disciplinadas por normas típicas, no caso aquelas disposições do Código Tributário Nacional.

6.1 Natureza do Direito Tributário

É um *direito obrigacional* porque o objeto da relação jurídica que disciplina é uma *obrigação*, ou seja, um *vínculo jurídico* que une sujeitos que se colocam em dois polos distintos — o *ativo*, ou do sujeito ativo, onde se localiza o *direito subjetivo de crédito* e o *passivo*, ou seja, do sujeito passivo onde se localiza o *dever jurídico*, isto é, a *prestação*.

Nasce, com o *direito subjetivo*, um *poder jurídico* – que é a *pretensão* – a ser exercido na hipótese de descumprimento da *prestação*.

E, surgindo a *pretensão*, surge com ela a *garantia*, ou seja, a possibilidade de o sujeito ativo requerer, judicialmente, a proteção jurisdicional para a execução forçada de seu *crédito*.

Pois bem, por causa disso, o Direito Tributário é um *direito obrigacional*. Ocorre que, no polo ativo, esse direito de *crédito* não se constitui, apenas, das *faculdades* próprias de um *direito subjetivo*; ele irradia outras *situações jurídicas* que lhe dão características típicas, por exemplo, a de proceder ao *lançamento tributário* que implica a *liquidação da obrigação*, pelo próprio sujeito ativo.

A regra é a de que *liquidação da obrigação* é atividade própria de juiz, quando a *prestação* torna-se ilíquida em duas situações:

a) quando ocorre o inadimplemento e a *prestação* torna-se passível de acréscimos de consectários: atualização monetária, juros, multa; ou

b) quando se trata de *prestação* de *obrigação delitual*, porque, somente, o juiz pode fixar-lhe o valor.

Liquidação da obrigação consiste na apuração do valor do *crédito* e, no caso tributário, é o próprio sujeito ativo, titular do crédito, que apura e, por isso, o lançamento é uma atividade administrativa da qual se subtraem duas prerrogativas próprias da atuação da Administração Pública:

a) presunção de legitimidade e

b) autoexecutoriedade,

porque submetida ao *contraditório*, por parte do sujeito passivo e ao *controle jurisdicional*.

Outra especificidade: quem emite a lei que vai disciplinar esse *direito subjetivo de crédito* é o próprio sujeito ativo; ainda que subordinada aos *princípios constitucionais* e às *normas gerais de direito tributário*, integrativas desses *princípios*, nem sempre essa lei, que organiza o tributo gerador do *crédito*, é fiel a esses *princípios* e a essas *normas gerais*.

A *liquidação da obrigação tributária*, que consiste na atividade administrativa de *constituição do crédito tributário*[420], há de observar a fidelidade às três *fases* porque passa o *crédito tributário* desde o seu nascimento com o da própria *obrigação*[421]. São elas:

---

420. cf. art. 142 do Código Tributário Nacional: *Compete à autoridade administrativa constituir o crédito tributário pelo lançamento, assim entendido o procedimento administrativo tendente a verificar a ocorrência do fato gerador da obrigação correspondente, determinar a matéria tributável, calcular o montante do tributo devido, identificar o sujeito passivo e, sendo caso, propor a aplicação da penalidade cabível.*

421. cf. art.139 do Código Tributário Nacional: *o crédito tributário decorre da obrigação principal e tem a mesma natureza desta.*

a) crédito tributário existente;

b) crédito tributário exigível;

c) crédito tributário executável.

A Administração Tributária, com essa capacidade especial, surgida da situação antes descrita, tem prerrogativas, conferidas pelo direito tributário, de atuar sobre a esfera jurídica de outrem, o sujeito passivo, por isso, o procedimento administrativo para tornar o *credito tributário existente* ou em *exigível* ou em *exequível* é um exemplo da manifestação desse poder-dever[422].

6.1.1 O crédito tributário existente

O *crédito tributário* é *existente* quando se configura, na realidade social, uma situação, abstratamente, descrita por uma norma jurídica.

Posto isto, necessário se torna analisar essa norma e a sua configuração na realidade da vida, a fim de que se possa conhecer a *existência* de um *crédito tributário* e, portanto, tenha-se conhecimento da situação em que pode a Administração Tributária atuar sobre a esfera jurídica do particular com prerrogativas decorrentes do direito de supremacia do Estado.

A norma jurídica, considerada no seu arranjo lógico, diz BETTI[423], consta de uma previsão e de uma disposição correspondente.

Isto é, prevê em abstrato e em geral, hipóteses de fato, classificadas por *tipos* e, ao mesmo tempo, orientadas segundo as diretivas de uma valoração jurídica. Hipóteses

---

422. cf. Carvalho, Paulo de Barros. *Decadência e prescrição*, In. Caderno de Pesquisas Tributárias, 2(1):69.

423. cf. Betti, Enilio. *Teoria geral do negócio jurídico*, t. 1, Trad. de Fernando de Miranda. 1ª ed. Coimbra. Ed. Coimbra, 1969, p. 17.

que, em terminologia técnica, são denominadas *facti species*, isto é, a figura do fato.

Essa figura do fato, ou pressuposto do fato, ou hipótese do fato, ou hipótese de incidência tributária, deve ser realizada no mundo dos acontecimentos sociais por intermédio de uma situação estritamente igual ao modelo normativo, sem tirar nem botar.

Essa circunstância determina, para o fim de identificação do fato figurado pela norma, que esta seja *dissecada* de modo a separarem-se todos os seus elementos ou partes constitutivas no sentido de verificar se correspondem ao modelo que a figura normativa pretende ser.

É que, acontecido o fato figurado, surgem efeitos jurídicos relacionados com *direitos subjetivos* e *deveres jurídicos* e com *prerrogativas* e *ônus*.

Esses efeitos, enfim, são atribuídos pelo modelo normativo ao fato por ele figurado porque somente da existência de ambos (modelo e fato) nasce o crédito engastado na obrigação jurídica decorrente dessas fontes.

Logo, norma e fato são, respectivamente, *fontes imediata* e *mediata* da obrigação jurídica tributária e, por via de consequência, são, também, *fontes* do crédito tributário, impondo-se, dessa forma, o estudo de cada uma delas, como adiante se faz tomando por referência o direito positivo brasileiro.

Diga-se, de agora, que as *fontes* são únicas porque, como acentua PAULO DE BARROS CARVALHO[424], o *crédito* é entidade que integra a estrutura interior da relação jurídica obrigacional e assim é porque o crédito é elemento da obrigação.

424. Ob. Cit., p. 78.

Certamente que este pensamento não exclui o entendimento correto que foi objeto de aguda análise de ALBERTO XAVIER[425], no sentido de que uma das mais importantes conquistas científicas do Código Tributário Nacional é a distinção entre obrigação tributária e crédito tributário.

Efetivamente, o crédito integra a obrigação, como sua parte, mas, uma vez surgido ínsito nela, ele passa a gerar uma situação jurídica que se especifica em outras relações jurídicas, tal qual a lição BETTI[426] sobre a ocorrência de uma situação preexistente (inicial) que é transformada numa situação nova (final) por um fato dotado de certos requisitos e pressupostos pela norma, quando esse fato incide sobre a situação inicial. Ou, em linguagem do próprio XAVIER, há, no caso, uma relação subjacente (obrigação tributária) e relação abstrata (crédito tributário).

Relação abstrata que se concretiza quando há o implemento de uma condição de que a lei faz depender a eficácia do fato jurídico, do qual nasce o *crédito* ou essa relação abstrata, transformando-o de *existente* em *exigível*, conforme se explicará adiante.

Posto isto, deve, a partir daqui, ser examinada cada qual das duas fontes antes mencionadas.

Modernamente, preservada a linha de pensamento de BETTI, tal qual foi revelado antes, a Ciência do Direito tem estudado a norma jurídica como um conceito ou uma hipótese ou um pressuposto que pensa a conduta humana tomada na sua interferência intersubjetiva.

Corresponde, assim, a norma jurídica, a um *juízo* de *dever ser*, razão porque se pode afirmar que a norma pensa

425. cf. Xavier, Alberto. *Do lançamento no direito tributário brasileiro*. 3 ed. Rio de Janeiro: Forense, 2005. p. 299; Martins, Ives Gandra da Silva. *Decadência e prescrição*, Caderno de Pesquisas Tributárias, 1:187 e s., que parece ter a mesma opinião.

426. Ob. cit., p. 20

a conduta humana em sua liberdade, formulando hipóteses, descrevendo fatos que qualifica, dessa forma, como lícitos dentro da liberdade das pessoas.

O que vale dizer: se o corrido o fato descrito pela norma, tal qual ela o debuxou, ela o pensou, a consequência será o nascimento de um *direito subjetivo* ou de prerrogativas ou de poderes para uma pessoa ou pessoas e o surgimento de um *dever jurídico* ou de um *ônus* para outra pessoa ou pessoas.

Esse dever é a *prestação* que, dentro do livre arbítrio antes mencionado, se não for cumprida pelo sujeito obrigado, gerará *sanção*.

É por isso que a Escola do Egologismo Existencial pode formular, pelo seu arauto-mor CARLOS COSSIO[427], a natureza lógica da norma jurídica nos seguintes termos:

> "Dado um *fato* temporal deve ser a *prestação*, pelo sujeito obrigado, face ao sujeito pretensor
>
> ou
>
> dada a *não prestação*, deve ser a sanção pelo funcionário obrigado face à comunidade pretensora".

Já se vê, portanto, que o *fato* temporal deve guardar estrita identidade com a norma que o descreveu. Ele deve ser igual à figura debuxada pela norma, daí voltar-se à expressão de BETTI, reafirmando que a norma desenha, apenas, a figura do *fato* temporal.

Consequentemente, não é certo confundir, como faz o legislador brasileiro, o *elemento temporal* da *hipótese de fato* com o próprio *fato* na sua inteireza, toda vez que define, no Código Tributário Nacional, o chamado *fato gerador da obrigação tributária*.

---

427. cf. *La Valoración jurídica y la ciencia del derecho*. Buenos Aires. Ed. Arayú, 1954, p. 61.

Fato gerador tem de ser entendido como sendo o acontecimento social que, dotado de todas as circunstâncias descritas pela norma, realiza, no conjunto de todos os elementos contidos na hipótese normativa, a figura por ela prevista.

Nestas condições, torna-se necessário, àquele que vai examinar se o *fato* realiza essa hipótese, *dissecá-la* para que sejam aí reconhecidos todos os *elementos* nela contidos, a fim de que se possa *tipificar* o acontecimento social como efetivador da figura normativa.

Essa necessária *dissecação* da norma redunda na *técnica da tipicidade* que ALBERTO XAVIER[428] atribui o devido valor como "a mais adequada à plena compreensão do próprio conteúdo de reserva absoluta, e, portanto, dos limites que a lei impõe à vontade dos órgãos de aplicação do direito em matéria tributária. É precisamente pela análise da origem normativa dos tipos, do objeto da tipificação e dos caracteres da tipologia tributária que resulta com nitidez o alcance da regra *nullum tributum sine lege* e que se poderá traçar com rigor o âmbito das matérias que, pelo princípio da legalidade, estão reservadas à lei e as que, eventualmente, estejam confiadas à vontade de seus órgãos de aplicação".

Aqui já cabe a advertência de GERALDO ATALIBA[429] de que estão concentradas na *hipótese* do fato as questões mais tormentosas e complexas, uma vez que, "diante de cada problema, a dissecação da hipótese é que desafia o jurista. Reconhecer as coisas e pessoas qualificadas, desvendar as imputações e seus efeitos, contidos na lei,

428. - cf. Xavier, Alberto. Os princípios da legalidade e da tipicidade da tributação. São Paulo: Revista dos Tribunais, 1978. p. 70.

429. cf. Ataliba, Geraldo. *Hipótese de Incidência Tributária*. São Paulo: Revista dos Tribunais, 1973. p. 37.

inter-relacionar as normas, aí está a grande e difícil tarefa do hermeneuta, em cada caso concreto".

E cada problema aparece em cada caso concreto. E cada caso concreto é um fato do qual, enfim, nasce o direito, como se colhe do velho adágio: *ex facto oritur jus*.

Tem-se caracterizado como os falados *elementos* da *hipótese* normativa jurídica tributária cada parte em que o seu todo permite a divisão.

A identificação de cada parte fornece meios para a *tipificação* da *figura do fato* esboçada, hipotética e abstratamente, pela norma jurídica tributária que, na sua natureza lógica, não difere das demais normas jurídicas.

Esses *elementos* têm sido indicados em número de quatro: *subjetivo*, *espacial*, *objetivo* e *temporal*.

O *elemento subjetivo*, também, chamado de *pessoal*, corresponde à parte da *hipótese do fato* que descreve as pessoas envolvidas com o acontecimento por ela debuxado. Nele são identificados o titular do *direito subjetivo*, das *prerrogativas* e dos *poderes* (*sujeito ativo*), bem assim aquele que deve satisfazer a *prestação*, isto é, cumprir o *dever jurídico*, suportar os *ônus* e ficar em *sujeição* (*sujeito passivo*).

O *elemento espacial* é expresso na *hipótese do fato* pelo esboço da área (física ou virtual) em que o acontecimento previsto deverá desenrolar-se com o condão de provocar as consequências prenunciadas na norma. Aqui se delimita o espaço dentro do qual a norma tem aplicação.

O *elemento objetivo*, também, chamado de *material*, é a parte mais relevante da *hipótese do fato* porque identifica o *objeto*, a *matéria* tributável, bem assim fornece a natureza jurídica de cada tributo, servindo, como já acentuaram GIANNINI e BECKER[430], para diferenciar um tributo

---

430. cf., respectivamente, *Istituzioni di diritto tributário* Milano: A. Giuffré, 1972. p.

do outro, constituindo-se, assim, no *núcleo* da *hipótese do fato*, distinguindo as diferentes espécies tributárias (imposto, taxa e contribuição) porque fornece o *tipo* jurídico de cada qual.

Esse *elemento* consiste, pois, na própria *materialidade* da *hipótese do fato*: se, em geral, ela corresponde a um fato jurídico *lato sensu*, estará caracterizando um *imposto*; se, especificamente, um ato jurídico expresso por uma ação estatal, uma *taxa* ou uma *contribuição*. Mas, a relevância desse *elemento*, ainda, encontra-se na circunstância de que, nele, a norma oferece a *mensuração* do *objeto* tributável, o dimensionamento da *parte* do todo ou, até, do todo *integral*, que será tributada (*base de cálculo*) e que, uma vez submetida a um índice matemático (*alíquota*), dá o *quanto* de tributo *a pagar* ou, em termos mais precisos, dá o valor do *crédito tributário*.

O *elemento temporal* representa o momento em que se realiza, totalmente, o fato. É o instante em que se completa dentro das integrais circunstâncias em que foi, normativamente, desenhado o acontecimento social.

A fixação desse *termo* é do maior relevo, uma vez que, correspondendo, seja a uma data, seja a um período de tempo em que se forma toda a *materialidade* da *hipótese*, ele é que marca o nascimento da *obrigação* e, por conseguinte, o do *crédito tributário*, assinalando, por isso, qual a lei aplicável, conforme determinam os arts. 105 e 144 do Código Tributário Nacional[431].

Dissecando-se, portanto, a *hipótese* normativa do fato jurídico para encontrar esses *elementos*, a fim de verificar

---

94-5, e *Teoria geral do direito tributário*. São Paulo: Saraiva, 1963. p. 298.

431. cf. "Art. 105. A legislação tributária aplica-se imediatamente aos fatos geradores futuros e aos pendentes, assim entendidos aqueles cuja ocorrência tenha tido início mas não esteja completa nos termos do art. 116."
"Art. 144. O lançamento reporta-se a data da ocorrência do fato gerador da obrigação e rege-se pela legislação então vigente, ainda que posteriormente modificada ou revogada."

se eles revestem um determinado acontecimento social, o hermeneuta estará aplicando a norma e, afinal, identificando a *existência* do *crédito tributário*, ou o tornando *exigível* ou, em termos do Código Tributário, *constituindo* esse *crédito* pelo *lançamento*.

Logo, é inevitável a análise dessa *hipótese*, relativamente a cada tributo e de referência a cada fato a que se queira atribuir a condição de *gerador* de uma *obrigação* de pagar uma *prestação* pecuniária a título tributário.

Consequentemente, o *crédito tributário*, ínsito na obrigação, somente, *existirá* se houver a conexão desse fato "com alguém (aspecto pessoal), sua localização (aspecto espacial) e sua consumação no momento fático determinado (aspecto temporal), reunidos unitariamente, determinando inexoravelmente o efeito jurídico desejado pela lei: criação de uma obrigação jurídica concreta, a cargo de pessoa determinada, num momento preciso"[432].

Então, é necessário para a *existência* do fato gerador da obrigação de pagar um tributo, ou seja, gerador do *crédito tributário*, que seja *típica* a situação, isto é, que ela esteja de acordo com a *figura do tipo* desenhada pela *hipótese*.

O *tipo* é, pois, a descrição da conduta humana, em toda a sua integralidade, feita pela lei e que deve corresponder a um fato social. A *tipicidade*, portanto, representa um ditame ao intérprete da norma[433].

Por fim, cumpre aditar que uma norma jurídica, inclusive, obviamente, a tributária, por ser o pensamento da conduta humana, nem sempre se restringe a um artigo de uma lei e, às vezes, nem mesmo a uma só lei. É o exemplo da *hipótese* normativa que descreve o *fato gerador*, nem sempre se

---

432. cf. Ataliba, Geraldo, ob. cit., p. 68.

433. cf. Xavier, Alberto. Os princípios da legalidade e da tipicidade da tributação. São Paulo: Revista dos Tribunais, 1978. p. 60. e s.

contém toda em uma única disposição legal. Ela se constitui, muitas vezes, em diversos artigos de uma mesma lei, de leis diferentes, e, embora o juiz não *crie* o direito, a construção jurisprudencial, também, auxilia a nitidez da norma jurídica tributária ao lado das formulações doutrinárias.

O direito tributário pátrio desenha a norma jurídica que formula a *hipótese do fato* a partir da Constituição nas suas disposições que outorgam competência aos entes federados para tributar, conferindo poder de tributar e debuxando, em termos gerais, o pressuposto do fato e, às vezes, esgotando a *hipótese*, indicando, expressamente, todos os elementos, mas, mesmo nos casos em que ela, apenas, dá a generalidade da *hipótese*, de logo, oferece rigorosa caracterização da *materialidade* e a do sujeito ativo, balizando o legislador infraconstitucional, também, quanto à definição dos demais elementos e exigindo-lhe fidelidade.

O conteúdo dessas regras complementares à Constituição — sejam as das leis de normas gerais, sejam as das leis orgânicas dos tributos — dá o acabamento à *tipicidade* ou à situação necessária e suficiente para fazer nascer o *crédito tributário*.

Havendo essa *hipótese* normativa, haverá uma das duas *fontes* do *crédito*, o qual, enfim, tornar-se-á *existente* quando acontecer uma *situação* igual à descrita nessa hipótese, transformando-se em *fato jurídico*.

Esste *fato* jurídico é o *gerador* da obrigação.

São fatos jurídicos que se prestam a isto, conforme já foi exposto, antes:

1. *Acontecimentos naturais* (fatos jurídicos *stricto sensu*)

    1.1. Ordinários (a morte, por exemplo)

    1.2. Extraordinários (o caso fortuito, por exemplo)

2. *Acontecimentos volitivos* (ações humanas: fatos jurídicos *lato sensu*)

2.1. Lícitos

2.1.1 Ato jurídico *stricto sensu*

2.1.2 Ato jurídico *lato sensu*: o negócio jurídico, por exemplo

2.2. Ilícitos

Considerando, assim, que do fato nasce o direito, infalivelmente, tem-se de admitir que a outra necessária *fonte* do *crédito* é esse fato jurídico: *ex facto oritur jus*, diz antiga máxima.

É de BETTI[434] a afirmativa de que a lei, só por si, não dá nunca vida a novas *situações jurídicas*, se não se verificarem os fatos por ela previstos. Afinal, se a *fonte imediata* da obrigação, como de qualquer relação jurídica, como diz BARBERO, é unicamente a lei, *causa eficiente* de todas as obrigações — daí ser válido afirmar que todas as obrigações, e não só a tributária, são *ex lege* — o fato jurídico é a *fonte mediata*, é a sua *condição determinante*.

Ele é *fato* constitutivo da relação obrigacional[435]. É que entre a lei — esquema geral e abstrato — e a obrigação — relação singular entre pessoas — medeia sempre um *fato*, (ou se configura uma *situação*), considerado idôneo pelo ordenamento jurídico para determinar o *dever de prestar*. A esse fato ou a essa *situação* denomina-se fonte ou causa geradora da obrigação[436].

O direito tributário positivo brasileiro, também, destacou essa posição do *fato jurídico*, ao ser definido, pelo Código, como o *fato gerador da obrigação*, seja aquele

---

434. cf. Betti, Emílio. *Teoria geral do negócio jurídico*. Tomo I. Coimbra: ed. Cimbra, 1969, p. 17 e segs.

435. cf. Betti, ob. cit., p. 23; Barbero, Domenico . *Sistema Istituzionale del diritto privato italiano*, 3ª ed. rieveduta e aumentata t. 2. Torino: ed. Unione Tipografica Editrice Torinense. 1951. p. 247 e s.

436. cf. Gomes, Orlando. *Obrigações*. 19ª ed. Atualizador Edvaldo Brito – Rio de Janeiro: Forense, 2019. p. 25.

acontecimento ou situação que a lei dá como necessário e suficiente para o nascimento da obrigação principal; seja aquele acontecimento ou situação à que a legislação — seja lei, seja decreto, seja norma complementar deles dois — dá força para impor a prática ou a abstenção de ato que não configure obrigação principal e, por isso, faz nascer a obrigação chamada de acessória.

Portanto, havendo uma norma jurídica nas circunstâncias antes examinadas, *tipificando* um *fato* e este *fato* acontecendo tal qual o *tipo* figurado na norma, haverá *crédito tributário existente*.

E com isto já se vê que há razão na afirmativa feita linhas atrás de que o legislador do Código Tributário Nacional confunde esse *fato jurídico* com um dos seus *elementos*, porque — salvo honrosas exceções — ao definir *fato gerador da obrigação*, sempre está, efetivamente, descrevendo, apenas, o *elemento temporal* da *hipótese* desse *fato*.

Fato gerador da obrigação é o conjunto de todos os quatros elementos, previsto na hipótese, quando concretamente se realiza na vida social por meio de um acontecimento que o retrata na sua inteireza.

6.1.2 O crédito tributário exigível. O lançamento

O *crédito tributário é exigível* quando a Administração Tributária procede ao *lançamento*.

É que o direito tributário positivo brasileiro impõe, em todos os casos, à Administração Tributária, uma *condição* para que um *crédito tributário* já *existente* possa ser *exigido*.

Essa *condição* consiste numa atividade da Administração chamada *lançamento*, caracterizado por uma série de providências que o Código Tributário Nacional alinhou como sendo a verificação da ocorrência do *fato gerador da obrigação*; a determinação da matéria tributável; o cálculo do montante do tributo devido; a identificação do sujeito passivo e, até, a aplicação de penalidades cabíveis.

Esta circunstância permite a reiteração de que o direito brasileiro realmente faz distinção entre a relação jurídica subjacente (obrigação tributária) e a relação abstrata (crédito tributário).

O Código Tributário Nacional depois de consagrar a tradicional concepção de que o crédito é elemento da obrigação, destacou-o por uma disciplina jurídica própria, a ponto de poder estabelecer, no seu art. 140, que as circunstâncias que o modificam, a sua extensão ou os seus efeitos, ou as suas garantias, ou os seus privilégios, bem assim as que excluem a sua exigibilidade, não afetam a obrigação.

É que o crédito tributário tem disciplina jurídica destacada e uma vez nascido com a obrigação passa a irradiar todas as *situações jurídicas* que se especificam nas diversas relações jurídicas tributárias.

Tanto que, existente o crédito, se a Administração não promover o *lançamento*, ele nunca será *exigível* por ela. E é exatamente sob esse ângulo que se pode dar razão às palavras de FABIO FANUCCHI[437], segundo as quais "é absolutamente certa, no Brasil, a afirmação de que inexiste tributos cobráveis independentemente de lançamento", ou seja, a Administração não pode exigir o *crédito* sem *constituí*-lo, isto é, sem promover a *técnica da tipicidade*, sem *dissecar* a norma jurídica que descreve a *figura do fato* para identificar nela um *fato* efetivamente acontecido.

Inexistem tributos cobráveis, ou seja, *crédito tributário exigível*, sem que se faça o *lançamento*, sem que se proceda à *técnica da tipicidade* consistente em se verificar

437. cf. Fanucchi, Fábio. *A Decadência e a Prescrição em Direito Tributário*. 3 ed. São Paulo: Coedição IBET - Instituto Brasileiro de Estudos Tributários e editora Resenha Tributária, 1976.p. 32.

se ocorreram todos os *elementos* constitutivos da *hipótese do fato*, tal como o exige o art. 142 do Código Tributário Nacional.

A importância dessa atividade da Administração, que torna *cobráveis* os tributos ou que legitima a *exigibilidade* dos tributos por parte do sujeito ativo, tem conduzido a Doutrina ao exame da natureza jurídica dessa atividade e da sua eficácia por intermédio dos mais divergentes caminhos revelados a seguir em apertada síntese.

A natureza jurídica do *lançamento* para muitos é a de um *ato jurídico*, para alguns a de um *procedimento administrativo*. Em ambas as correntes, estão respeitáveis nomes:

AMÍLCAR DE ARAÚJO FALCÃO, GERALDO ATALIBA, PAULO DE BARROS CARVALHO, JOSÉ SOUTO MAIOR BORGES, FÁBIO FANUCCHI, GILBERTO DE ULHOA CANTO e ALBERTO XAVIER, por exemplo, defendem a tese de que o lançamento é ato jurídico isolado, como esquematiza Barros Carvalho:

> Ato jurídico administrativo, da categoria dos simples, modificativos e vinculados, mediante o qual se declara o acontecimento do fato jurídico tributário, se identifica o sujeito passivo da obrigação correspondente, se determina a base de cálculo e a alíquota aplicável, formalizando o crédito e estipulando os termos da sua exigibilidade[438].

Posição contrária têm ALFREDO AUGUSTO BECKER, RUBENS GOMES DE SOUSA, ALIOMAR BALEEIRO, ANTONIO ROBERTO SAMPAIO DÓRIA, RUY BARBOSA NOGUEIRA, com os quais se alinha o autor deste trabalho, na concepção de que a complexa *atividade* que consiste na *técnica da tipicidade* não se comporta num *único ato jurídico administrativo simples*, nem é possível considerar diversos atos ínsitos da atividade referida como

---

438. cf. In: Martins, Ives Gandra da Silva (Coord.). Caderno de Pesquisas Tributárias. nº1. v.2. São Paulo: Coedição Centro de Estudos de Extensão Universitária e Editora Resenha Tributária, 1976. p. 53.

sendo preparatórios e outros tantos como complementares, tal como se colhe do magistério de ALBERTO XAVIER[439].

Os procedimentalistas têm recebido críticas, dentre as quais avulta a seguinte, que, aliás, pode ser considerada como a síntese, das censuras dirigidas a essa corrente: definido o *lançamento* como *procedimento*, "pode-se entendê-lo como abrangente de todos os atos encadeados até a definitiva manifestação da Administração, e neste caso teríamos a noção de lançamento se confundindo com a fase de imposição"? ou ele se restringe unicamente à etapa oficiosa de imposição caracterizada pela unilateralidade da manifestação que não decorreria de um proceder informado pelo contraditório?[440]

A resposta depende de algumas considerações, que devem ser feitas em torno das *ideias gerais para uma concepção unitária e orgânica do processo fiscal*, expostas por RUBENS GOMES DE SOUSA e em torno da opinião de MARCO AURÉLIO GRECO sobre a atuação da Administração na efetiva arrecadação de uma quantia em dinheiro a título de tributo[441].

As ideias concentraram-se na concepção orgânica e unitária do processo fiscal como representativo de um sistema que reúne o *procedimento administrativo do lançamento* e o *procedimento jurisdicional do contencioso*.

Esta concepção foi justificada pela constatação de RUBENS GOMES DE SOUSA de que as fases oficiosa e

---

439. cf. Xavier, Alberto. *Do Lançamento no Direito Tributário Brasileiro*. 3ª ed. Rio de Janeiro: Forense, 2005. p. 186, e s.

440. cf. Greco, Marco Aurélio. *Dívidas Fiscais*: procedimento administrativo. São Paulo: Saraiva, 1977. v. 1, p. 22.

441. cf. Sousa, Rubens Gomes de. *Ideias gerais para uma concepção unitária e orgânica do processo fiscal*. In Justiça e processo fiscal. In: Canto, Gilberto de Ulhôa (Org.). Justiça e Processo Fiscal. v.2. (Publicação nº 2) Rio de Janeiro: IFA, 1954. p. 7 e s., e Marco Aurélio Greco, ob. cit., p. 18 e s.

contenciosa do que ele chamava "processo formativo da obrigação tributária visam *(sic)* ambas uma mesma finalidade única, a saber, a constituição do crédito tributário a favor do Estado e reciprocamente a constituição da obrigação tributária contra o contribuinte".

Confirmam essas ideias que realmente há, desde a raiz do direito tributário brasileiro, uma distinção entre a *obrigação* e o *crédito*, no sentido exposto linhas atrás e, embora restringindo o procedimento administrativo do lançamento à fase oficiosa, não deixa de demonstrar que a constituição do *crédito* abrange, também, a fase contenciosa.

É oficiosa, nessa concepção, a fase do processo fiscal em que a Administração emite, unilateralmente, uma declaração de vontade, "por meio da qual a administração pública manifesta a sua intenção de considerar que a atuação concreta do comando legislativo, no caso particular, se deve expressar pela forma e segundo a medida e a individualização pessoal, resultantes do título de dívida que constitui a exteriorização formal da obrigação tributária acertada pelo lançamento" que, assim encerraria essa fase.

Já a fase contenciosa do processo depende da iniciativa do contribuinte quando este, não se conformando com a pretensão jurídica formulada pelo Fisco na fase oficiosa, contesta-a ativamente, passando à condição de parte e não mais de simples auxiliar, como seria na fase oficiosa na qual seu papel seria o de prestar informações impostas pela lei.

Nessa fase contenciosa, a Administração emitiria, propriamente, um pronunciamento jurisdicional: uma sentença, o que, no Brasil, até hoje somente é possível por meio do Poder Judiciário.

Consequentemente, por essas ideias, a constituição do crédito tributário abrangeria todo o processo fiscal que incluiria, também, todos os atos judiciais.

Ora, procurando compatibilizar essa constituição do crédito com o sistema brasileiro de *jurisdição única*, o Código Tributário Nacional limitou-a ao âmbito administrativo, uma vez que estabeleceu como *privativa* da autoridade administrativa, mas, deu um contorno diverso à fase contenciosa, porque não a caracterizou como unicamente jurisdicional.

As duas — oficiosa e contenciosa — acontecem no processo administrativo fiscal com o procedimento de *lançamento*, ocupando-o em todas as suas etapas daquilo que MARCO AURÉLIO GRECO [442] chama de fase de imposição e para o qual a efetiva arrecadação de uma quantia em dinheiro, pela Administração, a título de tributo, desdobra-se em três fases ou etapas distintas: a de imposição, a integrativa e a de compulsão.

A *primeira*, que tende a fixar o exato montante da quantia a entregar à Administração e qualificar o sujeito passivo, teria como subfases aquilo que se viu antes como sendo fases oficiosa e contenciosa. Já a *integrativa* corresponde ao procedimento da dívida ativa e a de *compulsão* consiste na manifestação jurisdicional do Estado mediante o Poder Judiciário para forçar o cumprimento da *prestação* quando há inadimplemento por parte do sujeito passivo.

Pois bem: tomando as ideias gerais já referidas e a opinião sintetizada no trecho anterior, conclui-se que vale reiterar a opinião[443] de que a *constituição do crédito tributário*, ao contrário do que disse RUBENS GOMES DE SOUSA — logicamente, disse antes do código — abrange toda a fase de imposição, somente, acontece definitiva quando se torna irreversível, na esfera administrativa, seja por preclusão

442. Ob. cit., p. 18 e s.

443. cf. Brito, Edvaldo. *A constituição definitiva do crédito tributário a prescrição*. In. Cadernos de Pesquisas Tributárias: Decadência e Prescrição, n.1. São Paulo: Resenha Tributária, 1976. p.85-99. J: 94.

da prerrogativa de impugnação, seja pelo julgamento do processo por decisão de que não caiba recurso.

Portanto, somente há concluído o procedimento de *lançamento*, quando o *crédito tributário* está, definitivamente, constituído, o que só acontece quando se torna inalterável pelo encerramento do tempo útil para qualquer providência, permitida em lei, para modificar o *lançamento provisório*, ou seja, para modificar a fase oficiosa do processo administrativo fiscal na qual se formaliza *devidamente* o crédito, quer dizer, formaliza-se *regularmente* o crédito.

Insista-se que há, no sistema do Código vigente, o crédito *devidamente* constituído e o crédito *definitivamente* constituído.

O *primeiro* configura-se quando a autoridade administrativa percorre todo o *iter* legal descrito no art. 142 do Código.

O *segundo*, quando se encerra o tempo útil para qualquer das três providências estipuladas no seu art. 145.

Logo, o crédito *devidamente* constituído nem sempre o está em *definitivo*, uma vez que aquele traduz a *regularidade* da constituição e, este, a *inalterabilidade* da constituição.

Esta posição resulta em que o prazo *decadencial* envolva não só a fase oficiosa, mas também a contenciosa do processo administrativo, devendo, pois, as decisões dos órgãos singulares e coletivos, que solucionam os conflitos, ocorrerem dentro desse prazo, sob pena de *caducidade* do direito de proceder ao *lançamento* do tributo.

Esta posição é consequência da interpretação sistemática do Código que, ao dizer que o crédito se constitui pelo *lançamento* (art. 142) e ao consagrar a constituição *definitiva* desse *crédito* (art. 174), certamente, admitiu uma constituição *provisória*, um *lançamento* provisório.

E se o prazo *prescricional* começa a contar dessa constituição *definitiva*, a conclusão é única: o que acontece antes desse começo tem de ser envolvido pelo prazo *decadencial*.

Há posição muito mais avançada, a qual, pela autoridade intelectual do seu autor, ZELMO DENARI[444], merece ser registrada, ainda que, aqui, não seja perfilhada: é o entendimento que consiste em afirmar, somente, haver termo final da *decadência*, com a inscrição do crédito em dívida ativa, o que significa dizer que a constituição *definitiva* ocorre com essa inscrição e, portanto, também, ela deveria ser realizada dentro do prazo decadencial, sob pena de caducidade. Enfim, a *inscrição na dívida ativa* também seria parte do procedimento de *lançamento*.

E, aqui, não se perfilha esse respeitável entendimento, porque ele é estranho ao sistema do Código no que toca ao *lançamento*.

A *inscrição na Dívida Ativa*, como se verá adiante, tem outra função: a de legitimar a *execução forçada*.

Não se discute se a posição do Código foi a melhor, doutrinariamente, mas, reafirme-se que, na sua sistemática, a codificação do direito tributário brasileiro adotou a natureza procedimental mediante a realização de vários atos sequenciados, ordenados no sentido de legitimar o direito de cobrar o *crédito tributário existente*.

A prática desses atos é *necessária*, sempre, com a possibilidade do contraditório, apesar do que, na maioria das vezes, sem sucesso para o sujeito passivo.

Necessária porque é essencial para que os tributos possam ser cobrados, isto é, *exigidos* pela Administração, embora possam ser recolhidos pelo sujeito passivo antes do *lançamento*.

---

444. cf. *Prescrição e decadência em direito tributário*. In. Revista da Procuradoria Geral do Estado de São Paulo, 7: 161-70, dez. 1975.

A permissão do Código para que a lei orgânica do tributo atribua ao sujeito passivo o dever de antecipar o pagamento sem prévio exame da autoridade administrativa (art. 150) *não* resulta em que *haja tributo sem lançamento*, porque essa autoridade, sempre, terá de *homologar* o procedimento do sujeito passivo e, ao fazê-lo, procede ao *lançamento*; se não *homologa* procede, também, ao *lançamento*.

A *exigibilidade*, a *cobrança*, a competência da Administração para promover a *execução forçada*, perante o Poder Judiciário, depende desse procedimento que a lei lhe impõe de praticar essa sequência de todos os atos estipulados no art. 142 do Código, no prazo assinado, sob pena de *caducidade*.

É, exatamente, este um dos efeitos do *lançamento*: tornar o crédito *existente* em *exigível*.

Essa prática, privativa da Administração, em nenhuma hipótese de sua natureza, infere que o *lançamento* é manifestação *jurisdicional* do Estado, diante da adoção brasileira da *jurisdição única*.

Este procedimento da Administração excepciona a natureza dos seus atos porque lhe retira duas das características típicas da atividade administrativa:

a) presunção de legitimidade;

b) autoexecutoriedade, considerando-se que a permissão do contraditório modula a soberania e a possibilidade de submissão ao crivo do Poder Judiciário retira-lhe o juízo exclusivo sobre esses seus atos.

Entendida como tal a natureza jurídica do *lançamento*, certamente, que se poderá admitir a classificação que a

Doutrina encontra na sistemática do Código, identificando três espécies de *lançamento*:

a) o direto ou *ex officio*,

b) o por declaração e

c) o por homologação.

Esta última expressão, é, aliás, muito infeliz do ponto de vista técnico, como já foi, magistralmente, demonstrado por PAULO DE BARROS CARVALHO[445], com arrimo em administrativista do porte de OSWALDO ARANHA BANDEIRA DE MELLO.

Há as três espécies porque, seja *diretamente* ou seja com o *auxílio* do sujeito passivo, o tributo, somente, pode ser *exigido* se, pela *técnica da tipicidade*, a Administração Tributária apurou todos os elementos da *hipótese do fato*, como o determina o art. 142 do Código.

Diretamente (*lançamento direto*), se todos os dados para *tipificação* são colhidos, objetivamente, pela Administração, sem carecer de informações do sujeito passivo (contribuintes e/ou responsáveis), porque, se carecer, então, o *lançamento* será por *declaração* e se fará tomando como referência inicial essa manifestação subjetiva que reclama fidelidade de quem a emite, sob as penas da lei. O *lançamento por homologação* foi objeto de exposição em linhas anteriores.

Todo o exposto, até aqui, conduz aos dois *efeitos* capitais do *lançamento* no direito tributário brasileiro ser:

a) condição para tornar exigível o crédito;

b) marco inicial do prazo prescricional.

---

445. cf. *Curso de direito tributário*. 17ª ed. São Paulo: Saraiva, 2005. p.427 e s.

A *eficácia* do lançamento como *condição* para tornar *exigível* o crédito tributário tem relevância, na medida em que se esconjurem as teses da *eficácia constitutiva* e da *eficácia declaratória* em que se dividiram, por muito tempo, juristas daqui e de fora.

O problema está em se qualificar essa *condição*, considerando-se que, tecnicamente, a Doutrina tem reconhecido a existência da *conditio júris*, da *condição voluntária* e da *condição de atendibilidade* como acontecimentos adotados como pressupostos dos quais dependerá a eficácia jurídica da conduta humana pensada pela norma jurídica como capaz de gerar prerrogativas, direitos subjetivos, poderes e os correspondentes ônus, deveres jurídicos e sujeição em que se constitui a *prestação* do obrigado.

Excluída a *condição voluntária* — porque é típica dos negócios jurídicos a cuja natureza não se reduz o *lançamento*, que é, como já demonstrado, procedimento reservado à Administração — restam a *conditio juris* e a *condição de atendibilidade*.

ALBERTO XAVIER[446] afirma que o *lançamento*, como título abstrato da obrigação de imposto, é, em sentido técnico, sua *condição de atendibilidade*, porque, na ausência desse título, nem o credor pode reclamar a *prestação* nem o devedor pretender cumpri-la, liberando-se por consignação em depósito em caso de mora do credor.

Portanto, admite que a eficácia do lançamento é a de ser *condição* para *exigibilidade* do *crédito*, mas, não aceita que tal seja a chamada *conditio juris* porque esta opera no campo da eficácia intrínseca e é, por isso, irretroativa, enquanto a *condição de atendibilidade* atua no terreno da eficácia extrínseca, revelando o fato e seus efeitos desde o momento em que surgiram.

---

446. cf. *Xavier, Alberto. Do Lançamento no Direito Tributário Brasileiro.* 3ª ed. Rio de Janeiro: Forense, 2005. p. 310 e s.

Esta colocação tem a vantagem de compatibilizar o sistema do Código, expresso nos seus arts. 105 e 144, antes transcritos, que atribuem eficácia *ex tunc* ao *lançamento*, o que seria incompatível com a natureza da *conditio juris*, cuja eficácia seria *ex nunc*.

Mas, veja-se que a *condição de atendibilidade* é, em última análise, *conditio juris*.

Afinal, a dependência da eficácia jurídica, de uma conduta humana, somente, pode ocorrer se ela for estabelecida como *pressuposto* ou pelos sujeitos da relação jurídica negocial a que a *lei* tenha facultado esse proceder ou pela própria *lei*.

A *condição* é *voluntária*, na primeira hipótese e, na segunda, ela é requisito do qual a *lei* faz depender a eficácia da conduta, exatamente, porque, na *conditio juris*, o *fato* é pressuposto do *efeito* que a *lei* atribui ao requisito de que esse *efeito* depende.

Logo, *conditio juris* será, em suma, o acontecimento futuro e incerto ao qual se subordina (está subordinada) a eficácia do fato pela vontade, não das pessoas envolvidas, mas, sempre, da *lei*[447].

Sendo assim, a eficácia *ex nunc* que se queira atribuir à *conditio juris* não influi na eficácia, também, *ex nunc*, do fato que dela depende.

Por isso, ocorrido o *fato gerador*, fato jurídico que faz nascer a *obrigação tributária* e, com ela, o *crédito tributário*, vale, desde então; mas, tem essa validade *condicionada* e, no momento em que se implementa a *condição* a que a *lei* o subordinou, essa validade opera em toda a sua inteireza.

---

447. cf. Trabucchi, Alberto. *Istituzione di diritto civile*, Padova: CEDAM, 1966, p. 165; Arch, *Condizione*, In Enciclopedia del diritto; Rescigno, Pietro. *Enciclopedia del diritto*, v. 8, p. 768-78, e *Manuale di diritto privato italiano*. 5ª ed. Napoli: Eugenio Jovane, 1974.

O conteúdo da *conditio juris* é, sempre, o que a própria *lei* atribui-lhe, razão porque não se deve entender o seu *efeito*, unicamente, como *ex nunc*, daí o acolhimento da *condição de atendimento* como *conditio juris* e, consequentemente, o *lançamento* como tal, mesmo no regime do Código.

Considerando, afinal, que, pelo sistema do Código, o *crédito tributário*, somente, constitui-se, isto é, somente, é *exigível* ou *cobrável*, com o procedimento tendente a identificá-lo com todos os elementos descritos na *hipótese do fato* traçado pela norma jurídica tributária; *considerando* isto, a conclusão verdadeira é a de que é *eficácia* do *lançamento* tornar o crédito exigível, ou seja, *lançamento* é a condição que a lei estabelece para legitimar essa *exigibilidade*.

O *lançamento*, ao lado desse *efeito*, tem *outro*, o de *marcar*, como demonstrado antes, *o início do prazo prescricional*, uma vez que tudo que se passa durante o procedimento de *lançamento* está envolvido pelo prazo de *decadência*, dentro do qual deve, em *definitivo*, ser *constituído* o *crédito* com a prática de todos os atos componentes das fases oficiosa e contenciosa da chamada etapa de imposição da atividade arrecadadora da Administração Tributária.

6.1.3 O crédito tributário exequível. A certidão de dívida ativa

O *crédito tributário* é *exequível* quando a Administração Tributária procede à sua *inscrição* em *dívida ativa*, depois de esgotado o prazo fixado, pela lei ou por decisão administrativa transitada em julgado, para o cumprimento da *prestação* respectiva.

O procedimento, consistente na *inscrição* referida, tem como objetivo a formação do *título executivo* a que se refere o inc. IX do art. 784 do Código de Processo Civil.

Esse título é a *certidão de dívida ativa* da Fazenda Pública da União, Estado, Distrito Federal e Município, correspondente aos *créditos inscritos*, na forma do Código Tributário Nacional, a qual embasa a *execução fiscal* regulada pela lei nº 6.830, de 22 de setembro de 1980.

Essa *inscrição* poderia ser uma das etapas do próprio procedimento de *lançamento* tal como ZELMO DENARI prefere, ao incluí-lo como integrante da atividade de constituição *definitiva* do crédito, arrimado em procedimentalistas como MICHELI e FRANCO GALLO, que consideram o início do termo prescricional com o direito do Fisco já determinado em todos os seus elementos, tornada a Administração titular de um direito líquido, certo e exigível, isto é, exercitável.

Embora respeitável esse ponto de vista, porque a sua acolhida, doutrinariamente, é irrecusável, dele se tem de discordar — como já foi dito — na ótica do direito positivo pátrio, que separa a fase do crédito *exigível* da fase do crédito *exequível*.

Esta última encontra-se disciplinada nos arts. 201 a 204 do Código Tributário Nacional e é importante porque condiciona a iniciativa da Administração, no que se refere à *execução judicial*, admissível, apenas, quando o *título*, que é a *certidão* referida, contém todos os requisitos exigidos, legalmente, para a *inscrição*, sob pena de *nulidade* desta, quando o *título* não indicar qualquer desses requisitos.

A declaração dessa *nulidade* opera, obviamente, *ex tunc* e, se sanada depois do prazo prescricional, não o recuperará.

A *execução forçada*, legitimada por *certidão de dívida ativa*, validamente, expedida retratando a *inscrição*, atualmente, é disciplinada por lei esparsa, a já citada Lei nº 6.830, de 22 de setembro de 1980, vigente a partir de 23 de dezembro subsequente e, subsidiariamente, pelo Código de Processo Civil.

Enfim, essa natureza obrigacional da relação jurídica tributária propicia o estudo da *prestação* e o do seu objeto, o que envolve a *materialidade da hipótese do fato*, porque o legislador poderá escolher, para *fato gerador da obrigação*, qualquer dos *acontecimentos* antes indicados na classificação.

6.2 O tipo tributário é cerrado

A busca da identificação do *fato* tributável, mediante a *técnica da tipicidade*, impõe respeito à nucleação de uma específica *prestação coativa*, que é o *tributo*.

Considerando que há ampla categoria de *prestações coativas* do particular em favor da entidade pública, no Estado *dualista* do desenvolvimento econômico e do bem-estar social (que é um Estado *intervencionista*), é necessário que se delimite a mais restrita dentre elas que é o *tributo*.

Por isso, existem, hoje, numerosas disposições constitucionais que pressupõem essa nucleação, caracterizando o "*Estatuto do Contribuinte*" sistematizado pela Constituição brasileira através de normas jurídicas com a natureza de *princípios-garantia*, da forma seguinte:

1. *Competência tributária da entidade intraestatal* arts.145, 147, 148, 149, 153, 154, 155 e 156

2. *Legalidade* - art.150, I

    2.1 irretroatividade - art.150, III, "a"

    2.2 anualidade - §2° do art.165

    2.3 anterioridade - art.150, III, "b"

    2.4 espera nonagesimal – art.150, III, "c"

    2.5 tipicidade - art.145, I a III e 146, III

    2.6 eficácia da lei complementar - art. 146

3. *Isonomia* - art.150, II

    3.1 capacidade contributiva - art.145, §1°

4. *Proibição do efeito tributário confiscatório* - art.150, IV

5. *Garantia da unidade econômica e social* - arts.150, V, 151, I e II, 152

6. *Imunidade* - art.150, VI.

A norma jurídica, que consubstancia a *hipótese* do fato gerador da obrigação tributária, tem de refletir todos esses *princípios-garantia* para a legitimidade dos elementos constitutivos identificadores dessa *prestação coativa*, nos limites que a Constituição traça.

À exceção dos *princípios* da *imunidade* e da *capacidade contributiva,* em relação aos quais alguns autores, equivocadamente, têm afirmado que abrangem, apenas, os impostos, é unânime a afirmação de que todos os demais *princípios* pressupõem a nucleação do tributo, como *prestação coativa*, porque eles são comuns a todas as *espécies* desse *gênero*.

Resumindo: se a *espécie prestação* for tributária, somente pode ser instituída, ou aumentado o seu valor por lei da entidade federada que recebeu a respectiva competência. Essa lei é aplicável a *fatos geradores* seus contemporâneos ou posteriores à sua edição; tem de ser publicada no ano anterior à ocorrência desses fatos por ela *tipificados* em todos os seus elementos (material, pessoal, espacial e temporal); mesmo de referência ao tributo *sinalagmático,* ela não pode atribuir tratamento desigual quando os respectivos contribuintes encontrem-se em situação equivalente; bem assim, a *espécie* tributária que ela discipline não pode ter efeito confiscatório, nem pode prejudicar a unidade econômica e social de um país, como o Brasil, federativo e de características continentais pela sua extensão, pela sua formação étnica diversificada e pela composição econômica diferenciada de suas regiões geográficas.

O princípio da *tipicidade*, um dos corolários do princípio da *legalidade,* tem sido destacado porque é de gizar-se a característica do *tipo* tributário, como *tipo cerrado*, semelhante ao *tipo* criminal, especialmente, em face de não admitir a *analogia* como meio de exigência de tributo não previsto em "*facti species*" descrita em norma legal.

IVES GANDRA DA SILVA MARTINS[448] festeja o princípio da *tipicidade* lembrando que "à estrita legalidade, à indelegabilidade de competência deve-se acrescentar a *tipologia cerrada,* fechada, inelástica, contendo a norma toda a configuração pertinente e própria à imposição pretendida", razão porque ALBERTO XAVIER[449] afirma que o órgão de aplicação do direito encontra-se "submetido, quer aos *tipos legais de fatos tributários,* quer aos *tipos* de efeitos jurídicos decorrentes da verificação dos fatos, abrangendo a medida do tributo. No Direito Tributário, a *técnica da tipicidade* atua não só sobre a *hipótese* da norma tributária material, como também sobre o seu *mandamento*".

Enfim, a *hipótese normativa* do *fato gerador* está tão imbricada com os elementos do *tipo* que cumpre observá-los sempre que se tenha de identificá-los nos *acontecimentos* da vida real, tal como recomendado pela Doutrina[450], cada vez que se tiver de buscar, nesses *acontecimentos*, o conjunto de caracteres debuxados na "*facti species*" normativa, a fim de assegurar a perfeita incidência da respectiva norma.

Cresce de importância a *técnica da tipicidade,* porque é por seu intermédio que se verifica a *natureza jurídica específica* de um tributo, a partir das normas constitucionais que veiculam esses *princípios* integrantes do "*Estatuto do Contribuinte*", inclusive as normas de outorga de

448. cf. *Teoria da Imposição Tributária,* São Paulo: Saraiva, 1983, p.32

449. cf. *Os Princípios da Legalidade e da Tipicidade da Tributação,* São Paulo: Revista dos Tribunais, 1978, p.73.

450. cf., além dos dois citados nas notas de rodapé supra. Yonne Dolácio de Oliveira, *A Tipicidade no Direito Tributário Brasileiro,* São Paulo: Saraiva, 1980. Misabel Derzi, *Direito Tributário, Direito Penal e Tipo.* Sacha Calmon Navarro Coelho, *Teoria Geral do Tributo e da Exoneração Tributária,* São Paulo: Revista dos Tribunais, 1982, p.122.

competência tributária, que devem ser refletidas, com fidelidade, pelas normas gerais de direito tributário, pelas normas de organização do tributo, escoimando-se, assim, essa prestação *coativa* do meio de outras *prestações pecuniárias compulsórias*.

Essa *natureza* é determinada pela *materialidade* da *hipótese* do *fato gerador* da *obrigação tributária*, por isso, é irrelevante, para qualificar a *prestação* como tributo, a denominação dada pelo legislador, bem assim as demais características formais por ele adotadas, dentre as quais está a destinação legal do produto da sua arrecadação ou o resultado econômico obtido pelo contribuinte que escolheu forma jurídica diversa daquela correspondente aos fenômenos, fatos e relações econômicas *tipificadas* na *hipótese* normativa do *fato* gerador.

É pela *técnica da tipicidade* que se disseca o *acontecimento* da vida real e o enquadra, ou não, na "*facti species*".

O auxílio da *pragmática da comunicação normativa* é fundamental para proceder a essa *técnica*. Por isso, cabe, aqui, lembrar o *método lógico-linguístico* de estudo das normas jurídicas, dada a sua utilidade na busca de uma interpretação sempre precisa dessas normas que, sendo um discurso, têm a natureza de um *objeto cultural*, tomado na classificação de HÜRSSERL[451] sobre os *objetos* do *conhecimento*.

Esse *método* é interdisciplinar porque se apoia na *Lógica* e na *Semiótica* e tem o objetivo de *interpretar* a linguagem da maneira mais exata, porque ambas são campos de estudo das *linguagens técnica* e *artificial* que se contrapõem à *linguagem natural* e têm como meta o esclarecimento das diferentes funções do *signo* ou palavra utilizada na comunicação entre o emissor e o respectivo receptor.

---

451. cf. essas ideias em Cossio, Carlos. *La teoría egológica del derecho y el concepto jurídico de libertad*, 2ª ed. Buenos Aires: Abeledo-Perrot, 1964, ps. 54 e segs.

Essas funções são: a *semântica*, a *sintática* e a *pragmática*.

A Semiótica esclarece que toda afirmação do homem, ao emitir seu pensamento, é um *signo* ou é um *conjunto* de *signos*. Esses *signos* propiciam três relações: a *semântica*, a *sintática* e a *pragmática*. Na primeira delas, o *signo* revela o conteúdo de um *objeto*, fornecendo-lhe o significado e demonstrando que um *signo* pode veicular significados de mais de um *objeto*, sendo, por isso, necessário examinar a relação entre si que os *signos* mantêm (*sintática*), a ponto de diminuir as ambiguidades que, disso, possam resultar. Contudo, ainda, é possível resultar mais de um sentido, mesmo com a *sintaxe*. Então, busca-se na relação entre o *signo* e o sujeito que o utiliza a dissipação dos equívocos. Essa última relação é a que se denomina de *pragmática* ou comportamental. Por seu intermédio, é possível distinguir o conteúdo semântico de um *signo*, pois a habitualidade de sua utilização, em um mesmo sentido, no contexto de uma linguagem, credencia o receptor da mensagem a decodificá-la com proximidade da precisão.

Mas, a linguagem, para aproximar-se, o mais que possível, dessa precisão, pressupõe a disciplina do pensamento que o emissor da mensagem deseja transmitir ao receptor e é nesse ponto que entra a *Lógica*. Dir-se-á que a vida não é lógica, bem assim, que a *interpretação* jurídica é sempre de natureza axiológica, por força da "valoração objetivada nas proposições normativas". Ora, exatamente, por isso, é que se torna necessária a disciplina do pensamento na *interpretação* das normas jurídicas, mediante a aplicação dos princípios da Lógica que são quatro: o de *identidade*, o de *contradição*, o do *terceiro excluído*, o da *razão suficiente*. Dir-se-á, outrossim, que essas leis do pensamento correto implicam a *interpretação* jurídica pelo ângulo lógico-formal, o que redundaria em uma contradição deste trabalho que, supra, festeja o direito como *objeto cultural* e, portanto, apropriado a um tratamento de lógica transcendental. Esse dito, porém, perde o cabimento, na medida em que é verdadeiro reiterar que qualquer afirmação do homem é um *signo* e que pela diversidade de seu conteúdo semântico é preciso escoimá-lo dos equívocos. Então, mesmo em sede de lógica transcendental não se prescinde dessas leis do pensamento correto e mesmo em sede de *interpretação* jurídica, ou, sobretudo, em sede de *interpretação* jurídica que se presta, e muito, à *teoria do acho*.

Assim, lembre-se que o princípio da *identidade* afirma que um *ser* é sempre idêntico a si mesmo e não ao seu contrário: *"o que é, é, o que não é, não é"*. Para encontrar essa identidade, investigam-se os elementos componentes de cada *ser*. O da *contradição* afirma que *"o contrário do que é verdadeiro é falso"* porque o mesmo *ser* não pode, ao mesmo tempo, *ser* e *não ser*. O de *terceiro excluído* consiste em que, entre duas proposições contraditórias, não há outra opção entre a verdadeira e a falsa. O da *razão suficiente* "afirma que nada ocorre sem que haja uma causa ou razão determinante, isto é, que tudo o que é tem sua razão de ser, todo o real é racional"[452].

6.3 A interpretação da norma jurídica de natureza constitucional tributária

A norma jurídica reflete um ato humano, ao ser *elaborada* e ao ser *interpretada*, mediante os recursos da linguagem; por isso, a norma jurídica é um discurso que, como qualquer outra atividade espiritual, pode estar prenhe de ambiguidades. Daí a função do *intérprete* perante a forma *elaborada* e, na utilização dos recursos processuais de "embargos de declaração", perante a forma de sua interpretação

452. cf. Luís Fernando Coelho. *Lógica jurídica e interpretação das leis*, Rio de Janeiro: Forense, 1979, ps.76 e segs.

por ato jurisdicional. Em ambas essas hipóteses, pretende-se escoimar a norma de defeitos de comunicação de modo a que ela se torne *confirmada* pelo receptor.

A função do *intérprete*, portanto, não é a equivocada tarefa de fazer a norma clara, tanto que se dizia "*in claris cessat interpretatio*". Essa função é a de verificar a validez da norma no sistema jurídico, a partir da técnica de examinar o seu conteúdo, por uma ótica histórica introduzida nos conceitos jurídicos veiculados pela norma.

Assim, cabe analisar a norma pelo *sistema intrínseco* e pelo *extrínseco* e, em se tratando de norma constitucional, também, pela chamada *técnica de interpretação de bloqueio de infraconstitucionalidade* ou pela *técnica de interpretação de legitimidade das aspirações sociais*.

Em princípio, pode-se afirmar que, no plano da estrutura lógica, a norma constitucional, apreciada pela ótica analítica, tem os dois elementos básicos de toda norma jurídica: norma *primária* (*endonorma*) e norma *secundária* (*perinorma*). Contudo, tomada essa norma constitucional fora dessa consideração analítica, para apreciá-la na perspectiva *semiótica*, aparece a diferença, especialmente a de *interpretação*.

A *interpretação*, que é festejada pela escola analítica, pretende ser conseguida pela imaginária teoria pura, que teria como objetivo excluir do entendimento da norma a interferência humana existente no curso da natureza e que VON WRIGHT[453] chama de *ação*. Essa exclusão é inaceitável, porque a proposição é identificável como normativa quando se considera todo o repertório em que medra, o qual resulta do entendimento conjunto das concepções normativa e institucional do Direito. O ângulo exclusivo da concepção normativa, somente, permite ver o *relato;* é,

453. cf. Von Wright, G. Henrik. Norma y Acción: una investigación lógica. Madrid: Tecnos, 1979.

porém, a concepção institucional que permite visualizar o *cometimento.*

COSSIO[454] afirma: a norma que descreve a conduta, a do *relato,* é a *endonorma* e está por ele formulada em primeiro lugar; a do *cometimento* é a *perinorma* e vem em segundo lugar. A sua fórmula é a de uma proposição composta, da espécie hipotética disjuntiva:

> *dado um fato temporal deve ser a prestação pelo sujeito obrigado, face ao sujeito pretensor (ENDONORMA)*
>
> ou
>
> *dada a não prestação deve ser a sanção, pelo funcionário, obrigado face* à comunidade pretensora (PERINORMA).

Nestes termos, pois, a norma jurídica é *disjuntiva* e imputa sanção. E são estes termos que evidenciam os elementos da relação jurídica na linha da pragmática: *fato temporal* é o fato jurídico ou o acontecimento descrito como o propulsor da relação jurídica criando dever para o sujeito obrigado e direito subjetivo para o sujeito pretensor; *prestação* é a conduta do sujeito obrigado em face do pretensor, a partir da verificação do fato temporal; *sujeito obrigado* é o sujeito passivo ou a pessoa que tem o dever a cumprir face ao titular do direito subjetivo; *sujeito pretensor* é o titular do direito subjetivo, isto é, o sujeito ativo ou aquela pessoa que tem a prerrogativa de exigir a prestação; *não prestação* é o ilícito ou seja a ocorrência do descumprimento do dever pelo sujeito obrigado, como consequência da liberdade humana; *sanção* é a consequência jurídica imputada à não prestação.

É, pelo exposto e pelo complemento explicativo seguinte, que se pode afirmar que esta estrutura dual (endonorma e perinorma) esgota toda a linguagem jurídica

---

454. cf. Cossio, Carlos. La Teoría Egológica del Derecho: el concepto jurídico de libertad. 2 Ed. Buenos Aires: Abeledo-Perrot, 1964.]

porque o *funcionário obrigado* (sujeito passivo da perinorma) é o juiz ou seja o poder formal investido das atribuições jurisdicionais, com as quais, por isso, diz o Direito, no caso concreto e a *comunidade pretensora* (sujeito ativo da perinorma) é toda a comunidade jurídica que tem a prerrogativa de exigir a sanção porque lhe interessa a continuidade do sistema jurídico.

Esta fórmula é melhor do que a do positivismo lógico, seja porque, fugindo da concepção mandamental, insere no contexto jurídico a conduta humana pensada em liberdade tal qual ocorre na realidade; seja porque faz o casamento do *relato* com o *cometimento.*

KELSEN[455], que morreu em 19 de abril de 1973, na sua obra póstuma, modificou a sua opinião numa série de aspectos para admitir, por exemplo, formulações em razão das formas de normas jurídicas nas modernas leis. É dele, nessa fase, a lembrança de que a estrutura dual pode apresentar uma parte da norma inteiramente independente da outra.

Assim, cumpre, de logo, recordar que *norma jurídica* compõe-se de dispositivos (artigos, parágrafos, incisos, itens, alíneas) que podem estar em um mesmo discurso normativo, ou em mais de um, considerando-se, sobretudo, o seu modo de entrelaçamento no conjunto (fontes do Direito e seu sistema).

Esta observação avulta quando se trata da Constituição porque essa independência, ao ocorrer, terá de ser verificado o entrelaçamento no seu contexto, dado que é um discurso normativo *exclusivo* no sistema, não permitindo *integração* senão dos seus dispositivos entre si; solucionando *antinomias* e colmatando *lacunas* dentro de si ou, quando muito — se ela própria o admitir — com

455. cf. Brito, Edvaldo. *Limites da Revisão Constitucional.* Porto Alegre: Sergio Antonio Fabris, 1993. p. 48.

fontes expressamente indicadas (cf. o § 2º do art. 5º da Constituição).

Não fosse esse repertório e em nada uma norma constitucional seria distinta das demais componentes do sistema jurídico, porque, no plano da estrutura lógica da norma jurídica, não há diferença dela para as demais.

Com este pensamento, há de admitir-se a *integração* da parte dogmática com o preâmbulo e com as disposições transitórias não só para, às vezes, formarem, no seu conjunto uma *norma jurídica constitucional,* mas também, para dirimir *antinomias* e colmatar *lacunas*; há de admitir-se a hierarquização entre as normas jurídicas que a compõem (norma-*princípio* e norma comum); há de admitir-se a peculiaridade dessas normas quanto à eficácia, à efetividade, à *interpretação*, à *integração*... Tudo isto porque, se o pensamento for somente o do modelo analítico da ciência do Direito, não se terá o repertório da norma jurídica constitucional *como experiência* e, então, será um pensamento incompleto.

A eficácia da norma constitucional sempre foi objeto de reflexão, sobretudo, porque o próprio signo *eficácia* não obtém univocidade... Se a concepção é a *normativa* do Direito, o seu conteúdo semântico é um; se, a *institucional,* é outro. Aqui, em vez de confronto, opta-se pela superação da divergência entre essas duas concepções por entendê-las complementares entre si.

Disto resulta que adote, aqui, a convenção pela qual *a norma* é eficaz quando irradia os efeitos, que o sistema jurídico atribui-lhe, sendo vedado ao intérprete criar para além do permitido.

A *eficácia* é um pressuposto da *efetividade,* porque somente se estabiliza a norma que, apta a gerar consequência, tem um *relato* capaz de ser recebido pelo *destinatário*, de modo a que não ocorra *desconfirmação* e, em havendo esta, ocorra sanção; tudo formando uma "relação de adequação" entre *relato e cometimento,* com que já se ingressa no campo da *efetividade.*

Destinatário é outro signo sem univocidade.

A ideia menos ambígua, e aqui adotada, é a de que é o *receptor* da norma jurídica tida como pensamento da conduta humana na sua interferência intersubjetiva *(receptor:* o juiz o é do legislador; a comunidade pretensora o é do legislador e do juiz; o legislador o é da comunidade pretensora, do doutrinador, do juiz)[456].

O tema da *eficácia* é bem a prova do inaceitável da concepção *normativa* como exclusivo modelo da Ciência do Direito.

PONTES DE MIRANDA[457] é exaustivo ao apreciá-lo, a partir da noção que empresta à *relação jurídica.* Dá a ideia de uma relação inter-humana; de conduta humana em sua interferência intersubjetiva que se torna jurídica quando é pensada pela regra emitida pela fonte normativa a quem a convenção atribui esse poder. Ainda que não se trate, como está no seu pensamento, de *incidência da regra jurídica sobre os fatos,* mas, dos fatos (conduta humana em sua interferência intersubjetiva) ocorrendo em consonância com o que está pensado na norma, a ideia de PONTES DE MIRANDA é apropriada, ao revelar que as relações inter-humanas são fatos do mundo, os quais, ao ocorrerem,

---

456. Veja-se sobre as divergências semânticas, as negativas e as afirmações sobre seu existir: Kelsen, *teoria general del Estado*, ps. 71 e 72; Santi Romano, *Fragmentos de un diccionario juridico.* Trad. De Santiago Sentís Melendo y Marino Ayerra Redín. B. Aires. Ediciones Jurídicas Europa-América, 1964, ps. 239 e segs; Miguel Reale, *O Direito como experiência (introdução à epistemologia jurídica)*, 2ª ed. São Paulo, Saraiva, 1992, ps. 173 e segs; Celso Lafer, *prefácio* ao livro *Poder e legitimidade*, autor José Eduardo Faria. São Paulo: Editora Perspectiva, 1978, ps.10/1.

457. cf. Miranda, Pontes de. Tratado de Direito Privado - Parte Geral: Introdução: pessoas físicas e jurídicas. 4ª ed; Tomo 1. v.1. São Paulo: Revista dos Tribunais, 1983. p. 117.

desencadeiam certa consequência. Seu magistério legou a preocupação que se deve ter quanto às espécies de eficácia conforme a relação jurídica seja básica, ou seja intrajurídica, a que denominou de eficacial.

Importante, neste ponto, não é concordar ou divergir do seu sempre lembrado doutrinar, mas, sim, destacar que ele percebeu que o tema da eficácia cresce de sensibilidade por ser tênue a sua diferenciação com o da efetividade ou o da validade da norma e, por isso, deve-se evitar confundi-los, especialmente porque a eficácia seria objeto de mais de uma apreciação. Trilhando esta vereda, Miguel Reale aponta para uma *eficácia social* que, em vez de dizer respeito à competência dos órgãos e aos processes de produção e reconhecimento do Direito, seria o seu cumprimento efetivo por parte da sociedade, no *plano social:* efeitos sociais que uma regra suscita através do seu cumprimento, razão porque, em sendo amplo, o Direito pressupõe um mínimo de eficácia.

Retomando a *pragmática* da comunicação humana, forçoso é examinar o tema pela mensagem o mais afastada, que seja possível, de ambiguidade, o que se consegue mediante o respeito às relações que os *signos* dessa mensagem propiciam quando batizada nas águas da linguagem técnica e artificial que constitui o objeto (a norma jurídica) ou com a qual se fala sobre ele (o discurso da Ciência Jurídica).

Colhe-se, do exposto, que a *norma* é eficaz quando emitida pela fonte a quem a convenção atribuiu o poder (aptidão para gerar consequência: eficácia *formal* e tem um *relato* como mensagem a ser recebida pelo *destinatário* sem possibilidade de ele *desconfirmá-lo* com sucesso (*"eficácia" social* ou, propriamente, *efetividade*).

Logo, cumpre cuidar de sistematizar a *interpretação* da parte dogmática da Constituição, dado que a prática dessas leis fundamentais tem demonstrado que elas não são uniformes com relação a todos os preceitos: há, entre eles, *princípios* fundamentais aos quais outros são subordinados, não se podendo igualar, rigidamente, todos os mandamentos do sistema, cuidando-se, por isso, de hierarquizá-los, a fim de colher o sentido do texto em obediência a uma *interpretação de legitimação das aspirações sociais* sinalizada por essas normas-princípios.

Cumpre, pois, examinar essa sistematização.

Não há renegar a função *sistemática* da ciência do Direito, para quem adota a linha da *pragmática,* somente porque a articulação de normas, numa relação *sintática,* seja a pedra de toque da teoria pura do Direito, até porque LARENZ[458] lembra que a ideia de sistema, na ciência jurídica, é uma herança da Escola do Direito Natural.

A função *sistemática* é básica na tomada de consciência metodológica por parte da Ciência do Direito. Esse festejado jusfilósofo, que pontificou na cátedra da Universidade de Munique, ensina que as normas jurídicas nunca se apresentam desligadas umas das outras; guardam, sempre, uma conexão multímoda umas com as outras; esta forma condiciona a *interpretação* de qualquer delas, tanto que se tem de tomar em consideração a cadeia de significado, o contexto e a sede sistemática em que se insira para obter, então, a sua função no contexto da regulação em causa, tanto mais se se considerar, como é obrigatório, o ordenamento jurídico, no seu conjunto, como um todo subordinado a determinadas ideias jurídicas diretivas, *princípios* ou pautas gerais de valoração, a alguns dos quais cabe hoje o *escalão de direito constitucional.*

Assim, a função dos *princípios* é a de justificar as decisões de valor que subjazem às normas (subordinando-as

---

458. cf. Larenz, Karl. *Metodologia da Ciência do Direito*. 8ª ed. Tradução de José Lamego. Lisboa. Fundação Calouste Gulbenkian. 2019.

e as unificando, excluindo as contradições de valorações), é a de contribuir para a *interpretação* e para o desenvolvimento do Direito imanente à lei e do Direito transcendente à lei. Afinal, "a descoberta das conexões de sentido em que as normas e regulações particulares se encontram entre si e com os *princípios diretivos* do ordenamento jurídico, e a sua exposição de um modo ordenado, que possibilite a visão de conjunto quer dizer, na forma de um *sistema* — é uma das tarefas mais importantes da ciência do Direito".

A ideia de *sistema* é fundamental nessa diversificação normativa, sobretudo para localizar os *princípios* e a sua função.

Logo, a parte dogmática de uma Constituição é um sistema normativo, hierarquizado em dois verdadeiros estamentos: as *normas-princípio* e as *normas-regra.* Aquelas dotadas de grau de abstração elevado, de caráter de fundamentabilidade das normas-regra; enquanto estas têm abstração relativamente reduzidas, por isso, que são susceptíveis de aplicação direta ao caso concreto, por serem veículos de "*facti species*".

Os *princípios* são *conformadores* das valorações políticas captadas, pelo legislador constituinte na sociedade civil; são *garantias* dos cidadãos quando veiculam os seus direitos subjetivos públicos; são *impositivos* quando configuram deveres do Estado *in abstrato* relativamente à realização de certos fins e a execução de tarefas; são *fundamentais* quando se revelam como princípios historicamente objetivados e progressivamente introduzidos na consciência jurídica e que encontram uma recepção expressa ou implícita no texto constitucional.

Nessa tipologia dos princípios, Canotilho inclui a publicidade dos atos jurídicos; a adequação desses atos para proibir o abuso e o desvio de poder; o acesso ao direito e ao Judiciário; a definição das formas de Estado e de governo;

a correção das desigualdades na distribuição da riqueza e dos rendimentos; o juiz natural.

Já as *normas-regra* ou são organizatórias (regras de competência; de criação de órgãos; de procedimento como o são as de *revisão da Constituição*) ou são materiais (regras de direitos fundamentais; de garantias institucionais; determinadoras de fins e tarefas do Estado; impositivas).

Este é um sistema interno da Constituição que condiciona a sua *interpretação*, no que diz respeito à subordinação desses elementos, operando-se a partir da esfera de maior generalidade, às de menor; bem assim, por ser um sistema aberto, há de estar sensível a uma *interpretação de legitimação das aspirações sociais* que o informaram desde a sua origem, quando da eleição das normas pelo legislador constituinte. No caso brasileiro de 1988, essa sensibilidade avulta pelo fato de ter havido constante participação popular no permanente acompanhamento da elaboração do texto, como nunca houve dantes.

Todo o exposto conduz a que se empreste técnica específica à *interpretação* da norma constitucional, já a partir da circunstância de a Constituição ser um sistema próprio e exclusivo de normas que não tem possibilidade, por isso, de relações *sintáticas* fora dele mesmo.

É assim que a Doutrina tem-se preocupado em identificar essa técnica específica e LARENZ[459] expõe o confronto entre os autores que defendem uma *interpretação estática*, ou seja, voltada para a função estabilizadora da Constituição e aqueles que, mais recentemente, propugnam uma *interpretação* que reclama uma orientação ao "sistema de sentido" da Constituição, aos valores que a ela são subjacentes.

---

459. cf. Larenz, Karl. *Metodologia da Ciência do Direito*. 8ª ed. Tradução de José Lamego. Lisboa. Fundação Calouste Gulbenkian. 2019, ps.510 e segs.

Consequentemente, a *interpretação* do sistema constitucional tributário impõe-se a qualquer tentativa de mudança da *tipicidade* tributária por norma infraconstitucional.

A Constituição de 1988 insere-se no contexto da exposição supra porque institui, com juridicidade, no seu *preâmbulo*, um Estado Democrático de Direito destinado a assegurar o exercício de direitos sociais, o bem-estar e a justiça como valores supremos de uma sociedade pluralista e, na sua *parte dogmática*, discrimina os objetivos fundamentais das formas de Estado e de governo, novamente, identificando-os com um *sistema de valores* (cidadania, dignidade da pessoa humana, livre- iniciativa, pluralismo político, sociedade livre, justa e solidária, erradicação da pobreza e da marginalização, redução das desigualdades sociais, promoção do bem de todos).

A *interpretação* do direito constitucional tributário brasileiro seja o que se encontra no *sistema intrínseco*, seja, no *extrínseco*, há de submeter-se ao comando desse *sistema de valores*. Não há como buscar o sentido de qualquer das disposições do corpo normativo (direito positivo) fora dessas condições a que elas se submetem.

6.4 A interpretação integrativa da norma tributária no direito brasileiro. Não cabimento do critério econômico

Esse tema foi, por algum tempo, um daqueles que mais provocaram equívocos no campo tributário, especialmente por causa das ambiguidades resultantes da chamada "*interpretação econômica*" de inspirações normativa e doutrinária germânicas.

A "Lei de Adaptação Tributária", editada em 1934 e que revisou o Código Tributário Alemão de 1919, adotou um critério elástico de *interpretação* da norma tributária, segundo o qual se obedeceriam aos princípios do nacional-socialismo, pelo que, muitos excessos foram perpetrados no sentido de abandonar-se a estrutura jurídica dos atos jurídicos para interpretá-los sempre pela sua realidade econômica.

Novamente, o Código alemão foi revisado, em 1954, retornando ao modelo original elaborado por ENNO BECKER, mas, a mensagem política de 1934 inspirou alguns outros sistemas normativos, como é exemplo o espanhol de 1963 (cf. a "Ley General Tributaria"), bem assim a doutrina italiana do tempo do fascismo (cf. a obra de *Lolini*).

Portugal, lembra ALBERTO XAVIER[460], não contém no seu direito positivo tal regra de *interpretação* e, aqui, pode-se afirmar, o Brasil, também, proscreveu-a, tal como se verificava do Código Tributário Nacional, até essa recaída autoritária surgida com essa malfadada Lei Complementar nº 104 de 10 de janeiro de 2001.

Parece, aliás, que a razão está com XAVIER quando adverte que todo o equívoco decorre de não se abandonarem preconceitos hermenêuticos, pois "o que importa é procurar apreender se a letra e o espírito da lei inculcam se na construção do tipo tributário em que um dos elementos seja um negócio jurídico, o legislador quis erigir em elemento principal o resultado económico de conduta ou o esquema negocial que, em regra, normalmente, é pressuposto da sua obtenção", por isso, "é-se obrigado a distinguir, nos tipos legais de tributos, aqueles que se definem essencialmente pelo seu resultado económico, quer se refiram, quer não a qualquer negócio jurídico, e aqueles que se definem essencialmente pelo tipo estrutural do negócio,

460. cf. *O negócio indirecto em direito fiscal*, Separata da revista Ciência e Técnica Fiscal nº 147 (Março de 1971) p. 41.

independentemente do resultado: os primeiros são os *tipos funcionais*; os segundos, os *tipos estruturais*"[461].

O Brasil, antes do Código Tributário Nacional, adotava a tributação do *instrumento* que veiculava ou provava o ato jurídico celebrado, qualquer que fosse o objeto desse ato. Era o chamado *imposto do selo* que incidia sobre a versão documental, sobre um instrumento específico.

Com a edição da Emenda nº 18/65 à Constituição de 1946 e, em seguida, a do Código Tributário Nacional passou a valer o *tipo tributário cerrado* que consiste na descrição legal rígida de um *fato* gerador de uma *obrigação*, porque não admite a exigência de tributo por *analogia* e sim pelo que está previsto na lei (art. 108, § 1º do Código), nem a dispensa do pagamento de tributo devido, mediante o emprego da equidade (art. 108, § 2º do Código).

Os textos das Constituições jurídicas subsequentes ao Código, ao estabelecerem a norma de outorga de competência de cada tributo, fornecem, com a mesma rigidez, o *elemento material* (a matéria tributável, o objeto tributável) da *hipótese* legal que descreve a "*facti species*" tributária.

Acrescente-se, para concluir, que o Código reitera essa rigidez ao dispor que a interpretação dessa "*facti species*" abstrai a validade jurídica dos atos praticados e abstrai a natureza do objeto e a dos seus *efeitos*; abstrai, outrossim, os *efeitos* dos fatos ocorridos.

Consequentemente, não há, no direito pátrio, *tipos funcionais*.

Assim, quando se examina a "*facti species*", o que deve importar é a *estrutura* jurídica que o *tipo* veicula.

Aliás, a regra de *interpretação* alemã do *critério econômico*, inserida no Código promulgado em dezembro

---

461. cf. Xavier, ob. cit. p. 38.

de 1919, estabeleceu que "na interpretação das leis tributárias devem ser considerados a sua finalidade, o seu significado econômico e o desenvolvimento das circunstâncias", portanto, era uma norma mais branda do que a introduzida pela Lei Complementar nº 104/2001, desde quando representava uma regra para o aplicador da norma. Já o parágrafo único que essa lei acrescentou ao art. 116 do Código Tributário Nacional concede uma *discricionariedade* inaceitável à autoridade administrativa, cujo entendimento carece de uma *interpretação integrativa*, tal como se fará adiante.

A complementação a essa regra de interpretação alemã estava na própria lei de 1919, quando proibia a redução ou mesmo a *elisão* mediante o emprego — que chamou de abusivo — de formas e formulações do direito civil:

> a) nos casos em que a lei submete a um imposto fenômenos, fatos e relações econômicos em sua forma jurídica correspondente e as partes viesse a escolher formas ou negócios jurídicos inusitados para eludir o imposto e
>
> b) quando, segundo as circunstâncias e a forma como era ou deveria ser processado, as partes obtinham, em substância o mesmo resultado econômico que seria obtido, se escolhida fosse a forma jurídica correspondente aos fenômenos, fatos e relações econômicos.

O sistema do Código Tributário Nacional continua, em obediência ao *princípio tipicidade cerrada* decorrente do *princípio* da *estrita legalidade* do *elemento material* da *hipótese* do *fato* gerador, a proscrever a possibilidade de emprego abusivo de forma.

O seu art. 118, que continua intocável, verbera o *critério econômico*, porque determina que a norma que descreve a *hipótese* do fato gerador seja *interpretada abstraindo-se* dos *efeitos* — econômicos ou não — que os fatos, efetivamente, produzam.

O Brasil já conheceu algo parecido com essa tentativa do parágrafo único introduzido no art. 116 do Código Tributário Nacional, pela Lei Complementar nº 104/2001: o art. 51[462] da Lei nº 7.450, de 23 de dezembro de 1985, objetivando inibir o *planejamento tributário*, estabeleceu que ficavam compreendidos, na incidência do imposto de renda, todos os ganhos e rendimentos de capital, qualquer que fosse a denominação que lhe tivesse sido dada, mas, que o ato ou negócio jurídico, pela sua finalidade, tivesse os mesmos efeitos do previsto na norma específica de incidência desse tributo.

Portanto, por esse dispositivo, desrespeitador do Código Tributário Nacional que lhe é, hierarquicamente, superior, bastaria que esses resultados financeiros de bens de capital existissem, pouco importando se o instrumento jurídico utilizado fosse legítimo e estranho ao *tipo* legal tributário, porque valeriam os *efeitos* produzidos se fossem idênticos aos previstos pela norma para modelo próprio e direto do *negócio*.

A valência é que há o *juiz natural*.

Àquela época, o Poder Judiciário deu ganho de causa aos contribuintes. É que os defensores dessas ideias *nazistas* da *interpretação econômica* defendem a tributação do *negócio indireto*, quando a sua finalidade der os mesmos *efeitos* daquele *negócio direto* previsto pela norma tributária, mesmo que o *tipo* do *negócio indireto* não comporte a mesma incidência tributária desse *direto*.

Assim, a *antinomia* existente entre esse parágrafo único do art. 116 do Código Tributário Nacional e o disposto

462. Art 51 - Ficam compreendidos na incidência do imposto de renda todos os ganhos e rendimentos de capital, qualquer que seja a denominação que lhes seja dada, independentemente da natureza, da espécie ou da existência de título ou contrato escrito, bastando que decorram de ato ou negócio, que, pela sua finalidade, tenha os mesmos efeitos do previsto na norma específica de incidência do imposto de renda.

no seu art. 118, tornou aquele inaplicável porque, embora regras da mesma lei, a do referido art. 118 obedece ao *princípio* constitucional da *legalidade* que determina a legitimidade da exigência do tributo, somente, quando o *fato* da vida, que se pretende seja o *gerador* da obrigação tributária, corresponder ao *tipo cerrado* descrito na norma constitucional de outorga de competência.

Portanto, no direito pátrio, não há permissão para tributar-se pelos *efeitos econômicos*, mas sim, pela realização do *tipo* legal.

Afinal, perguntar não ofende: há *planejamento tributário* praticado com *simulação*, como pretende o dispositivo sob comento?

Nestes termos, não há *significado*, juridicamente, apropriado para o *signo* "*dissimular*", que se encontra no discutido dispositivo, senão através de uma *interpretação* integrativa com o *estatuto do direito privado*, como se fará adiante...

Por isso, também, não há como a autoridade administrativa *desconsiderar* um *negócio jurídico indireto*, desde quando ele se caracteriza, exatamente, por contornar o *tipo tributário*.

Apesar desse dispositivo, continua valendo o *tipo estrutural*, isto é, "aquele que se define essencialmente pelo tipo estrutural do negócio, independentemente do resultado", ou seja, realizou-se o *tipo* há de ocorrer a incidência da norma tributária e, ao *intérprete* — aplicador da norma — pouco se importará com a validade jurídica dos atos efetivamente praticados, ou com a natureza do objeto do negócio tipificador ou com os seus efeitos.

6.5 Relações entre o direito privado e o direito tributário

Deve-se abrir espaço, a partir deste ponto, para a análise das *relações entre o direito tributário e o direito privado*, sobretudo, para a *interpretação integrativa* proveitosa para o entendimento do *pacto com pessoa a declarar* e a sua interface tributária.

Estão, ainda, intocáveis, no Código Tributário Nacional, as normas sobre as relações entre o direito tributário e os ramos do direito privado, no sistema jurídico positivo brasileiro.

É que a Constituição consiste no fundamento de validez para que o Código seja o veículo das normas gerais que dispõem sobre a definição dos elementos *tipificadores* dos tributos e, nestes termos, estabelecerem os critérios de *integração*, dentre os quais aqueles que lhe dão preeminência sobre as normas de direito privado relativamente a *efeitos* tributários.

Por isso que, se essas normas de direito tributário não definirem tais *efeitos* tributários, valerá a disciplina do direito em cuja sede eles são regrados.

Esses critérios são, em resumo, dois:

> *um* que se dirige ao *intérprete* como autoridade competente para aplicar normas tributárias;
>
> o *outro*, ao *legislador* dos quatro entes intraestatais incumbidos de instituir as espécies tributárias de que são titulares, conforme a discriminação constitucional de rendas.

Assim, o *intérprete* pode utilizar os princípios gerais do direito privado para pesquisar: a definição, o conteúdo e o alcance dos institutos, dos conceitos e das formas desse ramo do direito; mas, para a definição dos *efeitos* tributários que eles produzem, o *intérprete* terá de utilizar-se dos princípios e das normas do direito tributário, se ele as estabelecer.

Esta *integração* dispensa a regra do introduzido parágrafo único do art. 116 do Código.

Dê-se o exemplo com o imposto sobre a transmissão intervivos, a qualquer título, por ato oneroso, de bens imóveis, por natureza ou acessão física.

O Código Tributário (art. 35) dispõe que o elemento temporal é a *transmissão como definida na lei civil.*

A *transmissão* da propriedade de bens imóveis ocorre mediante a transcrição (*modus acquisitionis*) do título translativo (*titulus adquirendi*, a escritura pública, por exemplo) no Registro de Imóveis porque, enquanto não se registrar esse título, o alienante continua a ser havido como dono do imóvel[463].

O elemento *material*, ou seja, a transmissão, opera seus efeitos com a *transcrição* do título de transferência no registro de imóvel (*elemento temporal*).

Contudo, as normas tributárias de vários Municípios (*sujeitos ativos* da obrigação) antecipam o elemento *temporal* para o momento da lavratura desse título e, quando se trata de negócio cujo objeto é imóvel a construir, antecipam para o momento das tratativas com o *Incorporador.*

Essa antecipação é ilegítima porque o Código Tributário, em vez de definir, para os *efeitos* tributários, esse elemento *temporal*, limitou-se a *integrar* os *efeitos* da lei civil.

O *legislador* da União, dos Estados, do Distrito Federal e dos Municípios é livre, outrossim, para atribuir a esses institutos, conceitos e formas do direito privado, a definição, o conteúdo ou o alcance que lhe aprouver, salvo se, fazendo-o, *altere-os* para definir ou limitar *competências tributárias*, expressa ou implicitamente, outorgadas pela Constituição que, ao fazer essa outorga, tenha utilizado esses *elementos* atribuindo-lhes conteúdo semântico técnico diverso daquele utilizado pela *alteração.*

---

463. cf. arts. 1.245 e segs. do Código Civil.

Dê-se o exemplo, novamente, com o imposto sobre a transmissão intervivos, por ato oneroso, relativamente, à *doação* com *encargo*.

Vários Municípios incluíram-na no campo de incidência do referido tributo, como se fosse *ato oneroso* quando, assim se entende, aquele *ato* com o qual se faz atribuição patrimonial recíproca entre as partes.

A *doação* é *ato* de atribuição patrimonial unilateral.

O *encargo é, simplesmente,* uma atribuição que o autor de uma *liberalidade* dá ao beneficiário desse seu *ato*. Essa atribuição agrega-se a um *ato* a (*liberalidade*) que não implica reciprocidade de atribuição patrimonial por parte do seu beneficiário.

Logo, a *doação*, mesmo com *encargo,* é *ato gratuito* de *transmissão intervivos*.

Ora, quando o Município inclui essa *doação* como *elemento material da hipótese do fato gerador* do imposto a que alude o art. 156, II, da Constituição, ele está *limitando* competência que a Lei Maior outorgou aos Estados (cf. art. 155, I, da Constituição).

Portanto, é possível a *integração* da legislação tributária com a de direito privado, contanto que se respeitem esses dois critérios supra-anunciados, o segundo dos quais demonstra que o *tipo* tributário é, efetivamente, *cerrado*, a ponto de proscrever, como já dito, a *analogia* como critério *integrativo* se dela resultar exigência de tributo não previsto em lei.

É, sempre, possível fazer a *integração* entre as regras de direito privado sobre *negócios jurídicos* e as regras sobre a sua tributação que constituem objeto do direito tributário e o fazendo buscar-se a *elisão*, sem que se esteja *dissimulando*.

6.5.1 A Desconsideração dos Atos e Negócios Jurídicos por Dissimulação e o Pacto com Pessoa a Declarar

Afinal: pagar menos imposto é crime ou é *planejamento tributário*, em hipóteses como as de *negócios jurídicos indiretos* ou as *de pacto com pessoa a declarar*?

Sim, é *planejamento tributário* forma legítima de *economia de tributo*, porque contorna o *tipo tributário cerrado* que, no direito pátrio, é *tipo estrutural*.

É *elisão* tributária.

É prudente, de qualquer sorte, dissipar a apreensão de empresários, advogados, economistas e contadores, porque, mesmo não valendo esse esconjuro ao *planejamento tributário*, a aleivosia pode resultar, por *interpretação* oficial, na alegação da existência de um *tipo* criminal.

Sugerir ao cliente/contribuinte, por exemplo, um *negócio jurídico indireto* poderá resultar em que ele seja *desconsiderado*(?!) pela autoridade administrativa tributária, sob a alegação de que tais *negócios*, embora legítimos, corresponderiam, pelo seu resultado econômico, ao *tipo* tributário submetido ao imposto respectivo...

Quantas vezes, numa *transmissão* de propriedade imobiliária, o advogado recomenda, por economia de imposto, a *procuração em causa própria* ou mesmo a celebração de um *contrato preliminar de promessa de compra e venda* com cláusula de irretratabilidade do ato jurídico em razão de *sinal*, assegurando o comprador, porque, assim, *confirma* que o *negócio* será cumprido, etc., etc?...

Tantas têm sido as vezes que advogados, economistas e contadores, versados em *planejamento tributário*, têm assessorado seus clientes/contribuintes a pagarem menos ISS – imposto sobre serviços de qualquer natureza, mediante diversificação entre o local da *prestação* onde a tributação é mais onerosa e o do pagamento desse tributo, onde a incidência é menos gravosa?...

E o que dizer do imposto sobre a renda em que o *direito contábil* desafia os citados profissionais para, em conjunto ou separadamente, formarem juízo sobre expressões legais, em si já contraditórias, como o foi "*lucro inflacionário*", mas, que a *interpretação* nunca coincide com a da autoridade administrativa?...

Deve-se ter cautela porque, com arrimo em *interpretação* canhestra, essa autoridade poderá *desconsiderar* tudo e tributar ao seu bel prazer *negócios* que não preencham todos os elementos constitutivos do *tipo* tributário.

É que, reeditando a chamada *interpretação econômica*, adotada pela Alemanha, na época do *nazismo*, essa lei brasileira, saudosista do autoritarismo, dispõe que a *dissimulação* da ocorrência do fato gerador do tributo mediante *negócios jurídicos* praticados com esse fim (?!), levará à sua *desconsideração* pela autoridade administrativa tributária.

Passa a ser importante decodificar o conteúdo semântico do signo *dissimular*.

Foi dito, linhas atrás, que a interpretação econômica está proscrita pelo Código Tributário Nacional, apesar da recaída autoritária surgida na tentativa, cheia de insucessos, consubstanciada nessa malfadada — porque equivocada — Lei Complementar nº 104 de 10 de janeiro de 2001.

Encontra-se, no magistério de Alberto Xavier, a advertência de que todo o equívoco decorre de não se abandonarem preconceitos hermenêuticos, pois "o que importa é procurar apreender se a letra e o espírito da lei inculcam se na construção do tipo tributário, em que um dos elementos seja um *negócio jurídico*, o legislador quis erigir em elemento principal o resultado económico de conduta ou o esquema negocial que, em regra, normalmente, é pressuposto da sua obtenção", por isso, repita-se, por necessário: "é-se obrigado a distinguir, nos tipos legais de tributos, aqueles que se definem essencialmente pelo seu resultado económico, quer se refiram, quer não a qualquer negócio jurídico, e aqueles que se definem essencialmente pelo tipo estrutural do negócio, independentemente do resultado: os primeiros são os *tipos funcionais*; os segundos, os *tipos estruturais*".

A Emenda nº 18/65 à Constituição de 1946 e, em seguida, a do Código Tributário Nacional, fazem com que o regime do direito pátrio passasse a admitir o *tipo tributário cerrado*.

Esse *tipo* consiste na descrição legal rígida de um *fato* gerador de uma *obrigação*, por isso, não admite a exigência de tributo por *analogia* e sim pelo que está previsto na lei (art. 108, § 1º, do Código Tributário Nacional), nem a dispensa do pagamento de tributo devido, mediante o emprego da equidade (cf. seu art.108, § 2º).

Os textos das Constituições jurídicas subsequentes ao Código, ao estabelecerem a norma de outorga de competência de cada tributo, fornecem, com a mesma rigidez, o *elemento material* (a matéria tributável, o objeto tributável) da *hipótese* legal que descreve a "*factispecies*" tributária

Acrescente-se, para concluir, que o Código reitera essa rigidez ao dispor que a *interpretação* dessa "*facti species*" abstrai a validade jurídica dos atos praticados e abstrai a natureza do objeto e a dos seus *efeitos*; abstrai, outrossim, os *efeitos* dos fatos ocorridos.

Consequentemente, reitere-se, não há, *tipos funcionais,* no regime constitucional tributário brasileiro. Assim, quando se examina a "*facti species*", o que deve importar é a *estrutura* jurídica que o *tipo* veicula, diferentemente do *critério econômico*, existente no Código alemão, promulgado em dezembro de 1919, que estabeleceu: "*na interpretação das leis tributárias devem ser considerados a sua finalidade, o seu significado econômico e o desenvolvimento das circunstâncias*",

Já o parágrafo único acrescentado ao art. 116 do Código Tributário Nacional concede uma *discricionariedade* inaceitável à autoridade administrativa que, apenas, fiscaliza; ainda que lhe exija comprovar a *dissimulação* em razão da qual proceda à *desconsideração* de atos ou negócios jurídicos.

Insista-se: o sistema do Código Tributário Nacional continua, em obediência ao *princípio* da *tipicidade cerrada*, decorrente do *princípio* da *estrita legalidade* da definição do *elemento material* da *hipótese* do *fato* gerador, a proscrever a possibilidade de tributação, sob a alegação de *emprego abusivo de forma*.

O art. 118 desse Código, como já foi dito linhas atrás, continua intocável e verbera esse *critério econômico*, adotado pela referida lei alemã, porque esse dispositivo determina que a norma, que descreve a *hipótese* do fato gerador, seja *interpretada* abstraindo-se dos *efeitos* — *econômicos* ou não — que os fatos, efetivamente, produzam.

Assim, na *antinomia* que essa Lei Complementar nº 104/2001 produziu entre esse novo parágrafo único do art. 116 do Código Tributário Nacional e o disposto no seu art.118, tornou aquele novo dispositivo inaplicável porque, embora regras da mesma lei, a do referido art. 118 obedece ao *princípio* constitucional da *legalidade*, que determina a legitimidade da exigência do tributo somente quando o *fato* da vida, que se pretende que seja o gerador, corresponder ao *tipo cerrado* descrito na norma constitucional de outorga de competência.

Então, qual a interpretação do signo *dissimular*?

A resposta impõe uma integração com o estatuto maior do direito privado.

O texto de 2002 do Código Civil discriminou em dois grupos os vícios dos atos jurídicos: anuláveis e nulos.

Passou um grupo a acolher os "*defeitos do negócio jurídico*" e o outro, a "*invalidade do negócio jurídico*".

São "*defeitos do negócio jurídico*" os vícios da *vontade*, isto é, as irregularidades no processo de formação da *vontade* que podem ser discriminados como de natureza *psíquica*: erro ou ignorância, dolo, coação, estado de perigo, lesão, fraude contra credores. É o grupo dos negócios anuláveis.

Reservou o Código Civil, para o grupo dos negócios jurídicos nulos, com o nome de "*Invalidade do Negócio Jurídico*", aqueles que tenham insubordinação da *vontade* às exigências legais, por isso, a sanção da lei é, assim, mais grave para o negócio que a desobedece.

A *simulação* está nesse grupo de causas do negócio nulo, mas, subsistirá o que se *dissimulou*, se válido for na substância e na forma. É a simulação relativa[464].

Consiste a *simulação* no uso da mentira e o Código Civil estabelece que, ressalvados os direitos de terceiros de boa-fé, ela existirá nos *negócios jurídicos* quando:

> I. aparentarem conferir ou transmitir direitos a pessoas diversas daquelas às quais realmente se conferem, ou transmitem;
>
> II. contiverem declaração, confissão, condição ou cláusula não verdadeira;
>
> III. os instrumentos particulares forem antedatados, ou pós-datados.

464. cf. art.167, *in fine*, do Código Civil.

Assim, os elementos constitutivos da noção de *simulação* são *numerus clausus*, impedido, pois, o intérprete, de acrescentar o rol.

A *simulação* comporta classificação, pelo que se pode arrolar: fraudulenta, inocente, absoluta e relativa[465].

Diz-se *relativa* aquela que se pratica para disfarçar a realidade do ato, a fim de *ocultar-se* o ato verdadeiro. Essa *relativa* subdivide-se em: *subjetiva,* quando a parte que figura no negócio não é a pessoa que deve aproveitar o resultado nele previsto e *objetiva,* quando se refere à natureza do objeto, como a hipótese de uma doação que se mascara como uma fictícia compra e venda.

É essa a espécie, a *relativa*, que interessa nessa transversalidade *entre* o direito tributário e o privado, porque a *ocultação* é conduta típica daquilo que se define como *dissimulação* e porque o Código Civil, em disposição nova (texto de 2002), portanto, sem correspondente no texto de 1916, estabelece a possibilidade de *conversão* se o negócio jurídico *nulo* contiver requisitos de outro, subsistirá este outro, quando a finalidade à que visavam as partes permitir supor que elas o teriam querido se houvessem previsto a nulidade[466].

A *conversão* não se confunde com a *confirmação*, embora ambas gravitem nessa órbita da invalidade dos negócios jurídicos e tenham sido disciplinadas entre as novidades do texto de 2002 do Código Civil.

Confirmar um negócio jurídico é purgar o vício que o afeta, porque consiste na renúncia do interessado aos meios que lhe faculta a lei para *anulá-lo*, pois o negócio

---

465. cf. Silva, De Plácido e. *Vocabulário jurídico*. Companhia Editora Forense. Rio de Janeiro, 2002, p.759 e segs. Gomes, Orlando. *Introdução ao direito civil*. 22ª ed. Coordenador e atualizador Edvaldo Brito; atualizadora Reginalda Paranos de Brito. Rio de Janeiro: Forense. 2019. p.319.

466. cf. art. 170 do Código Civil.

nulo não é suscetível de confirmação, nem convalesce pelo decurso do tempo[467].

A *conversão* de um negócio jurídico nulo, como se vê, não se confunde com *confirmação*; nem é uma sua decorrência como pensam alguns comentaristas dos dispositivos do Código que introduziram essas duas novidades no direito positivo pátrio.

Reitere-se: *confirmar* o negócio é purgar o vício que o afeta, cumprindo a respectiva *prestação*, de modo expresso ou tácito. A regulação do legislador, com essa novidade, é proibir que tal ocorra quando o negócio é nulo.

A *conversão* é uma categoria diversa. Não está proibida nem é contraditória, em relação à proibição da *confirmação*. Para que ocorra será necessário o preenchimento de alguns requisitos, o primeiro deles o de satisfazer essa autorização legal, nos precisos termos com que o Código permite-o e que constituem os demais: a) – que o negócio nulo tenha os elementos do negócio convertido; b) – que se configure a presunção segundo a qual, as partes do negócio nulo teriam querido o resultante dessa *conversão* se tivessem sabido da nulidade do negócio inválido que celebraram; c) – que o objetivo das partes seja idêntico ao da intenção consubstanciada na declaração de vontade constitutiva do negócio nulo[468].

A *simulação relativa* interessa, ainda, porque é precisa a lição de ORLANDO GOMES, no sentido de que a semelhança entre *negócio simulado* e *negócio indireto* aperta-se, quando a *simulação* é *relativa*, esclarecendo, porém, que um não se reduz ao outro, porque na *simulação relativa,* há

---

467. cf. Gomes, Orlando. *Introdução ao direito civil.* 22ª ed. Coordenador e atualizador Edvaldo Brito; atualizadora Reginalda Paranhos de Brito. Rio de Janeiro: Forense, 2019. p. 357-358.

468. cf. Brito, Edvaldo trecho escrito para atualização de Gomes, Orlando. *Introdução ao direito civil,* ob. cit. p.358.

dois negócios, um aparente e outro verdadeiro, servindo o primeiro para mascarar o outro, enquanto no *negócio indireto,* o ato é verdadeiro na sua totalidade[469].

Retomando a dicção tributária, relembre-se que *dissimular* é ocultar, deliberadamente, a verdade.

Procede, assim, quem esconde os elementos constitutivos da obrigação tributária e não aquele que protagoniza situação alheia àquela que caracteriza o fato gerador dessa obrigação tributária.

Então, praticar ato ou negócios jurídicos com a *finalidade* de *dissimular* a ocorrência do fato gerador do tributo ou a natureza dos elementos constitutivos da obrigação tributária, significa *ocultá-los, dolosamente.*

Imagine-se a hipótese de alguém que celebra um negócio com o *pacto* chamado de *contrato com pessoa a declarar,* regido pelos arts.467 do Código Civil e segs., reservando-se, nos seus termos, a faculdade de indicar quem deve adquirir os direitos ou assumir as obrigações dele decorrentes?!

Dissimula?

A hipótese, por exemplo, de um contrato preliminar de compra e venda de imóvel, em que o comprador é outorgado de poderes pelo vendedor, mediante uma procuração em causa própria, para assinar a escritura pública (art. 108 do Código Civil) e providenciar, quando lhe aprouver, o registro desse título translativo para obter a propriedade (art.1.245 do Código Civil)...

---

469. cf. Gomes, Orlando. *Introdução ao direito civil* 22ª ed. Coordenador e atualizador Edvaldo Brito; atualizadora Reginalda Paranhos de Brito. Rio de Janeiro: Forense, 2019. p. 357-358.

Dissimula?

Por isso, também, não há como a autoridade administrativa *desconsiderar* um *negócio jurídico indireto*, desde quando ele se caracteriza, exatamente, porque o sujeito deseja contornar o *tipo* tributário, fugindo, licitamente, da forma jurídica que se enquadra nesse *tipo*.

A resposta é negativa, porque, na prática desses atos ou negócios, o sujeito não está enquadrado no *tipo cerrado*, pois, continua valendo o *tipo estrutural*, isto é, "aquele que se define essencialmente pelo tipo estrutural do negócio, independentemente do resultado", ou seja, realizou-se o *tipo*, há de ocorrer a incidência da norma tributária e o intérprete — aplicador da norma — pouco se importará com a *validade* jurídica dos atos efetivamente praticados, ou com a natureza do objeto do negócio *tipificador* ou com os seus *efeitos*.

Daí porque esse intérprete tem de seguir as regras dos arts. 107 a 112 do Código Tributário Nacional[470], atentando

470. cf. *Interpretação e Integração da Legislação Tributária* Art. 107. A legislação tributária será interpretada conforme o disposto neste Capítulo. Art. 108. Na ausência de disposição expressa, a autoridade competente para aplicar a legislação tributária utilizará sucessivamente, na ordem indicada: I - a analogia; II - os princípios gerais de direito tributário; III - os princípios gerais de direito público; IV - a equidade. § 1º O emprego da analogia não poderá resultar na exigência de tributo não previsto em lei. § 2º O emprego da equidade não poderá resultar na dispensa do pagamento de tributo devido. Art. 109. Os princípios gerais de direito privado utilizam-se para pesquisa da definição, do conteúdo e do alcance de seus institutos, conceitos e formas, mas não para definição dos respectivos efeitos tributários. Art. 110. A lei tributária não pode alterar a definição, o conteúdo e o alcance de institutos, conceitos e formas de direito privado, utilizados, expressa ou implicitamente, pela Constituição Federal, pelas Constituições dos Estados, ou pelas Leis Orgânicas do Distrito Federal ou dos Municípios, para definir ou limitar competências tributárias. Art. 111. Interpreta-se literalmente a legislação tributária que disponha sobre: I - suspensão ou exclusão do crédito tributário; II - outorga de isenção; III - dispensa do cumprimento de obrigações tributárias acessórias. Art. 112. A lei tributária que define infrações, ou lhe comina penalidades, interpreta-se da maneira mais favorável ao acusado, em caso de dúvida quanto: I - à capitulação legal do fato; II - à natureza ou às circunstâncias materiais do fato, ou à natureza ou extensão dos seus efeitos; III - à autoria, imputabilidade, ou punibilidade; IV - à natureza da penalidade aplicável, ou à sua graduação.

bem para aquelas que regem a *integração*, disciplinando as relações entre o direito tributário e o direito privado, tal como sugerem os comentários a seguir.

O Código Tributário Nacional tem essas normas legitimadas pelo fundamento de validez constitucional para disciplinar as relações entre o direito tributário e os ramos do direito privado, no sistema jurídico positivo brasileiro.

É que a Constituição estabelece que o Código seja o veículo das *normas gerais* que dispõem sobre a definição dos elementos *tipificadores* dos tributos e, nestes termos, dá os critérios de *integração*, dentre os quais aqueles que lhe dão preeminência sobre as normas de direito privado relativamente a *efeitos* tributários.

Por isso que, se essas normas de direito tributário não definirem tais *efeitos* tributários, valerá a disciplina do ramo do direito positivo em cuja sede eles são regrados.

Esses critérios de *integração merecem ser relembrados.* São, em resumo, dois:

> *um* que se dirige ao *intérprete* como autoridade competente para aplicar normas tributárias;
>
> o *outro*, ao *legislador* dos quatro entes intraestatais incumbidos de instituir as espécies tributárias de que são titulares, conforme a discriminação constitucional de rendas.

Assim, o *intérprete* pode utilizar os princípios gerais do direito privado para pesquisar: a definição, o conteúdo e o alcance dos institutos, dos conceitos e das formas desse ramo do direito; mas, para a definição dos *efeitos* tributários que eles produzem, o *intérprete* terá de utilizar-se dos princípios e das normas do direito tributário, se ele as estabelecer.

Essas regras de *interpretação integrativa* dispensam o conteúdo do introduzido parágrafo único do art. 116 do Código Tributário Nacional o qual rejeita, sob pena de *antinomia real*, essa esdrúxula norma, de resto dispensável, salvo se o pretendido tenha sido a veiculação de uma *norma geral antielisiva* impossível de validade, enquanto a Constituição mantiver a *nucleação* expressa no *Estatuto do Contribuinte*, na qual se inclui o *princípio* da estrita *legalidade* do *elemento material* da *hipótese do fato gerador da obrigação tributária*, como corolário do *princípio da tipicidade cerrada*.

A *interpretação integrativa*, ainda, tem, como um dos seus critérios, a *analogia* que, contudo, é imprestável se dela resultar exigência ou dispensa de pagamento de tributo, sem a previsão legal.

É a regra do § 1º do art. 108 do Código Tributário Nacional.

Excluída essa hipótese, então, há de admitir-se essa categoria como sendo um dos *critérios de interpretação integrativa*; por sinal, o primeiro deles a ser, obrigatoriamente, utilizado, entre os quatro listados pelo legislador que determina a aplicação sucessiva para a colmatação de *lacunas* resultante da ausência de disposição expressa.

O Código Tributário Nacional hierarquiza os critérios de *interpretação integrativa*, em hipótese da existência de *lacuna* na legislação tributária, deixada pela fonte normativa, configurando ausência de norma expressa para o caso submetido à autoridade competente para aplicar essa legislação.

O caso ou o fato não regrado, expressamente, tem de guardar semelhança ou paridade com o *tipificado* pela fonte normativa, o qual servirá de modelo, de modo a que as características de ambos assemelhem-se.

Há quem reduza a *analogia* à *interpretação extensiva*; mas, as duas não se confundem.

A *analogia* é técnica de *intepretação integrativa* quando o aplicador do Direito está diante de um caso para o qual inexiste norma expressa *tipificando*-o.

Adiante, esta distinção será exposta.

ENGISCH[471] chama a atenção para os limites existentes para a *analogia*, invocando a máxima *singularia non sunt extendenda*, porque os preceitos excepcionais não podem ser estendidos: "se uma disposição é editada para um determinado caso excepcional ou para um grupo de tais casos, não pode, é evidente, ser *analogicamente* aplicada a casos nos quais se não verifique esta situação excepcional".

Então, lembre-se que esses limites impõem uma análise das modalidades de *analogia* e de categorias similares, como o é a *interpretação extensiva*, a fim de que possa entender quando é cabível a *analogia*, especialmente, em situações que exigem descrição do *tipo cerrado*.

São modalidades dessa categoria:

Analogia *lege* e analogia *juris*

Analogia *in bonam partem* e analogia *in malam partem*

A analogia *lege* é a técnica de preencher a *lacuna* transportando da lei a solução. O *intérprete*, aqui, faz a *integração* a partir de uma norma isolada e "dela retira um pensamento fundamental aplicável a casos semelhantes"[472].

A analogia *juris* é a técnica de preencher *lacuna*, a partir da análise do ordenamento jurídico como um todo. O *intérprete* parte "duma pluralidade de normas jurídicas e desenvolve com base nelas (através da indução) princípios mais gerais que aplica a casos que não cabem em nenhuma norma jurídica"[473].

Conclui-se, com ENGISCH, que a diferença é de grau porque uma é mais restrita e a outra é mais ampla, no que

---

471. cf. *Introdução ao pensamento jurídico* 6ª ed. Trad. de J. Baptista Machado. Lisboa: Fundação Calouste Gulbenkian, 1988. p. 296.

472. cf. Engisch, Karl. ob. cit. p. 295.

473. cf. Engisch, Karl. ob cit.p. 295.

se refere à base de indução usada na elaboração do pensamento fundamental pelo intérprete.

São utilizáveis, quanto às normas tributárias, nos limites do direito tributário positivo brasileiro, aqui expostos.

A classificação da analogia em *in bonam partem* e em *in malam partem* considera o grau de interpretação da norma penal, a fim de evitar que o seu aplicador interprete o fato, admitindo ilicitude onde não há, pois a fonte normativa não foi com o *jus puniendi* ao nível de pensamento a que chega o julgador.

Por isso, o chamado *direito penal garantista* entende que será *in malam partem* quando o intérprete acresce o *jus puniendi* para além do *tipo cerrado* descrito pela fonte normativa e *in bonam partem* quando ele o limita, diante de circunstâncias em que a *tipicidade* não está configurada.

Essa gradação para cima, já se vê, não se compadece com o sistema jurídico que adota o princípio da *tipicidade cerrada*, quando se pretenda definir uma ilicitude como *crime* onde o legislador não o fez ou para exigir *tributo* onde a lei não define o fato como tal.

O Código Tributário Nacional é expresso, na adoção da *analogia benéfica* ao determinar, no seu art. 112, antes transcito, que a interpretação da *lei* tributária, que define infrações ou que lhe comina penalidades, deve ser feita de *maneira mais favorável ao acusado.*

Este diapasão do art. 112 do Código Tributário Nacional serve para medir a interpretação das outras normas tributárias que não a legal — dada a amplitude do conceito de *legislação tributária*, para além da *lei* — porque a *equidade*, que consiste na interpretação pela razoabilidade, não pode ser empregada no Direito Tributário, quando o for para que dela resulte dispensa do pagamento do *tributo*, devido por *lei* e o *tipo cerrado* configurar-se. Fora dessa hipótese de dispensa não permitida, a *equidade* pode servir, também, de instrumento para *analogia benéfica*.

A *equidade*[474] corporifica o *justo*, que é um dos pilares do monumental sistema jurídico dos romanos; mas, no sistema que perfilha a *tipicidade cerrada*, para a exigência do *tributo*, ela poderia resultar em proibida dispensa do cumprimento de uma *prestação* que a lei tenha determinado e que tenha sido apurada nos limites da *capacidade contributiva*.

O Código Tributário Nacional, nesse seu art. 112, supramencionado, regra a colmatação de *lacuna*, adotando o *in dubio pro contribuinte*, porém, *numerus clausus*, fazendo-o como exceção, significando que, fora desse rol, a regra é *in dubio pro fiscum*.

Estabelece esse dispositivo, sob comento, a colmatação, pela via da *analogia benéfica*, de *lacuna* deixada pela *lei* tributária que consista em ausência de norma expressa para definir a ilicitude de um fato.

Repita-se, por necessário: o aplicador da norma tributária, somente, está autorizado a interpretar de maneira mais favorável ao acusado, se essa ausência de norma expressa, enfim, for quanto:

I à capitulação legal do fato;

II à natureza ou as circunstâncias materiais do fato, ou à natureza ou extensão dosseus efeitos;

III à autoria, imputabilidade, ou punibilidade;

IV à natureza da penalidade aplicável, ou à sua graduação.

A *tipicidade cerrada* no que toca à exigência do tributo limita a *analogia* para caracterização da infração onde

474. jus est ars boni et*aequi* = o Direito é a arte do bom e do *justo*.

o legislador não a definiu, mas, também, onde se tiver de utilizar a *benéfica*.

Há quem reduza a *analogia* à *interpretação extensiva*; mas, como foi dito antes, as duas não se confundem:

A *analogia* é técnica de *intepretação integrativa* quando o aplicador do Direito está diante de um caso para o qual inexiste norma expressa *tipificando*-o.

A *interpretação extensiva* é técnica utilizada pelo aplicador quando o *tipo* está expresso, em termos de um *gênero*, mas a fonte normativa não discriminou todas as suas *espécies*, podendo o intérprete fazê-lo diante das características semelhantes.

Assim, a fonte normativa teria incluído a todas as *espécies* se, por ventura, já existissem todos os seus desdobramentos à época da descrição normativa.

Essa técnica tem de ser autorizada pela fonte normativa.

O exemplo está na Lei Complementar nº 116, de 31 de julho de 2003 que dispõe — como *integrativa* da Constituição — sobre o Imposto Sobre Serviços de Qualquer Natureza – ISS.

A Constituição, ao debuxar a norma de competência do Município para instituir o ISS, estabelece que o *elemento material* da *hipótese* do seu *fato gerador* são os *serviços* de qualquer natureza, definidos em lei complementar, excluídos os compreendidos no seu art. 155, II, isto é, compreendidos na *materialidade* da *hipótese* do *fato gerador* do ICMS que é um imposto sobre *operações mercantis*.

O espaço, aqui, não é propício para criticar a imperfeição dessa norma que se refere a um *imposto mercantil*, como se este pudesse abarcar um outro, cuja *materialidade* da *hipótese* do respectivo *fato gerador* é uma *operação imaterial*, portanto, insusceptível de caracterizar *operação* com objeto *material*, como o é a *mercadoria*.

Mas, crítica, à parte, retome-se o fundamento de validez constitucional para que a lei complementar defina os *serviços* tributáveis, pelo ISS.

Essa lei o fez — a de nº 116/2003 — por meio de uma LISTA, na qual configura o *tipo* tributável com *extensões*, mediante a utilização dos signos "*congêneres*" e "*auxiliares*".

Significa que o legislador municipal está autorizado a incluir *espécies* do mesmo *gênero* descrito na LISTA anexa à lei complementar, a fim de serem alcançadas pela tributação no respectivo Município.

Consequentemente, se a lei municipal não o fizer, é defeso, ao intérprete, fazê-lo, por *analogia* que, assim será *maligna*, ou seja, *in malam partem*, vedada, expressamente, pelo Código Tributário Nacional que acolhe o princípio da *tipicidade cerrada* como *princípio-garantia*, constitucionalmente, posto (cf. arts. 145, I a III e 146, III da Constituição e §§1º e 2º do seu art. 108).

Equivocam-se, por exemplo, os julgados citados no Recurso Extraordinário nº 105.477-8 – Pernambuco, relator min. FRANCISCO REZEK, ao mencionarem, de referência à LISTA, que "cada ítem da relação comporta intepretação ampla e *analógica*" (RTJ 68/198). Comporta, sim, *interpretação extensiva*, nos termos, aqui, expostos que a distinguem da *analogia*.

6.5.2 Perfis tributários do Pacto com pessoa a declarar

As causas, que deram origem ao *pacto* com pessoa a declarar, resumem-se em que, nas *vendas com encantamento*, havia necessidade de preservar, no *anonimato*, pessoas nobres, a fim de que não fossem execradas por estarem adquirindo bens em hasta pública, como se estivessem aproveitando-se da desdita alheia.

Mas, esse *anonimato* poderia resultar em dupla tributação, por isso, foi submetido à técnica do *pro amico eligendo*, assim, em havendo incidência de imposto, esta ocorreria em um só momento, talvez o da nomeação do *electus* ou o do registro do ato.

Os autores que cuidaram com mais afinco sobre esta matéria tributária, face ao direito italiano e ao dos demais países europeus, dão notícia da importância desse tema.

ENRIETTI[475] dedica toda a "Parte Quarta" do seu livro ao regime fiscal do *pacto*; obras mais recentes, a de RAFFAELE CARAVAGLIOS[476], de 1998 e a de MAURO PENNASILICO[477], que é datada de 1999, também, cuidam do assunto.

CARAVAGLIOS traça os perfis fiscais em face de dois tributos do sistema italiano: a) o contrato da pessoa a nomear e o IVA e b) o contrato da pessoa a nomear e o imposto de registro, concluindo que a discussão sobre o regime tributário do contrato para o nomeado, dada a regra da alternância entre imposto sobre o valor acrescido (IVA) e imposto de registro, deve partir do exame do primeiro, cuja disciplina, não contendo qualquer disposição quanto à figura, conforma-se, ao contrário do que sucede com a segunda, às disposições de direito civil do instituto, sendo afetada pelas diversas orientações interpretativas quanto à sua estrutura (se, e em que limites, reproduzindo a da representação) e sua eficácia (se imediata ou suspensa, aguarda-se o prazo para a declaração de nomeação).

PENNASILICO estuda com detalhe o regime fiscal, inclusive, o da reserva de nomeação, dizendo que, sobre

---

475. cf. Enrietti, Enrico. *Il contratto per persona da nominare*. Torino: G. Giappichelli- Editore. [sd] p. 391 e segs.

476. cf. *Il contratto per persona da nominare*. Milano: Giuffrè Editore. 1998, p.187 e segs.

477. cf. *Il contratto per persona da nominare*. Milano: Giuffrè Editore. 1999. p.663 e segs.

a relevância fiscal do contrato, a melhor Doutrina adverte que o contrato por si ou por pessoa a nomear, para efeitos de análise orgânica da sua relevância fiscal, deve situar-se num sistema tributário, como o atual, concebido como sistema tributário múltiplo, ou seja, como um conjunto de impostos sob um sistema (basicamente) coordenado de competição ou alternativas entre eles.

Assim, quanto à relevância fiscal da reserva de nomeação, a Doutrina, no silêncio da lei e da jurisprudência, tem questionado se essa reserva é, autonomamente, tributável. A resposta negativa pareceu-lhe incontestável quanto ao imposto proporcional, uma vez que a cláusula não tem por conteúdo benefício patrimonial que justifique a tributação específica.

ENRIETTI segue por caminho mais apropriado, porque estuda os princípios fiscais que regem, na Itália, o contrato da pessoa a nomear, sob o ângulo dos impostos em geral a que está sujeito o contrato; a incidência do imposto de registro para que ele seja válido e, por fim, se o estipulante *pro amico eligendo*, que atingiu uma *electio* regular, está, igualmente, vinculado ao imposto de registro, solidariamente, com o eleito; recomendando, afinal, que a Doutrina e a Jurisprudência observem o verdadeiro funcionamento técnico do contrato, para não serem levados a resolver diversos problemas que inexistirão, na medida em que se observem as diretrizes metodológicas rigorosas e a interpretação das disposições contidas nas leis fiscais, ainda que insatisfatórias.

Esse caminho trilhado por ENRIETTI é semelhante ao que se tem palmilhado, neste trabalho e que se conclui, agora, com esta análise dos perfis tributários do pacto.

O pacto tem fases e é adjeto a contratos, cujo objeto (prestação) da obrigação nascitura, comportam-no.

Lembre-se: são duas as fases do *pacto com pessoa a declarar*:

a) antes da nomeação;

b) depois da nomeação

Antes da nomeação é fase correspondente ao momento da *conclusão* do contrato ao qual se aderirá o *pacto*.

Inexiste *materialidade* de hipótese de fato gerador no sistema tributário brasileiro que configure *facti species* retratando esse instante.

Depois da nomeação é a fase que consiste na possível aceitação do *eligendo*[478], quando este se transforma em *electus*. Ela acontece, portanto, *após* a nomeação.

Também, não há, no sistema, um tributo cuja hipótese de fato gerador tenha essa *materialidade*: a da mudança de qualidade jurídica de um dos polos subjetivos da relação obrigacional cuja *fonte mediata* é o contrato ao qual se adere o *pacto*.

Essas duas fases ocorrem no âmbito de uma relação jurídica obrigacional, ainda, na *formação* da *fonte mediata* do *vínculo*, quando esta circunstância não caracteriza, por si, *elemento material* de hipótese de fato gerador de imposto ou de taxa ou de contribuição, nos termos constitucionais.

Submetidas à *técnica da tipicidade*, a partir da análise da *materialidade* referida, essas fases não ensejam enquadramento tributário, também, porque inexiste qualquer conteúdo de benefício patrimonial que se enquadre nessa *materialidade*, sobretudo, porque, desde a reforma tributária de **1965**, a incidência deixou de ser jurídico-formal, para obedecer a bases econômicas correspondentes a *comércio exterior*; *produção e circulação*; *patrimônio e renda*.

---

478. cf. Messineo, Francesco. *Il contratto in genere*. Tomo primo. Milano. Dott. A. Giuffrè Editore. 1973, p. 502.

O conteúdo econômico mais próximo da técnica *pro amico eligendo* é o do campo *patrimônio e renda*, considerando que nele estão incluídos os impostos incidentes sobre a *propriedade* e a sua *transmissão*.

A *propriedade* é um atributo do sujeito: *o de ser proprietário*, isto é, ter o poder de exercer as faculdades de *usar*, *gozar*, *dispor* e *reivindicar* o objeto do mundo material ou imaterial que integra o direito subjetivo que lhe outorga tais *aptidões*.

O direito tributário positivo tem — tal como se expôs supra — desde as normas constitucionais, interface com essas *aptidões*, regulando-as em consonância com o direito privado positivo, quando debuxa *materialidades* de hipótese de fato gerador consistentes em o sujeito ser *proprietário*, seja na plenitude ou não — domínio direto, domínio útil, posse — ou consistentes em o sujeito *transmitir* esse atributo.

Os *elementos materiais* de imposto arrolados na Constituição, são:

> importação de produtos estrangeiros;
>
> exportação para o exterior de produtos nacionais ou nacionalizados;
>
> aquisição da disponibilidade econômica ou jurídica de renda ou de proventos de qualquer natureza;
>
> produtos industrializados postos em circulação;
>
> operações financeiras;
>
> ter propriedade territorial rural;
>
> possuir grandes fortunas;
>
> transmissão causa mortis e doação de bens ou direitos;
>
> operações mercantis;

ter propriedade de veículos automotores;

ter propriedade predial e territorial urbana;

transmissão *intervivos* de bens imóveis e seus consectários;

prestar serviços de qualquer natureza.

Os *elementos materiais* de taxa são:

utilização de uma prestação administrativa;

provocação de uma intervenção estatal autoritária no domínio do particular.

O *elemento material* de contribuição de natureza tributária é:

melhoria imobiliária decorrente de obras públicas.

Há *contribuições* que não têm natureza tributária, são *sinalagmáticas*[479] e não têm conteúdo de benefício patrimonial enquadrável na técnica *pro amico eligendo*.

A *materialidade* descrita, constitucionalmente posta, forma tipo estrutural impossível de *simulação* e, se possível *dissimulação* da ocorrência do fato gerador, tal não teria o *pacto* como instrumento, dado que este se refere a uma *indeterminação*, temporária, de um dos polos (*subjetivos*) do *vínculo*, porque, mesmo quando as partes estipularem *prazo* diverso dos cinco dias legais, esse *prazo* diverso não seria definitivo, pois, o negócio gerador da obrigação tornar-se-ia ineficaz, até que se procedesse à *determinação* do sujeito obrigado, porque o *pacto* estaria em *branco*, por todo tempo, situação impossível em uma relação jurídica obrigacional.[480]

---

479. cf. Brito, Edvaldo. Direito Tributário e Constituição: Estudos e pareceres. São Paulo: Atlas, 2016.

480. cf. Art. 109. – Os princípios gerais de direito privado utilizam-se para a pesquisa da definição, do conteúdo e do alcance de seus institutos, conceitos e formas,

Este diploma normativo tem o seu fundamento de validez na Constituição, art. 146, por isso, a *integração* do direito tributário com o direito privado somente se fará, enquanto aquele não definir os *efeitos* tributários dos *institutos, conceitos* e *formas* do direito privado.

Portanto, ainda que as partes venham a *pactuar* pela designação futura de um sujeito da relação jurídica contratual, poderiam ter problemas de não aceitação pela autoridade tributária, em uma eventual alegação de *dissimulação*.

Consequentemente, a *interpretação integrativa* é a solução.

Esta é a razão pela qual se invocou HENRI DE PAGE sobre os efeitos externos do *contrato* e, sempre, a expressão de BETTI sobre o *contrato* na "*vida de relação*".

O outro aspecto da integração é o da *dissimulação*. Aqui, a regra do parágrafo único do art. 116 do Código Tributário Nacional, introduzida pela Lei Complementar n° 104/2001 resta inconstitucional porque desloca para a autoridade administrativa competência do juiz qual seja a de desconsiderar *contratos* por atribuir-lhe, ao seu exclusivo juízo, a pecha da *simulação*[481].

---

mas não para definição dos respectivos efeitos tributários. Art. 110. - A lei tributária não pode alterar a definição, o conteúdo e o alcance de institutos, conceitos e formas de direito privado, utilizados, expressa ou implicitamente pela Constituição Federal, pelas Constituições dos Estados, ou pelas Leis Orgânicas do Distrito Federal ou dos Municípios, para definir ou limitar competências tributarias. Art. 116. Salvo disposição de lei em contrário, considera-se ocorrido o fato gerador e existentes os seus efeitos: I - tratando-se de situação de fato, desde o momento em que o se verifiquem as circunstâncias materiais necessárias a que produza os efeitos que normalmente lhe são próprios; II - tratando-se de situação jurídica, desde o momento em que esteja definitivamente constituída, nos termos de direito aplicável. Parágrafo único. A autoridade administrativa poderá desconsiderar atos ou negócios jurídicos praticados com a finalidade de dissimular a ocorrência do fato gerador do tributo ou a natureza dos elementos constitutivos da obrigação tributária, observados os procedimentos a serem estabelecidos em lei ordinária.

481. cf. Brito, Edvaldo. *Interpretação econômica da norma tributária e o planejamento tributário*. In. O planejamento tributário e a lei complementar 104/ coordenador Valdir de Oliveira Rocha, São Paulo: Dialética, 2001, p. 49-74.

A possível identificação de *dissimulação*, considerado todo o exposto sobre o sistema tributário brasileiro, especialmente, sobre o *crédito tributário* não autoriza, senão uma *interpretação integrativa*, na qual se terá de dirimir possível *antinomia* – que é, por isso, *aparente* – entre o parágrafo único do art. 116 do Código Tributário Nacional e o seu art. 118; também, entre esses dispositivos e os do Código Civil disciplinadores do *pacto com pessoa a declarar*.

CONCLUSÃO

A categoria denominada pelo Código Civil, no texto de 2002, como *contrato com pessoa a declarar*, é, por natureza, um *pacto adjeto,* porque pode ser instrumentalizada, tanto por uma *cláusula* inserida em um contrato que admita *indeterminabilidade* do *sujeito*, como pode ser um Termo *Anexo* a este.

A categoria não é um *contrato* porque lhe falta a estrutura essencial desse *negócio jurídico*; é um simples *pacto,* porque é um ajuste inserido em um negócio, que confere a prerrogativa legal a qualquer das suas partes (a ativa ou a passiva) de indicar um outro sujeito para assumir a respectiva posição no *vínculo*, a fim de, em definitivo, adquirir os direitos ou assumir os deveres decorrentes desse *vínculo*.

Não é um tipo negocial *causalmente* autônomo.

É uma *cláusula* acessória porque esse ajuste é ligado ao dever principal, uma vez que não existe sobre si, de modo abstrato ou concreto, considerando que sua existência depende do subsistir daquele do principal.

Há razoável quantidade de contratos inadmitindo esse ajuste, mas, essa inadmissão terá de ser reconhecida em cada sistema jurídico. Pode-se, porém, identificar aqueles negócios que não concebem diferimento na caracterização subjetiva concreta de uma das partes, a exemplo do depósito[482]; aqueles que somente podem existir entre as partes *identificadas*, como ocorre nos tipos em que a *prestação* é de fazer pessoal, é "*intuitu personae*".

A serventia do *pacto* está na necessidade de facilitação da *circulação* jurídica dos bens, de que o contrato é o melhor instrumento, especialmente, neste novo mundo da *internet*, nesta chamada era digital, em que os sujeitos desta *circulação* são aqueles que têm o *bem* e aqueles que o desejam, diante dessa alta velocidade no movimento dos direitos e deveres, fazendo com que a volição expresse-se pelas mais diversas formas e momentos.

A tecnologia contemporânea oferece esses meios velozes, por via eletrônica, para a transmissão da vontade, fazendo com que a *declaração* seja traduzida, muitas vezes, por *conduta social típica*, nascendo obrigações sem necessidade da tradicional forma de sua emissão volitiva e, quase sem fazer diferença com a *manifestação de vontade*, valem como notificação do propósito, à outra parte.

É neste sentido que se fala de oferta ao público equivalendo a *proposta*; fala-se de *facta concludentia* e de contratos entre *pessoas não presentes*, para a formação dos quais são utilizados, além do telefone, outros meios de comunicação semelhantes oferecidos por essa tecnologia contemporânea.

A serventia, ainda, encontra-se nos casos de facilitação da intermediação, em que o sujeito não quer aparecer, ostensivamente, na celebração de determinado negócio, tal como ocorreu na sua origem, para evitar, por exemplo, exacerbação do preço numa compra e venda.

A cena inclui, obviamente, o Estado que, nesta *circulação*, busca, sempre, recursos financeiros para custear

482. contrato real e, em relação ao depositário, é *intuitu personae*.

as necessidades humanas de natureza pública, que lhe incumbe e, então, toda manifestação de riqueza, no domínio econômico, pretende que seja alcançada, pela tributação.

Essa busca é uma das causas do surgimento da técnica *pro amico eligendo* porque o anonimato do sujeito que não queria aparecer resultava em dupla tributação nos sistemas que adotavam a forma de publicidade da aquisição da propriedade imobiliária, mediante o registro público do negócio. São exemplos, os sistemas italiano e português.

O sistema italiano estabelece, na legislação fiscal, o prazo de três dias como essencial para que o contrato por pessoa a designar seja considerado como uma única operação e não como dois contratos celebrados, respectivamente, entre o *promittens* e o *stipulans* e entre este último e o *electus*. A condição para o pagamento do imposto de registro, num montante fixo, é que a declaração seja exercida sob as formas adequadas nesse prazo de três dias, a contar da data do contrato. Faltando qualquer dos requisitos para a tributação fixa, a declaração de nomeação estará sujeita ao imposto proporcional ou gradual conforme seja a natureza da compra ou do contrato a que se refere.

O sistema português dispõe que o registro pode ser feito em nome do contraente originário, com a indicação da cláusula para pessoa a nomear, ficando, assim, assegurada a prioridade em relação a qualquer outro direito real, posteriormente, constituído, por isso, deve-se mencionar o prazo para a nomeação e tudo o mais que for circunstância, para evitar considerar-se a transmissão sucessiva, como uma dupla transmissão, então, permite-se a *élection d'ami*, sob a cláusula *déclaration de command*, que é, sobretudo, usada na compra e venda, em que o sujeito tem necessidade ou conveniência de não dar, imediatamente, conhecimento do verdadeiro interessado.

Há uma *sisa* para o contrato com pessoa a nomear para impedir que se utilize o negócio em compras para revenda, com evasão legal dessa tributação devida.

O Brasil, desde a Lei nº 1.237, de 24 de setembro de 1864[483] exigia o registro da transcrição dos títulos de trans-

---

483. Do registro geral - Art. 7º O registro geral comprehende: A transcripção dos titulos da transmissão dos immoveis susceptiveis de hypotheca e a instituição dos onus reaes. A inscripção das hypothecas. § 1º A transcripção e inscripção devem ser feitas na Comarca ou Comarcas onde forem os bens situados. § 2º As despezas da transcripção incumbem ao adquirente. As despezas da inscripção competem ao devedor. § 3º Este registro fica encarregado aos Tabelliães creados ou designados pelo Decreto nº 482 de 14 de Novembro de 1846. CAPITULO I - Da transcripção. Art. 8º A transmissão entrevivos por titulo oneroso ou gratuito dos bens susceptiveis de hypothecas (art. 2º § 1º) assim como a instituição dos onus reaes (art. 6º) não operão seus effeitos a respeito de terceiro, senão pela transcripção e desde a data della. § 1º A transcripção será por extracto. § 2º Quando a transmissão fôr por escripto particular, nos casos em que a legislação actual o permitte, não poderia esse escripto ser transcripto, se delle não constar a assignatura dos contrahentes reconhecida per tabellião e o conhecimento da siza. § 3º Quando as partes quizerem a transcripção dos seus titulos verbo ad verbum esta se fará em livros auxiliares aos quaes será remissivo o dos extractos, porém neste e não naquelles é que se apontaráõ as cessões e quaesquer inscripções e occurrencias. § 4º A trancripção não induz a prova do dominio que fica salvo a quem fôr. § 5º Quando os contructos de transmissão de immoveis que forem transcriptos, dependerem de condições, estas se não haverão por cumpridas ou resolvidas para com terceiros, se não constar do registro o implemento ou não implemento dellas por meio de declarações dos interessados fundada em documento legal, ou com notificação da parte. § 6º As transcripções terão seu numero de ordem e á margem de cada uma o Tabellião referirá o numero ou numeros posteriores, relativos ao mesmo immovel, ou seja trasmittido integralmente ou por partes. § 7º Nos regulamentos se determinará o precesso e escripturação da transcripção. CAPITULO II - Da incripção das hypothecas Art. 9º As hypothecas legaes especialisadas, assim como as convencionais, sómente valem contra terceiros deste a data da incripção. Todavia as hypothecas legaes não especialisadas das mulheres casadas, menores e interdictos serão inscriptas, posto que sem inscripção valhão contra terceiros. § 1º São subsistentes entre os contrahentes, quaesquer hypothecas não inscriptas. § 2º A inscripção, salva a disposição do art. 11, valerá por trinta annos, e só depende de renovação findo este prazo. Nesta disposição não se comprehede a inscripção, da hypotheca da mulher casada, e do interdicto, a qual subsistirá por todo o tempo do casamento ou interdicção. § 3º Um anno depois da cessação da tutella ou curatella, da dissolução do matrimonio, ou separação dos conjuges, cessa a hypotheca legal dos menores, dos interdictos, e da mulher casada, salvo havendo questões pendentes. § 4º As inscripções serão feitas pela ordem em que forem requeridas. Esta ordem é designada por menores. O numero determina a prioridade. § 5º Quando duas ou mais pessoas concorrerem ao mesmo tempo, as inscripções serão feitas sob o mesmo numero. O mesmo tempo que dizer de manhã das seis horas até as doze, ou de tarde das doze até as seis

horas. § 6º Não se dá prioridade entre as inscripções do mesmo numero. § 7º A inscripção da hypotheca convencional compete aos interessados. § 8º A inscripção da hypotheca legal compete aos interessados e incumbe aos empregados publicos abaixo designados. § 9º A inscripção da hypotheca legal da mulher deve ser requerida: Pelo marido; Pelo pai. § 10. Póde ser requerida não só pela mulher e pelo doador, como por qualquer parente della. § 11. Incumbe: Ao Tabellião; Ao Testamenteiro; Ao Juiz da Provedoria; Ao Juiz de Direito em correição. § 12. A inscripção da tutella ou curatella deve ser requerida: Pelo tutor ou curador antes do exercicio; Pelo testamenteiro. §13. Póde ser requerida: Por qualquer parente do orphão ou interdicto. § 14. Incumbe: Ao Tabellião; Ao Escrivão dos Orphãos ou da Provedoria; Ao Curador Geral; Ao Juiz de Orphãos ou da Provedoria; Ao Juiz de Direito em correição. § 15. A inscripção da hypotheca do criminoso póde ser requerida pelo offendido, e incumbe: Ao Promotor Publico; Ao Escrivão; Ao Juiz do processo e execução; Ao Juiz de Direito em correição. § 16. A inscripção da hypotheca das corporações de mão morta deve ser requerida por aquelles que as administrão, e incumbe: Ao Escrivão da Provedoria; Ao Promotor de Capellas; Ao Juiz de Capellas; Ao Juiz de Direito em correição. § 17. A inscripção da hypotheca do pai deve ser requerida pelo pai. § 18. Póde ser requerida por qualquer parente do pai. § 19. Incumbe: Ao Escrivão do inventario ou da Provedoria; Ao Tabellião; Ao Juiz de Orphãos ou da Provedoria; Ao Juiz de Direito em correição. § 20. A inscripção das hypothecas dos responsaveis da Fazenda Publica incumbe aos empregados, que forem designados pelo Ministerio da Fazenda, e deve tambem ser requerida pelos mesmos responsaveis. § 21. Todos os empregados aos quaes incumbem as referidas inscripções, ficão sujeitos pela omissão á responsabilidade civil e criminal. § 22. O testamenteiro perderá á beneficio das pessoas lesadas a vintena que poderia perceber; e o marido (§ 9º), o tutor o curador (§ 12), acquelles que administrão as corporações de mão-morta (§ 16), o pai (§ 17), e os responsaveis da Fazenda Puhlica (§ 20) ficão sujeitos ás penas de estellionato pela omissão da inscripção, verificada a fraude. § 23. A inscripcão de todas as hypothecas especialisadas será feita em um mesmo livro, mas a inscripção das hypothecas legaes, não especialisadas terá livro proprio. § 24. A insecripção das hypothecas convencionaes e legaes especialisadas deve conter: O nome, domicilio e profissão do credor; O nome, domicilio e profissão do devedor; A data e natureza do titulo; O valor do credito ou a sua estimação ajustada pelas partes; A época do vencimento; Os juros estipulados; A situação, denominação e caracteristicos do immovel hypothecado. O credor, além do domicilio proprio, poderá designar outro onde seja notificado. § 25. A inscripção das hypothecas legaes não especialisadas deve conter: O nome, domicilio e profissão dos responsaveis; O nome e domicilio do orphão, do filho, da mulher e do criminoso; O emprego, titulo ou razão da responsabilidade, e a data respectiva. § 26. Os livros da inscripção serão divididos em tantas columnas quantos são os requisitos de cada uma das inscripções, tendo além disto uma margem em branco tão larga como a escripta, para nella se lançarem as cessões, remissões e quaesquer occurrencias. § 27. A's hypothecas legaes sujeitas á especialisação e inscripção, assim como a hypotheca judicial (art. 3º, § 12) será concedido um prazo razoavel, que não excederá a 30 dias, para verificação dos ditos actos, o qual correrá da data do titulo de hypotheca. Dentro do prazo marcado não serão inscriptas outras hypothecas do mesmo devedor. Para esse fim as referidas hypothecas serão prenotadas em livro especial. § 28. Além dos livros das inscripções e daquelles que os regulamentos determinarem, missão da propriedade de imóveis por atos intervivos, fez dele depender a eficácia dessa transmissão, em relação a terceiros, ainda que esta providência não fosse prova de domínio e, embora, o ato de registro, em si, também, não fosse objeto de tributação, como não o é, hoje. O que se tributa, hoje, é a *transmissão* da propriedade imobiliária efetivada pela transcrição (*modus acquisitionis*) do título translativo (*titulus adquirendi*) no Registro de Imóveis.

Enfim, o *pacto com pessoa a declarar*, por si só, não provoca qualquer tributação, no sistema brasileiro tal como se descreve neste estudo da *transversalidade* entre o *direito tributário* e o *direito privado*.

haverá dous grandes livros alphabeticos, que serão indicadores dos outros, sendo um delles destinado para as pessoas e o outro para os immoveis referidos nas inscripções. § 29. O Governo determinará as formalidades da inscripção, conforme a base deste artigo.

BIBLIOGRAFIA

ABREU, José. *O negócio jurídico e sua teoria geral*. 2 ed. São Paulo: ed. Saraiva, 1988.

ALBUQUERQUE, Pedro de. *Autonomia da vontade e negócio jurídico em direito da família*. Lisboa: ed. Centro de Estudos Fiscais, 1986.

ALEXY, Robert. *Teoría de los derechos fundamentales*. Versão castelhana: Ernesto Garzón Valdes. Rev. Ruth Zimmeling. 2ª reimpressão. Madrid: ed. Centro de Estudios Políticos y Constitucionales, 2001. p. 344-349.

ALFARO, Joaquín Martínez. *Teoría de las obligaciones*. 3ª ed. México: ed. Porrúa, 1993.

ALMEIDA, Francisco de Paula Lacerda de. *Obrigações*. Porto Alegre: ed. Typographia de César Reinhardt, 1897.

ALPA, Guido. *I principi generali*. Milano: ed. Giuffrè, 1993.

______.Introduzione alla nuova giurisprudenza. In: *giurisprudenza sistematica di diritto civile e comerciale*. Fund. Walter Bigiavi. Torino: ed. Unione Tipografico-Editrice Torinense, 1992. p. 3-350.

ALTERINI, Atilio Aníbal; **AMEAL**, Oscar José; **CABANA**, Roberto M. López. *Derecho de obligaciones*: civiles y comerciales. Buenos Aires: ed. Abeledo-Perrot, 1995.

ALTERINI, Atilio A.; **CABANA**, Roberto M. López. *La autonomía de la voluntad en el contrato moderno*. Buenos Aires: ed. Abelardo-Perrot, 1989.

ALVES, José Carlos Moreira. *A boa-fé objetiva no sistema contratual brasileiro*. Brasília: Texto inédito, 2001.

______. *A parte geral do projeto de* Código *Civil brasileiro*: Com análise do texto aprovado pela Câmara dos Deputados. São Paulo: ed. Saraiva, 1986.

______.*A Retrovenda*. 2 ed. São Paulo: ed. Revista dos Tribunais, 1987.

______.*Da alienação fiduciária em garantia*. 3 ed. Revisada, atual e aumentada. Rio de Janeiro: ed. Forense, 1937.

______.*Direito romano*. 5 ed. Rio de Janeiro: ed. Forense, 1995.

______.*Direito romano*. 10ª ed. v.I. Rio de Janeiro: Forense, 1997.

ALVIM, Décio Ferraz. *Do contrato a' instituição*. [s l], ed. Livraria Liberdade. [s.d.].

AMARAL, Francisco. *A boa-fé no processo romano*. Revista de Direito civil imobiliário, agrário e empresarial. Ano 20. v. 78. 1996. p. 195-204.

AMELI, François. *Droit civil*: les obligations. Paris: ed. Montchrestien, 1997.

AMSELEK, Paul Filosofia. Del diritto e teoria degli atti linguistici. In: *Teoria degli atte linguistici ética e diritto*. Torino: ed. G.Giappichelli Editrice, 1990. p. 127-190.

ANDRADE, Darcy Bessone de Oliveira. *Do contrato*: teoria geral. Rio de Janeiro: ed. Forense, 1987.

ANDRADE, Manuel A. Domingues de. *Teoria geral da relação jurídica*: sujeitos e objecto. Coimbra: ed. Livraria Almeida, 1974. Vol. 1.

______.*Teoria geral da relação jurídica*: facto jurídico, em especial negócio jurídico. Coimbra: ed. Livraria Almedina, 1974. Vol. 2.

ARIAS, José. *Contratos civiles*: teoria e prática. Buenos Aires: ed. Compañía Argentina de Editores, 1939.

ARISTOTELES. Tópicos: *Dos argumentos sofísticos*. 4ª ed. trab. De Leonel Vallandro. São Paulo: Nova Cultural, 1991. (Os pensadores, 11).

ASCARELLI, Tullio. *Negócio jurídico indirecto*. Lisboa: ed. Jornal de Foro, 1965.

______.*Panorama do direito comercial*. São Paulo: Saraiva, 1947.

______.*Problemas das sociedades anônimas e direito comparado*. Prefácio do Prof. Dr. Waldemar Ferreira. 2 ed. São Paulo: ed. Saraiva, 1969.

______.*Teoria geral dos títulos de crédito*. Trad. Nicolau Nazo. São Paulo: ed. Livraria Academia Saraiva – S. Cia Editores, 1943.

ASSOCIAÇÃO BRASILEIRA DE NORMAS TÉCNICAS. *NBR-6023*: referências bibliográficas. [s. l], 2000.

ATAÍDE, Augusto de. *Elementos para um curso de direito administrativo da economia*. Lisboa, 1970.

AUBRY, C.; **RAU, C**. *Cours de droit civil français*. Paris: ed. Techniques S.A. Tome. 4.

AURICCHIO, Alberto. *A simulação no negócio jurídico*: premissas gerais. Trad de Fernando de Miranda. 1 ed. Coimbra: ed. Coimbra, 1964.

AZEVEDO, Álvaro Villaça. *Contratos inominados ou atípicos*. São Paulo: ed. Bushatsky, 1975.

______.*Curso de direito civil*: teoria geral das obrigações. 8 ed. Revisada e atual, São Paulo: ed. Revista dos Tribunais, 2000.

______. *Teoria geral das obrigações*, 8ª ed. revista e atualizada. São Paulo: Editora Revista dos Tribunais, 2000.

AZEVEDO, Antônio Junqueira de. *La bonne fois dans les relations entre particuliers. Rapport brésilien*. In: La bonne foi (Journées louisianaises), Paris: ed. Litec. 1992. Tome XLIII, p. 77-84.

______.*Negócio jurídico*: existência, validade e eficácia. São Paulo: ed. Saraiva, 1974.

______.Projeto de Código Civil é falho, diz jurista. *Gazeta Mercantil*, São Paulo, 07 jan. 1998. Legislação, p. 9.

BALZA, Alberto Miliani. *Direito civil*: teoria geral das obrigações. São Paulo: ed. Bushatsky, 1973.

______.*Obligaciones civiles*. Caracas: ed. Italgráfica, S.R.L. 1988.

BARBERO, Domenico. *Sistema istituzionale Del diritto privato italiano.* 3 ed. Rieveduta e Aumentata. Torino: ed. Unione Tipografica Editrice Torinense, 1951. Vol.1.

______.Domenico. *Sistema istituzionale Del diritto privato italiano.* 3 ed. Torino: ed. Unione Tipografica Editrice Torinense, 1951. Vol.2.

BASTOS, Celso Ribeiro; **MARTINS**, Ives Gandra. *Comentários à Constituição do Brasil*: promulgada a 5 de outubro de 1988. São Paulo: ed. Saraiva, 1988.Vol. 3, Tomo 3, Arts. 37 a 43.

BECKER, Alfredo Augusto. *Teoria geral do direito tributário.* São Paulo: Saraiva, 1963.

BELLENGER, Lionel. *La persuasion.* Paris: ed. Universitares de France, 1985.

BERNARD, Alain. Le corps humain, objet du contrat. In : *Bioéthique et droit Paris, Paris :ed.Presses Universitaires de France, 1988.*

BESSONE, Darcy. *Do contrato-teoria geral.* Rio de Janeiro: ed. Forense, 1987.

BETTI, Emilio. *Cours de droit civil compare des obligations (1957 – 1958).* Milano: ed. Dott. Giuffrè, 1958.

______.*Teoria geral do negócio jurídico.* Trad. de Fernando de Miranda. 1 ed. Coimbra: ed. Coimbra, 1969. Tomo 1.

______.*Teoría general de las obligaciones.* Trad. José Luiz de los Mozos. Madrid: ed. Revista de Derecho Privado, 1969. Tomo 1.

______.*Teoría general de las obligaciones.* Trad. José Luiz de los Mozos. Madrid: ed. Revista de Derecho Privado, 1970. Tomo 2.

BEUDANT, Robert. *Cours de droit civil français*. 2 ed. Paris: ed. Rousseau & Cia Editeurs, 1936. Tome 8.

BEVILÁQUA, Clóvis. *Código Civil dos Estados Unidos do Brasil*. Rio de Janeiro: ed. Rio, 1975. Vol. 1.

______.*Código Civil dos Estados Unidos do Brasil*. Comentado Rio de Janeiro: ed. Rio, 1975. Vol. 4.

______.*Direito das obrigações*. Bahia: ed. Livraria José Luis da Fonseca Magalhães, 1896.

______.*Teoria geral do direito civil*. Atualizada por Achilles Bevilaqua e Isaias Bevilaqua, 7ª ed. São Paulo: ed. Livraria Francisco Alves. 1955.

BIELSA, Rafael. *Los conceptos jurídicos y su terminología*. 2ª ed. Buenos Aires: ed. Roque Depalma, 1954.

BITTAR, Carlos Alberto; GARCIA JÚNIOR, Ari Barboza; FERNANDES NETO, Guilherme. *Os contratos de adesão e o controle de cláusulas abusivas*. São Paulo: Saraiva, 1991.

BLOCH, Leon. *Luchas sociales en la antigua roma*: el origen de las clases y las relaciones económicas. Buenos Aires: ed. Claridad, 1934.

BOBBIO, Norberto. Scienza del diritto e analisi del linguaggio. In: *Diritto e analisi del linguaggio*. Milano: ed. Edizioni di Comunità. 1976.

BONNECASE, Julien. *La pensée juridique française*. Bordeaux: ed. Delmas Éditeur Bordeaux, 1933. Tome 1.

BRAUN, Alexandre. *Traité pratique de droit civil allemand*. Bruxelles: ed. Bruylant-Christophe & Cie, 1893.

BRITO, Antonio José. *Introdução à filosofía do direito*. Porto: ed. Res Editora Ltda [s.d.].

BRITO, Edvaldo. *Direito civil*. In: Manual de Iniciação ao Direito. Coordenadores: Ives Gandra Martins, Fernando Passos. São Paulo: ed. Pioneira, 1999. p. 91-215.

______.Interpretação econômica da norma tributária e o planejamento tributário. In: *O planejamento tributário e a lei complementar 104*. Coordenador Vadir de Oliveira Rocha. São Paulo: Dialética, 2001. p. 49-74.

______.*Limites da revisão constitucional*. Porto Alegre: ed. Sérgio Antonio Fabris, 1993.

______.*Reflexos jurídicos da atuação do estado no domínio econômico*: desenvolvimento econômico, bem-estar social. 3ª ed. São Paulo: Saraiva Jur, 2022.

______.*Decadência e prescrição tributária no direito brasileiro*. 1997. 130 f. Tese Livre Docência - Faculdade de Direito Universidade São Paulo, São Paulo: 1997.

______.*O conceito tributo*. 1997. 245 f. Tese de Doutorado Faculdade Direito. Universidade São Paulo, São Paulo: 1997.

______.*Princípios Constitucionais*. In: Cadernos de pesquisas tributárias. Coordenação Ives Gandra da Silva Martins. São Paulo: ed. Coedição Editora Resenha Tributaria Centro de Extensão Universitária, 1993.

______.A constituição definitiva do crédito tributário a prescrição. In. Cadernos de Pesquisas Tributárias: Decadência e Prescrição, n.1. São Paulo: Resenha Tributária, 1976.

______.*Problemas jurídicos do ICMS*. Bahia: ed. Legislação Jurisprudência Fiscal, 1974.

______.*Seabra, Rui, Carneiro Ribeiro e o Código Civil brasileiro*. In: Yá-Uatá, Salvador: ed. C.A.S.T.A., 1960 p. 17-21.

BRODERICK, J. A. *La notion d'institution de maurice hauriou dans ser rapports avec le contrat en droit positif français*. In: Archives de philosophie du droit, Paris, nº 13. 1968. p. 143-160.

BRONZE, Fernando José. *Metodonomologia entre a semelhança e a diferença*. Coimbra: ed. Coimbra, 1994.

BUSNELLI, Francesco Donato. *L'obligazione soggettivamente complessa*. Milano: ed. Dott. A. Giuffrè, 1974.

CABRILLAC, Rémy. *Droit des obligations*. 2ª ed. Paris: ed. Dalloz, 1996.

CAEIRO, António; **SERENS**, Manuel Nogueira. *Código Comercial*: Código das sociedades comerciais. 11 ed. Coimbra: ed. Livraria Almedina, 1999.

CAMPOS, Diogo de Leite. *Contrato a favor de terceiro*. 2ª ed. Coimbra: ed. Livraria Almedina, 1991.

CAMPOS FILHO, Paulo Barbosa de. *O problema da causa no* Código *Civil brasileiro*. São Paulo: ed. Max Limonad. [s d].

CAMPOS, Rubens Malta. *Acordos de acionistas no Brasil*. In. Sociedade por ações, estudo nº 2, São Paulo: ed. Resenha Universitária, 1977, p. 97-100.

CANARIS, Claus Whilheim. *Pensamento sistemático e conceito de sistema na ciência do direito*. Trad. Antonio Meneses Cordeiro. Lisboa: Fundação Calouste Gulbekian, 1989.

CAPITANT, Henri. *De la cause des obligations*: contrats, engagements, legs. 3 ed Paris: ed. Librairie Dalloz, 1927.

___ Cours elementaire de droit civil français, tome deuxieme, cinquième édition. Paris: Librairie Dalloz, 1928

______.*De la causa des obligaciones*. trad. y notas por Eugenio Tarragato y Contreras. Madrid: ed. Gongora. [s d].

______.*La bonne foi*. Paris: ed Litec, 1992. Tomo 63.

CARAVAGLIOS, Raffaele. *Il contratto per persona da nomainare*. Milano: ed. Giuffrè, 1998.

CARNELUTTI, Francesco. *Teoria giuridica della circolazione*. Padova: ed. CEDAM – Casa Editrce Dott. Antonio Milani, 1933.

CARRARA, Giovanni. *La formazione dei contratti*. Milano: ed. Casa Editrice Dottor Francesco Vallardi, 1915.

CARRESI, Franco. *Contratto per persona da nominare*. In: Enciclopedia del Diritto X Contrato – Cor. ed. Giuffrè Editore. [s l].

______.*Funzione e struttura del contratto per persona da nominare*. In: Revista de Diritto Civile. Padova, ed. CEDAM – Casa Editrice Dott. Antonio Milani, 1958. (1ª Parte).

CARRIÓ, Genaro R. [et. al.]. I giudici creano diritto (esame di una polemica giuridica). In: *Diritto e analisi del linguaggio*. Milano: ed. Edizione di Comunità. 1976. p. 397-406.

______.*Principios jurídicos y positivismo jurídico*. Buenos Aires: ed. Abeledo-Perrot, 1970.

______.*Sobre los límites del lenguaje normativo*. Buenos Aires: ed. Editorial Astrea de Rodolfo Depalma, 1973.

CARVALHO, Paulo de Barros. *Curso de direito tributário*. 17ªed. São Paulo: Saraiva, 1991.

______*Decadência e prescrição*, In. Caderno de Pesquisas Tributárias, 2(l):69. 1977.

CARVALHO DE MENDONÇA, Manoel Inácio. *Doutrina e prática das obrigações tratado geral dos direitos de credito.* 3ª ed. Aumentada e atualizada por J.M. de Carvalho Santos. Rio de Janeiro: ed. Livraria Editora Freitas Bastos, 1938. Tomo 2.

CARVALHOSA, Modesto. *Acordo de acionistas.* São Paulo: ed. Saraiva, 1984.

CASTIGNONE, Silvana. *Diritto, linguaggio, realtá.* Torino: ed. G. Giappichelli Editore, 1995.

CASTRILLÓN, Gilberto Peña; **NEIRA**, Néstor H. Martínez. *Pacto Arbitral y Arbitramento en Conciencia.* Bogotá: ed. Editorial Temis S.A. 1988.

CAVALCANTI, José Paulo. *O contrato consigo mesmo.* Rio de Janeiro: ed. Livraria Freitas Bastos, 1956.

CHANTEBOUT, Bernard. *La Constitution Française.* Propos pour un débat. Paris: ed Dalloz, 1992.

CHAVES, Antonio. *Responsabilidade pré contratual.* Rio de Janeiro: ed. Forense, 1959.

CICALA, Raffaele. *Concetto di divisibilità e di indivisibilità dell' obligazione.* Napoli: ed. Casa Editrice Dott. Eugenio Jovene, 1953.

CLARET, Jacques. *L'idée et la forme.* Paris: ed. Universitares de France, 1979.

CÓDIGO BRASILEIRO DE DEFESA DO CONSUMIDOR .Comentado pelos autores do anteprojeto, Ada Pellegrine Grinover [et al.]. – Rio de Janeiro: ed. Forense Universitária, 1991.

COELHO, Luis Fernado. *Lógica jurídica e interpretação das leis.* Rio de Janeiro: Forense, 1979.

COLIN, Ambroise; **CAPITANT**, H. *Cours elementaire de droit civil français*. Paris: ed. Librairie Dalloz, 1928.

COMPARATO, Fábio Konder. *Direito empresarial*: estudos e pareceres. São Paulo: Saraiva, 1990.

______.*Essai d'analyse dualiste de l'obligation en droit privé*. Paris: Librairie Dalloz. [s d].

______.*O poder de controle na sociedade anônima*. São Paulo: ed. Revista dos Tribunais, 1976.

CONSO, Giovanni. *I fatti giuridici processuali penali*. Milano: ed. A. Giuffrè, 1982.

CONSTITUIÇÕES ESTRANGEIRAS. Senado Federal Subsecretarias Técnicas. Brasília: ed. Senado Federal, Subsecretaria de Edições Técnicas, 1987. Vol. 1.

CONTE, Amideo G. *Filosofia del linguaggio normativo*. [Studi 1965-1981]. 2 ed. Torino: ed. G. Guappichelli Editore, 1995.

CORDEIRO, António Meneses. Tratado de direito civil português. 2° v.: Direito das Obrigações, 2° t.: Contratos. Negócios unilaterais. Coimbra. Edições Almedina S.A. 2010.

CORREIA, António da Arruda Ferrer. *Erro e interpretação na teoria do negócio jurídico*. São Paulo: ed. Saraiva, 1939.

COSSIO, Carlos. *La teoría egológica del derecho*: y el concepto jurídico de libertad. 2 ed. Buenos Aires: ed. Abeledo-Perrot, 1964.

______.*La valoración jurídica y la ciencia del derecho*. Buenos Aires: ed. Arayú, 1954.

COSTA, Mário Júlio de Almeida. *Direito das obrigações*. 7 ed. Coimbra: ed. Almedina, 1998.

COSTA, Mário Júlio de Almeida; **CORDEIRO**, António Menezes. *Cláusulas contratuais gerais*: anotação ao Decreto-Lei nº 446/85. de 25 de outubro. Coimbra: ed. Livraria Almedina, 1995.

COSTA, Wille Duarte. *Atividade negocial*: o conteúdo econômico no anteprojeto de Código Civil brasileiro. Caderno da Graduação de Direito da Universidade Federal de Minas Gerais Faculdade de Direito. Belo Horizonte, nº 1. p. 90-92. 1975.

COVIELLO, Leonardo. *L'obbligazione negativa*: contributo alla teoria del obligazione. Napoli: ed. S.I.E.M. – Stabilimento Industrie Editoriali Meridionali, 1931.

COVIELLO, Nicolas. *Doctrina general del derecho civil*. 4 ed. Revisada por Leonardo Coviello. Trad. por el abog. Felipe de J. Tena. Concordancias de derecho mexicano por el abog. Rau Berron Mucel. Mexico: ed. Union Tipográfica Editorial Hispano - Americana, 1938.

CRETELLA JÚNIOR, J. *Curso de direito romano*: o direito romano e o direito civil brasileiro. 13 ed. Rio de Janeiro: ed. Forense, 1991.

CUNHA, Antônio Geraldo da. *Dicionário etimológico nova fronteira da língua portuguesa*. Rio de Janeiro: ed. Nova Fronteira, 1982.

DABIN, J. *La teoría de la causa*. Trad. Francisco de Pelsmaeker. 2 ed. Madrid: ed. Revista de Derecho Privado, 1955.

D'ALESSANDRO, Floriano. *Persone giuridiche analisi del linguaggio*. Padova: ed. Casa Editrice Dott. Antonio Milani, 1989.

DANZ, Erich. *A interpretação dos negócios jurídicos*: contratos, testamentos, etc. Versão em Português de Fernando de Miranda. São Paulo: ed. Livraria Academia Saraiva & Cia Editores, 1941.

DE CASTRO Y BRAVO, Frederico. *Las condiciones generales de los contratos y la eficacia de las Leyes*. 2 ed. Madrid: ed. Editorial Civitas S/A. 1985.

DELEBECQUE, Philippe; **PANSIER**, Frédéric-Jérôme. *Droit des obligations*. Paris: ed. Litec, 1997.

DEL VECHIO, Giorgio. *Lições de filosofia do direito*. Trad. de Antonio José Brandão. Revisada e Prefaciada por L. Cabral de Moncada e atualizada por Anselmo de Castro Coimbra: ed. Arménio Amado Editor, 1979.

______.*Los principios generales del derecho*. Trad. Juan Ossorio Morales. 3 ed. Barcelona, ed Bosch, Casa Editorial, 1979.

DEL VECHIO, Jorge. *Supuestos, concepto y principio del derecho-trilogía*. Versão espanhola de Cristobal Masso Escofet. Barcelona: ed. Bosch, Casa Editorial, 1992.

DEKKERS, René. *Traité elémentaire de droit civil belge*. Bruxelles: ed. Établissements Émile Bruylant, 1946.

DENARI, Zelmo. *Prescrição e decadência em direito tributário*. In. Revista da Procuradoria Geral do Estado de São Paulo, 7: 161-70, dez. 1975.

DERZI, Misabel. *Direito Tributário, Direito Penal e Tipo*. Sacha Calmon Navarro Coelho, *Teoria Geral do Tributo e da Exoneração Tributária*, São Paulo: Revista dos Tribunais, 1982.

DESPOTOPOULOS, Constantin. *La notion de synallagma chez aristote*. Archives de Philosophie du Droit, Paris, nº 13. p. 115-127. 1968.

DÍAZ, Elias. *Sociología y filosofía del derecho*. Madrid: Taurus, 1993.

DINIZ, Maria Helena. *Código Civil anotado*. São Paulo: Saraiva, 1995.

______.*Tratado teórico e prático dos contratos*. São Paulo: Saraiva, 1993, Vol. 1.

DINIZ, Souza. *Código Civil alemão*. Rio de Janeiro: Distribuidora Record, 1960.

______.*Código Civil dos franceses*. Rio de Janeiro: Distribuidora Record, 1962.

______.*Código Civil italiano*. Rio de Janeiro: Distribuidora Record, 1961.

______.*Código civil suíço e código federal suíço das obrigações*. Rio de Janeiro: Distribuidora Record, 1961.

DIREITOS HUMANOS: instrumentos internacionais, documentos diversos. Índice Ana Valderez Ayres Neves de Alencar; colaboração: José Vicente dos Santos. Brasília: ed. Senado Federal, Subsecretaria de Edições Técnicas, 1990.

DWORKIN, Ronald. *Los derechos en serio*. 2ª ed. Trad. Marta Gustavino. Barcelona: Editorial Ariel S.A., 1989

DUBOUCHET, Paul. *Semiotique jurídique introdution à une science du droit*. Paris: Presses Universitaire de France, 1990.

DUGUIT, Léon. *Las transformaciones del derecho*: (público y privado) Buenos Aires: ed. Heliasta S.R.L. 1975.

______.*Le droit social le droit individuel*: et la transformation de l'etat. 3 ed. Paris: ed. Librairie Félix Alcan, 1922.

DUPICHOT, Jacques. *Le droit des obligations*. Paris: ed. Presses Universitaires de France, 1978.

DWORKIN, Ronald. *Los derechos en serio*. Trad. Marta Gustaviano. Barcelona: ed. Ariel, S.A.

ENGISCH, Karl. *Introdução ao pensamento jurídico*. Trad. de J. Batista Machado. 6 ed. Lisboa: ed. Fundação Calouste Gulbenkian,1988.

ENNECCERUS, Ludwig. Derecho de obligaciones. Trad. da 15 ed. para o Espanhol Blas Péres González e José Alguer. 2 ed. In: *Tratado de derecho civil*. Barcelona: ed. Bosch, 1954. Tomo 2, 1°, Revisado por Henrich Lehmann.

______.*Derecho de obligaciones*. Trad. para o Espanhol Blas Péres González e José Alguer. Revisado por Henrich Lehmann. 3 ed. In: Tratado de Derecho Civil. Barcelona: ed. Bosch, 1966. Tomo 2, 2°, v.1°.

______.*Derecho de obligaciones*. Trad. para o Espanhol Blas Péres González e José Alguer. Revisado por Henrich Lehmann. 3 ed. In: Tratado de Derecho Civil. Barcelona: ed. Bosch, 1966. Tomo 2, v.2°,.

ENRIETTI, Enrico. Il contratto per persona da nominare. In: *Novissimo digesto italiano*. Tourino: ed.Vnione Tipografico – Editrice Tourinense, p. 666-678.

______.*Il contratto per persona da nominare*. Torino: ed. G. Giappichelli Editore.

ENTERRÍA, Eduardo García. *La lucha contra las inmunidades del poder*: en el derecho administrativo poderes discricionales, poderes goberna, poderes normativos. 3ª ed. Madrid: ed. Editorial Civitas S.A. 1983.

______.*Reflexiones sobre la ley y los principios generales del derecho*. Madrid: ed. Civitas S.A. 1984.

ESCALADA, Frederico Videla. *Los contratos atípicos en las XII jornadas de derecho civil*. Buenos Aires: 1989.

ESCHEVESTI, Carlos A. *Ubicación del contrato en la teoría general del derecho*: contrato y acto jurídico el contrato como fuente de obligaciones. In: STIGLITZ, Rubéns S. [Diretor]. Contratos. Teoria General. Buenos Aires: ed. Ediciones Depalma, 1993. p. 3-19.

ESPINOLA, Eduardo. *Dos contratos nominados no direito civil brasileiro*. 2 ed. Rio de Janeiro: ed. Conquista, 1956.

______.*Sistema do direito civil brasileiro*. 2ª ed. Rio de Janeiro: ed. Livraria Editora Freitas Bastos, 1944. Vol. 2, Tomo 1.

______.*Sistema do direito civil brasileiro*. 2ª ed. Rio de Janeiro: ed. Livraria e Editora Freitas Bastos, 1945. Vol.2, Tomo 2.

ESPINOLA, Eduardo; **ESPINOLA FILHO**, Eduardo. Introdução ao estudo do direito civil. In: *Tratado de direito civil brasileiro*. Rio de Janeiro: ed. Livraria e Editora Freitas Bastos, 1939.

FALLA, Fernando Garrido. *Tratado de derecho administrativo*, 5ª ed. Madrid: Instituto de Estudios Políticos, 1974.

FANUCCHI, Fábio. *A Decadência e a Prescrição em Direito Tributário*. 3 ed. São Paulo: Coedição IBET – Instituto Brasileiro de Estudos Tributários e editora Resenha Tributária, 1976.

FARJAT, Gerard. *Droit économique*. 2ª ed. Paris: ed. Presses Universitaires de France, 1982.

______.*Droit privé de l'économie*: 2 théorie des obligations. 1ª ed. Paris: ed. Presses Universitaires de France, 1971.

FATONE, Vicente. *Lógica y teoría del conocimiento*. Buenos Aires: ed. Kapelusz, 1951.

FARIA, Antonio Bento de. *Elementos de direito romano*. Rio de Janeiro: ed. J. Ribeiro dos Santos, 1906.

FARIA, José Eduardo. *Poder e legitimidade*. Prefácio Celso Lafer. São Paulo: Perspectiva, 1978.

FERRARA, Francisco. *A simulação dos negócios jurídicos*. Trad. do Dr. A. Bossa. São Paulo: Saraiva, 1939.

FERRAZ JR, Tercio Sampaio. *Introdução ao estudo do direito*. São Paulo: ed. Atlas, 1989.

______.*Teoria de norma jurídica*: ensaio de pragmática da comunicação normativa. Rio de Janeiro: Forense, 1986.

FERREIRA, Durval. *Erro negocial objeto – motivos – base negocial e alteração de circunstâncias*. Coimbra: ed. Livraria Almedina, 1995.

FERREIRA FILHO, Manuel Gonçalves. *Direitos humanos fundamentais*. 3ª ed. Revisada. São Paulo: Saraiva, 1999.

FERRI, Luigi. *La autonomia privada*. Trad. Luiz Sancho Mendizábal. Madrid: Revista de Derecho Privado, 1969.

FLOUR, Jacques; **AUBERT**, Jean-Luc. *Les obligations*: l'acte juridique. 6 ed. Paris: ed. Armand Colin, 1994.

______.*Les obligations*: 2. le fait juridique. 6ª ed. Paris: ed. Armand Colin, 1994.

FRANCO SOBRINHO, Manoel de Oliveira. *A prova administrativa*. São Paulo: Saraiva, 1973.

FREITAS, Augusto Teixeira de. *Esboço do Código Civil*. Brasília: ed. Ministério da Justiça, Fundação Universidade de Brasília. 1983, Vol. 1.

______.*Esboço do Código Civil*. Brasília: Ministério da Justiça, Fundação Universidade de Brasília. 1983, Vol. 2.

______.*Vocabulário jurídico*: Com Apêndices. [Prefácio Silvio A. B. Meira; edição cuidada por Alcides Tomasetti Jr.]. São Paulo: Saraiva, 1983. 7v. em 1.

______.*Vocabulário jurídico*: Com Apêndices. [Prefácio Silvio A. B. Meira; edição cuidada por Alcides Tomasetti Jr.]. São Paulo: ed. Saraiva, 1983. 7v. em 2.

FRÍAS, Ana López. *Los contratos conexos*: estudio de supuestos concretos y ensayo de una construcción doctrinal. Prólogo pelo Prof. Dr. Bernardo Moreno Quesada. Barcelona: ed. Jose Maria Bosch, 1994.

FROMONT, Michel; **RIEG**, Alfred. *Introduction au Droit Allemand*: Republique Federale: Les Fondements. Paris: ed. Cujas, 1977. Tome 1.

______.*Introduction au droit allemand*: Republique Federale: Droit Public: Droit Pénal. Paris: ed. Cujas, 1984. Tome 2.

______.*Introduction au droit allemand*: Rebublique Federale: Droit Privé. Paris: ed. Cujas, 1991. Tome 3.

FURTADO, Paulo; **AYRES**, Maria Elizabeth Tude Junqueira; **TOURINHO**, Arx da Costa; **ALVES**, Élsior Moreira. *Direito privado econômico*. Salvador: ed. Distribuidora de Livros Salvador Ltda. 1977.

GALGANO, Francesco. *El negocio jurídico*. Trad. realizada por Francisco de P. Blasco Gascó y Lorenzo Prats Albentosa. Valencia: ed. Tirant lo Blanch, 1992.

GALVÃO, Inocêncio Telles. *Direito das obrigações*. 6ª ed. Revista e atualizada. Coimbra: ed. Coimbra, 1989.

GAMA, Affonso Dionysio. *Teoria e prática dos contractos por instrumento particular no direito brasileiro*. 5ª ed. Rio de Janeiro: ed. Livraria Editora Freitas Bastos, 1935.

GARCIA-AMIGO, M. *Condiciones generales de los contratos (civiles y mercantiles)*. Madrid: ed. Editorial Revista de Derecho Privado, 1969.

GARCÍA DE ENTERRIA, Eduardo. *La lucha contra las inmunidades del poder*. 3 ed. Madrid: ed. Editorial Civitas S/A, [s. d.].

GASTALDI, José María. *Pacto comisorio*. Buenos Aires: ed. Hammurabi, 1985.

GAUDEMET, Eugene. *Teorie general de las obligaciones*. México: ed. Porrúa, S.A. 1974.

______.*Theorie générale des obligations*. Reimpression de l'edition publiée en 1937. Paris: ed. Sirey, 1965.

GAZZONI, Francesco. *Obbligazione e contratti*. Napoli: ed. Edizione Scientifiche Italiane, 1993.

GENY, François. *Méthode d'interprétation et sources et droit privé positif*. Paris: ed. Librairie Genérale de Droit & de Jurisprudence, 1919. Tome 1.

______.*Méthode d'interprétation et sourcer em droit prive positif*. Paris: ed. Librairie Genérale de Droit et de Jurisprudence, 1954. Tome 1.

______.*Méthode d'interprétation et sourcer em droit prive positf*. Paris: ed. Librairie Genérale de Droit et de Jurisprudence, 1954. Tome 2.

GHESTIN, Jacques. *Droit civil*: les obligations le contrat. Paris: ed.L.G.D.J. 1980. Vol 2.

GIANNINI, A. D. Istituzioni di Diritto Tributario. Milano: Giuffrè, 1972.

GIFFARD, A.E. *Droit romain et ancien droit français les (obligations)*. 4ª ed. Paris: ed. Dalloz, 1976.

______.*Précis de droit romain*. Paris: ed. Dalloz, 1938. Tome 2.

GIORGI, Jorge. *Teoría de las obligaciones en el derecho moderno*. Madrid: ed. Editorial Reus S.A. 1928. Vol. 2.

______.*Teoría de las obligaciones en el derecho moderno*. Madrid: ed. Editorial Reus S.A. 1929. Vol. 3.

______.*Teoría de las obligaciones en el derecho moderno*. Madrid: ed. Editorial Reus S.A. 1930. Vol. 9.

GIUSTI, Alberto; **PALADINI**, Mauro. *Il contratto preliminare*. Milano: Giuffrè Editore, 1992.

GOMES, Luis Roldão de Freitas. *Contrato com pessoa a declarar*. Rio de Janeiro: Renovar, 1994.

GOMES, Orlando. *Alienação fiduciária em garantia*. 2ª ed. São Paulo: ed. Revista dos Tribunais, 1971.

______.*A crise do direito*. Bahia: ed. Papelaria Vera – Cruz, 1945.

______.*A crise do direito*. São Paulo: ed. Max Limonad, 1955.

______.*A função renovadora do direito*. In: Revista da Faculdade de Direito da Universidade Federal do Paraná, nº 12. Vol. 12, 1969. p. 39-47.

______.*A reforma do* Código *Civil*. Salvador: Publicações Universidade da Bahia, 1965.

______.*Anteprojeto de* Código *Civil*. Rio de Janeiro: Departamento de Imprensa Nacional, 1963.

______. *Autonomia privada e negócio jurídico*. In. Novos temas de direito civil. Rio de Janeiro: Forense, 1983.

______.*Código Civil*: Projeto. Rio de Janeiro: ed. Forense, 1985.

______.*Contratos*. Coordenador: Edvaldo Brito, Atualizadores: Edvaldo Brito e Reginalda Paranhos de Brito 28 ed. Rio de Janeiro: Forense, 2022.

______.*Contrato de adesão*: Condições Gerais dos Contratos. São Paulo: ed. Revista dos Tribunais, 1972.

______.*Direito e desenvolvimento*. 2ª ed.. Revista e Atualizada por Edvaldo Brito. Rio de Janeiro: GZ, 2022.

______.*Direito econômico*: e outros ensaios. Salvador: Distribuidora de Livros Bahia Ltda, 1975.

______.*Direito privado*. Rio de Janeiro: Livraria Freitas Bastos S/A. 1961.

______.*Direitos reais*. 21. ed. revista, atualizada por: Luiz Edson Fachin. Coord. Edvaldo Brito. Rio de Janeiro: Forense, 2012.

______.*Elegia do* Código de Napoleão. Bahia: ed. Tipografia Naval, 1940.

______.*Escritos menores*. São Paulo: Saraiva, 1981.

______.*Introdução ao direito civil.* 22ª ed. Coordenador e atualizador Edvaldo Brito; atualizadora Reginalda Paranos de Brito. Rio de Janeiro: Forense. 2019.

______.*Memória justificativa do anteprojeto de reforma do* Código *Civil.* Ed. Departamento de Imprensa Nacional, 1963.

______.*Novos temas de direito civil.* Rio de Janeiro: ed Forense, 1983.

______.*Obrigações.* Atualizador: Edvaldo Brito. 19 ed. Rio de Janeiro: ed. Forense, 2019.

______.*O direito privado nos países socialistas.* (Separata). Bahia: ed. C.A.R.B. 1954.

______.*O direito privado nos países socialistas – III O contrato.* In: A crise do direito. São Paulo: ed. Max Limonadi Editora, 1955.

______.*O principio da boa-fé no* Código *Civil português.* Separata de Jurídica Revista da Divisão Jurídica do Instituto do Açúcar e do Álcool. Rio de Janeiro: ed. G.B. 1972.

______.*Raízes históricas e sociológicas do* Código *Civil brasileiro.* 2 ed. São Paulo: Martins Fontes, 2003.

______.*Transformações gerais do direito das obrigações.* São Paulo: Revista dos Tribunais, 1967.

______.*Transformações gerais do direito das obrigações.* 2ª ed. aum. São Paulo: ed. Revista dos Tribunais, 1980.

GOMES, Orlando; **VARELA**, Antunes. *Direito econômico.* São Paulo: Saraiva, 1977.

GOMEZ, Mario Montoya. *De las obligaciones en el derecho romano.* Bogotá: ed. Editorial Midaud Temis, 1973.

GONÇALVES, Luiz da Cunha. *Princípios de direito civil Luso-Brasileiro*. São Paulo: ed. Max Limonad, 1951. Vol 2.

GONZALEZ PEREZ, Jesus. *El principio general de la buena fe en el derecho administrativo*. 2ª ed. Madrid. Ed. Editorial Civitas, S/A. 1989.

GORSKI, Asmus Tavants; Stempkóvskia; Glagóliev. *Lógica*. Trad. directa del ruso por Augusto Vidal Roget. México: Editorial Grigalaba S/A, 1959.

GOYANES, Enrique Sanchez. *Constitución española comentada*. Madrid: ed. Editorial Paraninfo, 1991.

GRAU, Eros Roberto. *A ordem econômica na Constituição de (interpretação e critica)*. São Paulo: Revista dos Tribunais, 1990.

______.*Direito, conceitos e normas jurídicas*. São Paulo: Revista dos Tribunais, 1988.

______.*Elementos de direito econômico*. São Paulo: Revista dos Tribunais, 1981.

______.*Conceito de tributo e fontes do direito tributário*. São Paulo: Resenha Tributaria, 1975.

______.*O direito posto e o direito pressuposto*. São Paulo: Malheiros Editores, 1996.

GRECO, Marco Aurélio. Dívidas Fiscais: procedimento administrativo. São Paulo: Saraiva, 1977.

GRESSAYE, Jean Brethe de la; **LABORDE-LACOSTE**, Marcel. *Introduction générale a l'etude du droit*. Paris: ed. Librairie du Recueil Sirey, 1947.

GROSS, Bernard. *La notion d'obligation de garantie dans le droit des contrats*. Paris: ed. Librairie Générale de Droit et de Jurisprudence, 1964.

______.*O direito posto e direito pressuposto*. São Paulo: Malheiros Editores, 1996.

GUASTINI, Riccardo. *Dalle fonti alle norme*. Torino: ed. Grapichelli Editore, 1990.

GUIBOURG, Ricardo A. [et. al.]. *Introduction al conocimento cientifico*. Buenos Aires: ed. EUDEBA, 1985.

GUIBOURG, Ricardo A.; **URQUITO**, Maria Eugenia; **ECHAVE**, Delia Teresa. *Lógica, proposición y norma*. 3ª ed Buenos Aires: Editorial Astrea de Alfredo y Ricardo Depalma.

GUIBOURG, Ricardo. [et al.], *Introducción al conocimiento científico*. Buenos Aires: EUDEBA, 1985.

GUIMARÃES, Otávio Moreira. *"A boa-fé no direito civil brasileiro"*. São Paulo: Empresa Gráfica da Revista dos Tribunais, 1938.

HAURIOU, Maurice. *La teoría de la institución y de la fundación (ensayo de vitalismo social)*. Trad. por Arturo Enrique Sampay. Buenos Aires: Abeledo-Perrot, 1968.

______.*Teoria dell istituzione e della fondazione*. Milano: ed. Guiffre Editore, 1967.

HECK, Philipp. *Interpretação da jurisprudência dos interesses*. Trad. de José Osório. São Paulo: ed. Livraria Acadêmica Saraiva & Cia. – Editores, 1947.

HEDEMANN, J.W. *Tratado de derecho civil*: derecho de obligaciones. Madrid: Revista de Derecho Privado, 1958. Vol. 3.

HEGEL, G.W.F. *La Consttuicion de Alemania*. Trad. Dalmacio Negro Pavon. Madrid: ed. Agular, 1972.

HEREDA Y ONIS, Pablo Beltran de. La obligación (concepto, estructura y fuentes). Madrid: Editorial Revista de Derecho Privado, 1989.

HERNÁNDEZ GIL, Antonio. *Estructuralismo y derecho*. Madrid: Alianza Editorial, 1973.

HÉRON, Jacques. Réfllexions sur l'acte juridique et le contrat à partir du droit judiciaire privé. In. *Droits*: Revue Française de Théorie Juridique. 1 ed. Paris: Presses Universitaires de France, 1988. p. 85-94.

IHERING, Rudolf Von. *Il momento della culpa nel diritto privato romano*. Trad. Dal Tedesco. Nota di Francesco Fusillo. Napoli: ed. Jovene, 1990.

______.*El fin en el derecho*. Buenos Aires: Editorial Heliasta, 1978.

JOSSERAND, Louis. *Cours de droit civil positif français*. 12 ed. Paris: ed. Livrairie du Recueil Sirey, 1933.

JUGLART, Michel de; **PIEDELIÈVRE**, Alain; **PIEDELIÈVRE**, Stéphane. *Cours de droit civil avec travaux dirigés et sujets d'examen*. 13 ed. Paris: ed. Montchestien, 1997.

KALINOWSKI, Georges. *Introducción a la lógica jurídica*: elementos de semiótica jurídica, lógica de las normas y lógica jurídica. Buenos Aires: ed. EUDEBA, Editorial Universitaria de Buenos Aires, 1973.

KANT, Immanuel. *Crítica da razão pura*. Trad. de Manuela Pinto dos Santos e Alexandre Fradique Morujão. 2 ed. Lisboa: ed. Fundação Calouste Gulbenkian, 1989.

KELSEN, Hans. *La idea del derecho natural y otros ensayos*. México: Nacional, 1979.

______.*Teoria pura do direito*. Trad. de Dr. João Baptista Machado. 3ª ed. Coimbra: ed. Arménio Amado Editor Editorial, 1974.

______. *Teoría general del Estado*, ps. 71 e 72; Santi Romano, *Fragmentos de un diccionario jurídico*. Trad. De Santiago Sentís Melendo y Marino Ayerra Redín. B. Aires. Ediciones Jurídicas Europa-América, 1964.

KLUG, Ulrich. *Lógica jurídica*. Trad. De J. C. Gardella. Bogotá: ed. Editorial Temis, 1990.

LAFFER, Celso. *Prefácio do livro poder e legitimidade*. José Eduardo Faria. São Paulo ed. Perspectiva, 1978.

LALANDE, André. Vocabulário - técnico e crítico - da filosofia. II vol. Trad. de Fátima Sá Correia et al. Porto. RÉS Editora Lda. 1985.

LAMY FILHO, Alfredo; **PEDREIRA**, José Luiz Bulhões. *A Lei das S.A*: (Pressuposto, Elaboração, Aplicação). Rio de Janeiro: Renovar, 1992.

LARENZ, Karl. *Derecho justo*: Fundamento de Ética Juridica. Trad. Luiz Dez-Picazo. Madrid: ed. Civitas, S.A. 1985.

______.*Derecho de obligaciones*. Madrid: Revista de Derecho Privado, 1958. Tomo 1.

______.*Derecho de obligaciones*. Madrid: Revista de Derecho Privado, 1959. Tomo 2.

______.*Metodologia da ciência do direito*. Trad. de José Lamego, Revisão de Ana de Freitas. 2ª ed. Lisboa: ed. Fundação Calouste Gulbenkan, 1983.

LAZZARO, Giorgio. *Storia e teoria della costruzione giuridica*. Torino: ed. G. Giappichelli, 1965.

LEITE, Gonçalo Rollemberg. Contrato por pessoa a declarar. In: *Revista Forense*. Rio de Janeiro: Vol. 181 ano 56, fascículos 667 e 668, p. 456-467.

LE PERA, Sergio. *La "Naturaleza Jurídica."* Buenos Aires: Ediciones Pannedille, 1971.

LÉVY, Emmanuel. *Les fondements du droit*. Paris: ed. Librairie Félix Alcan, 1933.

LIMA, Otto de Souza. *Negócio Fiduciário*. São Paulo: Revista dos Tribunais, 1962.

LIMA, Pires; **VARELA**, Antunes. *Código Civil anotado*. 4ª ed. Coimbra: ed. Coimbra, Limitada, 1987. Vol.1.

LIVI, Maria Alessandra. Comentários aos arts. 1.401 e segs. In. *Codice civile a cura di Pietro Rescigno*. Seconda edizione. Milano Giuffrè Editore 1994.

LÓPEZ, Arturo Barcia. *La causa ilícita en las obligaciones y en los actos jurídicos*. Buenos Aires: ed. Abeledo-Perrot, 1966.

LORIS, Lonardo. *Ordine publio e illiceità del contratto*. Napoli: ed. Edizioni Scientifiche Italiane, 1993.

LUYANDO, Eloy Maduro. *Curso de obligaciones*. 8ª ed. Derecho Civil III. Caracas: ed. Universidad Católica "Andres Bello", 1993.

MACEDO, Magda Helena Soares. *Manual de metodologia da pesquisa jurídica*. Porto Alegre: ed. Editora Sagra Leyzato, 2000.

MACHADO NETO, Antonio Luiz. [et. al.]. *Debate sobre a teoria egológica como teoria geral do direito*. In: Coleção ideias em debates, nº 5, Salvador: Faculdade de Filosofia e Ciências Humanas. Mestrado em Ciências Sociais, 1974.

______.*Fundamentação egológica da teoria geral do direito*. 1973. Tese apresentada à Congregação da Faculdade de Direito da UFBA para concurso de professor titular Departamento I. Salvador: 1973.

MAJO, Adolfo di. *Codice Civile*: con la contituzione, i trattati U.E. e C.E. e le principale norme complementari. 4ª ed. A crura di Adolfo Majo. Milano: ed. Dott. A. Giuffrè, 2000.

MALAURIE, Philippe; **AYNÈS**, Laurent. *Cours de droit civil*: les obligations. 8ª ed. Paris: ed. Cujas, 1997. Tome 6.

MALINVAUD, Philippe. *Droit des obligations*: Les mécanismes juridiques des ralations économiques. 6ª ed. Paris: ed. Librire de la Cour, 1992.

MANGANARO, Francesco. *Principio di buona fede e attività delle amministrazioni Pubbliche*. Napoli: ed. Edizioni Scientifiche Italiane, 1995.

MARÊA, Manuel Paulo. *Código Civil brasileiro*. Lisboa: Livraria Clássica, 1917.

MARINHO, Josaphat. *O Brasil tem necessidade de um novo* Código *Civil*: exigências da vida organizada. *Folha de São Paulo*, São Paulo, 06 dez., 1997. Opinião, Caderno 1 p. 3.

______.*O* Código *Civil e a crítica*. A Tarde, Salvador, 14 dez., 1997. Opinião, p. 8.

MARINI, Annibale; **STOLFI**, Caterina. *Trasparenza e legittimità delle condizioni generali di contrato*. Napoli: ed. Edizione Scientifiche Italiane, 1992.

MARITAIN, Jacques. *Elementos de filosofia II*: a ordem dos conceitos: lógica menor (lógica formal). Trad. de Iusa das Neves. 12 ed. Rio de Janeiro: ed. Agi, 1989.

MARKY, Thomas. *Curso elementar de direito romano*. 6ª ed. São Paulo: ed. Saraiva, 1992.

MARTY, Gabriel; **GESTAS**, Philipp; **RAYNAUD**, Pierre. *Droit Civil*. 2ª ed. Paris: ed. Sirey, 1989. Tome 2.

MARTINEZ GALLEGO, Eva Maria. *La formación del contrato a través de la oferta y la aceptación*. Madrid/Barcelona: Marcial Pons, Ediciones Jurídicas y Sociales, S.A., 2000.

MARTINS, Ives Gandra da Silva. *Teoria da imposição tributária*. São Paulo: Saraiva, 1983.

MARTINS-COSTA, Judith. *A boa-fé no direito privado*: sistema e tópica no processo obrigacional. 1 ed. São Paulo: Revista dos Tribunais, 2000.

MASTROPAOLO, Fulvio. *I contratti autonomi di garanzia*. 2ª ed. Revisada e ampliada. Torino: G. Giappichelli, 1995.

MAY, Gaston. Éléments de droit romain. 18 ed. Paris: ed. Librairie du Recueil Sirey, 1932.

______.*Exceções substanciais*: exceção de contrato não cumprido. Rio de Janeiro: ed. Livraria Freitas Bastos S/A. 1959.

MAZEAUD, Henri; **MAZEAUD**, Lèon; **MAZEAUD**, Jean. *Lecciones de derecho civil*. Trad. Luis Alcolázanora y Castrielo Buenos Aires: ed. Ediciones Jurídicas Europa-América, 1978.

MAZZARESE, Tecla. *Lógica deontica e linuaggio guiridico*. Padova: Casa Editrice, Dott. Antonio Milani, 1989.

MEIRELLES. Hely Lopes. *O processo administrativo*. In. Revista da Procuradoria Geral do Estado de São Paulo (7) 33-54, dez.1975.

MELLO, Marcos Bernardes de. *Teoria do fato jurídico*. São Paulo: Saraiva, 1985.

MELLO, Celso Antônio Bandeira de. Elementos de direito administrativo, 2ª ed. revista, ampliada e atualizada de acordo com a Constituição Federal de 1988, São Paulo: Editora Revista dos Tribunais, 1990.

MENEZES, CORDEIRO. *Da boa-fé no direito civil*. Coimbra: ed. Almedina, 1984. Vol. 1

MENGONI, Luigi. *Gli acquisti*. "a non do mi no". 3 ed. Milano: ed. Giuffrè Editore, 1975.

MESSINA, Giuseppe. *Diritti potestativi*. In. *Scritti giuridice*. Milano: A. Giuffré. 1948.

MESSINEO, Francesco. *Il contrato in genere*. Ristampa emendata. Milano: ed. Dott A. Giuffre, 1973. 21, Tomo 1.

______.*Il contrato in genere*. Ristampa emendata. Milano: ed. Dott A. Giuffre, 1973. 21, Tomo 2.

MILIANI, Alberto Balza. *Obligaciones civiles*. Caracas: ed. Italgrafica S.R.L. 1988.

MINERVINI, Enrico. *La prescrisione ed i terz*. Napoli: ed. Edizione Scientifiche Italiane, 1994.

MIRANDA, Custódio da Piedade Ubaldino. *Teoria geral do negócio jurídico*. São Paulo: ed. Atlas S.A. 1991.

MIRANDA, Jorge. Direitos do homem (Principais textos internacionais). 2ª ed. Lisboa ed. Livraria Petrony Ltda, 1989.

MIRANDA, Pontes de. *Fontes de evolução do direito civil brasileiro*. 2ª ed. Rio de Janeiro: Forense, 1981.

MIRANDA, Pontes de. *Tratado de Direito Privado* - Parte Geral: Introdução: pessoas físicas e jurídicas. 4ª ed; Tomo 1. v.1. São Paulo: Revista dos Tribunais, 1983.

MIRKINE-GUETZÉVITCH, Boris. Les Constitutions Européenes. Textes des Constitutions (France a Yougoslavie). Paris: ed. Presses Universitaires de France, 1951. Tome 2.

MODESTO, Paulo Eduardo Garrido. *O principio da boa-fé em direito administrativo*. Milagres: 1992.

MONTEIRO, Washington de Barros. *Curso de direito civil*: direito das obrigações. Das modalidades das obrigações. Dos Efeitos das Obrigações. São Paulo: ed. Saraiva, 1960. Vol. 1.

______.*Curso de direito civil*: direito das obrigações. Contratos, declaração unilaterais da vontade. Obrigações por Ato Ilícito. São Paulo: Saraiva, 1956. Vol. 2.

MONTES, Angel Cristobal. *La estructura y los sujetos da la obligación*. Madrid: ed. Civitas S.A. 1990.

MORILLO, Joaquin Garcia. *La protección judicial de los derechos fundamentales*. Valencia: ed. Tirant, 1994.

MOULOUD, Noel. *Linguagem e estruturas*: Ensaio de Lógica e de Semiológica. Coimbra: ed. Livraria Almedina, 1974.

NÁUFEL, José. *Dicionário jurídico brasileiro*. 8 ed. São Paulo: ed. Ícone, 1989.

NEGRÃO, Theotonio. *Código de Processo Civil e legislação processual em vigor*. Com colaboração de José Ferreira Gouvêia. 32 ed. São Paulo: ed. Saraiva, 2001.

NETO, Manuela. *Dicionário de direito civil*. Porto: ed. Elcla, 1993.

NERY JÚNIOR. *Vícios o ato jurídico e reserva mental*. São Paulo: Revista dos Tribunais, 1983.

NETO DE CARVALHO. *Direito, biologia e sociedades em rápida transformação*. Coimbra: ed. Almedina, 1992.

NICOLÒ, Rosário. *L'adempimento dell' obbligo altrui*. Milano: ed. Dott. A. Giuffrè, 1936.

NOBRE JUNIOR, Edílson Pereira. *O Direito brasileiro e o princípio da dignidade da pessoa humana*. Revista de Informação Legislativa. Brasília, nº 1, p. 45.

NOGUEIRA, Adalício Coelho. *Introdução ao direito romano*. São Paulo: ed. Forense, 1966. Vol. 1.

______.*Introdução ao direito romano*. São Paulo: Forense, 1971. Vol. 2.

NONATO, Orosimbo. *Da coação como defeito do ato jurídico*. Rio de Janeiro: Revista Forense, 1975.

NUSDEO, Fabio. *Fundamentos para uma codificação do direito do direito econômico*. São Paulo: Editora Revista dos Tribunais, 1995.

OERTMANN, Paul. *Introducción al derecho civil*. Trad. por Luis Sanscho Seral. 3ª ed. alemã. Barcelona - Buenos Aires. Editorial Labor S/A, 1933.

OGDEN, C. K.; **RICHARDS**, I. A. *O significado de significado. Um estudo da influência da linguagem sobre o pensamento e sobre a ciência do simbolismo*. Rio de Janeiro: ed. Zahar Editores, 1972.

OLIVEIRA, Yonne Dolácio de, *A tipicidade no direito tributário brasileiro,* São Paulo: Saraiva, 1980.

ONIS, Pablo Bertran de Heredia y. *La obligación (concepto, estructura y fuentes)*. Madrid: ed. Editorial Revista de Derecho Privado, 1989.

ORGAZ, Arturo. *Introducción enciclopédica al derecho y las ciencias sociales*. 2ª ed. Ampliada. Cordoba: ed. Editorial Assandri, 1955.

ORTOLAN, *Compendio del derecho romano*. Buenos Aires: ed. Atalaya, 1947.

PACHUKANIS, Evgeny Bronislavovich. *Teoria geral do direito e marxismo*. Trad. Silvio Donizete Chagas. São Paulo: ed. Acadêmica, 1998.

PAGE, Henri. *Traité élémentaire de Droit Civil Belge*: Príncipes, Doctrine e Jurisprudence. Bruxelles: ed. Établissements Émile Bruylant, 1948.

PAPALEO, João César Guaspari. *Contrato a favor de terceiro*. Rio de Janeiro: Renovar, 2000.

PARANHOS, Amílcar. *Do contrato com pessoa a declarar*. 1988. 86 f. Tese (Doutorado) UERJ – Universidade Estadual do Rio de Janeiro.

PAYS-BAS. Dossiers Internationaux Francis Lefebvre: Pays-Bas: juridique, fiscal, social. 3ª ed. Paris. Éditions Francis Lefebvre. Avril, 2001.

PECES-BARBA, Gregório. *Los valores superiores*. Madrid: Editorial Tecnos, 1986.

PEÑUELA, Armando Martinez. *Curso general de lógica jurídica*. Caracas: ed. Editorial Buchibacoa. 1980.

PENNASILICO, Mauro. *Il contratto per persona da nominare*. Milano: ed. Giuffrè Editore, 1999.

PEREIRA, Caio Mario da Silva. *Instituições de direito civil*. 10 ed. Rio de Janeiro: ed. Forense, 1990. Vol. 2.

______.*Instituições de direito civil*. 8 ed. Rio de Janeiro: ed. Forense, 1990. Vol. 3

PERLINGIERI, Pietro. *Forma dei negozi e formalismo degli interpreti*. Napoli: ed. Edizione Scientifiche Italiane S.P.A. 1987.

______.*Le cessioni dei crediti ordinari d'impresa nozioni, orientamenti giurisprudenziali e documenti*. Napoli: ed. Edizioni Scientifiche Italiane, 1993.

PIERCE, Charles Sanders. *Semiótica*. São Paulo: ed. Perspectiva S.A. 1977.

PIMENTEL, Álvaro Mendes. *Da cláusula compromissória no direito brasileiro*. Rio de Janeiro: ed. Typografia Jornal do Comercio, 1934.

PINA, Rolando E. *Cláusulas constitucionales operativas y programáticas*: lei fundamental de la República Federal de Alemania. Buenos Aires: ed. Editorial Astrea de Rodolfo Depalma, 1973.

PLANIOL, Marcel; **RIPERT**, Georges. *Traité pratique droit civil français*. 2 ed. Paris: ed. Librairie Générale de Droit et de Jurisprudence, 1952. Vol. 6.

______.*Tratado elemental de derecho civil*: las obligaciones. Trad. Jose M. Cajica Jr. 1 ed. México: ed. Cardenhas Editor y Distribuidor, 1983. Vol 4.

______. *Tratado elemental de derecho civil*: teoría general de los contratos. Trad. Jose M. Cajica Jr. ed. 1, México: ed. Cardenhas Editor y Distribuidor, 1983. Vol 5.

______. *Tratado elemental de derecho civil*: contratos de garantia, privilegios e hipotecas. Trad. Jose M. Cajica Jr. ed. 1, México: ed. Cardenhas Editor y Distribuidor, 1983. Vol 6.

PORCHAT, Reynaldo. *Curso elementar de direito romano*. São Paulo: ed. Duprat & Cias, 1907. Vol. 1.

PORTALIS, Jean Etienne Marie. *Discurso preliminar al Código Civil frances*. 1ª ed. Introducción y traducción de I. Cremades y L. Gutiérrez-Masson. Madrid: Editorial Civitas, S. A., 1997.

POTHIER, R. J. *Tratado de las obligaciones*. Buenos Aires: ed. Atalaya, 1947.

PRATA, Ana. *A tutela constitucional da autonomia privada*. Coimbra: ed. Livraria Almedina, 1982.

PRIMEIRO, Fillipe. *Ordenações e Leis do Reino de Portugal*. Coimbra: ed. Imprensa da Universidade de Coimbra, 1847. Tomo 3.

PUGLIESE, Giovanni. *Istituizone di diritto romano*. Torino: ed. G. Giappichelli, 1994.

PUIGARNAU, Jaime M. Mans. *Lógica para juristas*. Barcelona: Bosch Casa Editorial S/A. 1978.

RÁO, Vicente. *Ato Jurídico*: noção pressupostos, elementos essenciais e acidentais, o problema do conflito entre os elementos volitivos e a declaração. 2ª ed. São Paulo: Saraiva, 1979.

REALE, Miguel. *O direito como experiência*: introdução à epistemologia jurídica. 2ª ed. fac-similar, como nota introdutória do autor. São Paulo: ed. Saraiva, 1992.

______.*O novo* Código civil e a *Constituição*. Estado de São Paulo, São Paulo, 16 maio 1998. Espaço Aberto, Caderno 1, p.2.

______.*Pluralismo e liberdade*. São Paulo: Saraiva, 1963.

______.*Razões de novo* Código *Civil*. Correio Brasiliense, Brasília, 20 nov., 1997. Opinião, p. 27.

RÉAU, Roger; **RONDEPIERRE**, Jean. *Petit dictionnaire de droit*. Paris: ed. Librairie Dalloz, 1951.

REQUIÃO, Rubens. *Curso de direito comercial*. 12 ed. São Paulo: ed. Saraiva, 1982. Vol. 2.

______.*Notas sôbre o projeto do* Código de *Obrigações (Projeto 3.264/65)*. Paraná: ed. Universidade Federal do Paraná, 1966.

RESCIGNO, Pietro. *Codice Civile*. 2 ed. Milano: Giuffré, 1994.

RIALS, STÉPHANE. Textes constitutionnels étrangers. 4ª ed. Paris: Presses Universitaires de France, 199b1.

RIBAS, Antonio Joaquim. *Curso de direito civil brasileiro*. 4ª ed. Rio de Janeiro: ed. Jacintho Ribeiro dos Santos, 1915.

RIPERT, Georges. *Aspectos jurídicos do capitalismo moderno*. Trad. de Gilda G. de Azevedo. Rio de Janeiro – São Paulo: ed. Freitas Bastos, 1947.

______.*La règle morale dans les obligations civiles*. 2ª ed. Paris: Librairie Générale de Droit et de Jurisprudence, 1927.

______.*O regimen democrático e o direito civil moderno*. Trad. de J.Cortezão. São Paulo: ed. Saraiva & Cia. 1937.

RIPERT, Georges; **BOULANGER**, Jean. *Tratado de derecho civil*: Segun el Tratado de Planiol. Buenos Aires: ed. La Ley, 1988. Tomo. 4.

______.*Tratado de derecho civil*: Segun el Tratado de Planiol. Buenos Aires: ed. La Ley, Vol. 5.

RIVERO, Jean. *Droit administratif*, 5ª ed. Paris: Dalloz, 1971.

RIZZO, Vito. *Condizioni generali del contratto e predisposizione normativa*. Publicazione della Scuola di perfezionamento in diritto civile dell'Universitá di Camerino 1ª Ristampa. Napoli: Edicione Scientifiche Italiane, 1994.

______.*Interpretazione dei contratti e relatività delle sue regole*. Edizione Scientifiche Itliane S.P.A. 1985.

ROCHA, Manuel Coelho da. *Instituições de direito civil*: a apresentação. José Carlos Moreira Alves. Edição Cuidada por Alcides Tomasetti Jr. São Paulo: Saraiva, 1984. Clássicos do Direito Brasileiro, v. 4-5.

RODRIGUES, A. Coelho. *Institutas do imperador justiniano*. Vertidas do latim para o português perto de cinqüenta notas extraídas do Corpus Júris. Recife: ed. Typographia Mercantil, 1879.

RODRIGUES, Silvio. *Direito Civil*: Parte Geral das Obrigações. 28 ed. São Paulo: Saraiva, 1998. Vol. 2.

ROGEIRO, Nuno. *A lei fundamental da República Federal da Alemanha*. Ensaio e anotações de Nuno Rogeiro. Coimbra: ed. Coimbra Editora, 1996.

ROMANO, Salvatore. *La revoca degli atti giuridici privati*. Padova: ed. CEDAM – Casa Editrice Dott. Antonio Milani, 1935.

ROMANO, Santi. *Fragmentos de um diccionario jurídico*. Trad. de Santiago Sentís Melendo y Marino Ayerra Redín. Buenos Aires: ed. Ediciones Jurídicas Europa-América, 1964.

ROPPO, Enzo. *O Contrato*. Trad. De Ana Coimbra e M. Janoario C. Gomes. Coimbra: Almedina, 1988.

ROPPO, Enzo. *I "nuovi contratti" fra autonomia privata e interventi del legislatore. Note minime*. In. Lezione di diritto civile. Napoli: Edizioni Scientifiche Italiane, 1993 p. 225-272.

______.*I "Nuovi contratti" fra autonomia privata e interventi del legislatore*. Note minime. In. Lezione di diritto civile. Napoli: Edizioni Scientifiche Italiane, 1993. p. 225-272.

ROSS, Alf. *Critica del diritto e analisi del linguaggio*. Bologna: ed.Societá Editrice il Mullino.[s.d.]

______.La definizione nel Linguaggio. In: *Diritto e analisi del linguaggio*. Milano: ed. Edizioni di Comunità. 1976.

______.*Por que democracia?* Madrid: Centro de Estudios Constitucionales, 1989.

______.*Sobre el derecho y la justicia*. Buenos Aires: ed. Universitária de Buenos Aires, 1963.

RYLE, Gilbert [et. al.]. *Categorias*. In: ensaio; seleção de Oswaldo Porchat de Assis Pereira da Silva. Trad. de Balthazar Barbosa Filho... [et. al.]. 2ª ed. São Paulo: ed. Abril Cultural, 1980.

RUBIO, Delia Matilde Ferreira. *La buena fe*: el principio general en el derecho civil. Madrid: ed. Editorial Montecorvo, S.A. 1984.

RUGGIERO, Roberto de. *Instituições de direito civil*: direito das obrigações direito hereditário. Tradução, Dr. Ary dos Santos. São Paulo: ed. Saraiva & Cia, Editores. [s.d.].

SALEILLES, Raymond. *De la déclaration de volonté – contribution a l'etude de l'acte juridique dans le codi civil allemand*. Paris: Librairie Cotillon, 1901.

______.*Introduction a l'étude du droit civil allemand*. Paris: Librairie Cotillon, 1904.

______.Étude sur la théorie générale de l'obligation. 12 ed. Paris: 1901.

______.Étude sur la théorie générale de l'obligation. 3ª ed. Paris: 1914.

SALERNO, Marcelo Urbano. *Obligaciones régimen jurídico*. Buenos Aires: ed. Editorial Universidad, 1995.

SALIM, Angela. *Contrato, convención y pacto contrato y acuerdo*: Acto Colectivo, Complejos y Colegial. Diferencias de los Contratos Civiles con los Contratos Administrativos. In: **STIGHTZ**, Ruben S. [Diretor]. Contratos. Teoría General. Buenos Aires: ed. Ediciones Depalma, 1993. p. 21-37, v. 2.

SALMON, Wesley. *Lógica*. 6 ed. Trad. de Leonidas Hegenberg e Octanny Siveira da Mota. Rio de Janeiro: ed. Guanabara/Koogan, 1986.

SANCHÍS, Luis Pietro. *Sobre principios y normas*: problemas del razonamiento jurídico. Cuadernos y Debates. Madrid: Centro de Estudios Constitucionales, 1992. Vol.40

SÁNCHEZ, Luis-Felipe Rangel. *Protección del tercero frente a la actuación jurídica ajena*: La Inoponibilidad. Valencia: ed. Tirant lo Blanch, 1994.

SAN TIAGO, Dantas F.C. *Problemas de direito positivo*: Estudos e Pareceres. Rio de Janeiro: ed. Revista Forense, 1953.

______.*Programa de Direito Civil II – aulas proferidas na Faculdade Nacional de Direito* – fim de 1943 – 1945 - Os contratos. Revisão de textos e anotações de José Gomes de Bezerra Câmara. Rio de Janeiro: Rio – Sociedade Cultural Ltda., 1978.

SANTIAGO NINO, Carlos. *Consideraciones sobre la dogmática jurídica.* (con referencia particular a la dogmática penal). México: ed. UNAM Instituto de Investigaciones Jurídicas, 1974.

______.El concepto de poder constituyente originario y la justificación jurídica. In: *El lenguaje del derecho*. Buenos Aires: ed. Abeledo-Perrote. 1983.

SANTI, Romano. *Fragmentos de un diccionario jurídico.* Trad. Santiago Sentis Melendo y Marino Ayerra Redin. Buenos Aires: ed. Ediciones Juridicas Europa-America, 1964.

SANTOS BRIZ, Jaime. *Derecho civil teoría y práctica*: Derecho de Obligaciones. Madrid: ed. Revista de Derecho Privado, 1973. Tomo 3.

______.*Derecho civil teoría y práctica*: Derecho de Obligaciones. Madrid: ed. Revista de Derecho Privado, 1973. Tomo 4.

______.*Derecho económico y derecho civil.* Madrid: Revista de Derecho Privado, 1963.

SANTOS, Rui Assis e. *As importantes alterações do Código Civil português*. São Paulo: ed. Belart Indúsria Gráfica, 1980.

SANTOS, Ulderico Pires dos. *Dos defeitos dos atos jurídicos na doutrina e na jurisprudência*. São Paulo: Saraiva, 1981.

SANTOS JÚNIOR, E. *Sobre a teoria da interpretação dos negócios jurídicos*. Lisboa: ed. A.A.F.D.L. 1988.

SARMENTO, Daniel. *A Ponderação de interesses na Constituição Federal*. Rio de Janeiro: ed. Lumen Júris, 2000.

SAUSSURE, Ferdinand de. [et. al.]. *As palavras sob as palavras*. Trad. de Carlos Vogt. In: Textos selecionados. [s.l.]. ed. Editor Victor Civita, 1971.

______.*Curso de linguística geral*. Trad. Antonio Chelini, Paulo Paes e Izidro Blihstein. São Paulo: ed. Editora Cutriz, 1995.

SAVATIER, René. *Cours de droit civil*. Paris: ed. Librairie Générale de Droit et de Jurisprudence, 1944.

______.*Du droit civil au droit public*: A Travers Les Personnes, les Biens et la Responsabileté Civile. Paris: ed. Librarie Générale de Droit et de Jurisprudence, 1950.

______.*La théorie des obligations*: En Droit Privé Économique. Paris: ed. Dalloz, 1979.

______.*Les métamorphoses économiques et sociales du droit civil d'aujourd'hui*. Paris: ed. Librairie Dalloz, 1948.

SCALONE, Giuseppe. *Spunti critici in tema di contratto per persona da nominare*. In. Enciclopedia Pratica di Direzione Aziendale. Milano: ed. Casa Editice Dr. Francesco Vallardi, 1957.

SCARPELLI, Uberto. [et.al.]. *Semantica, morale, dirtto.* Torino: G. Giappichelli Editore, 1969.

SCHRER, M.G.V. *Principales différences entre le code Napoléon (1804) et le code Guillaume II (1900)*: En Suivant L'ordre du Code Napoleón. Paris: ed. Librairie de la Société du Recueil General des Lois et des Arrêts, 1903.

SCHULZ, Fritz. *Principios del derecho romano.* Trad. Manuel Abellán Vasco. Madrid: Civitas S.A. 1990.

SERPA LOPES, Miguel Maria de. *Curso de direito civil*: (introdução, parte geral e teoria dos negócios jurídicos). 4ª ed. Rio de Janeiro: ed. Livraria Freitas Bastos S/A. 1962. Vol. 1.

______.*Curso de direito civil.* (Fontes das Obrigações: Contratos) 3ª ed. Revisada e aumentada. Rio de Janeiro: ed. Livraria Freitas Bastos S/A. 1960. Vol. 3.

______.*Exceções substanciais*: Exceção de Contrato não Cumprido. Rio de Janeiro: ed. Freitas Bastos, 1959.

______.*Tratados dos Registros Públicos.* Rio de Janeiro: Livraria Jacinto, 1942. Vol. 4.

SESMA, Victória Iturralde. *Lenguaje y sistema jurídico*: Questiones Relativas a la Aplicación de la Ley. Madrid: ed. Editorial Tecnos, 1989.

SILVA, De Plácido e. *Vocabulário jurídico.* Companhia Editora Forense. Rio de Janeiro, 2002.

SILVEIRA, Alípio. *A boa-fé no* Código *Civil.* São Paulo: Universitária de Direito Ltda. 1973. Vol. 2.

SIMONCELLI, Vincenzo. *Istituzioni di Diritto Privato Italiano.* 3ª ed. Roma: ed. Athenaeum, 1921.

SOARES, Nilda. Responsabilidade pré-contratual no anteprojeto. In. *Caderno da Pós-Graduação em Direito nº 1*. Universidade Federal de Minas Gerais, Faculdade de Direito, p. 166, 1975.

SOARES, Teresa Luso. *A conversão do negócio jurídico*. Coimbra: Livraria Almedina, 1986.

SOLER, Sebastián. *Las palabras de la Ley*. Mexico: ed. Fondo de Cultura Económica, 1969.

SOURIOUX, Jean-Louis; **PIERRE**, Lerat. *Le langage du droit*. Paris: ed. Presses Universitaire de France, 1975.

SOUTO, Claudio. *Ciência e ética no direito - uma alternativa de modernidade*. Porto Alegre: ed. Segio Antonio Fabris, 1992.

SOUZA, Luis Sergio Fernandes de. *O papel da ideologia no preenchimento das lacunas no direito*. São Paulo: Revista dos Tribunais, 1993.

SOUSA, Rubens Gomes de. *Idéias gerais para uma concepção unitária e orgânica do processo fiscal*. In Justiça e processo fiscal. In: Canto, Gilberto de Ulhôa (Org.). Justiça e Processo Fiscal. v. 2. Rio de Janeiro: IFA, 1954.

SORIANO, Manuel Borja. *Teoría general de las obligaciones*. México: ed. Libreria de Porrua, 1939. Tomo 1.

STARCK, Boris; **ROLAND**, Henri; **BOYER**, Lauret. *Obligations*: 2. Contrat. 4ª ed. Paris: ed. Libraire de la Cour, 1993.

STIGLITZ, Rosana. *Contratos celebrados por medio de computadoras*. In: Contratos-Teoria general I. Reimpresión. STIGLITZ, Rubens. S. [Director]. Buenos Aires: ed. Ediciones Depalma, 1994. p. 223-232.

STIGLITZ, Rubén S. *Definición de contrato*. Visión Comparatista. In: STIGLITZ, Rubens. S. [Diretor]. Contratos Teoria General. 1v. Buenos Aires: ed. Ediciones Depalma, 1994. p. 33-45.

______.*Fueza obligatoria de los contratos fundamento*. Libertad de Contratar. Libertad Contractual. In: STIGLITZ, Rubens. S. [Diretor]. Contratos Teoria General. 1 v. Buenos Aires: ed. Ediciones Depalma, 1994. p. 515-523.

______.*Contratos teoria general II*. Buenos Aires: ed. Depalma, 1993.

STONE, Bradford. *Uniforme commercial Code*. 4ª ed. United States of America: St. Paul, Minn. West Publishing Co.1995.

TAMBURRINO, Giuseppe. *I Vincoli unilaterali nella formazione progressiva del contratto*. Milano: ed. Dott. Antonino Giuffrè Editore, 1954.

TARANTO, Hugo Omar. *Representación*. In. Stiglitz, Rubén S., Director, Contratos. Teoría general. II. Buenos Aires: Ediciones Depalma, 1993.

TARELLO, Giovanni. [et.al.]. Orientamenti Analitico-Linguistici e Teoria Dell'Interpretazione Giuridica. In: *Diritto e analisi del linguaggio*. Milano: ed. Edizione di Comunitá. 1976. p. 375-395.

TAVARES, Milton. *Contrato misto*. Salvador: ed. S.A. Artes Gráficas, 1959.

TEICHMANN, Arndt. *Droit des obligations*. In: Fromont, Mibel [et alle] Introduction au Droite Allemand (Republique Fédérale) Tomo 3. Paris: Ediciones Cujas, 1991.

TEIXEIRA, J. H. Meireles. *Curso de direito constitucional.* Texto rev. e atualizado por Maria Garcia. Rio de Janeiro: Forense Universitária, 1991.

TERAN, Juan Manuel. *Filosofía del derecho.* 3ª ed. Mexico: ed. Porrua S.A. 1967.

THIBAUT y SAVIGNY. *La Codificación.* Madrid: ed. Aguilar, 1970.

TOBEÑAS, Jose Castan. *Derecho civil español, comun y foral.* Madrid: ed. Reus S.A. 1978. Tomo 3.

TRABUCCHI, Alberto. *Istituzioni di diritto civile.* 10 ed. Padova: ed. CEDAM – Casa Editrice Dott. Antonio Milani, 1957.

TRANCHINI, Marcela H. *El contrato y los derechos reales.* In: STIGLITZ, Rubens S. [Diretor]. Contratos Teoria General. Buenos Aires: ed. Ediciones Depalma, 1994. p. 3-14 v.1.

URITE, Sánchez. *La oferta de contrato*: Fuerza Vinculante. Buenos Aires: ed. Abeledo-Perrot, 1973.

VARELA, João de Matos Antunes. *Das obrigações em geral.* 2ª ed. Coimbra: ed. Livraria Almedina, 1973. Vol. 1.

______.*Das obrigações em geral.* 3ª ed. Coimbra: ed. Livraria Almeida, 1980. Vol. 1.

VECCHI, Paolo Maria. Il Contratto per Persona da Nominare. In: *Giurisprudenza sistematica di diritto civile e comerciale.* Fund. Walter Bigiavi. Torino: ed. Unione Tipografico-Editrice Torinense, 1992. p.205-215.

VECCHIO, Giordio del. *Los principios generales del derecho.* Barcelona: ed. Bosch, Casa Editorial, S.A. 1978.

VENOSA, Sílvio de Salvo. *Direito civil*: Teoria geral das obrigações e teoria geral dos contratos. São Paulo: Atlas S.A. 2001.

VERNENGO, Roberto José. *Curso de teoría general del derecho*. 2 ed. Buenos Aires: Cooperadora de derecho y ciencias sociales, 1976.

VICÉNT, Eduardo Chuliá; **ALANDETE**, Teresa Beltrán. *Aspectos jurídicos de los contratos atípicos*. I. 2 ed. Barcelona: ed. José Maria Bosch Editore, S.A. 1994.

VIGO, H. Rodolfo L. *Las causas del derecho*. Prólogo Georges Kalinowski. Buenos Aires: ed. Abeledo-Perrot, 1983.

VILANOVA, Lourival. *As estruturas lógicas e o sistema do direito positivo*. São Paulo: ed. Revista dos Tribunais, 1989.

______.*Lógica jurídica*. São Paulo: ed. Bushatsky, 1976.

VON TUHR, A. *Tratado de las obligaciones*. Trad. del Alemán por W. Roces. 1 ed. Madrid: ed. Reus, 1934. Tomo 1.

______.*Tratado de las obligaciones*. Trad. del Alemán y Concordado por W. Roces. 1 ed. Madrid: ed. Reus, 1934. Tomo 2.

XAVIER, Alberto. *Do lançamento no direito tributário brasileiro*. 3ª ed. Rio de Janeiro: Forense, 2005.

______. *O negócio indirecto em direito fiscal*, Separata da revista Ciência e Técnica Fiscal nº147 (Março de 1971)

______. *Os princípios da legalidade e da tipicidade da tributação*. São Paulo: Revista dos Tribunais, 1978.

WALD, Arnold. *O contrato com pessoa a declarar e o direito fiscal*. In. *Revista do Serviço Público*. ed. Departamento de Administração do Serviço Público, 1952. Vol. 3, nº 1, p. 100-102.

WALD, Arnoldo. *Curso de direito civil brasileiro: Obrigações e contratos*. Colaboração Prof. Semy Glanz. 6ª ed. Atualizada. São Paulo: ed. Revista dos Tribunais, 1983.

WALINE, Marcel. *L'individualisme et le droit*. 2ª ed. Paris: ed. Domat Montchrestien, 1949.

WARAT, Luis Alberto. *O direito e sua linguagem*. Porto Alegre: ed. Sergio Antonio Fabris, 1984.

WATZLAWICK, Paul, [et. al.]. *Pragmática da comunicação humana*. Trad. Alvaro Cabral. São Paulo; ed. Cultrix, 1967.

WAYAR, Ernesto C. [et. al.] *Contratos*. Buenos Aires: ed. Zavalia, 1993.

______.*Derecho Civil obligaciones I*: concepto, naturaleza, elementos, efectos. Teoría del incumplimento. Buenos Aires: ed. Depalma, 1990. Vol.1.

WESTERMANN, Harm Peter. *Código Civil Alemão*: Direito das Obrigações parte geral. Trad. de Armando Edgar Lanx. Porto Alegre: ed. Sergio Antonio Fabris, 1983.

WIEACKER, Franz. *História do direito privado moderno*. Trad. de A. M. Botelho Hespanha. 2ª ed. Lisboa: ed. Fundação Caloust e Gulbenkian, 1967.

WIEACKER, Franz. *Diritto Privato e società industriale*. Trad. de Gianfranco Liberati. Napoli: ed. Edizione Scientifiche Italiane, 1983.

WINDSCHEID, Bernardo. Diritto *delle pandette*. Trad. del Professori Carlo Fadda e Paolo Emilio Bensa. Torino: ed. Unione Tipografico-Editrice Torinese, 1930. Vol. 2.

WITTGENSTEIN, Ludwig. *Tratado lógico filosófico*. In: Tratado Lógico-filosófico. Investigações filosóficas. Trad.

de M. S. Lourenço. Lisboa: Fundação Calouste Gulbenkian, 1987.

WITZ, Claude. *Droit Privé allemand*: 1. actes juridiques, droits subjectifs. Paris: ed. Litec, 1992.

WRIGHT, Henerik Georg. *Norma y acción*: una investigación lógica. Madrid: ed. Editorial Tecnos, 1979.

WROBLWSKI, Jerzy. La normatività della scienza giuridica. In: *Diritto e Analisi del Linguaggio*. Milano: ed. Edizioni di Comunità. 1976.

______.*Sentido y hecho en el derecho*. San Sebastian: Servicio Editorial de la Universidad. [s.d.].

______.Una base semantica per la Teoria dell'interpretazioni giudiziarie. In: *Diritto e analisi del linguaggio*. Milano: ed. Edizioni di Comunità. 1976.

ZANITELLI, Leandro Martins. *A noção de contrato social, da sociologia à teoria unitária das obrigações de C. do Couto e Silva*. 2001. 7 f. Tese (Mestrado) Faculdade de Direito da UFRGS – Universidade Federal do Rio Grande do Sul.

LEGISLAÇÃO

a) Legislação Brasileira

Constituição da República Federativa do Brasil.

Código Civil dos Estados Unidos do Brasil. Comentado por Clóvis Beviláqua. Edição Histórica. Rio de Janeiro: ed. Rio, 1975. Vol. 1.

b) Legislação Estrangeira

ARGENTINA. Código Civil y Comercial de la Nación Argentina, aprovado pela Lei 26.994 de 08 de outubro de 2014,promulgado segundo Decreto 1.795/2014.

CUBA. *Código Civil. Ley nº 59*. Havana: ed. Editorial de Ciencias Sociales la Havana. 1994.

GALLO, Jacqueline Barbeiro de. *Codigo Civil de la República del Uruguay*. Montevideo: ed. Barreiro y Ramos S.A. 1994.

MINISTÉRIO DA JUSTIÇA. *Projeto de Código Civil*. Lisboa: ed. Imprensa Nacional de Lisboa, 1966.

PAYS BAS. *Dossiers Internationaux Francis Lefebvre*: Pays-Bas: juridique, fiscal, social. 3ª édition. Paris: Éditions Francis Lefebvre, 2001.

PARAGUAI. *Código Civil*. Texto Acteialyado de Acuerdo la Nueva Constitución Nacional. Paraguay: Edicion Ofial, 1987-1993.

______.*Código Civil Paraguayo*. Paraguay: ed. Intercontinental, 1995.

PORTUGAL. *Código Civil Português Actualizado*. Portugal: ed. Almedina, 2000.

RESCIGNO, Pietro. *Códice Civile Italiano*. Cordinaton Mario Buon Cristiano. [et. al.]. Milano: ed. Giuffrè Editore. 1994.

SARSFIELD, Dalmacio Telez. *Código Civil de la República Argentina y Legislación Complementaria*. 33 ed. Buenos Aires: ed. Abeledo-Perrot, 1994.

VENEZUELA, *Código Civil de Venezuela*. Con la Reforma 1982. Venezuela: ed. Paeapo, 1988.

ZAVALIA, Ricardo. *Código Civil República Argentina*. Argentina: ed Zavalia, 1995.

c) Anteprojetos e Projetos

BRASIL. *Projeto de Código Civil*. Comissão Revisora do Anteprojeto apresentado pelo Professor Orlando Gomes. [s.l.]. ed. Departamento de Imprensa Nacional, 1965.

BRASIL. *Projeto de Código Civil de Obrigações*. Relator Caio Mário da Silva Pereira. [s.l.], ed. Servoço de Reforma do Código – Departamento da Imprensa Nacional, 1965.

SENADO FEDERAL. Emendas do Senado Federal do Projeto de Lei nº 6343 – Institui o Codigo Civil. Brasília: ed. Pub. Senado Federal, 2000.

ÍNDICE ONOMÁSTICO

A

B

C

D

E

F

G

H

I

J

K

L

M

N

O

P

Q

R

S

T

U

V

W

X

Z

ÍNDICE REMISSIVO

(Alfabético de Assuntos)

A

B

C

D

E

F

G

H

I

J

K

L

M

N

O

P

Q

R

S

T

U

V

W

ANEXO I

Modelo de contrato com pessoa a declarar

sugerido por Amilcar Paranhos

(hipótese de compra e venda)

CLÁUSULA ACESSÓRIA DE CONTRATO COM A PESSOA A DECLARAR

Cláusula...............................:O comprador reserva-se o direito potestativo de indicar pessoa, doravante denominada simplesmente electus, que deve adquirir os direitos e assumir as obrigações decorrentes deste contrato, até o próximo dia.......... de.......................de...........

Cláusula ....: A indicação do *electus* será ineficaz se o comprador houver alienado ou onerado o objeto deste contrato ou praticado atos que provoquem a retirada desse objeto de seu patrimônio.

Cláusula ....: A indicação do *electus* deve ser pura e simples e será ineficaz se não for comunicada ao vendedor dentro no prazo estipulado, acompanhada da prova da aceitação pura e simples do *electus*, podendo ser comprovada a indicação ao vendedor por qualquer meio hábil devendo ser expressa.

Parágrafo único. A indicação do *electus* deve ser protocolizada no registro imobiliário dentro no prazo previsto para sua comunicação ao vendedor, sob pena de ineficácia.

Cláusula................................: A aceitação do *electus* e a sua indicação ao vendedor devem ser revestida da mesma forma usada para este contrato, sob pena de ineficácia.

Cláusula.............................: É decadencial o prazo para a aceitação do electus cuja eventual revogação será ineficaz.

Cláusula..............................: O comprador poderá transferir seu direito de indicação do *electus*.

Cláusula.............................: Havendo indicação do *electus* no prazo previsto, este contrato, desde este momento da sua celebração, será reputado eficaz entre o vendedor e *electus*, declarando contraente originário.

Cláusula..........................: Não havendo indicação do *electus* no prazo previsto ou sendo ela ineficaz, este contrato continuará a produzir seus efeitos entre o vendedor e o comprador.

Cláusula..............................Será ineficaz a indicação do electus incapaz ou insolvente no momento da aceitação.

Cláusula.............................: O *electus* não tem qualquer direito antes de sua aceitação eficaz.

Cláusula................................: A indicação do *electus* será ineficaz se o comprador ensejar resolução ou rescisão deste contrato.

Cláusula...............................: Morrendo o comprador seu direito de nomear o *electus* transmite-se a seus herdeiros. Morrendo o vendedor, a posterior indicação regular do *electus* será eficaz diante de seus herdeiros. Este contrato prosseguirá com os herdeiros do *electus*.

ANEXO II

UNIVERSIDADE DE SÃO PAULO
Faculdade de Direito
Largo de São Francisco

CERTIDÃO

**GUSTAVO FERRAZ DE CAMPOS MONACO
ASSISTENTE ACADÊMICO DA FACULDADE DE DIREITO DA UNIVERSIDADE DE SÃO PAULO**

Certifica, para os devidos fins e de acordo com os assentamentos existentes nesta Secretaria, que o Doutor EDVALDO PEREIRA DE BRITO submeteu-se, nesta Faculdade, ao concurso para Professor Titular junto ao Departamento de Direito Civil, realizado no período de 26 a 28 de novembro de 2007, Edital FD 01/2001.

Certifica, outrossim, que o candidato foi aprovado com as respectivas médias por examinador 9,0; 9,0; 6,3; 8,6; 7,3 , não tendo obtido indicações. O cargo foi provido por candidato que obteve 3 (três) indicações.

FACULDADE DE DIREITO DA UNIVERSIDADE DE SÃO PAULO, 15 de setembro de 2008.

Gustavo Ferraz de Campos Monaco
Assistente Acadêmico

Largo de São Francisco, 95 - Centro, São Paulo, SP, Brasil - CEP 01005-010 - www.direito.usp.br

ANEXO III

UNIVERSIDADE DE SÃO PAULO
FACULDADE DE DIREITO
REPRESENTAÇÃO DISCENTE

Arcadas, 23 de março de 2001

Ao Ilustríssimo Professor Titular da Universidade Presbiteriana Mackenzie.
Dr. Edvaldo Brito.

A Representação da Faculdade de Direito da Universidade de São Paulo vem, com muita satisfação, convidar Vossa Excelência a se inscrever no concurso para provimento de 1(um) cargo de professor Titular, Ref. MS 6, em Regime de Turno Completo(RTC), junto ao Departamento de Direito Civil – Área de Direito Civil. As inscrições serão realizadas no período de 5 de fevereiro a 3 de agosto de 2001, das 10h às 18h, na Assistência Acadêmica da Faculdade de Direito do Largo de São Francisco.

Agradecemos antecipadamente, renovando nossos mais sinceros votos de estima e consideração.

Maiores informações, o seguinte discente estará a sua disposição.

Roberto Gazarini Dutra
Representante Discente
E-mail: rgd21@ig.com.br
Tel: 5562-2743

Largo São Francisco, 95 - Centro - São Paulo - CEP: 01005-010 - Telefax: 3111-4106

ANEXO IV

UNIVERSIDADE DE SÃO PAULO
Faculdade de Direito
Largo de São Francisco

CERTIFICADO

ELOÍDE ARAÚJO CARNEIRO, ASSISTENTE ACADÊMICO - SUBSTITUTA - DA FACULDADE DE DIREITO DA UNIVERSIDADE DE SÃO PAULO.

Certifica, para os devidos fins e de acordo com os assentamentos existentes nesta Secretaria, que o Senhor **EDVALDO PEREIRA DE BRITO** submeteu-se, nesta Faculdade, ao concurso para Professor Titular do Departamento de Direito Econômico e Financeiro, realizado no período de 10 a 14 de março de 2003, com as seguintes médias:

Professor Regis Fernandes de Oliveira	**9,30**
Professor Hermes Marcelo Huck	**9,45**
Professor Ricardo Lobo Torres	**9,30**
Professor José Alfredo de Oliveira Baracho	**9,85**
Professor Luiz Gonzaga de Mello Belluzzo	**9,92**

Certifica, ainda, que o candidato não foi indicado para prover o cargo, muito embora tenha recebido 01 (uma) indicação, do Professor José Alfredo de Oliveira Baracho.

FACULDADE DE DIREITO DA UNIVERSIDADE DE SÃO PAULO, 10 de dezembro de 2007.

ELOÍDE ARAÚJO CARNEIRO
ASSISTENTE ACADÊMICO
SUBSTITUTA

Largo de São Francisco, 95 - Centro, São Paulo, SP, Brasil - CEP 01005-010 - www.direito.usp.br